Attachment Theory & Counseling
for Dysfunctional Development

애착이론과 역기능 발달 상담

임경수 저

학지사

서/문

존 볼비는 "세상의 모든 유아들에게 가장 중요한 것은 바로 그의 부모다. 유아는 자신의 복지와 생명 자체를 어른들이 제공하는 돌봄에 전적으로 의존한다. 자기 조국을 패망으로부터 구원해 내는 위대한 전쟁 지도자라도 어머니와 아버지보다 더 존경받지는 못한다."라고 했다. 그래서 부모가 자녀에게 미치는 애착관계는 비로소 생명의 시작이 되고, 우주가 되고, 모든 문제의 핵심이 된다. 애착은 인간사이며 신비의 근원이기도 하다. 또한 공간과 시간을 비로소 가지게 하는 원인이기도 하다.

부모가 자녀에게 가지는 민감성을 통해 자녀는 사회성을 배우고, 인내하고 노력하는 것을 배운다. 동시에 사회가 구성원을 어떠한 자세로 안고 가는가도 한 개인이 사회로부터 유무형의 어떤 것을 받아들이고 성장하는 데 중요한 역할을 한다. 그러므로 애착의 문제는 개인 단위뿐만 아니라 사회 범위에서 좀 더 긴밀하고 중요하게 생각되어야 할 문제다. 불안한 사회는 개인들로 하여금 눈앞에만 보이는 단기적 이익과 성취만을 무언으로 강요하는 문화적 분위기를 만들고, 구성원들은 거기에 집착해서 자신의 가치관과 인생관을 형성하며 살아가기 때문에 사회 전반이 불안의 한가운데 놓이게 된다.

1990년대 초 시카고의 한 책방에서 구한 *Child Care and the Growth of Love*를 접하면서 느낀 점이 많았다. 몇 차례 책을 읽어 보면서 볼비에 대한 이해를 할 수 있었고, 이후 꾸준히 애착에 관심을 가지게 되었다. 이 책은 필자가 그동안 직간접적인 상담의 체험과 이론서를 접하면서 애착에 대한 중요성을 깨닫고 애착이 상담 현장과 부모교육 및 사회구조에 어떻게 연관이 되어 있을까를 고민하면서 정리한 것이다. 관심 있는 독자에게 조금이나마 도움이 되길 바란다.

꼼꼼한 편집과 교정으로 수고해 주신 백소현 과장님께 감사함을 전하며, 여기까지 있게 해 준 가족에게 고마움과 미안한 마음을 전한다. 그리고 그동안 만난 내담자들, 학생들은 나에게 모두 선생이며 안내자였음을 밝힌다.

2014년

저자 임경수

차 / 례

1장

불안이 떠나지 않는 현대인

연극이론과 연기술

1. 불안의 탄생

우리가 세상에 왜 태어났는지에 대한 답을 알면 불안은 없어질 것이다. 그러나 불행하게도 왜 태어났는지, 왜 살아가는지에 대한 답을 얻기는 쉽지 않다. 이러한 실존적인 질문들은 주변 환경이 우리에게 우호적이면 많이 제기되지 않을 수 있지만, 환경이 삶 자체에 지속적인 문제를 발생시킨다면 우리는 끊임없이 '왜? 나는?'이라는 질문을 스스로에게 할 것이다.

심리학자 오토 랭크(Otto Rank)는 사람이 태어나면서 우는 가장 큰 이유를 불안 때문으로 보았다. 사람의 출생은 어머니의 태에서 안전하게 기거하다가 어느 날, 결정적 이유에 의해서 다른 세계로 옮겨 가는 과정이다. 어머니의 태에서 생명이 발현되고 성장하면서 그곳 세계에 안착한 유아가 출생이라는 정해진 불가항력적인 과정을 통해서 또 다른 생명의 세계로 전환을 해야 하는 순간이 불안을 가져다준다.

'자리'(place)라는 것은 사람이 생존하기 위한, 사람이 사람답게 살기 위한 필수불가결의 요소다. 이 자리의 시작이 모태다. 모태 안에서 맺는 어머니와의 관계성 속에서 정신적 · 물질적으로 필요한 것을 탯줄을 통해 제공받는다. 이렇게 생명이 착상되기 시작하여 자리를 잡았는데 불가항력적인 법칙에 의해 자리를 이동해야 하는 과정에서 밀려오는 불안과 두려움이 있다. 흔히 우리는 불안은 대상도 없고 근거도 없는 것으로 발생하는 것이고, 두려움은 대상이 있고 그로 인해 발생하는 것이라고 본다.

안락한 자리에서 밀려나는 듯한 과정을 겪으면서 인간은 출생한다. 그러니 처음부터 불안을 느낀다. 그리고 출생 후 낯선 환경에 대한 적응도 전혀 생소한 것이다. 이제는 밖의 세상에서 폐를 이용해서 공기로 생명을 이어 나가야 하고, 체감 온도, 낯선 빛과 소리의 세계라는 환경은 두려움을 불러일으킬 수 있는 요소이기에 이 불안으로 인해 울음을 터뜨리는 것이다. 인생의 슬픈 서곡이다.

사람에게 자리라는 것은 공간(space) 확보와 연관이 있다. 생명의 탄생 자체가 자궁벽에 착상(着床)함으로써 공간을 가지게 되는 것이다. 일생의 시작이 공간을 가지는 것부터 시작된다. 그런데 이때만이 아니라 인간은 거의 평생 자신의 자리라는 공간을 소유하기 위해서 땀을 흘린다. 그리고 이 공간을 차지하기 위해 노력한다.

어릴 적으로 돌아가 땅 따먹기 이야기를 해 보자. 당시 나에게 놀 수 있는 터전은 땅과 자연이었다. 석필을 구해서 땅에 선을 그으면서 자신의 땅을 확보하는 즐거움은 성취의 기쁨일 수도 있다. 종일 이 일로 바쁘게 지내다가 어느덧 해가 서산으로 지면 어머니가 우리를 부르러 오신다. 어머니의 말에 귀를 기울이지 않고 조금만 더 놀고 간다고 애원을 하고 몇 십 분 놀 시간을 허락받지만 그 시간이 지나면 사방은 어두컴컴해져서 이제는 놀던 것을 멈추고 집으로 가야만 했다. 그리고 놀면서 확보한 모든 땅을 뒤로 하고, 이제는 더 이상 내가 확보한 땅이 될 수 없기에 집으로 향해야 한다. 아쉬운 가운데 따 놓은 땅을 바라보지만 나에게는 선택의 여지가 없다. 모든 자리와 공간을 두고 집으로 가야 할 상황이기 때문이다. 태어남, 삶 그리고 죽음도 다 이와 같다.

자궁벽에 착상된 생명체가 9개월의 기간을 지내지만 영원한 것은 없다. 땅을 따먹는 놀이에서 획득한 모든 땅이나 우리가 일생을 살아가면서 모은 물질과 토지도 같은 맥락이다. 이러한 소유와 버려야 하는 운명의 굴레가 사람에게 있다. 버려지지 않기 위해서, 생존하기 위해서 장소를 확보하려고 노력하지만 때가 되면 그 소유한 장소와 공간도 우리가 모르는 다음 사람을 향해 비워 놓아야 하는 상황을 접하게 된다.

공간이나 장소, 또는 사람과 사람 사이에서도 너무나 밀착된 공간은 사람에게 가치관의 혼돈을 가져다주고 종국적으로는 허무를 가져다준다. 왜냐하면 밀착된 만큼 공간과 장소를 상실할 때 그 상처가 크기 때문이다. 결국 인생이라는 공간이나 장소를 가지기 위해 몸부림치지만, 그 공간과 장소로 인해 상처받고 죽어 가곤 한다. 인간은 이러한 연습을 출생부터 시작한다. 공간과 장소를 가지기 위해 노력하는 과정이 인생이고, 그리고 어느 순간에는 그 공간과 장소를 다음 순서를 위해 자신으로부터 분리시켜 비워 놓는 차순이 필요하다.

철학자 하이데거(Heidegger)의 말처럼, 인간은 우주에 던져진 존재다. 이유 없이 이 세상에 태어났고, 한 남자와 한 여자의 사랑으로 인해 이 세상에 공간과 시간을 가지는 생명으로 나온 것이다. 남녀 성에 대한 선택의 여지도 없었고, 국가에 대한 선택, 인종에 대한 선택, 더구나 가장 중요한 부모에 대한 선택 없이 이 세상에 태어난 것이다. 종교적으로 거시적 안목에서 보면 이러한 무선택권에 대한 섭리가 있을지는 모르지만, 미시적 차원에서 보면 세상은 출생부터 줄을 서는 것 같고, 선택권이 없이 결정된 것이다.

모태에 있는 환경부터 어떻게 부모가 될 준비를 하고 있느냐에 따라 태아는 수없이 많은 영향을 받을 것이다. 어떤 부부는 마음으로 잘 준비하고, 어떤 부부는 정서적 기초가 쌓여 있지 않아 부부관계가 불안한 상태에서 자녀를 가진다. 이런 불확실한 환경 속에서 아이가 본능적으로 선택하는 것은 안전성을 가지려는 몸부림이며, 이후에는 성장과 인정에 대한 욕구를 가진다. 그리고 이 안전성을 요구하는 것은 바로 '사랑과 돌봄'에 대한 욕구이며, 성장과 인정은 '힘'에 대한 욕구다.

필자는 이러한 점에서 인간이 가진 기본적인 심리적 욕구는 사랑과 힘에 대한 욕구라고 본다. 그리고 이러한 두 가지 욕구는 인간의 심리 안에 깊게 뿌리 내린 원형(原形)이며, 어떤 시대, 어떤 민족에게도 나타나는 변하지 않는 특징이라고 본다. 그리고 이 두 가지의 균형과 불균형을 통해서 인간의 성향이 나타나게 된다.

2. 사람의 영원한 과제, 불안

사람에게 불안은 불가분의 관계이며, 불안은 모든 개인과 인간관계에 문제를 발생케 하는 가장 핵심적인 내용이다. 인생의 시작인 출생을 하고 성장기를 거치고, 중년 그리고 노년의 과정을 거치면서 불안은 인생의 동반자요 동시에 적이기도 하다. 불안이 인생의 반려자가 될 수 있는 것은 적당한 불안이 우리에게 있을 때다. 미래를 위해 무엇을 준비하고 나서야 하는 것은 사람에게 적합한 긴장을 줄 수 있다. 그리고 이러한 긴장을 통해서 무엇인가 조금씩 발전하고 성취한다는 체험을 할 수가 있다. 우리는 이것을 정상적인 불안(normal anxiety)이라 한다. 그러나 비정상적인 불안(abnormal anxiety)도 있다. 이것은 그야말로 과도한 불안이다. 걱정하고 불안하지 않아도 될 것을 미리 걱정과 근심을 사서 하고 자신과 주변의 사람들을 괴롭게 하는 경우다.

불안은 사람의 그림자와 같아서 평생 우리와 같이 살아간다. 그림자 없는 인간은 죽은 인간이고 이미 이 세상에 활동하지 않는 사람이다. 그래서 이 세상의 모든 사람은 자신이 가진 어두운 면, 드러내고 싶지 않는 면인 그림자를 가지고 살아간다. 그런데 이러한 그림자가 자신에게 있다는 것을 잘 인식하고 이것을 조심스럽게 살피면서 함께 더불어 살아가는 사람은 이 그림자로 인해 피해를 받지 않는다. 오히려 이 그림자를 통해서 자기와 사람들을 통찰할 수 있는 귀중한 자료를 얻을 수 있다. 그러나 그림자를 인식하지 못하는 사람은 자신과의 균형을 상실하기 때문에 매우 일방적이고 독재적이며, 가면을 쓴 채로 살아가기 쉽다.

종교에서 언급하는 성자(聖子)는 자신이 가지고 있는 그림자를 똑바로 인식하고 있는 사람이다. 자신의 그림자를 똑바로 인식하는 사람은 사람과 세상에 대해서 균형 있는 시선과 통찰을 가지고 볼 수 있다. 성스러움을 강조하는 종교에서 만일 자신이 가진 한계성 또는 그림자가 있다는 사실을 인식하지 못하면 그 종교는 마성(魔性)을 가지게 되어 종교의 이름으로, 그리고 성직자의 이름으로 사람을 유린하고 이익을 착취하게 된다. 그림자는 사람이기 때문에 가질 수밖에 없는 불가피한 것이다. 그림자가 없는 사람들은 지금 다 무덤에 누워 있다.

그림자와 마찬가지로, 불안은 인간이 생명을 가지고 이 세상을 사는 날까지 끊을 수 없다. 그래서 이 불안을 원망하기보다는 이 불안의 근원이 무엇인가를 살펴보고 관찰하고 인생의 동반자로서 살아가는 것이 현명한 선택이다.

불안을 없애는 것이 아니라, 불안의 근원과 과정을 이해하는 것이 먼저다. 인간의 속성상 불안은 불멸이다. 없애려는 노력이 오히려 불안을 더 가중시킬 뿐이다. 그래서 이 세상을 살아가면서 마치 불안이 없는 척하고 살아가는 것은 모순이다. 이 세상 모든 사람이 다소간의 불안을 가지고 있다. 필자가 강의와 상담을 통해 만난 모든 사람들, 우리가 보기에는 전혀 문제가 없이 살아갈 것 같은 사람들이라도 내부에 들어가면 그들을 불안하게 하는 요소들이 하나둘씩 반드시 가지고 있고, 그 불안을 잠재워 해결하려고 하는 것을 발견한다.

불안은 인간의 굴레다. 중요한 것은 우리에게 있는 적정의 불안을 수용하고 인생을 살아가야 한다는 것이고, 비정상적인 과도한 불안이 어떻게 기원이 되어 나의 세포와 정신에 밀접하여 살아가는지를 이해하고 그것을 인생의 동반자로 삼아 살아가면 되는 것이다.

불안은 누구에게나 있는 것이기에 불안을 떼어 낼 수는 없다. 사실, 이 불안을 통해서 우리는 개인의 한계성과, 사람이 마음먹은 대로 세상일이 풀리지 않는다는 답을 우리에게 제시할 때도 있다. 불안은 마치 파도 같은 것이고, 인생은 이 파도 위에 있는 배다. 잔잔한 날도 있겠지만 여름철 폭풍과 같은 것도 있고, 평상시에도 늘 파도는 친다. 파도가 없으면 죽은 바다가 되는 것처럼, 불안이 없으면 인생은 인생이 되지 않을 수도 있다. 문제는 파도에 전복되어 배가 파선되지 않도록 주의하는 기술이 필요하다는 것이다.

무언가에 쫓기듯이 바쁜 운전자는 과속하거나 신호등을 무시할 가능성이 있고, 또한 교통법규를 어길 수 있는 가능성이 많다. 그리고 이러한 과정을 거치면서 차량 사고나 인명 피해를 발생시킬 확률도 있다. 자그마한 교통 사고나 법규를 부지불식간에 위반하지 않는 사람이 어디 있겠는가. 그러나 중요한 것은 파도가 높을 때나 거칠 때에도 되도록 평상심을 유지하려고 하고 그 편차의 변화를 많이 하지 않는 것이 살아가는 방법이다.

불안은 인생의 스승이기도 하다. 물론 절제되고, 그 불안의 근원을 알았을 경우다. 그리고 우리 개인이 가진 불안은 나라는 개인만이 가지고 있는 매우 독특한 경험에서 발생한 산물이다. 이 독특한 경험에는 개인의 집안 환경, 경제적 문제, 인간관계 등이 있다. 그리고 이 불안을 잠재우기 위해 여러 가지 형태의 시도를 해서 극복해 보려는 노력도 한다. 그러한 노력 중의 일환이 예술적 행위다. 노래도 해 보고, 작곡도 하고, 시도 쓰고, 그림도 그리고, 다양한 목적으로 자신을 그 작품 세계에 투입시키기도 한다.

그리고 이러한 노력들이 사람들에게 전달이 되는 것이다. 그런데 자신의 불안의 원천이 어디인지를 알려고 노력하는 사람은 자신이 하는 작품의 세계와 인간관계 형성이라는 두 가지의 축을 가지고 살아갈 수 있다. 그러나 불안의 원천을 알지 못하면 자신의 작품이나 자기만의 세계에 고립되어 내 안에 내가 갇히게 됨으로써 사람과의 관계 형성이 어렵게 된다.

복어는 맛의 독특함 때문에 많은 사람들의 사랑을 받고 있다. 그런데 이 독특한 향은 복어의 독에서 나온다. 복어 요리의 진가는 이 복어의 독을 어떻게 조절하느냐에 달려 있다. 독을 너무 많이 풀어 버리면 치사량이 되어 사람들이 혼수 상태에 빠지거나 사망에 이를 수 있다. 그렇다고 적게 넣으면 그 독특한 향을 맛볼 수 없기 때문에 사람들이 외면한다. 그래서 복어 요리는 치사량이 되지 않게 하되, 그 맛을 잃지 않는 중립적인 양을 어떻게 맞추는가에 달려 있다. 필자는 불안도 마찬가지 원리라고 생각한다. 불안이 없으면 이 세상 사람이 아니고 저 세상에 속한 사람이다. 그 불안에 과도하게 들어가지 않으면서도 이 불안을 약간이라도 느낄 수 있는 것은 인간으로 하여금 비로소 인간이 되게 하는 요소일 수도 있다. 긴장과 일상을 함께할 수 있는 사람이 될 수 있다는 것이다. 우리가 움직이고 활동하는 이상, 불안은 자신의 내부에서 발생할 수도 있고 외부에서 나에게 올 수도 있다. 우리가 부주의해서 운전사고가 나는 경우도 있지만, 아무리 조심해도 다른 사람들이 차량 사고를 내는 경우도 있다. 결과는 둘 다 우리에게 불안을 초래한다.

필자는 지금부터 인생 내내 간헐적으로 또는 지속적으로 느끼는 이 불안의 원인이 어디에서 발생하는지를 살펴보고, 이 불안을 이해할 수 있는 길과 근원에 대한 문제를 해결할 수 있는 방법론에 대하여 알아보고자 했다.

동물과 인간의 차이는 무엇일까? 우리는 간혹 이웃과 사회에서 발생하는 사건의 피의자들을 보면서 짐승보다 못한 사람이라는 표현을 하곤 한다. 인간은 만물 중에 가장 으뜸이라고 생각하는데 실은 거의 모든 동물들은 인간에 비해 신체 발달 및 외부 세계에 대한 적응이 더 뛰어나다. 대부분의 동물들은 태어나서 짧은 기간에 환경에 적응하며 살아갈 수 있는 능력을 가지고 있다. 거기에 반해 사람은 걷기 전까지 약 1년 정도의 세월이 필요하고, 이후에도 유아의 신체적 발달과 정신적 발달을 위해 먹거리와 건강한 정신적 환경을 제공해 줘야 한다. 만물의 영장인 인간은 왜 이리 많은 시간의 보살핌이 요구되는 것인가?

두뇌 연구가들은 이렇게 많은 돌봄의 시간이 필요한 것은 '사회성 발달' 때문이라고 본다. 사회성 발달이란 인간과 인간이 만나는 개인 및 집단 간의 관계에서 인내 및 관용을 가지는 것이다. 인내라는 참을성은 자신이 불합리하게 취급되는 경우나 잘못된 처우를 받더라도 당장 그 자리에서 감정을 쏟아 내기보다는 인내를 가지고 그 상황을 차분하게 처리하는 것이다. 이러한 상황에서 분노나 감정에 대한 노골적인 표출은 모든 관계성을 바닥으로 내치게 하는 요소라는 점이다.

마시멜로의 이야기는 인간의 사회성 발달, 즉 참을성을 가지고 불안을 조절하는 것이 얼마나 중요한지를 잘 말해 주고 있다. 미국의 아이들이 놀이하면서 잘 먹는 마시멜로에 대한 실험은 유치원생을 대상으로 다음과 같이 진행되었다. 마시멜로를 실험실에 들어온 100여 명의 아이들 앞에 배렬해 놓고 15분간 먹지 말라고 했다. 그리고 실험자는 다른 곳으로 이들을 관찰했다. 그런데 먹을 것을 앞에 놓고 먹지 말라는 것에 인내를 가지고 따르는 아이들이 있었고, 참지 못해 먹은 아이들이 있었다. 이 아이들을 10년 동안 추적해 본 결과, 인내를 가지고 참았던 아이들이 대학이나 일터에서 잘 적응하는 아이들이 된 반면, 그렇지 못한 아이들은 사회에 잘 적응하지 못했다고 한다. 이 실험이 사람들에게 주는 교훈은 '만족을 지연시키는 습관'을 가진 사람이 자신을 잘 관리하고 사회에 잘 적응할 수 있다는 점이다.

실존주의 심리학자 롤로 메이(Rollo May)는 인간이 동물보다 월등할 때는 '건강한 자기'(healthy self)를 가지게 되었을 때라고 본다(May, 1977, p. 37). 성장과정을 통해서 건강한 자기상을 소유하게 될 때만 인간이 동물보다 나은 존재가 된다. 역으로 이야기하면, 만일 우리가 건강한 자기상을 소유하지 못하면 때론 동물보다 못한 존재로 세상을 살아간다는 것이다.

건강한 자기상을 가지는 것의 출발점은 불안에 대한 잠식에서 시작된다. 프로이트(Freud) 시대에 불안에 대해 연구한 오토 랭크(Otto Rank)는 불안과 우리 인생이 어떻게 긴밀한 관계를 가지고 있는지 잘 설명했다.

> "삶에 대한 두려움은 한 사람이 되어 가야 하는 앞으로 가는 불안이고, 죽음에 대한 불안은 개인을 상실하는 뒤로 가야 하는 불안이다. 인간은 이 두 가지 두려움의 가능성 사이에서 개인의 전 생애가 앞뒤로 꼬여 있다." (Rank)

인간은 출생 자체부터 두려움과 불안에 놓여 있다. 그래서 랭크는 인간이 출생할 때 울음을 터뜨리는 가장 큰 이유가 불안 때문이라고 보았다. 수정을 통하여 생명이 잉태가 되고 모태에서 자리를 잡았지만 예기치 않은, 기대하지 않는 순리의 법칙에 의해 이 세상 밖으로 태어나야 하는 숙명은 정착한 자리를 떠나지 않으려는 생명과, 강제적으로 인간 생명체를 세상 밖으로 보내려는 원칙이 교차하고 있다. 그래서 이 양가적인 감정과 태어남의 고통이 생명체로 하여금 세상을 향하여 울음을 터뜨리게 한다.

사람은 낯선 곳에 떨어져 정착하는 과정에 대한 불안과 그 정착한 곳을 언젠가는 떠나야 하는 것에 대한 불안을 가지고 있다. 신생아에게 모태 환경은 어머니가 특별한 병이나 나쁜 것들을 섭취하지 않는 한 가장 안락한 장소일 것이다. 그곳에서 만 9개월에 가까운 세월을 보내며 매순간 어머니의 환경으로부터 오는 도전에 자신을 적응시키거나 직면하면서 정착하였다. 그리고 어느 순간에 그 정든 곳을 타의적으로 떠나야 하는 운명이다.

성인들조차 직장으로 인해서, 또는 해외로 이민을 갈 경우 새로운 장소에 대한 여러 가지 불안들이 앞선다. 이러한 불안에 대한 필자의 생생한 기억은 1989년 12월 시카고로 유학을 떠났을 때다. 친척도 지인도 없는 곳에 떨어졌고, 다행히도 아는 사람들을 통해서 어느 집에 머무르게 되었다. 때마침 미국은 성탄절 연휴 기간이었다. 자연환경, 주거 시설 등등 모든 것이 새롭고 낯설었다. 동절기 짧은 해가 떨어지면 주택가는 조명등과 눈 덮인 도로만이 보일 뿐이고 사람을 볼 수가 없었다. 공항에서 부모님과 헤어지는 과정도 몹시 서운했는데 이 낯선 땅의 환경이 마음을 무겁게 했던 모양이었다. 그래서 그날 저녁 창가에서서 외부를 바라보면서 내일 아침이 밝으면 다시 돌아가야 겠다는 결심을 하고 잠을 청했던 기억이 난다. 이처럼 불안이 현실을 도피하게 만드는 것이고, 익숙했던 구조로 퇴행케 하는 것이다.

이사로 인해 다른 지역으로 옮기는 것은 성인 입장에서는 대수로운 문제가 아니지만 어린 자녀에게는 매우 중요한 심리적 영향을 미치는 문제다. 이로써 불안이 시작될 수 있다는 것이다. 정든 지역, 친구 등등을 이제는 보기가 어렵게 된다는 사실 때문이다. 매해 새로운 학년이 되어 새로운 반이 편성된다는 것도 아이들의 입장에서 보면 불안을 느끼게 하는 요인이 될 수 있다. 필자가 그렇게 마음이 불안해서 잠이 들고 난 다음날 집 주인은 나를 데리고 한인 유학생들이 모여서 점심 식사를 하는 곳으로 갔다. 같은 나라 사람들을 만나서 서로의 이야기와 관심사를 말하고 나서는 내가 간밤에 했던 생각들은 그 이후로 하지 않았다. 불안은 좋은 만남을 통해 해소가 될 수 있다는 예가 된 셈이다.

3. 불안과 부모의 관계

발달심리학자 에릭슨(Erikson)은 한 사람을 이해하기 위해서는 세 가지의 요소를 보아야 한다고 했다. 그 요소는 그 사람의 몸(soma)의 상태, 정신력(psyche) 그리고 그 당시의 사회문화적 환경(ethos)이고, 이를 삼중부기(triple bookkeeping)라고 칭하였다. 이 말은 한 사람을 이해하기 위해서는 적어도 다양한 각도에서 성찰이 필요하다는 것이다.

불안은 인간을 이해하는 데 필수불가별한 사항임을 말하였다. 그런데 한 개인이 불안의 영향을 어떻게 받았을까라는 질문을 가지고 상담을 할 때는 에릭슨이 지적한 바와 같이 세 가지 입장에서 살펴보면 더 효율적이고 공감적인 이해를 할 수 있다. 예를 들어, '나'라는 사람이 태어나고 성장하는 과정에서 내 몸의 상태는 어떠하였는지 아는 것은 중요하다. 몸은 정신과 영혼의 집이다. 몸이 수시로 약해 병으로 시달렸는지, 아니면 건강했는지 살펴보는 것이다. 한 내담자는 매우 유약하게 태어났다. 학창 시절과 청년 시절을 지내면서 그 내담자의 주된 관심은 그 당시 학생들이나 청년들의 관심과는 전혀 다른 것에 있다. 보통의 학생이라면 학교 수업, 성적 그리고 대학에 대한 관심을 가졌겠지만, 그 내담자의 주된 목표는 몸이 쓰러지지 않고 건강하게 호흡하는 것이었다. 온갖 신경이 몸을 건강하게 돌보는 것이기에 병 그리고 약에 대한 관심이 유달리 많았다.

에릭슨은 여기에 더하여 부모를 자녀에게 영향을 미치는 중요한 대상으로 보았고, 그 용어로 '톱니바퀴'(cogwheeling)라는 표현을 사용하였다. 톱니바퀴는 부모 세대의 것이 있고 자녀 세대의 것이 있는데, 자녀 세대의 톱니바퀴는 부모가 돌아가는 것에 의해서 톱니바퀴가 작동을 한다는 것이다. 자녀는 아직 부모의 그늘에 있기 때문에 자생적으로 움직이기에는 힘이 미약해서 부모가 움직임에 따라 이동하게 된다. 거시적 관점에서 보면 한 사회의 청소년의 사고와 가치는 스스로 움직이기보다는 그 사회의 생산적 활동을 하는 청장년의 가치관에 의해서 움직인다. 이러한 관점에서 보면 부모나 사회의 청장년들이 가진 가치관이 얼마나 중요한 영향을 주는지 알 수 있다.

한 내담자는 자신이 성장한 부모의 환경에 대하여 말해 주었다. 이 내담자는 장녀로서 동생 몇 명이 있었지만 성장과정에서 어머니가 거의 병상생활을 하였다. 아버지는 직장생활로 아내에 대한 보호를 전적으로 이 내담자에게 맡겼다. 장녀로서의 책임과 부담이 늘 있었다. 자신이 어떻게 하느냐에 따라 어머니의 마음이 변화하기 때문이다. 집안에 늘 누워 있는 어머니에게 이 내담자가 할 수 있는 것은 학교에서 경험한 슬픔과 애환은 가급적 억제하고 집에 오면 항상 밝은 얼굴로 어머니를 대하는 것이었다. 자신의 슬픈 얼굴이 어머니의 병세를 더 악화시킬까 봐 염려하는 어린 자녀의 마음이었지만, 그 내담자는 자신의 희로애락을 받아줄 부모 대상의 상실을 경험한 것이다. 사람은 감정의 동물이다. 슬픔이나 억울함이나 자신의 희열을 받아줄 대상이 있어야 건강하게 자랄 수 있다. 이 내담자의 어려움은 자신의 감정을 어머니 병환으로 인해 항상 밝게 하는 것이었다. 그러나 자신의 아픈 속 이야기는 어디에서도 하지 못했다. 그렇게 오랜 세월을 감정을 억제해 가면서 살아야 했던 내담자는 결혼 후에도 비슷한 곤란을 겪었다. 자신의 힘듦을 남편에게 말하지 못했다. 항상 밝은 얼굴을 하고 있지만, 속으로는 남편이 모든 문제에 대해 아내를 생각해 주길 바라지만, 남편이 그렇게 하지 못했을 때에도 자신의 마음을 표현하지 못하는 것이다.

유학 시절 한 단체에서 한 달간 봉고 운전을 한 적이 있다. 유·초등학교 학생들을 학교에 실어다 주고, 방과 후 활동을 하는 곳에 데려다 주곤 했다. 한 달간의 일정을 마무리하는 과정에서 태권도를 배우는 학생들을 데리고 태권도장에 갔다. 그날은 부모를 초청해서 합판을 격파하는 것을 보여 주는 날이었다. 태권도 사범이 합판을 가지고 있고, 이것에 학생들이 주먹을 가하여서 격파하는 것이다. 물론 사범이 격파를 할 때 자신의 힘도 가세하여 격파를 도와준다. 주요 목적은 학생들에게 자신감을 불어넣어 주는 것이었다. 어떤 학생은 한 차례에 격파하기도 하지만, 어떤 학생은 3~4차례 해야 격파를 할 수 있었다. 그런데 합판을 격파한 학생들이 한결같이 한 행동은 격파 후에 부서진 합판을 가지고 주변을 둘러보면서 자신들의 부모를 찾아 달려가는 것이었다. 합판을 격파하는 것도 중요하지만, 이 장면을 보아 주고 그 흥분된 감정을 알아줄 수 있는 대상이 있는 것도 중요하다. 격파과정이 거의 끝나갈 무렵, 한 학생이 격파를 하였다. 그 아이도 다른 학생처럼 부모를 찾는 세리모니를 해야 하는데 주변을 둘러보았지만 부모는 오지 않았다. 실망을 할 법도 한데, 그 아이의 눈이 나랑 마주쳤다. 그리고는 부서진 합판을 가지고 나에게로 달려 왔다. 순간적으로 약간 당황했지만 이내 아이를 맞아주었고 축하해 주었다. 자녀에게는 자신의 희로애락을 수용해 줄 수 있는 부모의 자리가 있어야 한다. 혹 그것이 부모에게는 아이의 지나친 감정 표현이라 할지라도 이러한 과정을 갖는 것은 자기 감정의 카타르시스를 경험하는 것이 된다. 애완견을 길러 보아도 같은 경험을 한다. 어린 강아지가 뛰어놀 수 있는 것은 주인이 자신의 옆에 있기 때문이다. 그러한 안전 기저를 가지고 장난감을 가지고 자신의 감정을 표현을 한다. 기본적으로 아이나 애완 동물이나 안전 기저에 대한 중요성은 큰 차이가 없다.

심리학자 아들러(A. Adler)는 부모가 자녀에게 영향을 주는 3대 요소는 부모가 많은 시간 동안 평상시 보이는 일반적 감정(general feeling) 상태, 일반적 행동(general attitude) 그리고 친척들과의 관계라고 보았다. 그가 이렇게 단순하게 영향을 주는 요소라고 정의하고 있지만 아들러의 중요성은 '일반적'이라는 용어에 있다고 본다. 실존주의 철학자 키에르케고르(Kierkegaard)는 인간의 이해는 그 개인이 가지는 개인적 관계성, 개인이 가진 천부적인 성향(내향형 혹은 외향형) 그리고 외부 문화라고 보았다. 위의 내용들을 종합해 보면, 인간이 가진 불안을 이해하는 데는 크게 두 가지 입장—부모의 영향, 사회문화 환경—을 이해하면 가장 좋은 방법이 될 것이다. 결국 환경이 사람을 만드는 것이고, 사람은 시행착오를 겪으면서 개인과 사회 환경이 바람직한 인간상을 만들어 가야 하는 운명에 놓여 있다. 그것이 좋든 싫든, 사람이 주어진 운명 안에서 개인의 가치, 행복 그리고 의미를 가지고 살 수 있기 때문이다.

1) 부모와 불안의 관계: 친밀감과 사랑

인생은 출생 자체가 두려움(fear)과 불안(anxiety)이다. 그러므로 이 불안이라는 것은 인생 시작부터 무덤으로 가는 그 순간까지 계속된다. 그래서 우리가 불안해하는 이유는 불안을 경험케 했던 기억들이 많이 있기 때문이다. 한 번의 기억도 될 수 있지만, 되풀이되는 불안의 기억들이 우리를 경직시킨다. 우리가 어떤 부분에 대하여, 생각이나 행동이 경직됨을 느끼는 것은 대부분이 그 부분과 연관된 불안의 경험이 있기 때문이다. 그런데 문제는 경직된 행동과 말에 익숙해져 있는 당사자는 자신의 경직성에 대하여 알지 못한다는 것이다. 왜냐하면 그렇게 익숙하게 성장을 해 왔기 때문이다. 경직되었다는 것은 무엇인가? 경직은 행동이나 심리에 있어서 사람을 먼저 보지 못하고 사람 주변에 있는 법칙 등을 강조하는 것을 의미한다. 그리고 이러한 강조로 인해 타인을 정죄하거나, 비난하고, 심지어 폭력 등을 행사한다.

우리가 이미 잘 아는 내용의 예화를 들어 보자. 산사에서 수행을 하던 두 스님이 수행을 끝내고 하산할 일이 있어 내려오다가 때마침 비로 인해 불어난 물로 냇가에 서성이고 있었다. 그때 주변에 불어난 물로 인해 건너가지 못한 젊은 여성이 있었는데 이 광경을 보고 한 스님이 건네주려고 등에 업어서 물결을 헤쳐서 건너갔다. 냇가 저편에 도착하고 젊은 여성의 인사를 받고 다시 걷기 시작한 스님에게 친구 스님이 나무라듯이 말했다. "도를 닦는 자네가 어떻게 여성을 등에 업고 갈 수가 있어?" 그러자 업어준 스님은 "무슨 말이야. 난 그저 어려운 사람을 도와줬을 뿐인데. 자네와 같은 생각을 한 적은 없어." 결국 자기 마음 속에서 이성에 대하여 갈등을 일으킨 스님이 그러한 눈으로 상대 스님을 나무란 것이다. 결국 자기가 가진 불안 콤플렉스로 상대를 본 것이다.

사람을 도와주는 것을 보지 못하고 법과 규칙에 얽매이는 것은 분명히 그 사람이 가진 경직성과 연관이 있다. 같은 일과 사건을 접하고도 한 사람은 그것을 성윤리 또는 도를 닦는 사람의 부적합한 처사라고 보는 반면, 한 사람은 그것은 마땅히 사람이 할 도리를 한 것으로 본다. 사람을 보지 못하고 규칙과 법을 들이대는 것은 그 사람이 그러한 법 내용에 대한 경직, 즉 불안이 있다는 것이다.

1990년대 미국에 유명한 TV 설교자가 있었다. 흔히 이들을 복음전도자(evangelist)라고 부르는데, 이 사람이 강조한 것은 '순결'이었다. 그런데 이 유명한 설교자도 매번 설교에서 '순결'이라는 내용을 매우 강조했다고 한다. 그런데 이 사람은 윤락가에서 자꾸 발견되어 매스컴에 오르내렸다. 왜 이러한 일이 발생할까? 우리가 지나치게 강조하는 것, 즉 경직성을 가진 것과 우리 마음에 있는 불안은 비례하는 것이다. 실은 진리와 도라는 것은 그것을 특정하게, 그리고 특별하게 강조해서 전해지는 것은 아니라고 생각한다. 지나친 경직성은 우리가 그것을 정말 중요해서 그렇게 생각하는 것이 아니라, 이미 우리 마음속이나 몸에 그것으로 인한 상처에서 발생하는 불안이 있기 때문이다.

앞서 언급한 두 사례는 다 '성(性)'과 연관된 것이다. 성은 성인들에게는 '놀이'와 같은 것이다. 그것은 자연스러운 것이며 신이 인간에게 준 선물 중의 하나다. 그런 성을 경직되게 생각하게 하는 이유에는 그 개인이 가진 아픈 상처가 있기 때문이다. 이 아픔이 우리를 경직되게 한다. 진리, 즉 바른 것은 자연스럽고 조용한 것이다. 있는 것 같지만 없는 것이고, 없는 것 같지만 있는 것과 같은 것이다. 큰 소리로 어떤 것을 강조하는 것은 매우 열정을 가진 것처럼 보이지만 지나친 강조는 그 강조 내용과 연관된 콤플렉스에서 발생하는 것이다. 자신의 콤플렉스를 보이지 않도록 위장하여 그 반대의 의견을 강조하는 것이다. 지나치게 깨끗하게 하려는 것은 깨끗함을 위함이기보다는 마음이나 몸에 있는 남아 있는 것을 더럽게 여기는 개인이 그 더러움을 치우기 위함이다.

불안 속에 태어난 유아는 성장기 내내 부모를 의지하게 된다. 대상관계론에서는 아동이 부모를 의지하는 가장 큰 이유가 사랑과 생존을 위함이라고 본다. 물론 겉으로 보기에는 아동이 부모를 따르고 순종하는 것이 사랑의 관계이지만, 그 내부에는 생존을 위하여 나보다 힘이 있는 부모의 말과 명령에 복종하는 관계다. 특별히 볼비(J. Bowbly)는 이러한 동물학적 입장을 견지하고 있다. 인간을 동물과 견줄 수는 없지만, 인간도 동물이 가진 최소한의 생존본능을 가지고 있다는 점에서는 수용이 된다.

인간의 자아(ego)가 형성되기 전에 우리는 부모가 가진 말, 행동 그리고 그 내면의 세계에 의해서 조형이 된다. 아들러의 지적과 같이, 아동은 부모의 일반적 행동, 감정, 그리고 친척과의 인간관계를 통해서 형성된다는 것이다. 아들러가 강조한 것은 일상생활에 가장 많이 나타나는 부모의 일반적 감정과 행동 그리고 인간관계가 결국 자녀에게 결정적인 영향을 미친다는 것이다. 물론 모태 환경이 어떠한가도 아동에게 중요하게 영향을 미친다. 출생 이후 부모의 영향도 중요하지만 감정의 체계는 임신 이후 여성이 놓여 있는 환경에 의해 영향을 받는다. 우리가 선천적이라고 말하는 대부분의 것은 이미 임신 이후 모태 환경이 어떠한가에 따라 매우 다양하다. 그래서 이러한 환경은 부인할 수 없는 각 개인 인생의 음색과 채색을 형성하고 있다.

아이는 생존을 위해 부모에게 무엇을 할까? 자아가 형성되지 않은 아이, 스스로 생존할 수 없는 아이는 주어진 환경에서 무엇을 할까? 아이는 부모의 성향을 빠르게 본능적으로 파악하고 부모가 무엇을 좋아하고 싫어하는지를 본능적으로 익히게 된다. 그리고 이러한 생각과 행동의 반복이 습관이 되고, 그 습관이 몸에 배어 일상생활에 부모의 영향이 나타나는 것이다.

필자의 예를 들어 보자. 성장과정에서 곤고한 환경은 필자에게 긍정적인 영향과 부정적인 영향을 주었다. 긍정적인 영향은 절약하는 습관이고, 부정적인 영향은 좀 더 가지고 싶은 욕심이 생기는 것이다. 만족하게 먹지 못한 아이는 늘 먹는 것에 대한 환상을 가지고 있는 것과 같이 필자는 절약과는 반대편이 되는 또 다른 소유의 욕구가 있는 것이다. 생활이 아주 열악하지는 않았지만 늘 부족함이 있었고, 주거환경도 협소할 수밖에 없었다. 좁은 주거환경은 생활의 여유라기보다는 생존하기 위한 최소한의 공간이었다. 그 좁은 공간에서 가족이 문화를 누리는 것은 사치였다. 앉아 있고, TV 보고, 식사하고, 그리고 밥 먹는 공간이 같은 장소였다.

그런 환경 속에 32년을 지내고 나서 결혼을 했다. 결혼은 필자를 또 다른 공간으로 옮기게 했지만 습관을 바꾸지는 못했다. 좁은 주거환경에서 옷을 방구석에 던져 놓거나 여기저기 어지럽게 해 두는 습관이 결혼 초기에 아내의 불만사항이었다. 몇 번의 요구가 있었고 필자가 습관을 고치려고 했지만 2~3일 내에 다시 옛 습관대로 행동했다. 실은 이러한 예는 우리가 좋은 것을 보고 변화하거나 바꾸려 하지만 오래된 습관은 하루아침에 바꿀 수 없다는 것을 보여 주는 것이다.

상습적으로 성폭행을 한 남자들과 상담한 내용들을 관찰해 보면 이들이 가지는 중요한 문제들을 파악할 수 있다. 바로 '친밀감'과 '사랑'에 대하여 일반 사람이 생각하는 것과는 다른 혼돈된 생각을 가지고 있다는 점이다. 이들의 공통점은 성장과정에서 친밀하게 지내는 가족이나 인척 혹은 지인으로부터 습관적인 성폭행을 당했다는 점이다. 자아가 형성되기 이전에는 무엇이 바른 것이고 그른 것인지를 분간하기 어렵고, 나와 타인을 분리해서 생각하기 어려운 시기에 매우 친밀한 사람들로부터 폭행을 당한 것이다. 그런데 대부분 이러한 성폭행의 과정이 끝이 나고 난 후에 성인은 이들에게 '사랑'이라는 표현을 하면서 돈, 먹을 것, 선물 등을 준다. 어쩌면 이러한 것은 부모가 자녀에게 자신의 감정을 추스르지 못하고 감정적으로 훈육을 한 다음, 죄책감을 느껴서 자녀에게 먹을 것이나 선물을 사 주는 것과 비슷한 과정이라고 본다.

성폭행과 그 이후에 아이들에게 제공되는 용돈, 음식, 선물 그리고 때로는 내가 너를 사랑하기 때문이라는 말은 정체성이 형성되지 않은 아이들에게 혼돈을 초래한다. 아이들은 이 폭행에서 때로는 자신이 생존하기 위해 피의자의 말에 순종하고 때로는 회유를 받기도 한다. 그리고 이런 일이 익숙한 환경 속에서 성장하면서 친밀감과 사랑에 대해 혼돈 상태에 있게 된다. 따라서 이들은 이성과 데이트를 할 때마다 성폭행을 하게 된다. 이런 피의자들의 대부분은 사랑하기 때문에, 친근감을 느꼈기 때문에 그랬다고 말한다. 성장과정에서 겪었던 습관적인 성폭행과 피의자의 회유하는 말 때문이다(Poling, 1991).

개인적으로 프로이트가 말하는 남아들의 어머니 연모를 수용하는 사람은 많지 않으리라 생각한다. 그러나 그가 지적하고, 어니스트 베커(Ernest Becker)와 같은 후기 프로이트 학파들이 주장한 생식기 거세 불안(castration anxiety)에 대해 매우 합리적인 해석을 하고 있다. 프로이트는 어머니 연모에 있어 아버지가 아들에게 위협적인 존재가 되기에 아들은 스스로 아버지가 선호하는 형태의 사람으로 변하는 것을 택한다는 생존적인 관점에서 해석을 하였다. 사실, 이러한 것은 상담의 현장에서 볼 수 있듯이, 특별히 아동이 부모의 강압적인 자세나, 바람직하지 못한 강요나 교육에도 불구하고 생존을 위해 그 요구들을 수용하는 것과 같다. 베이커는 생식기 절단에 대한 불안을 '죽음'에 대한 불안으로 재해석하여 설득력을 더하고 있다. 이 죽음에 대한 불안은 후에 좀 더 상세히 다룰 것이지만, 불안의 최종적 근거는 죽음에 근거하고 있다고 보는 것이 정확하다. 부모로부터의 분리불안, 공동체로부터의 왕따 등 모든 것이 결국은 죽음이라는 불안과 연관성을 가지고 있다.

인지심리학자 장 피아제(Jean Piaget)의 이론에 따르면, 아이들의 세계는 성인들이 생각하는 것과는 너무 다르다. 그는 만 0~2세의 아동이 가지는 인지적 특성을 '대상 영속성'이라고 보았다. 이 말은 아동은 자신의 눈에 보이는 대상만을 정말로 있다고 생각하는 것이지, 만일 대상이 되는 어머니가 자신의 눈앞을 떠나 화장실이나 부엌에 있으면 어머니가 없다고 생각한다는 것이다. 2~4세의 특성 중의 하나는 비가역적 사고를 하지 못한다는 점이다. 비가역성(非可逆性)이란 어떤 사실을 타인의 입장에서 생각을 할 수 없고, 자신의 입장에서만 생각을 한다는 것이다. 그리고 추상적인 사고는 중학생의 나이가 되어서 생각할 수 있는 인지적 발달이론을 말했다.

대상 영속성의 인지능력을 가진 아이는 수시로 자신의 눈에서 부모가 사라지는 것을 보게 되면, 그리고 부모가 이러한 아동의 인지능력을 알지 못하면 아이는 수없이 분리라는 아픔을 겪게 되는 것이다. 타인의 입장에서 결과나 사물을 볼 수 없는 아동은 자기중심적으로 볼 수밖에 없는 인지능력을 가지고 있기에 이런 것들도 현실을 왜곡해서 볼 수밖에 없다. 중요한 것은 어쩌면 성인이 되어서는 모든 것이 수용될 수도 있겠지만 아동 입장에서는 일련의 사건들이 자신이 수용하지 못하는 상처로 남을 수 있다는 점이다.

2) 사례

한 여성 내담자는 상당히 유복하게 성장하였다. 그런데 그녀가 가진 문제는 남편에 대한 냉담함과 특히 장남과의 불화였다. 친밀하게 다가오는 남편에 대한 혐오와 자신의 뜻만큼 공부를 해 주지 못하는 아들에 대한 불만으로 가득 차 있었다. 이 내담자에 나타나는 특징은 두 가지였다. 자존감이 낮은 것과 그것으로 인해 자신보다 학력이 높은 사람과 만나면 주눅이 들고, 남들 앞에서 이야기를 할 수 없다는 것이다. 남 앞에서 이야기를 해야 할 때가 되면 전날부터 불안하여 잠을 잘 수 없었다.

대부분의 개인상담이나 가족상담에서 문제의 원인은 원가족의 구성과 가족원 간의 관계성에서 그 해답을 찾을 수가 있다. 볼비는 정신질환에 대한 원인을 조사하다가 그 원인 규명이 불분명해질 때는 원가족인 부모와의 관계성으로 가면 문제가 비교적 명료해진다고 보았다. 내담자 역시 이러한 어려움이 원가족의 구조에서 형성된 것이다. 내담자의 어머니는 매우 다정다감한 사람이었지만 시집의 분위기는 상당히 엄한 환경이었다. 특히 시어머니의 따가운 눈총은 견디기 어려워 스스로를 비천하게 여길 정도였다. 내담자의 어머니는 가족적인 환경에서 성장했지만, 시댁에서는 그녀를 억센 일을 담당할 한 구성원으로 생각했다. 전혀 다른 환경 속에서 내담자의 어머니는 정신적으로 병이 들고 말았다. 환경이 전적으로 다르고 적응이 어려워 쌓인 일종의 탈출이라고도 상담자는 보고 있다. 그리고 그 무렵에 내담자가 출생했다.

내담자의 어머니가 아파서 내담자는 성장 초기부터 친할머니에게 맡겨져서 자랐다. 며느리를 고운 눈으로 보지 않는 친할머니는 늘 며느리에 대한 불만으로 가득 차 있었다. 친할머니 밑에서 성장기를 보낸 내담자는 매순간 어머니를 낮게 보고 저평가하는 친할머니 아래에서 어머니에 대한 정보를 받으며 성장을 했다.

할머니는 당시 여성들에 비해 학식이 높았다. 여린 체격이지만 학식을 통해 아랫사람들을 통제하는 모습이 내담자에게는 한없이 멋있어 보였다. 그리고 할머니의 뜻에 따르지 못하고, 아프면서 집안일을 제대로 수행하지 못하는 어머니는 늘 미움과 반항의 대상이었다. 이 내담자에게 여성상을 형성해 준 것이 어머니를 대신한 양육자인 할머니였다. 그러나 할머니의 높은 학식과 그 여성상에 비해 내담자는 그 학업 요구에 따를 수가 없었다. 할머니는 무엇이라 지적을 하지는 않았지만 어머니를 비하하는 것과 같은 눈으로 자신을 바라보는 것에 눌려서 살았다. 이러한 구조는 이 내담자에게 현실적으로 두 가지 문제를 발생시켰다. 첫째는 공부와 학력에 대한 문제였다. 할머니가 배워서 남을 다스리고 통제했던 그 모습이 자신에게는 없었다. 스스로 자격이 없다는 무능감이 성장과정을 지배했고, 취업을 하고도 취업 현장에서 무능감이 발생했다. 회사에서 자신이 발표를 해야 하는 날이면 머릿속이 하얗게 변하고, 결국은 아무 말도 못하고 주저하다가 내려오곤 했다.

배움의 한을 풀지 못한 내담자에게 최대의 관심을 학력이고 학업이었다. 그런데 이렇게 잘못된 콤플렉스는 반드시 어느 누구를 향해 투사되기 마련인데 그것이 남편과 큰아들이었다. 할머니로부터 전해 들은 남자는 과묵하면서 일을 수행하는 인간상이었다. 거기에 비해 다정한 남편은 마치 할머니가 미워했던 어머니와 같은 상을 하고 있었기에 결혼 초기에 남자 같지도 않았고, 남편 같지도 않았다. 내담자의 익숙한 오래된 구조가 남자상을 이미 그녀에게 강하게 조성하고 있었기에 그것을 결혼 초기부터 변형하기에는 불가하였다. 그녀에게 남자는 과묵한 존재여야 했다. 할머니가 투사해 준 남자상이 이미 내담자의 내부에 깊숙하고 강하게 형성되어 있었다. 그래서 남편이 아무리 잘해 줘도 할머니의 화난 표정으로 결혼생활을 지속했다.

내담자의 콤플렉스에 대한 두 번째 투사는 큰아들을 향하였다. 가족구조상 큰아들이나 큰딸은 부모의 콤플렉스로부터 투사를 받게 되어 다른 자녀에 비해 갈등이 많이 발생한다. 내담자의 소원은 자신의 그림자를 벗어 버리는 것이었다. 그런데 문제는 내담자가 자신의 콤플렉스의 근원과 이유에 대하여 알지 못하면 그 콤플렉스로부터 투사를 받는 이들에게는 항상 갈등을 유발하게 된다는 것이다. 우리가 대화를 하면서 상대방과 부딪히는 경우도 이러한 콤플렉스의 투사에 의한 것이다.

내담자의 콤플렉스는 대부분 할머니가 만든 것이고, 이 콤플렉스는 내담자에게 불안을 발생시키는 중요한 원인이 된 것이고, 이 불안은 대상(물건이나 사람)에게 집착하도록 만든다. 칼 융(Carl Jung)에 따르면, 심리치료는 두 가지 원인에 대한 근거를 찾아내면 대부분 해결이 된다. 첫째는 콤플렉스의 원인이 무엇인지 살펴보는 것이고, 둘째는 투사가 누구를 향하고 있는가를 살펴보는 것이다. 필자는 여기에 더하여 앞서 언급한 바와 같이 콤플렉스는 사람에게 반드시 불안을 발생시킨다고 본다. 그래서 성장과정에서 아동은 사람과의 관계성을 끊고 스스로 고립적인 생활을 하기 쉽고, 청소년기와 성인기가 되어서는 그것이 폭력성을 낳기 쉬운 구조로 변한다.

내담자의 배움에 대한 콤플렉스는 큰아들에게 향하였다. 실은 이러한 콤플렉스가 갈등을 더 발생시키는 것은 이것이 결국 내담자를 위하여 큰아들이 해 주기를 바라는 욕구의 전이이기 때문이다. '내가 못한 것을 네가 해결하여 내 한을 풀어 달라.'는 무언의 욕구가 상대에게 향하기 때문에 그 욕구는 강압적이고 일방적이다. 사람의 마음이 변하는 것은 상대를 헤아리는 배려와 관심으로 긍정적으로 움직이는 것이지 일방적으로 움직이지는 않는다. 내담자의 욕구에 따르지 못하는 큰아들을 보면서 내담자는 자신이 성장과정에서 할머니로부터 무언으로 받은 싸늘함에 자신의 좌절을 보태어서 아들에게 보였다. 그 욕구가 곱절이 되어 아들에게 투사가 되었다. 이러한 구조에 오랜 세월 노출된 큰아들은 어머니가 겪는 불안을 그 이상으로 경험하고 있었다.

과도한 불안은 인간을 비정상적으로 만든다. 인간이 불안하기 때문에 종교를 가지기도 하지만, 과도한 불안은 항상 애착을 넘어 집착을 남긴다. 과도한 불안을 가진 사람은 종교생활을 하더라도 광적으로 집착을 하게 된다. 결국 무엇을 하더라도 자신의 불안을 잠식시키기 위해 하는 것이니 집착을 하는 것이다. 그래서 자신의 불안과 그 갈증을 해결할 수 있는 것을 구한다. 광신적으로 지금 무엇이 발생할 것같은 종말론적 종교에 귀의하여 자신의 불안을 달래는 것이다. 정상적인 불안은 상대를 배려할 수 있는 여유가 있지만, 비정상적인 과도한 불안은 그 내부를 들여다보면 상대를 배려하지 않고 자신을 위해 상대를 이용하는 것이다.

내담자는 자신의 불안과 집착이 할머니와 가족 구조에서 발생되었다는 사실을 안 이후부터, 불안의 투사에서 남편과 아들에 대한 집착이 시작되었음을 알고 서서히 그 집착에서 자신을 놓았다. 가정적인 남편에 대한 고마움이 시작되었고, 그 남편이 있음으로 행복과 의미가 지속되고 있음을 감사하게 되었다. 자신의 콤플렉스를 달래 줄 아들에 대한 투사에서 이제는 아들에게 그가 결정할 수 있고, 스스로 할 수 있는 기회를 주고, 그에 대한 기다림이 시작되었다. 할머니로 인해 그렇게 미워하던 어머니에 대한 재평가를 시작하였고, 어머니가 생전에 딸에게 말한 내용에 대해 수용하였고, 자신의 성장과정 구조를 이해하였다. 그리고 이제는 자신이 그렇게 열망하였던 학업에 대한 재기를 시작하여서 학력에 대한 욕구를 해소시키고 있다.

4. 불안과 사회

심리학자 브론펜브레너(Uri Bronfenbrenner)는 인간의 발달과 성장을 생태학적 입장에서 보았다. 브론펜브레너는 한 개인에게 영향을 주는 요소를 미시체계–중간체계–외체계–거시체계로 보았다. 여기서 미시체계에 속하는 것은 개인이다. 중간체계는 가족, 외체계는 사회, 거시체계는 그 개인이 살고 있는 사회의 법, 도덕, 문화 등의 무형적 힘을 가진 요소를 말한다.

가족이나 개인을 양육하는 주된 양육자의 질적 돌봄은 매우 중요한 요소이기는 하지만 개인이 영향을 받는 요소를 가족이나 주된 양육자에게만 국한시키는 것은 제한적 시각이다. 개인이 한 사회에 살고 있는 이상 그 사회가 가진 가치관과 문화에 의해 호흡하고 살아가는 것이기 때문에 유형적 · 무형적으로 개인의 의식과 행동에 영향을 줄 수밖에 없다.

앞서 마시멜로의 이야기를 들으면서 개인이 사회에 잘 적응할 수 있는 방법 중의 하나를 '만족을 지연시키는 훈련'이라는 점을 말했다. 심리학자 스콧 펙(Scott Peck)은 인생, 살아가는 과정이 '고통'이라고 말하였다(Peck, 2000). 심리학자 오토 랭크는 출생은 에덴(Eden) 동산에 추방된 것과 같다고 했다. 그런데 고통과 고난이 많은 이 세상살이에서 인간이 적응할 수 있는 일은 만족을 지연시키는 '훈련'이라는 점을 분명히 하였다. 눈앞에 보이는 정신적 · 신체적 · 물질적 욕구에 대해서 닥치는 대로 욕구를 충족시키면 그것이 정신과 신체 질서의 습관을 형성하게 되어 그 습관에서 벗어나오기 어렵게 된다는 점이다.

맛없는 사과와 아주 맛없는 사과가 있는데 이것을 다 먹어야 한다면 '만족을 지연시키는 훈련' 입장에서는 맛없는 사과를 먼저 먹는 것이 좋다. 그러나 맛있는 것을 먼저 택한 사람은 나중에 맛없는 사과를 먹기가 매우 곤혹스럽다. 이미 좋은 것을 먹었기에 맛없는 것을 먹기가 어려워 중간에 포기하거나 좌절하는 경우가 발생한다는 논리다.

인생의 과정도 자유보다는 책임을 우선하는 교육과 훈련이 사회생활을 잘 적응하도록 한다. 심리치료의 경우, 인간관계나 가치관의 혼란으로 인해 불안과 불만 속에 사는 사람들의 특징 중 하나는 쉽사리 자유라는 선택에 익숙해지고 책임이라는 것을 멀리한 사람들이다. 자유와 책임이라는 두 주제에 대해 과거에는 책임이 더 강조되었다면, 지금은 자유를 추구하는 시대에 살고 있다. 개인이나 단체의 책임이 너무 강조된 가부장적 사회에서의 병폐는 일방성 때문에 힘없는 개인이나 여성, 아동이 권위의 아래에서 힘을 못 쓰는 구조였다. 개인주의로 치닫는 현대인에게는 억압과 억제에서 벗어나 자유로 인해 오히려 문제가 발생한다. 이것은 사회적인 정서적 분위기와 개인사가 사회문화적 환경과 밀접한 관계가 있기 때문이다.

미국의 경우, 1960대와 1970년대 전성기를 거치면서 당시 사회풍토에 대한 학자의 통찰은 사회구성원, 특히 젊은이들이 전반적인 사회 분위기에 의해 어떻게 영향을 받는지를 잘 보여 주고 있다.

> 인생은 많은 즐거움이 있을 수 있기에 (미국) 청소년의 정체성에 대한 필요조건은 먹고, 마시고, 성적으로 즐기는 것이다. 물론 이 쾌락의 철학은 인간과 삶의 관점에서는 믿을 수 없을 정도로 단순하다. '활기차게 살아가는 것은' 유행에 따른 옷, 술과 음식, 영화, 음악과 책이 있는 풍요로운 사회에 의해 제공되는 것으로 쾌락의 자기중심적 추구를 의미하는 것으로 나타난다……. 근본적으로 인간은 소비자가 되며, 그의 소명(vocation)은 자신이 즐길 수 있는 소비를 극대화하기 위해 일과 사람을 조정하는 것이다. 이것은 인생이 쾌락이 만족되는 순간이 계속되도록 조건을 제공하는 것 외에는 어떠한 진지한 것에 대해서도 헌신하지 않으려는 것이며, 만족은 단순하고 천박한 방법을 통해 이해를 한다(LeFevre, 1977, p. 16).

한 개인이 속해 있는 가정의 물질적이고 정신적인 환경에 의해 구성원이 영향을 받듯이, 한 국가의 상황 역시 개인에게 영향을 미친다. 전성기였던 미국의 1960~1970년대의 풍요로움은 책임보다는 개인의 자유, 특히 성과 연관된 유희를 좇아가는 것으로 묘사되고 있다. 그 당시 미국 사회를 스케치한 이 묘사들은 오늘날 우리 사회의 상황과 비슷하다는 생각을 하곤 한다. 먹고 마시는 것이 매장마다 즐비하게 늘어서 있고, 삶의 목적은 고생했던 세대가 번민하던 인생의 고뇌를 떨쳐 버리고 쾌락이 중심이 되는 음악, 영화 그리고 술이 대체하고, 성에 대한 관념은 단순히 놀이(play)로 변형되었다. 삶의 진정성 없이 살아가는 것이다.

프로이트는 자신의 정신분석학의 최고 목표는 초자아가 원초본능을 통제하여 현재의 내가 적응하며 살아가는 것이라고 했다. 어떤 면에서는 현대적 개념으로 원초아를 자유, 그리고 초자아를 책임이라는 위치에 놓고 생각할 수도 있다. 프로이트의 지적은 인간이 본능 위주만으로는 살 수 없다는 것을 말해 주고 있고, 동시에 초자아만으로도 살 수 없다는 것을 말한다. 최고의 이상적인 도덕적 인간으로 살아간다는 것은 극심한 신경불안에 시달리게 할 수 있고, 원초아의 본능에 치우쳐 살아가는 것 역시 마찬가지다.

시카고 대학의 교수이던 피터 호먼스(Peter Homans)와 보스턴 대학의 종교사회심리학자인 피터 버거(Peter Berger)는 현대인이 살아가는 삶의 방식을 각각 '즉각적 만족(immediate gratification)을 추구하는 세대'와 '나만을 위한 세대'(me-generation)로 규정한다. 궁핍한 시대를 지나 의식주에 대한 기본적인 문제가 해결된 세대가 추구하는 것은 이전 시대의 가치기준과는 많이 다른 관점을 가지고 있다.

즉각적 만족을 추구하는 세대는 만족을 지연하여 무언가 성취하려는 세대와는 많이 다르다. 눈으로 보고, 만질 수 있고, 느낄 수 있는 것을 추구하는 경향이 과거보다 많아졌다. 그러기에 인생에 대한 계획을 장기적으로 짜고 준비하는 것보다는 지금 당장, 아니면 조금 멀리 보는 정도에서 인생을 생각하는 것이다. 예를 들면, TV 예능 프로그램은 신인이나 처음으로 출연하는 사람의 경우 30초 정도에 앞으로 TV에 계속 출연할 수 있을 것인지가 결정된다고 본다. 그래서 그 짧은 30초에 자신의 모든 것을 순간적으로 보여 줘야 한다. 물론 능숙한 사람들은 잘 적응할 수 있겠지만, 대다수는 아닐 수 있다.

앞서 언급한 두 학자는 즉각적 만족의 영향을 우리 시대에 팽배한 전자기계의 생활 침투와 연관시켜서 지적한다. 필자는 14년 전 귀국할 때 486급 컴퓨터를 짐으로 싣고 왔다. 우리나라에 돌아와 1년간 사용을 한 후, 학교에서 제공한 새 컴퓨터를 사용하게 되었다. 집에서는 486급 컴퓨터를 사용하였다. 당연히 새 것이 속도와 화면 및 모든 것에서 월등했다. 이후 집에 있는 것은 느려서 지루했기 때문에 더 이상 사용할 수 없었다. 이 학자들이 지적하는 전자기계의 생활 침투는 두 가지 현상을 가져다준다. 첫째는 느린 것을 참을 수 없고 빠른 것, 즉각적인 반응을 추구하는 세대로 변형되는 것이고, 둘째는 수학적 결과에 의해 창작된 전자기계를 일상생활에 가져옴으로써 일반인도 수학적 사고방식, 이성과 합리적 사고방식에 능숙해져서 인간의 감성적 부분들을 상실할 수 있다는 것이다.

사람은 감정과 이성의 조화 속에서 성장과 성숙을 하는 동물이다. 어느 한쪽만으로도 살아갈 수야 있지만 관계성에서 분명히 문제가 생긴다. 우리 시대가 가져다주는 비극은 수없이 쏟아져 나오는 일상용품의 편리함과 빠름이 인간관계에 적용되어서 당연히 사람들도 그러한 추세를 따를 수 있다는 점이다. 예를 들어, 사람의 관계, 특히 부부로 살아가는 사람들의 관계는 갑자기 완성되는 것이 아니라, 오랜 세월의 시행착오를 통해서 서로를 이해하거나 양보 등을 통해 그 관계성의 진수를 습득해 나가는 것이다. 유아에서 성숙한 한 인간이 되기 위해서도 최소 10여 년의 기간이 지나야 약간의 자립심을 가질 수 있는 사람이 되는데, 주변의 즉각적 만족을 추구케 하는 문화환경들이 우리를 빠르게 자극하는 것이다. 그러다 보니 눈앞에 보이는 것에 대해서는 관심이 있지만, 눈앞에 있지 않는 미래에 대한 것이나 신성한 초월성 영역에 대한 인간의 관조 같은 것에는 관심을 두기가 어려운 구조가 된다.

과거 대가족 제도에서는 개인이 희생을 하며 살았지만, 오늘날은 가족 중에서 나에 대한 중요성이 부각되지 않으면 못 사는 세대로 변해 가고 있다. 이것이 '나만을 위한 세대'의 특징이다. 예를 들어, 청년에게 결혼도 중요하지만 자기의 정체성을 위한 직업이나 활동은 오히려 더 큰 비중을 차지한다. 현대의 일반적인 청년은 나에 대한 뚜렷한 입지나 계획 그리고 현실이 주어져야 한다고 생각을 한다. 물론 이러한 각오는 긍정적인 자기 발전으로 볼 수 있다. 그러나 사상가 마틴 부버(Martin Buber)에 따르면,

'나'라는 것이 중심이 되는 인간관계는 초기에는 좋은 실적이나 결과를 가져올 수 있지만 중년 이후를 보면 황폐해질 것으로 추측하고 있다. 그 이유는 이러한 관계를 추구하는 세대 사람들의 특징 때문이다. 이들은 인간관계에서 늘 자신이 중심이 되어야 한다고 생각한다. 보통 히스테리를 가진 사람들에게서 나타나는 현상이다. 사람과의 대화나 행동에서 타인의 주목을 받아야 하기 때문에 여러 가지 방법을 동원해서 사람들에게 환심을 사려는 시도를 한다. 부부관계에서는 남편이나 부인이 자신을 위해 모든 것을 해 줘야 한다고 생각하는 유형의 사람들이다.

나를 중심으로 추구하는 세대는 상대를 하나의 인격체로 보기보다는 나를 위한 도구라고 생각하기 때문에, 필요에 따라 물건처럼 상대를 가져올 수도 있고 버릴 수 있다고 생각한다. 결과의 중심에는 나라는 사람이 있었기 때문이라고 보고 있다. 그런데 부버의 지적 중 흥미로운 것은 나 중심의 사람이 이루는 문화 환경이 수직적 사회 구조가 된다는 점이다

수직적 사회 구조가 된다는 것은 인간관계가 일방적인 관계가 된다는 의미다. 상급자는 하급자에게 명령을 하는 것을 당연하게 생각해야 하고, 하급자는 반드시 수용을 해야 하는 것이다. 수직적 사회는 외적 가치에 중심을 두고 있다(Buber, 1979). 우리 사회가 아직까지 외적 가치에 중심을 두고 있다고 했을 때 필자는 두 가지 이유를 생각한다. 첫째는 학력이나 학교에 대한 중대한 관심이다. 학교, 때로는 학력이라는 것이 필요한 것이 될 수는 있지만 이것이 절대적인 것이 되어서 생업과 연관된 취직이나 승진에 막대한 힘을 미친다면 문제가 된다. 우리나라는 전 세계에서 무역으로는 10위에 머물면서 부패지수는 50위에 머문다. 부패지수에서 우리나라 다음이 아프리카의 르완다이다. 각 국가를 부패케 하는 여러 요인들이 있는데, 우리나라는 엘리트 카르텔 때문이라고 본다. 이것은 좋은 학교를 졸업해서 고급 공무원으로 있다가 퇴직 후 대기업이나 로펌에 사외이사

나 변호사로서 활동을 하는 것이다. 그때 자신들이 있었던 과거의 자리를 이용해서 기업과 로펌의 활동을 돕기 때문이다. 결국 한 국가가 경제성장을 이루었지만 부정적인 요소가 많은 것은 이러한 요인들 때문이다. 인생에서 좀 더 진지한 것과 진정성 있는 것에 대한 헌신보다는 즐기려는 시대적 추세, 기다림의 미학보다는 즉각적인 만족을 추구하는 세대, 그리고 나 중심의 세대로 가려는 상황들이 이 시대를 사는 개인에게 유형·무형의 영향을 준다는 사실들을 상담자들은 기억해야 할 것이다.

후에도 언급하겠지만, 에릭슨은 학령기 발달에 있어 '기술백치'(craftidiocy)라는 것을 논했다. 이것은 학업과 학력의 목적이 인간애(humanity)의 향상이 되지 않고 방법과 기술만을 익히는 것이 되면, 방법과 기술만 익힌 사람이 사회에서 엘리트는 되겠지만 결국은 근본적인 인간애에 대한 기초가 서 있지 않기에 자신과 타인을 망치게 되는 교육이라고 지적하고 있다. 학교는 나와 남을 배려할 수 있으며, 근본적 인간애를 바탕으로 인생설계를 하는 사람이 되도록 돕는 기관이 되어야 하고, 학력은 더 깊은 지적 호기심의 근원이 되고 지식 세계에 대한 탐구심을 보여 주는 것이어야 한다. 그러나 현실은 이것과는 거리가 먼 것 같다. 고등학생의 70%가 대학을 가는 것이 현실이고, 여기에 서열에 대한 끊임없는 관심은 우리 사회가 수직 사회로 가는 것을 증명하고 있다고 말하기도 한다. 그러나 오랜 유교 전통에서 학습에 대한 강조를 한 것과, 한국전쟁 이후 폐허 더미의 자원 없는 나라에서 교육에 집중한 정책들이 이제는 한 국가의 정신적 원형(archetype)이 되어 버렸다. 수직 사회를 부추기는 학력에 대한 문제를 해결하려고 지난 수십 년간 노력을 했지만 모든 것이 다시 공수표로 돌아가고, 오히려 예전보다 더 어려운 입시 과정이 발생하는 것을 보면 이것은 뿌리 뽑기 어려운 한민족의 원형이 되었다고 할 수 있겠다.

뿌리 깊은 한민족의 유교적 전통에서 학습의 가장 큰 목적은 인간 속에 심어진 가능성에 대한 도출이다. 이 가능성을 교육만을 통해서 이룰 수 있다고 생각했기 때문이다. 저절로 성장하는 것이 아니라 교육이 물을 주고 성장을 시켜야 한다고 보았기 때문이다. 유교의 가장 큰 목적은 군자(君子)를 만드는 것이다. 그리고 군자의 특성은 개인의 이익에 초연하며 자신이 살아가는 세상에 인류애를 가지고 봉사하는 것이며, 이런 사람이 있음으로써 지역사회가 밝아지는 것을 최고의 목표로 하고 있다. 그리고 공자는 교육을 통하여 유교 국가를 실현하는 데 가장 조심해야 할 사항을 학연, 지연 그리고 혈연이라고 지목했다. 그러나 이상하게도 우리는 의식적 · 무의식적으로 일본이나 중국에 비해 유교적 정신을 따르고 있으면서도 유교 국가 실현에서 가장 나쁜 요소들인 학연, 지연, 혈연이 한국 문화 전반에 뿌리 내리고 있다는 것은 모순이다.

우리나라에는 공부 때문에 발생하는 부모와 자녀 간의 수많은 문제가 있다. 부모는 자녀에게 공부를 강요하고, 학교도 실적을 위해 공부를 강조하고, 아이들은 새벽부터 야심한 시간까지 학교에 갇혀 있고, 휴일이면 학원으로, 과외로 시간을 보낸다. 무엇이 우리를 이렇게 만들어 가족 해체와 정감을 산산이 부숴 버리는가.

사회 구조와 주된 관심이 학업이나 학력에 힘을 실어 주면 그 사회의 구성원인 국민 대다수는 그것을 추구할 수밖에 없다. 힘의 구조로 보아 작은 공동체를 총괄하는 국가가 무엇을 중요시하는가에 의해 작은 기구와 개인은 거기에 매달리게 된다. 그리고 이상향으로 만들어진 목표에 들어가려고 애를 쓰게 되어 있다. 그 목표에 들어가면 안도나 만족, 때로는 자기 이상화를 시키는 확장된 자아(inflated ego)를 가지고 되고, 만일 실패를 하면 마치 자신은 부적격자와 무능력자라는 콤플렉스 덩어리를 가지고 살게 된다. 학력과 공부에 유달리 열광적 관심을 가지는 우리나라의 정서는 많은 사람들이 자기 본분을 벗어나 가면을 쓰고 살게 하거나, 풀이 죽어 평생 콤플렉스를 가지고 살도록 하고 있다.

칼 융은 인생 전반기에서 성공과 성취를 지향하는 개인이나 사회 구조가 바른 것일 수도 있지만, 인생 후반기에 가서는 그 사실이 허위나 거짓으로 판명될 수 있다고 했다. 우리는 동시대를 살아가는 사람들이 유한한 인생의 시간 동안 거짓된 가치관으로 오류를 겪지 않기를 바라며, 그러기 위해 한 개인을 둘러싼 사회 · 문화 · 환경의 중요성이 대두된다.

완벽한 개인이나 사회라는 것이 있을 수는 없지만, 가능하면 어느 시대나 문화와 자신이 가지는 가치관에 대한 수정과 보완 작업이 진행형이 되어야 한다. 한 국가나 개인의 가치가 완전하다는 것을 가지고 있는 한, 그것은 '자기 광기'(profanization of self)와 같은 것이다. 이것은 완벽이 아니라 개인이 모든 것에 자기가 중심이 되어야 한다는 강박증을 가지고 살아가는 것이다. 그래서 완벽은 완전한 상태가 아니라, 개인이나 국가의 법, 질서를 포함한 모든 문화가 좀 더 나은 것을 향해 자신들의 불완전을 개선해 가는 과정을 의미한다. 앙드레 지드(Andre Gide)의 말처럼, 진리를 찾았다는 사람을 믿지 말고, 진리를 찾고 있다는 믿어라는 말도 같은 맥락에 속한다. 진리를 찾아가려는 사람, 과정을 밟는 사람이 많을 수록 더 건강한 개인과 사회가 되는 것이다.

1) 사례 1

내담자 A는 선천적으로 매우 적극적인 여성이다. 그래서인지 공부에 대한 관심이 남달랐다. 그러나 이러한 그녀의 욕구를 채워 줄 정도로 집안 환경이 좋은 것은 아니었기 때문에 고등학교를 졸업하고 산업 현장에서 일에 매달려야 했다. 산업현장에 있음에도 불구하고 자신이 가진 욕구를 실현할 수 있는 간접적인 일에 관심을 가지기 시작했다. 비록 학업의 연장은 아니었지만, 자신이 사람을 찾아다니며 제품에 대한 설명을 할 수 있고 그것을 교육할 수 있다는 생각을 가지고 열심을 다했다. 결혼 적령기가 되어서 결혼을 했지만 자기가 바라던 학업에 대한 욕구를 포기하지는 않았다. 비록 나이가 들어 학업할 기회가 멀어진 것이 사실이었지만 그녀는 자신의 좌절된 욕구를 남편과 자녀들에게 투사하기 시작했다.

학업을 제대로 하면 남들에게 인정받고 살 수 있다는 가설 및 사회 분위기 때문에 그녀는 그 좌절된 욕구의 희망을 남편에게 투사했다. 남편을 회사에서 어떻게 하든지 진급시키려고 했다. 이 일을 위해 아내로서 공적이나 사적인 회사일에 다 참여하여 봉사하였는데, 그 참여에 대한 열정은 광적일 정도였다. 정말 그래서인지 남편은 이른 나이에 회사에서 중책을 맡을 수 있었다. 그러나 이러한 과정에서 무리할 정도로 적극적인 그녀의 행동에 주변 사람에게 직간접적인 피해가 발생하였고, 남편은 아내의 활동으로 진급한 것에 대하여 만족은 하지만, 한편으로는 자신의 생각이나 행동이 아내에 의해 많이 침해당한다는 생각을 가지게 되었다.

문제는 자녀들에게 발생하였다. 그녀는 자신이 배우지 못한 한을 자녀들에게 다 쏟아부었다. 자녀들을 우리나라에서 손꼽는 대학에 보내는 것이 그녀의 목표였다. 이를 위해서 수많은 시간과 에너지를 쏟아부었다. 최고의 과외 강사들을 자녀들에게 붙여 주었다. 쉴 틈 없이, 그러나 어머니 입장에서는 가장 잘 가르치는 과외를 제공하니 자녀들도 당연히 거기에 부합하여 잘 따라 줄 것으로 기대했다. 학교에서는 학부모로서 담당해야 할 중요한 직책도 담당하였다. 그것 역시 자원봉사가 아니라 자녀들을 자신이 원하는 학교에 보내기 위한 한 방편이었다. 자신이 그렇게 하면 평가에서 조금이라도 긍정적인 점수를 얻을 것이라고 기대했기 때문이다.

자녀의 교육에 집중하고 쉴 틈도 없고 과외공부에 돌리는 것은 대부분 자녀의 미래를 위한 것이 아니라 부모가 가진 콤플렉스를 풀기 위한 투사다. 자녀를 통해서 부모의 콤플렉스를 해소하려는 목적을 가지고 있기에 이러한 목적은 설혹 자녀가 부모의 욕구대로 성취를 했더라도 그 효과는 잠시뿐이고 부모는 또 다른 목적을 위해 자녀에게 요구하기 시작할 것이다. 왜냐하면 자신의 콤플렉스 원인이 무엇인지, 왜 발생하였는지에 대한 통찰이 없어서 평생 지속될 수 있기 때문이다.

그녀는 자녀들에게 수없이 많은 시간과 에너지를 투자했기에 자신이 기대하는 것은 당연하다고 생각하였다. 즉, 자녀를 통해 자신이 이루지 못한 학업과 학력에 대한 콤플렉스를 해결하려는 생각이다. 그러나 이러한 콤플렉스가 원인이 되어 성취하고 관계하려는 사고나 행위는 늘 부작용을 낳았다. 즉, 자녀가 진정으로 잘되기를 바라고 훈육이나 교육하는 것과 부모의 목적을 이루려고 그리고 부모의 콤플렉스를 풀려고 훈육이나 교육하는 것은 그것을 받는 자녀가 더 민감하게 알고 있기 때문이다. 문제가 이런 데서 발생했다. 그녀는 끝없이 요구하고 할 수 있다고 생각했는데 자녀들이 기대치에 부응하지 못하는 것이다. 이로 인해 그녀는 자신의 자녀들을 저평가하기 시작했고, 사이가 소원해졌다.

사랑이나 인간관계를 맺을 때 나를 중심으로 하는 사랑과 상대를 배려하면서 하는 사랑은 겉으로 드러난 사랑이라는 형태는 같지만 사랑을 주고받는 사람 입장에서는 다르다. 만일 나 중심의 사랑을 하는데 상대가 어느 순간에 거절을 하면 그 분노는 평상시보다 더 할 것이다. 왜냐하면 나의 목적을 위해 사랑을 했기 때문에 그것을 거절한 것에 대한 분노는 상상초월이다. 상대를 배려한 사랑에서 혹 거절을 당했다면 그것은 나를 중심으로 한 사랑이 아니기에 상처가 그리 깊지 않다. 그녀가 자녀들에게 너무 실망을 하고 관계가 매우 소원해진 것은 학업을 시키고 에너지를 쏟는 것이 나 중심의 목적을 이루기 위한 것이지 자녀들을 위해 한 것이 아니기 때문이다. 물론 말로는 자녀들에게 너희의 미래를 위해서 내가 이렇게 한다고 했지만 자녀들은 그렇게 느끼지 않았다.

그녀와 자녀들은 다 이율배반적인 경험에 시달리게 되었다. 그녀는 말로 너희를 위해서 물질과 에너지를 다 투자를 했다고 하였지만, 자녀들이 그 기대치에 따라오지 못한 것에 대한 좌절감은 자신이 성장과정에서 가진 학업에 대한 좌절감에 배를 더한 경험이었다. 자녀들은 어머니가 정작 자신들을 위해서 이러한 수고를 한다고 말은 하지만 피부에 와 닿는 것과 눈빛과 감정을 읽으면 그렇지 않다는 것이다. 자신들을 사랑하고 미래를 위해서 하는 것이라고 하는데, 그 중심에 있는 어머니의 마음과 행동은 반대로 느껴졌기 때문이다. 그래서 그녀와 그 자녀들은 오히려 그녀의 이러한 욕구로 인해 더 많은 장애를 가지게 되었다.

이러한 문제는 우리 사회가 무엇을 중요하게 생각하고 어떤 사람을 가치 있게 보려고 하냐는 문화적 분위기에서 시작된다. 이 부인이 남편과 자녀에게 향하는 이와 같은 그녀의 욕구는 자신의 좌절된 욕구 투사였다.

이 내담자는 결국 자신이 가진 콤플렉스에 대한 해결책으로 학업을 시작하였고 자기투사의 근원이 무엇인지를 알게 되면서 소원했던 자녀들과 자기 자신과의 관계가 조금씩 회복되었다.

2) 사례 2

상담이나 심리를 연구하는 사람들이 가장 간과하기 쉬운 영역이 한 내담자에 대한 사회문화적 환경에 대한 이해다. 사회학적 관점에서 볼 때 상담과 심리에 대한 연구는 제한적 요소가 많다. 그래서 개인에 대한 이해 차원에서 끝이 나는 상담이 아니라, 한 내담자를 둘러싸고 있고 사회문화적 환경에 대한 이해가 바로 있어야 바람직한 상담이 진행될 수 있다.

내담자 B는 결혼 후 외국으로 이민을 간 여성이다. 그녀는 자신의 집 근처에 있는 교회에 정기적으로 출석하는 교인이 되었다. 그러나 사람들과의 만남을 늘 기피했다. 가급적 사람이 오지 않은 이른 시간에 교회에 갔고, 모든 행사가 종료되기가 무섭게 집으로 갔다. 그래서 B를 만난 사람은 많지만 그녀가 어디에 사는지 어떤 문제를 가지고 있는지는 알 수가 없었다.

추석이 가까운 날에 B는 우연히 나를 찾아왔다. 사무실에 앉아서 차를 마시며 자신의 이야기를 간혹 꺼내곤 했다. 그녀는 이 세상에 태어나면서부터 고아였다. 외부적인 조건이 다 갖추어진 고아원이라도 부모가 없다는 것은 인생의 좌절이었으며, 당시의 좋지 않는 환경 속에서 고아원 생활을 했다. 부모와의 단절 그리고 부모를 모른다는 좌절감 속에서 고아원의 친구가 초등학교 시절 옷장에서 목매어 자살한 것을 목격하기도 했다.

18세가 되어서 고아원을 나왔지만 어디 하나 자신을 맞아 주는 곳은 없었다. 취직할 자리도 마땅치 않았다. 배운 것도 많지는 않았지만, 작은 곳이라도 취직을 하려면 부모 보증을 요구하는 환경에서 B는 또 다른 좌절의 쓴맛을 사회에서 보았다. 그런데 자신을 맞아 주는 곳이 한 곳에 있었다. 미군을 상대하는 유흥가였다. 그래서 젊은 시절을 그곳에서 보냈고, 그리고 미군과 결혼을 한 후 이민을 갔다. 그리고 이혼을 했고, 자녀들을 홀로 데리고 경제적으로 힘들게 살아가고 있었다.

한 개인을 둘러싸고 있는 가정환경 및 사회환경은 개인에게 절대적 영향을 준다. B에게 주어진, 선천적으로 결정된 환경은 부모 없는 고아라는 신분이었다. 18세까지 부모의 돌봄을 받지 못했고, 그러나 보니 늘 소외감과 외로움 속에서 성장했다. 더구나 누가 봐줄 만큼의 외모도 가지지 못했다. 뛰어난 머리를 가진 것도 아니었다. 외롭게 18년의 세월을 보내고 이제는 자립할 시기라 정든 곳을 떠나야 했지만 자신 같은 고아를 받아줄 사람들은 없었다. 모두가 부모가 보증을 서도록 요구를 했기 때문에 다른 사람들과 같은 취직은 불가능했다. 화이트 컬러가 아니더라도 우리 사회가 조금이라도 인정하는 일들을 하고 싶었지만 그것은 꿈에 불과했던 것이다.

배는 고파 오고, 몸을 눕힐 자리가 필요했다. 고아원에서는 숙식에 대한 책임을 다 져 주지만, 이제는 자신이 자립을 해야 했다. 그러나 세상은 녹록치 않았다. 또 한 번의 절망과 좌절이었다. 자신을 받아주는 유흥가는 마음에 내키지는 않았지만 숙식을 해결해 줄 수 있는 장소였기에 불가항력적인 선택이었다.

각 개인의 인생에는 불가항력적인 요인들이 분명히 있다. 태어나는 사람이 받아야 하는 선천적으로 부여된 운명이다. B에게 이 운명은 확연하게 좋지 않은 환경이었다. 왜냐하면 선택의 여지가 없이 B는 이 조건으로 내던져졌기 때문이다. 우리 개인은 누구나 자아실현을 하고 싶어 한다. 이 과정에서 남에게 인정을 받고, 사회에서도 인정을 받는 사람, 지인들로부터 인정을 받고 무언가를 보여 주고 싶은 심정을 반드시 가지고 있다. B 역시 왜 그렇지 않았을까.

아들러는 인간이 천부적으로 가진 것이 우월성을 향한 욕구라 했다. 소위 성공과 성취를 향한 사람의 근본적인 욕망이다. 그런데 이 성취의 욕구에서 심리적으로 건강한 사람은 성취를 사회와 연관된 상황에서 생각을 한다는 것이다. 성취를 향한 부정적인 것이 있는데 이것은 개인적으로 끝나는 것이다. 그래서 아들러는 성공과 성취는 반드시 '이웃과 함께'(with others), '이웃을 위하여'(for others)라는 맥락에서 강조하고 있다. 이 의미는 태어남과 성장함이 개인의 독자적 특권이나 때로는 비극으로 여기지 않기 위해 구성원들이 이러한 의식을 가지고 개인에게, 사회에 빚진 자라는 마음으로 살아가는 생태적 상담심리를 강조하는 것이다.

B가 선천적으로 가진 불가항력적 환경들은 반드시 B가 재해석하여야 힘을 가진다. 이 재해석은 불가항력적으로 주어진 환경에 대해 이루어지

는데 이것은 상담자와 같은 역할을 하는 사람으로부터 부여된다. 때로는 이 재해석은 배우자, 친구, 공동체의 도움으로부터도 가능하다. 이 재해석이 힘을 가질 때 비로소 자신이 가진 환경이 좋든 나쁘든, 그것이 운명적인 것이었지만 거기에 빠지지 않고 자신의 운명을 주관적으로 재해석할 수 있는 힘을 가질 수 있다. 이 재해석의 힘을 가지게 될 때 비로소 과거에 주어진 운명의 틀에서 나만의 이야기를 할 수 있는 내 인생의 이야기가 되는 것이고, 나만의 세계를 통해서 볼 수 있는 특별한 가치를 가지게 되는 것이다. 이것을 통해 나의 특별성을 채우고 동시에 보편성을 익히는 것이다.

빅터 프랭클(Victor Frankle)은 인생이 아무리 악조건이라는 거기서 의미를 끄집어내야 한다고 한다. 한마디로 인생은 의미를 만들어 가는 과정이다. 만일 악조건이고 불가항력적으로 주어진 운명이라고 체념을 하면 거기서 발견할 수 있는 것은 아무것도 없고, 우리는 운명의 파도에 떠밀려 이 세상을 살다가 떠나는 것이다. 그렇기에 그런 인생에는 아무런 의미도, 존재의 이유도, 어쩌면 행복도 없이 떠밀려 가는 것이다. 그래서 그는 우리가 살기 위해, 좀 더 의미를 가지기 위해 어떠한 상황 속에서도, 그 상황이 의미가 없더라도 우리 자신을 위해서 의미를 가질 수 있도록 해야 한다는 것이다.

B가 이렇게 자신의 이야기를 털어놓았을 때 필자가 느낀 것은 내가 B와 같은 처지에서 출생을 했다면 지금의 나는 무엇을 하고 있을까 하고 자문해 보았다. 답은 과거 B가 살아온 세월과 차이가 많지 않을 수도 있겠다는 생각을 하였다. 그리고 몇 주가 흐른 후에 교회에서 '창녀와 세리를 사랑하신 예수'라는 제목으로 설교할 기회가 있었다. 필자는 B를 만나고 나서 성서를 보다가 예수가 왜 당시에 죄인 취급받고 살아가는 창기와 세리에 대한 관심을 가지고 살았는지 그리고 그들을 어떠한 관점에서 수용하고

친구가 되었는지를 곰곰이 생각해 보았고 그것을 설교하였다. 요지는 예수 역시 불가항력적인 인생의 운명을 인정한 것이다. 부모 없이 성장한 자녀가 세상에서 고생할 수밖에 없고, 떠돌다가 좋지 않은 직업을 가질 수 있었는데, 예수는 그러한 사람들을 비난한 것이 아니라 그들의 불가항력적 환경을 이해하였고, 당시 사람과 다르게 주어진 환경으로부터 인간을 이해했다는 것을 말했다. 이것을 말하는 동안에 B는 내내 울었다. 고개를 숙이고 너무 서러움이 복받쳐 올라 예배 중간에 밖으로 나가 버렸다. 설교가 다 끝날 때 쯤 들어오는 B의 얼굴은 눈물 자국과 눈 부위가 붉게 변해 있었다.

B가 변했다. 이 일이 있은 후에 B는 사람들과의 교제를 하기 시작했고, 늦게까지 담소를 나누었다. 한결 밝은 모습을 가지게 되었다. 주간에 모이는 모임이나 한 달에 한 번씩 갖는 모임에서도 즐겁게 참석을 했다. 중요한 것은 본인 자신이 변했다는 말을 하는 것이 아니라 주변에 있는 사람들이 B가 변했다는 사실을 말하곤 했다는 것이다. B는 누군가 자신의 입장에서 서 준 사람들이 있고, 그것을 말로써 확인하는 과정에서 자신의 과거생활에 대한 평가를 서서히 할 수 있는 내적인 힘이 발생한 것이다. 이후 여전히 자신을 공동체 안에서 발견하려고 노력하려는 모습을 볼 수 있었다.

5. 신경증적 불안과 실존적 불안

뇌 과학을 연구하는 이들에 의하면 인간의 뇌 중 정서적 영역을 담당하는 정서적 뇌가 가장 먼저 발달하는데, 중요 발달 시기는 1~4세라고 보고 있다. 정서적 영역의 뇌가 성장하려면 가장 중요한 것은 부모와의 애착관계다. 4세 이전에 부모와의 관계에서 사랑이 형성되지 않으면, 박탈과 상실로 안전기저에 대한 확보를 실패하고, 뇌의 구조는 성장이 더디게 되고, 감정 및 지적 능력에 차이를 보이게 된다.

조기교육과 같이 지적능력에 입각한 교육을 시켜서 자녀를 일찌감치 성공 대로로 가게 하려는 부모의 마음은 이해하지만, 만일 부모와의 유대관계에서 가장 근본적인 애착관계가 형성되지 않고 교육에 전념하는 것은 부모의 절대적 욕심이다. 지적 교육에 대한 전념은 학창 시절 선행학습 등으로 약간의 빛은 볼 수 있겠지만 인생 전체를 행복하게 만들지는 않는다. 애착이 형성되고 이것의 기반이 없는 교육은 오히려 우리의 자녀가 평생 불안과 자기불만족 가운데 살게 하는 지름길이다. 오히려 부모가 경제적인 절약과 검소를 기초로 하여 어린 시절 자녀와의 정서적 관계를 견고하게 하면 이러한 관계가 인생의 행복을 만들고 오래 갈 수 있는 열쇠다.

지적 호기심, 인생에 대한 도전, 대인관계의 원할함, 사람을 좋아하는 것 등등 인생에서 우리가 바람직하다고 생각하는 이러한 요소는 어린 시절 부모와의 관계에서 형성된다. 어린 시절 안전성을 확보한 아동이 자신의 주변 세계에 대한 탐색을 하는 가장 큰 이유는 이미 오랜 시간의 경험을 통해 자신이 의지할 수 있고, 자신을 보호할 수 있는 부모라는 안전한 대상이 있다는 것을 확인했기 때문이다. 그리고 그 부모가 안전하고 신뢰할 수 있는 대상이라는 인식이 강하게 있기 때문이다.

35년 동안 이루어진 한 연구에 따르면, 3세 무렵에 보인 자제력이 한 인간의 평생을 좌우할 수 있다고 보고 있다. 영유아가 자제력을 가진다는 것은 성인의 입장에서 보면 약간 가벼워 보일 수 있는 것이지만 이 시기에 가진 자기통제가 일생의 습관을 좌우할 수 있다는 점을 명심해야 한다. 이것은 이미 앞 장에서 예를 든 마시멜로의 비유를 통해서 규율을 지킨 아동이 그렇지 않은 아동보다 성장 후 대학생 나이 무렵에 사회에 훨씬 더 잘 적응한다는 통계를 보아서 확인했다. 아동이 자제력을 가진다는 것은 때로는 짧게 몇 분에서 몇 시간까지의 범주로 나눌 수 있지만, 자제력을 가지는 가장 큰 이유는 부모라는 안전기저를 가지기 때문이다. 이렇게 자제력을 가지고 성장한 아동은 성인이 된 이후에도 자신의 감정을 다스릴 수 있고, 주변의 여러 가지 유혹에서 자신을 지킬 수가 있다.

뇌를 연구한 로널드 멜잭(Ronald Melzack)에 따르면, 뇌는 크게 본능적 뇌, 감정의 뇌 그리고 신피질로 구성된 사고의 뇌로 구분한다. 이 세 부분은 서로 연결되어 있는데, 뇌 체계는 억압작용과 촉진작용을 할 수 있도록 서로 연결된 조직을 가지고 있다고 본다. 그런데 감정의 뇌를 담당하는 변인계가 감정에 대한 문제가 확대되면 사고의 뇌를 담당하는 신피질과 변인계 사이에 교통할 수 있는 통로가 막히게 된다(Bradshaw, 2004). 이렇게 되면 사람이 자신이 감정적인 문제에 직면할 때 이것을 이성적으로 생각할 수 있는 통로가 막히게 되어 문제를 일으킬 수 있다는 것이다.

아동기 성장과정에서 박탈과 상실 등으로 정서적 뇌의 영역이 성장하지 않는다면 인내심을 가지고 사회생활에 적응하는 것, 남으로부터 싫은 소리를 들었을 때 자제력을 가지고 반응하는 것, 자유보다는 책임을 먼저 선택하려는 것 등을 할 수 있는 통제력이 약해지기 때문에 감정적 영역에 쉽게 화를 내거나 동요하는 추세가 된다. 결국 이런 것은 한 아동이 사회에 적응하는 능력을 저하시킨다. 이처럼 초기 아동기가 부모와의 관계에서 매우 중요함에도 불구하고 놀라운 것은 서울의 경우 1.5~2세 아동들이 보육원에 맡겨서 일과시간을 보내는 비율이 52%가 된다고 한다. 보육원에 위탁하여 양육이 되는 이유는 다양하겠지만, 가장 큰 것은 경제적인 문제이고, 부모의 전문직 문제, 그리고 부모가 양육의 고생으로부터 벗어나고 싶기 때문일 것이다. 아동의 감정적 뇌의 발달은 애착의 안정성이 확보되어야 하는 것을 전제조건으로 하고 있는데, 만일 이 어린 시기에 여러 다양한 여건으로 아동이 안전기저를 확보하지 못한 상황에서 맡겨진다면 그것은 몇 십 년 후에 아동이 성인이 되면서 스스로를 행복하지 않다고 여기는 재앙을 키우는 것이다. 이러한 대책에 대한 논의는 후반부에 다양하게 논의를 하겠지만, 우리는 이 시점에 있는 부모라면 분명한 장기적 결정을 선택해야 할 것이다. 경제적 불편함을 감수하고 이 시기에 양육에 대한 책임을 부부가 담당을 할 것인가에 대한 도전이다. 볼비는 당시 영국 정부가 보육원에 자녀를 위탁하여 교육하는 제도에 대하여 부정적인 시각을 가졌다. 결국 이런 제도는 우리나라의 경우도 마찬가지이지만 정부의 보조가 있기 때문에 부모가 아동을 보육원에 맡기는 것이 더 활성화된 것이다. 그는 가정이 아동 성장에 중요한 역할을 하기 때문에 가정이 없는 것보다는 나쁜 가정이라도 있는 것이 더 좋다는 표현도 하였다(Bowlby, 1961). 그래서 보육비를 정부가 보육원에 지급하기보다는 어머니가 가정에서 자신의 자녀를 돌보는 것에 대한 보육비를 지원하는 것이 훨씬 현명한 방법이라고 제안했다(Bowlby, 1961).

불안은 사람이 살아가는 데 가장 핵심적인 요소 중의 하나다. 그러나 부모와의 애착관계를 형성해야 하는 시기에 상실, 박탈 등으로 애착관계 형성에 문제를 발생한다면 신경증적 불안에 놓이게 될 것이다. 반면 돌봄과 배려 그리고 민감성에 의해서 양육을 받는다면 아동은 성장하면서 신경증적 불안보다는 실존적 불안을 가지고 살아가는 사람이 될 것이다. 그러면 신경증적 불안과 실존적 불안의 차이는 어떤 것일까라는 의문을 가지고 더 탐색해 보자.

한 상담 사례를 살펴보자. A는 성장과정에서 수많은 죽음의 위협에 노출되어 살았다. 피난을 하는 동안 강을 건너면서 어린 나이에 물속에 몇 번이나 잠기기도 하고, 전쟁의 총탄과 포화가 난무하는 과정에서 이동한다는 것은 죽음에 노출된 상태로 지내는 것과 마찬가지였다. 더구나 부모와의 관계는 최악이었다. 그가 성인이 된 후에 나타난 증상은 신경증적 불안 증세였다. 신경증적 불안은 모든 생각과 계획의 저변에 죽음에 대한 불안이 강하게 내재하여 있어 현 생활이 정상적인 불안에 머무르지 않고 과도한 불안에 휩싸이게 되는 것이다. 이러한 과도한 신경증적 불안으로 인해 자녀 들에게 신경증적 불안으로 대하였다. 특히 신경증적 불안에 놓이게 되면 종교생활에서도 생활과 연관된 면을 보지 못하고 과도한 종교생활에 집착을 하게 된다. 자신의 불안을 달래 줄 수 있는 강력한 종교적 교리나 설법, 설교가 자신에게 카타르시스를 경험하게 하기 때문에 자신을 위해 이러한 류의 종교생활을 하는 단체를 선호하고, 정상적인 종교활동을 하는 것이 마음에 차지 않는다.

> 자신의 불안을 용감하게 떠맡지 못하는 사람은 신경증(노이로제) 속으로 숨어 들어감으로써 절망의 극적인 상황을 피할 수 있다. 그도 여전히 자기 자신을 긍정하지만 매우 한정된 범위에서 그렇다. 노이로제는 존재를 회피함으로써 비존재를 피하는 방식이다. 신경과민 상태라고 해서 자기긍정이 없는 것은 아니다. 그것은 더욱 강해지고 강조될 수 있다. 그러나 여기에서 긍정되는 자아는 매우 위축된 자아다(Tillich, 2006, p. 101).

박탈과 상실 그리고 이것들로 인한 좌절은 당장은 신경증적인 증상을 발생시키지는 않는다. 그러나 이러한 것은 앞으로 신경증적 증상이 발생할 수 있는 첫 발걸음을 만들어 놓는 것이다(Seamands, 1986). 불안을 떠맡지 못하는 것은 어린 시절의 박탈과 좌절의 경험이 하나씩 더 누적되었고 어린 시절 애착관계에서의 상실과 불안에 대한 공포와 상처가 너무 컸기 때문이다. 어린아이가 순탄하게 정서적인 관계를 맺으면서 성장한 후 다가오는 공포나 상처는 이미 정상적인 관계가 있기 때문에 아이에게 큰 영향을 미치지 않지만, 정서적 기초가 형성되기 이전에 경험된 박탈과 상실이 가져다준 불안은 우리를 그와 유사하거나 더 큰 불안 속에 들어가게 함으로써 현실적으로 직면해야 할 문제를 회피하는 것이다. 역설적이게도, 프로이트는 이러한 신경증의 특성은 생물체와 같다는 표현을 했다. 신경증은 살아 있어 어린 시절 자신이 경험한 고통의 순간이 재현될 것 같은 상황이 되면 다시 그 세계로 들어가는 생물체와 같다는 것이다. 즉, 신경증은 전이현상(transference phenomena)과 같은 것으로 무의식의 문제들이 전의식의 영역을 침입함으로써 생기는 결과로 본다. 좀 더 구체적으로 말하면, 어린 시절의 상실과 박탈이 지속되면 아동은 자신을 억압함으로써 생존을 선택한다. 이러한 사람이 성인이 되면서 사건을 만나면 자신의 에너지를 소비하다가, 강한 충격과 경험을 만나게 되면 에너지가 소비되어 과거에 겪은 불안의 원산지로 돌아가는 퇴행을 보이게 된다. 그래서 겪었던 상실과 박탈로 인한 불안이 살아가면서 좋은 멘토나 사람을 만나 조금씩 완화되지 않는다면 이들은 일종의 중독의 덫에 걸린 것과 같이 살아갈 수 있다.

중독은 우리가 겪은 박탈과 상실에서 오는 극도의 불안을 잠시나마 잊게 해 주는 마약과 같은 역할을 한다. 중독이 마약과 같은 역할을 하지만 그것을 벗어나지 못하는 큰 이유는 자신이 가진 근본적 불안을 해결하지 못했기 때문이다. 그래서 그 불안으로 인해 몸과 정신에 긴장감이 발생할 때는 무언가에 깊게 빠져 그 불안에서부터 탈피하고 싶은 것이다. 이것은 앞의 인용 글에서 밝힌 것과 같이 "노이로제(신경증)는 비존재를 피함으로써 존재를 피하는 것이다."라는 말과 같은 것이다. 즉, 중독은 자신에게 닥치는 박탈과 상실의 불안에서 느끼는 자신의 비존재(죽음불안)을 중독에 빠짐으로 피하지만 현실을 감당하지 못함으로써 자신의 존재를 회피하는 것이다.

정상적인 불안을 가지고 못하고 신경증적 불안을 가지는 또 다른 유형의 사람은 자기긍정 속으로 빠지는 사람들이다. 이 자기긍정에 빠지는 이들을 과민한 신경증적 불안에 빠진 사람들이라고도 한다(Tillich, 2006). 우리가 현실에 바르게 적응하면서 인생을 살아가기 위해서는 우리에게 있는 비존재라는 죽음의 불안에 대해 자연스럽게 수용해야 한다. 결코 죽음 불안이 인생을 비참하게 만들지는 않는다. 다만 생의 초기에 과도한 박탈과 상실이 죽음 불안을 확대해서 우리를 인식하게 했기 때문에 위협적인 것이 되는 것이다. 사실 죽음은 삶의 또 다른 축이기에 이 두 가지는 적대적이지 않으며 상호 보완적이다. 불안에 대한 상담의 가장 큰 목적 중의 하나는 바로 이것을 회복하는 것이다.

과민한 신경증을 가진 사람, 즉 신경과민적인 사람은 일반 사람보다 창조적인 사람이다. 역시 불안이 원인이 되어 신경과민증을 가지게 되었는데, 이들은 평범한 사람들이 보지 못하는 영역을 볼 수 있는 통찰을 가지고 있는 사람들이다. 이들이 더욱 자기긍정에 들어가는 이유는 마치 불안을 없애기 위해 중독을 택하는 것과 같이, 불안을 잠식시키기 위해 자기긍정에 몰입하는 것이다. 그리고 몰입하면 할수록 또 다른 창조적 결과물들이 나타나는 것으로 인해 위안처를 삼는 것이다. 그러나 이 몰입으로 인한 정서적 불균형은 개인 내면세계를 더 불안케 하고, 이 불안은 또다시 더 큰 자기긍정의 세계를 추구하도록 한다. 즉, 좋아서 하는 것이 아니라 해야 하기 때문에 하는 것이다. 결국 이 신경과민성은 그 안에 창조력이 내포되어 있지만 하나의 질병이고 위험이다(Tillich, 2006).

> 인류 문화의 역사는 신경과민적인 불안이 평범한 자기긍정의 벽을

부수고 일반적인 수준에 감춰져 있던 사실들을 열어 보인 경우를 반복 해서 증명해 주었다(Tillich, 2006, p. 102).

우리 사회와 가정이 자녀들에게 엘리트가 되거나 일류가 되라고 사회적으로 강요하는 것은 엄격한 의미에서 개인과 사회의 내부가 너무 불안하다는 증거다. 그렇게 하지 않아도 충분히 행복하게 잘살 수 있는 자격이 있는 아이들이 잘못된 구조에 의해서 무의식적으로 강요를 당하면서 살아간다. 사회와 가정이 가진 불안, 다시 말해 죽음 불안이 우리를 영웅이 되도록 강요한다. 베커(Becker, 1973)는 이러한 점에서 영웅주의를 선호하는 것은 죽음 공포에 대한 반영이고, 인간을 움직이는 것은 죽음이라고 보았다.

자기긍정으로 나타난 통찰력의 산물인 창의적 산물들을 현대인이 선호하고 그들을 영웅화시킨다. 그리고 후세대가 따라야 할 역할 모델로 생각하고 교육을 시키기도 한다. 그러나 엄격한 의미에서 이들이 불안을 없애기 위해서 또 다른 자기긍정으로 가는 내면의 과정은 개인에게는 비참한 일이다. 왜냐하면 소소한 행복함이 없이 몰입과 몰두에 의해 자기긍정으로 치닫기 때문이다. 그러나 죽음 불안이 정신 구조를 계속적으로 억압하면 사람은 정상적인 생활에서 벗어나게 되는 것이다(Becker, 1973).

박탈과 상실에 치이지 않고 부모의 민감한 돌봄을 받은 아이는 자신의 에너지를 사람, 자연 그리고 탐구에 기울일 수 있다. 안전기저가 이것을 볼 수 있는 심적 여유를 제공하기 때문이다. 그래서 상담의 최종적인 목표 중의 하나는 내담자가 불안해하는 요인을 알게 하고, 그 불안을 상담자나 다른 관계를 통해 이해하고 이겨 낼 수 있도록 하며, 자신에게 있는 신경증적 불안을 정상적인 불안의 수위로 내려놓는 것이다.

정상적인 불안을 가진 사람은 자신의 운명, 방향 그리고 목적성에 대한 것을 시간이 지날수록 숙명처럼 받아들인다. 이들은 영웅에 빠져서 자신을 혹사하지도 않으며, 사회적 가치에 편승하여 자신을 거기에 맞추어 가면서 일희일비를 경험하지 않는다. 그러한 가치보다는 자신의 내면 가치에 더 중심을 두고 살아가면서 외형적인 것보다는 내면의 가치와 작은 행복을 우선한다. 나이가 들어가면서는 현실 문제에 관심을 많이 가지면서 어떻게 작게나마 기여할 수 있을 것인가에 대한 고민을 하고, 조금은 더 이타적이고 의미 있는 일에 관심을 가지려 한다.

6. 불안과 자기 형성: 진실된 자기와 거짓된 자기

1) 진실된 자기 형성

사람은 평생 성숙의 과정을 위해 성장을 하지만 이 과정에서 인생 초반에 가지는 주된 양육자와의 경험은 매우 중요한 것이다. 주된 양육자가 어린아이에 대해 어떻게 관심을 가지고 사랑과 돌봄을 제공해 주느냐에 의해서 아이는 자아(ego)의 세계를 형성한다. 발달심리학 관점에서 자아의 세계를 주된 양육자를 통해서 형성하고 이후 청소년기를 거치면서 자아의 세계를 탈피하여 서서히 자아를 객관적으로 보는 자기(self)의 세계를 형성하는 작업이 평생 계속된다.

자신을 누군가에게 의지할 수밖에 없는 어린아이에게 주된 양육자의 영향은 절대적이다. 양육자가 아이를 어떻게 관리해 주느냐에 의해 아이는 자신의 자아상을 형성한다. 힘이 절대적으로 없는 아이는 주로 주된 양육자가 어떻게 다루냐에 의해 자신의 정체성을 정의한다. 어린아이는 부모가 다투는 것을 보고 흔히 "내가 잘못 했어. 싸우지 마."라고 말한다. 힘이 없는 아이는 밖에서 발생하는 좋지 않은 일들이 다 자신 때문에 발생한다고 생각을 한다. 아직 자신과 외부세계를 주관적으로 볼 수 있는 힘이 없기 때문이다.

아이에게 제공하는 주된 양육자의 사랑과 관심의 톤(tone)과 이미지(image)가 건강하면 아이는 불안에서 서서히 안전감을 확보하게 된다. 애착관계에서 이 과정을 더 세부적으로 설명하기도 한다. 아이가 주된 양육자에 의해서 성장하는 것은 맞지만, 아이는 주된 양육자가 안전한가를 확인한 이후에 자신이 성장할 것인가 말 것인가를 결정한다고 한다. 즉, 아이가 보기에 주된 양육자가 자신을 안전하게 보장할 것이라는 것을 확인한 후 성장을 결정한다고 보고 있다.

아이들을 키우다 보면 특별히 남아는 소파나 침대 위가 푹신하기 때문에 그 위에서 뛰는 것을 좋아한다. 간혹 부모가 그 근처를 지날 때 아이들이 부모의 이름을 외치고 점프를 하는 경우가 있다. 그때 잡아 주기 시작하면 아이는 이것을 경험으로 침대나 소파에 놀다가 부모가 지나가면 부모를 부르면서 점프를 지속하게 된다. 자신의 키 높이에 다다르는 것에서 점프를 하는 것은 일종의 모험이기도 하지만 부모가 자신을 받아줄 것이라는 안전감이 형성이 되어 있기에 두렵지 않는 것이다.

이런 경우에 인간의 정신 안에 코드화되어 있는 사랑과 성장에 대한 본능은 매우 긍정적으로 성장하게 된다. 외부 대상이나 사람, 자연의 만남 등이 두렵고 무서운 대상이 아니라 호기심을 일으키는 대상이고 친밀감을 교류하는 대상이 된다. 아이들이 안전감을 느끼는 가장 큰 이유는 주된 양육자의 일관성이 있는 감정과 행동이고, 책임감으로 인한 영향이다.

어린아이는 자신을 양육자로부터 분화시켜 볼 수 있는 능력이 없기 때문에 주된 양육자가 어린아이를 어떻게 다루느냐에 의해 아이의 자아가 형성된다. 그래서 이 시기에 가장 중요한 것은 주된 양육자가 가지고 있는 일관성 있는 행동과 감정이다. 일관성이 완벽한 양육자는 없다. 그런 사람을 기대하는 사람들이 심리적으로 문제일 수 있다. 일관성이 있다는 것은 감정의 격차를 되도록 적게 하는 것을 의미한다. 좋으면 웃고, 슬프면 울고, 기분이 상하면 마음이 편치 않은 것은 사실이지만, 자신의 감정을 여과 없이 상대방에게, 특히 아이들에게 표현을 한다는 것은 아직 자아를 형성해 가는 아이에게는 충격적인 사건일 수 있다.

좋은 양육자라는 것은 완벽한 부모나 양육자를 의미하지 않는다. 다만 편차를 가능한 한 줄이는 사람이 좋은 양육자다. 위니컷(Donald Winnicott)은 좋은 부모의 의미를 'good-enough mother'라고 했는데 이것은 '그 정도면 되는 어머니'를 말한다. 완벽한 사람은 없을뿐더러, 상대에게 완벽을 바라는 것은 그것을 바라는 사람의 불안이나 강박적인 경향으로 자신이 아프다는 것을 의미한다.

책임을 우선으로 하는 것은 양육자가 아이들에게 신뢰를 얻는 데 도움이 된다. 사실, 현대인의 가장 큰 정신적인 문제는 책임과 자유의 문제로 보고 있다. 모든 일을 할 때 책임과 자유를 선택해야 하는 기로에 서게 되는데, 이 둘은 항상 같이 움직인다. 다만 현대인의 정신적인 문제는 자유에 익숙하게 길들여져 있기 때문에 나중에 책임을 지지 못하게 되는 것이다. 책임은 사회관계에서 아주 중요한 요소다.

자유라는 단맛을 먼저 손대기 시작하면 중독과 같이 자유에 익숙하게 되어 사회생활과 주된 양육자로서 필요한 책임을 간과하기 쉽다. 일관성과 책임을 가지고 있는 '그 정도면 되는 주된 양육자'가 피양육자에게 있다는 것은 세상과 외부 세계를 다른 시각을 가지고 볼 수 있게 한다. 진실된 자기(true self)를 가지는 순서를 그리면 다음과 같을 것이다.

불안의 탄생 ➡ 일관성 있는 돌봄 ➡ 안전감 획득 ➡ 희망 ➡ 주변에 대한 호기심 ➡ 소풍 가는 날 ➡ 도전

불안의 탄생이라는 운명이 있지만 주된 양육자의 관심은 불안을 안전으로 바꿀 수 있다. 실은 아동뿐만 아니라 성인에게도 어려울 때 안전감을 느끼게 해 줄 수 있는 사람이 있다면 불안은 안전감으로 변하게 되고, 어려운 세상이지만 그 가운데도 희망의 씨앗이 있다고 서서히 생각한다. 희망은 자신의 주변에 대한 탐색과 호기심을 자아내고 인생에 대한 희망 가운데 도전을 하게 한다.

사랑과 성취 · 성공 · 힘이라는 것이 인간이 가진 본질적인 경향인 것은 틀림없이 이 두 가지의 축이 사람의 외적인 세상만이 아니라 인간 내면세계의 질서를 이끄는 두 가지 축인 것은 틀림없지만 초기 성장기에 근본이 되어야 하는 것은 '사랑 · 돌봄'이다. 이 사랑과 돌봄이 근거가 되고, 이것을 제공하는 주된 양육자가 '그 정도면 되는' 양육자로서 일관성을 가지고 사랑과 돌봄을 제공해 준다면 그것을 기초로 해괴하고 낯선 환경에서 안전감을 획득하게 한다.

해괴하고 낯선 환경은 비단 어린아이에게만 적용되는 것이 아니다. 성인이 되었을지라도 외부 환경이 자신에게 우호적이지 않고 일관성을 잃어버린다면 그 성인의 마음도 불안해진다. 칼 로저스는 주변에 있는 사람들이 자신의 이야기를 경청하지 않으면 그 개인의 마음은 기괴해지고 외부와 차단을 하고 자기 내면세계에만 갇히게 되어 더 이상 외부세계 및 대상과 대화를 하지 않으려고 한다고 보았다(Rogers, 1980, pp. 8-9).

> 내 말에 누군가가 귀 기울여 주거나 내 이야기를 들어 줄 때 나는 나의 세계를 새로운 방법으로 재지각하여 계속적으로 나아갈 수 있었다. 누군가 나의 이야기를 들어줄 때 풀 수 없었던 문제가 풀리고 치료될 수 없는 수많은 혼돈이 맑게 흐르는 것으로 변하는 것은 놀라운 일이었다(Rogers, 1980, p. 10).

이러한 사랑과 돌봄을 기초로 하여 사람은 불안한 세상 속에서도 '희망'을 갖는다. 우리가 말하는 이야기의 중심을 살펴보면 이 불안한 세상 중에서도 희망을 가지고 사는 사람들이 있다. 그래서 이 희망은 그 사람의 지능, 배경 등과는 연관이 없다. 필자가 만난 사람들 중에는 좋은 조건을 많이 갖고 있음에도 불구하고 불안에 쫓겨서 자신을 외부로부터 폐쇄시키거나, 이 불안을 잊기 위해 '영웅주의'에 몰두하면서 인생을 보내는 사람들이 있다. 그래서 닥치는 대로 자신의 적을 없애야 하고 자신이 최고의 정상에 올라야 하는 사람들이다.

어느 늦가을 금요일 저녁, 필자는 가족과 외식을 하고 집으로 가는 길이었다. 거리에는 낙엽이 흩어져 있었고 조금은 추웠는데 집으로 향하는 대로에서 우연히 엎드려 있는 사람을 보았다. 그냥 무심결에 지나쳤지만 다시 한 번 그곳을 보면서 가족에게 잠시 기다려 달라고 부탁을 한 후 엎드려 있는 사람을 부축해서 길거리 쪽으로 끌어당겼다. 필자가 그 사람에게 다시 간 이유는 한쪽 발목이 차도 쪽으로 나와 있었기 때문이다. 그 사람을 당기자마자 부스스 일어나 필자를 쳐다보면서 왜 그러느냐고 물어보는 것이었다. 차도로 발이 나와 있어 위험해 보여 당겼다고 말하자, 필자를 물끄러미 바라보면서 눈가에 눈물이 떨어질 만큼 가득 차서 "아저씨 같은 사람이 다 있군요."라고 했다. 술에 취해 넘어진 사람에게 다칠까 봐 관심을 가진 것에 대한 감사의 표현인 것 같았다. 그런데 일은 이때부터 진행이 되었다. 가족이 기다리고 있어 빨리 가야 할 형편이었지만 그 사람은 자신의 이야기를, 자기가 왜 여기에 쓰러져 있는지를 설명했다. 일단 자신이 가난해서 여기에 쓰러져 있는 것이 아니라는 것을 보여 주었다. 주머니에서 만 원짜리 뭉치를 꺼내 보였다. 꽤 많은 금액이었다. 그리고 자신이 음식점을 경영하는 사람이라고 했다. 어려서부터 어려운 환경 속에서 성장하면서 중국집에서 배달하며 살았다. 그 과정에서 중국음식을 요리하는 법을 배웠고 이제는 성장해서 자신이 직접 경영하는 주인이 된 것이다. 그런데 아들이 하나 있는데 이 아들이 여러 가지로 사고를 친다는 것이다. 한 달에 몇 차례씩 싸움을 해서 유치장에 가기 때문에, 그리고 그 뒷수습을 하기 위해 경찰서를 찾는 자신의 마음이 너무 아프다는 것이다. 자신은 자수성가했지만 사고로 얼룩져 자신의 마음을 아프게 하는 아들과, 그 아들에 대한 불안 때문에 친구들과 약주를 한 잔하고 나서 그 술기운에 땅에 엎어져 있었던 것이었다. 얼마나 속이 상하고 걱정이 되었으면 그랬을까. 그렇게 자신의 이야기를 다 한 후에 자신이 경영하는 중국집에 한 번 방문해 달라고 했다. 아직 술에 취한 그를 택시를 잡아 보낸 그 늦가을이 지금도 생각난다. 칼 로저스의 말처럼 내 이야기를 들어줄 수 있는 사람만 있다면 나의 문제를 재지각할 수 있는 환경이 조성이 되고 풀리지 않을 것 같은 문제들이 해결된다는 말은 필자에게 늘 이 사건을 생각나게 한다.

(1) 사례 1

로고테라피(logotherapy)의 창시자 빅터 프랭클의 이야기를 사례로 들고자 한다. 우리가 흔히 아는 바와 같이 프랭클은 유대인 출신이다. 제2차 세계대전이 발발한 후 유대주의와 유대인 경멸주의가 득세하였고, 특히 독일군은 유대인을 나치 수용소에 감금하였다. 세계대전을 치르면서 사망한 유대인은 600만 명이나 된다. 프랭클뿐만 아니라 모든 가족이 나치 수용소에 감금되었다. 그리고 수용소에 갇혀서 평생 동안 노동을 하고, 노동력이 상실되면 생체실험용으로 사용되었다.

왜? 유대인이라는 것만으로 이 수용소에 갇히게 되고, 그리고 죽음을 맞이해야 하는가? 이 질문에 답을 줄 사람은 아무도 없다. 철학자 하이데거의 말처럼, 인간은 우주에 던져진 존재이고, 모든 것은 결정된 것이지 나라는 인간이 결정해서 정해진 것은 아무것도 없다는 것이다. 왜 유대인만이 이러한 고난을 당해야 하는지에 대한 질문에 답은 없었지만, 그는 우선 자신이 살아야겠다고 생각을 했다. 죽어 갈 수밖에 없고 희망이 보이지 않는 나치 수용소에서 자신이 살아서 이 수용소 안에서 목격한 모든 일들을 세상에 알려야겠다는 목적을 가지게 되었다. 그리고 이 목적을 위해 세 가지 실천 사항을 정했다.

첫 번째는 수염을 깎는 일이었다. 수용소에서 수염을 깎는 것은 사치다. 그리고 깎아야 할 이유도 없다. 누군가 나를 봐 주는 것도 아니고, 바깥 세상처럼 외모가 중요한 것이 아니라 생존이 중요하니 그렇게 할 필요가 없는 것이다. 우리는 사회생활을 하면서 머리 단장, 화장 그리고 옷차림 등에 신경 쓰며 살아간다. 그것은 우리가 살아가는 목적이 있고, 오늘이라는 시간 안에서 내가 해야 할 일이 있으며, 나를 만나는 사람들에게 내가 어떻게 느껴질까라는 기대감을 가지고 살기 때문이다. 그러나 수용소는 다르다. 그래서 프랭클에 따르면, 수용소에 갇힌 사람은 일반인보다 질병에 쉽게 노출되어 있고, 수명도 더 단축되었다. 희망 상실이 인간의 건강과 수명에 얼마나 영향을 줄 수 있는가를 말하는 것이다.

두 번째는 음악을 듣는 것이었다. 음악은 인간의 정서생활과 밀접하게 연관되어 있다. 좋은 음악은 사람의 마음을 안정되게 만들기도 하고 새로운 힘을 불러일으키기도 한다. 예를 들어, 라흐마니노프(Rachmaninoff)의 피아노 협주곡과 같은 것은 우울증에 걸린 사람들에게 많은 치료적 효과를 나타내기도 한다. 마음이 산란하고 안정이 되지 않을 때 그의 음악은 마음에 누적된 찌꺼기를 걸러 내는 효과가 있다. 수용소에서 음악을 듣는 일은 흔하지 않다. 그래서 그는 밤마다 침상에 누워 멀리 독일군 막사에서 흘러나오는 바이올린 소리에 귀를 기울이면서 자신에게 결핍되기 쉬운 정서를 달래기 시작했다.

세 번째로 그는 대자연의 광경, 석양의 장면을 보면서 광활한 대자연의 서사시를 보려고 했다. 석양이 붉게 물들어 저편 넘어 대지로 떨어지는 광경에 몸을 일으켜 세워 그 광경을 목도했다. 그러나 허락되지 않는 이러한 행동에 대해 독일군으로부터 구타를 당하면서도 몸을 일으켜 이 광경을 목도했다.

희망이 보이지 않는 수용소였지만 살아야 할 이유가 있다고 생각을 했고, 살아야 한다는 것을 수용소에서 자신의 목적으로 삼았고, 이것이 막연한 목적이 되지 않기 위해 구체적인 실천사항을 만들어 실행에 옮겼다. 그의 목적처럼 그는 생존하였다. 비록 그의 형제들과 부모를 그곳에서 다 잃었지만 말이다. 이후 그는 자신의 생존기를 바탕으로 로고테라피와 『죽음의 수용소』라는 책을 펴내 세계의 모든 사람들이 독일 나치군의 만행을 알게 되었다.

그에게 인생이란 어쩌면 해답 없는 여정과 같은 것이다. 모든 것이 이미 주어진 것이고 인간은 거기에 떨어진 존재다. 왜 이런 일이 발생하는지에 대한 질문을 우리 개인은 수없이 한다. 그러나 유대인의 교육방식처럼 그는 '왜?' 라는 질문만으로 끝나지 않았고 '어떻게?' 라는 해결책을 가지고 어려운 죽음의 수용소 생활을 견뎌 냈다. 그래서 그는 인생은 어떤 면에서 어떤 상황에 떨어지면 의미가 없을 수도 있다고 했다. 그러나 인생은 의미 없이는 살 수가 없다. 우리가 당하는 어떤 일이나 사건이 우리에게 의미가 없을 수도 있다. 그러나 그는 이 세상의 어떤 일이라도 의미가 없는 것은 없다고 생각한다. 그래서 인간에게 중요한 것은 어려운 상황 속에서도 의미를 찾아내려는 노력이다. 확대 해석을 한다면 혹 의미가 없을지라도 인간은 의미를 찾아서 만들어야 한다는 것이다. 그래서 인생은 의미를 만들어 가는 과정(meaning-making process)이라고 했다.

같은 조건을 가지고 살아가지만 이렇게 난관 속에서 희망을 보려고 하고, 목적과 실천 사항으로 환경을 극복하는 것은 그가 마음속에 가지고 있었던 안전기저에 대한 확신이라고 필자는 믿고 싶다. 불가항력적인 환경에서도 의미를 가지려고 했고, 그 의미가 자기를 존재케 하는 중요한 요인이라고 믿었기 때문이다.

(2) 사례 2

1954년생으로 세계 여성의 부러움을 사고 있는 오프라 윈프리(Oprah Winfrey)의 사례를 살펴보자. 그녀의 자서전을 보면 그녀는 미시시피의 시골 마을에서 조부모 밑에서 6세까지 성장을 했다. 그때 그녀가 한 것은 가축, 농사일 그리고 꾸지람을 듣는 일이었지만 저녁 식탁에 올라오는 훈제요리, 콩과 옥수수 등으로 배고픔은 면할 수 있었다. 그녀가 6세까지 부모가 아닌 조부모 밑에서 자란 것은 그녀의 어머니 버니타가 한 남성과의 풋사랑으로 임신을 하였기 때문이다. 미혼모로서 임신한 어머니는 여러 가지 부담 때문에 그녀를 출산하고 집을 떠나 버렸기 때문에 조부모 밑에서 성장을 한 것이다.

어린 시절 농사의 일을 다 마치고 외할머니는 윈프리를 무릎에 앉히고 머리를 쓰다듬어 주면서 여러 가지 재미있는 이야기를 자주 들려주었고, 뜻을 파악하지는 못했지만 그녀에게 이것은 즐거운 일과였다고 회고 한다. 반면, 할아버지로부터는 매를 많이 맞았는데, 그때마다 자신이 백인으로 태어났다면이라는 생각을 수백 번 하면서 그러한 소원을 비는 기도를 수백 번 하나님께 했다고 한다. 당시 미국 사회에 있던 흑백의 인종차별은 현저했고, 자신의 선택도 아닌 것으로 인해 흑인 여성이 되었고, 거기에 부모도 없이 성장해야 한다는 결정적인 불우함이 그녀의 주변에 쌓여 있었다.

6세 이후에는 부모에게로 돌아와 살았다. 어린 나이에 목화밭에서 일하는 일당은 형편없었고, 이러한 과정에 '무엇인가 나를 일을 하고 싶다. 세상에서 나만이 할 수 있는 일을 꼭 해내고 싶다. 내 인생에 책임을 질 사람은 오직 나밖에는 없다. 나는 반드시 성공할 것이다.'라는 생각을 했다. 그러나 어려운 환경 속에서 14세에 사촌오빠에게 성폭행을 당하게 되었고, 미혼모로서 출산한 아기는 2주만에 세상을 떠났다. 성폭행과 출산 그리고 아기의 죽음이라는 청소년이 감당할 수 없는 어두운 경험이 그녀를 집에 머무르게 하지 못했다. 가출하여 거리 문화에 익숙하게 되었고 마약에 손대기 시작하여 하루하루를 지옥같이 살았다. 살아야 할 이유와 존재해야 할 이유가 없었고, 미래라는 것은 그녀 사전에 없었다. 어떤 누구도 자신을 사랑해 주질 않았고, 그녀 자신도 자신의 몸과 마음을 학대했기에 몸무게는 107kg까지 불어났다.

이러한 그녀가 억울한 환경에서 성장했지만, 이렇게 더 이상 살 수는 없다고 생각한 것은 어린 시절 자신을 무릎에 앉히고 머리를 쓰다듬어 주면서 여러 가지 유익한 이야기를 들려준 할머니 덕분이라고 회상하고 있다. 어린 시절에 험한 경험도 많이 있었지만 할머니의 자애로운 목소리 그 톤(tone)과 할머니의 상(images)은 그녀의 마음속에 신비(myth)를 남겨 놓았고, 그것을 근거로 자신이 가진 불우한 환경과 경험을 극복할 수 있었다고 본다.

우리가 성장하면서 겪은 경험과 여러 가지 다양한 이야기는 한 인간의 성장과정에서 개인의 자아(ego)를 형성하는 데 영향을 주었지만 이것들은 반드시 재해석이 되어야 사람이 건강한 사람이 될 수 있다. 윈프리는 자신에게 주어진 인종, 부모, 가난이라는 악조건에 몸부림쳤고 성장 과정에서도 많은 아픔을 겪었지만, 그것을 재해석(reinterpreation)할 수 있게 된 것이다. 사람은 자신의 환경에서 재해석을 하지 못한다면 어린 시절의 환경이 좋았든지 나빴든지 결론적으로는 그것이 여전히 개인에게 심리적인 부담을 준다. 우리가 재해석을 할 때 어린 시절과 성장 과정에서 가졌던 모든 요소들이 내가 나의 이야기를 말하고 쓰는 데 가장 독창적인 자원이요 거름이 되는 것이다. 그러기에 어느 누가 나의 이야기와 인생을 접해도 나를 통해서 또 다른 신세계에 대한 관심과 흥미를 가지게 되기에 우린 어둠 속에서 빛을 보게 하는 교두보의 역할을 하게 되는 것이다.

윈프리는 전 세계 1억 4,000만 명의 시청자에게 토크쇼를 보여 주는 여왕이 되었고, 자산도 6억 달러에 이르며, 방송과 자선을 통해 어려운 가운데 있는 사람들을 돕고 있다. 한번은 미 전역에서 차량이 없어 고생하는 여성들 약 300여 명을 스튜디오에 초대하여 차량 한 대씩을 선물한 일도 있었다. 자신이 고생을 해 보았기에 차 한 대의 소중함을 선물한 것이다. 이제 그녀는 세상에서 가장 존경받는 여성 중의 한 명이 되었지만, 그녀가 이렇게 된 배경에는 하루 다섯 가지의 감사를 적는 습관의 힘이 있었다고 한다. 그 내용은 다음과 같다.

1. 오늘도 거뜬하게 잠자리에서 일어날 수 있어서 감사합니다.
2. 유난히도 눈부시고 파란 하늘을 보게 하여 주셔서 감사합니다.
3. 점심 때 맛있는 스파게티를 먹게 해 주셔서 감사합니다.
4. 얄미운 짓을 한 동료에게 화내지 않는 저의 참을성에 감사합니다.
5. 좋은 책을 읽었는데 그 책을 써 준 작가에게 감사합니다.

이런 습관을 통해서 그녀는 두 가지를 더 배웠다고 한다. 첫째는 인생에서 진정 소중한 것이 무엇인지를 배웠고, 둘째는 삶의 초점을 어디에 맞춰야 하는지를 알았다고 한다. 환경의 열악함과 태어나자마자 결정론적으로 주어진 처절하게 불우한 인생은 그녀를 구렁텅이로 밀어 넣었고 그녀는 한동안 그곳에서 헤어 나오지 못했다. 그러나 그녀가 다시 헤어 나올 수 있었던 이유는 무엇이었을까? 필자는 그것을 할머니의 보살핌의 빛이었다고 본다. 고달픈 환경 속에서도 어린 윈프리를 무릎에 앉히고 여러 재미있는 이야기를 들려준 할머니의 돌봄적 환경이 그녀를 악조건에서 일어나게 하였다.

생애 초기 성장과정에서 이러한 돌봄적 환경을 가지거나, 혹 가지지 못했더라도 성장하면서 이러한 환경을 가짐으로써 자신의 자아에 대한 재평가를 할 수 있는 기회를 가진다면 사람은 성장할 수 있다. 그렇게 되면 자신이 살아온 불우한 환경은 더 이상의 말하고 싶지 않은 환경이 아니라, 내가 말할 수 있고 나를 있게 해 준 토양이라고 자신 있게 말할 수 있다. 그리고 그러한 성장 환경은 나의 이야기를 말하고 그 이야기의 톤과 이미지를 형성하는 데 결정적으로 중요한 환경이었음을 고백할 수 있다. 쓴 뿌리와 같은 환경이 나에게 더 이상 저주스러운 환경이 아니라, 그것이 나를 만든 환경이었고, 그것을 통해서 내가 세상과 소통하는 매개체가 되었다고 할 수 있다.

2) 거짓된 자기 형성

불안한 가운데 탄생한 아이에게 환경이 우호적이지 않으면, 아이의 불안은 가중될 것이다. 주로 거짓된 자기(false self)가 형성된다는 것은 아이가 천부적으로 부여받은 재능을 발휘하기보다는 이것들이 환경에 의해서 발휘되지 않고 그 잠재력이 곡해되어 성장하는 자기를 말한다. 이러한 원인을 제공하는 데에 가장 중요한 역할을 하는 사람은 역시 주된 양육자다. 성숙하지 않은 양육자는 역시 성숙하지 않게 아이들을 돌보기 때문에 아이들이 불안감에 놓일 수밖에 없다.

자기를 객관적으로 볼 수 없는 어린아이이기에 좋지 않은 일 모두에 대한 원인 제공이 바로 자기라고 생각하는 구조를 가지고 있다. 어린아이는 부모가 다투는 것을 보면 주로 원인이 자기 때문이라는 생각을 한다. 그래서 자기가 앞으로 잘할 테니 다투지 말라는 말을 하기도 한다. 이것은 자기를 객관적으로 보는 힘이 없어 외부에서 발생하는 모든 원인은 자기 때문이라는 생각을 가지고 있기 때문이다.

어려서부터 습관적으로 폭행이나 성추행을 받은 남자아이는 성장하면서 그러한 문제들을 해결하지 못하면 자신과 데이트를 하는 여성을 줄곧 성폭행할 확률이 높다. 이들과 상담을 해 보면 이들이 혼돈하는 것이 있는데, 그것은 '사랑'과 '친밀감'에 대한 것이다. 어려서 주변의 친근한 어른은 자신을 성폭행하고 나서 하는 말이 '너를 위해서' '너를 좋아하기 때문에'였고, 또는 이런 일을 하고 나서 친근감이나 미안한 마음을 달래기 위해서 돈이나 먹을 것을 사 주면서 어린아이의 마음을 회유했다. 아직 자기를 방어할 수 있는 능력이 없는 아이는 어른이라는 거대한 상대가 자신에게 한 행동과 말의 이중성을 그대로 받아들이고, 이러한 것이 익숙하게 생활에서 되풀이되는 것이다. 그리고 이들이 성인이 되면 거의 비슷한 일을 되풀이한다. 왜냐하면 이들은 어린 시절에 경험한 성폭행이 폭행이 아니라 자신을 폭행한 성인들이 말했듯이 사랑이나 친밀감이라고 생각했기 때문이다.

이유 없이 태어난 것이 인간일 수 있다. 나는 자신이 결정한 바 없이, 한 남녀의 사랑과 결혼으로 인해 이 세상에 던져져 태어난 것이다. 이렇게 불안 구조 속에 태어난 아이에게 주변 환경과 양육자가 냉담하다면 아이에게 불안의 정도는 더 가중되어 악화될 것이다. 배고픔, 아픔, 졸림 등의 이유로 우는 것은 대부분 아이가 가진 특징인데 이것에 대하여 민감하게 반응하지 못하고, 어떠한 조치를 취해 줘야 할지 모른다면 아이의 불안은 더 가중될 것이다. 포나기(Fonagy)는 아이와 어머니의 관계에서 만일 어머니나 주된 양육자가 아이의 눈높이에서 돌봄을 제공하지 않으면 아이는 어머니의 얼굴만을 본다고 했다. 어머니 형식은 있지만 내용이 없기 때문이다. 그러나 어머니가 아이의 눈높이에 맞추어서 돌봄을 제공하면 아이는 어머니의 눈을 보면서 안전감을 느끼고, 안전기저를 가지고 있다고 생각하고, 자신이 이제는 성장할 수 있다는 생각을 가진다고 한다.

남아메리카 군도의 한 원시부족은 나무를 벨 때 특이한 의식을 거행한다고 한다. 한 부족원이 나무를 타고 올라가 꼭대기에 서면 나머지 부족원들은 원을 만들어 나무를 포위한다고 한다. 그리고 위에 올라간 부족원이 나무를 향해 거친 욕을 한다. 예를 들면, 금방 죽을 것이고, 못나고, 필요없다라는 식의 말을 하면 아래 있는 부족원들이 이 말을 받아서 크게 나무를 향해 고함을 외친다. 그런데 이러한 의식을 집중적으로 되풀이한 후 나무를 자르면 나무는 맥없이 잘려 나간다는 것이다. 살아 있는 모든 것은 상대방, 특히 나보다 우세한 입장에 있는 것들로부터 영향을 받는 것이다.

이와는 반대되는 이야기이지만, 한 사람의 이야기가 어떻게 개인에게 영향을 주는가는 매우 중요한 것이다. 필자는 오래전에 『십대들의 쪽지』 발행인이었던 고 김형모 씨의 강의를 들은 적이 있다. 김형모 씨가 대학을 졸업한 후에 대학원에 진학하여 신학을 공부하는 시절이었는데, 그때 잠을 많이 잤다고 한다. 너무 많은 시간을 자니 모친이 염려를 했다고 한다. 그러던 어느 날 글을 써서 모 잡지사에 갖다 주었는데 잡지사 편집인이 글의 솜씨를 보고 칭찬을 해 주었다고 한다. 집에 돌아온 그는 3일을 거의 자지 않고 밤낮으로 책을 뒤적거렸다. 마침내 모친이 김형모 씨가 정신적으로 약간 문제가 있는 것으로 생각했다. 그러나 그가 이렇게 잠을 자지 않고 책을 읽는 것은 그 편집인의 칭찬 때문이었다. 훗날 나름대로 사회에 기여하는 사람이 된 이후 그 편집인을 찾아가서 그 당시 무엇을 보고 자신의 글에 대해 칭찬을 했는지를 물어보았는데, 그 편집인이 한 말은 "나는 모든 사람에게 그렇게 말합니다."라는 답변이었다.

어떤 사람의 말은 사람을 살리기도 하고, 또 어떤 이의 말 한마디는 사람을 죽일 수도 있다. 전 세계에 있는 물을 조사하여 좋은 물에 대해 관심이 많은 일본인 에모토 마사루는 그의 책 『물은 답을 알고 있다』를 통해 많은 통찰을 제시한다. 그는 세계 각국의 물을 얼린 후 그것이 녹을 때 특수 촬영을 했다. 각각의 얼린 물에는 크게 두 가지의 실험을 했다. 한쪽에는 매우 시끄러운 음을 들려주었고, 다른 한쪽은 정서적으로 감흥을 느낄 수 있는 차분한 음악을 들려주었다. 그리고 녹을 무렵에 얼음의 입자를 특수 촬영했다. 그 결과, 시끄러운 음악을 들은 얼음의 입자들은 파란색이 옅어지고 육각형의 입자들이 깨지기 시작하였다. 반면, 차분한 음악을 들은 물의 입자가 선명해졌고, 파란색을 더 띄게 되었다. 그리고 이 얼음 입자들이 가장 활발할 때, 즉 얼음의 꽃이 필 때는 물에게 "사랑한다, 고맙다."는 말을 할 때였다. 반대로 물의 입자들이 깨지고 무질서하게 흩어질 때는 "바보야, 미워한다."는 식의 말을 할 때였다. 물이 사람의 말에 대하여 반향을 일으킨 것은 언어에 대한 이해를 통해서가 아니라, 언어 속에 묻어나는 목소리의 톤(tone)에 의한 것이다. 세계의 어떤 언어도 "사랑한다."는 말을 하면서 그 톤이 고음이거나 화를 내는 식의 언어는 없다. 역으로 "미워한다."는 말을 하면서 그 내면에 사랑이나 정감이 묻어 있는 언어는 없다. 언어 톤에 의해 자녀는 부모가 자신에게 어떤 자세를 가지고 있다는 것을 느낀다. 또한 언어는 그 사용자의 외관, 근육의 움직임과 눈동자의 빛에 정비례하여 나타난다. 사랑한다고 하면서 근육이 경직되거나 눈에 독기가 드는 경우는 없다. 미워하기 때문에 근육과 눈에는 형용할 수 없는 경직성이 서리는 것이다. 유아의 인체는 90%가 물로 형성되어 있고, 성인은 65~70%로 형성되어 있다는 사실은 아이가 부모로부터 어떤 반응과 감정을 받느냐에 따라 성인보다 더 민감하고 편차가 큰 영향을 받는다는 것을 알려 준다.

패스트푸드 가맹점들이 공략의 대상으로 삼고 있는 대상이 있다. 바로 어린아이들이다. 아이들이 패스트푸드를 좋아하기도 하지만 음식과 더불어 따라가는 장난감에 대한 유혹은 아이들이 뿌리치기 힘들다. 저렴한 가격으로 햄버거 하나에 장난감을 거저 얻는 듯한 어린 시절의 습성은 아이가 성인이 되어서도 같은 종류의 프랜차이즈를 찾을 수밖에 없게 한다. 어린 시절의 경험은 그렇게 중요하다.

필자도 어린 시절에 꽂힌 음식이 몇 가지 있다. 단맛의 유혹이다. 사탕과 설탕이 가진 단맛에 현혹되어 한동안 그 맛에 매료되어 따라다닌 적이 있다. 그리고 초등학교 5학년 무렵에 설탕이 들어간 블랙커피를 처음 마셨다. 필자는 아직 그 맛을 못 찾고 있다. 물론 당시는 미군식량이 국내로 유통되어 맛을 본 것이고, 지금은 훨씬 더 좋은 커피가 있지만, 이제껏 마신 커피 중에 그때 맛과 비교할 수 있는 커피는 찾지 못했다. 내 뇌리에 남아 있는 강렬한 경험과 인상은 그렇게도 성인이 되어서도 오래 지속되고 있다.

성숙하지 못한 아주 부족한 양육자나 부모는 아이를 늘 자기의 눈높이에서 본다. 그리고 이 책 중반에서 본격적으로 설명해 나가겠지만, 이러한 자기 눈높이로만 보는 부모에게는 또다시 그들의 원가족으로부터 미성숙하고 부족한 돌봄을 제공받았을 확률이 매우 높다. 그러나 우리가 이러한 사실을 알고 자신을 알아 가려고 노력하고, 그 통찰을 가지려는 부모가 되지 않는 한, 우리는 대부분 성장과정에서 경험한 돌봄의 유형을 우리의 자녀들에게 되풀이 한다.

인간의 일생은 부모와 환경이 형성해 주는 자아(ego)에서 출발하여 성장하면서 이 자아를 객관적으로 보면서 발전할 수 있는 자기를 형성해 가는 과정이다. 그래서 이 자아의 형성은 마치 어린아이들의 피부가 여리듯이 매우 여린 구조로 형성되기 쉽다. 다만 여린 구조로 형성되더라도 일관성 있게 차곡차곡 쌓여서 성인이 될수록 건실하게 되는 것이다. 그러나 이렇게 여린 구조에서 양육자로부터 일관되고 안전되게 돌봄을 받지 못하거나 더 나아가 매우 충격적인 사건을 겪게 되면 여린 자아는 하나로 통합되지 못하여 분열된 자아(fragmented ego)로 형성된다. 이렇게 되면 이 자아가 외부적 일이나 사건에 대하여 좀 더 의연하게 대처하지 못하고 모든 것을 자신의 탓으로 돌리고, 외부 사람이나 일들이 두려움의 대상이 되는 것이다. 때로는 있지도 않은 일을 상상해서 자신의 불안으로 끌어들여 자리를 만들어 준다.

한 인간으로 살아가는 것은 어차피 완전하지 못하다. 필자는 어떤 사람이든 '그 정도면 되었다.'는 수준의 사람으로 살아가는 것이 인간으로서 건강하게 살아가는 사람이라고 생각한다. 여기서 너무 과도하게 완벽하게 하려고 한다든지, 아니면 과도하게 미흡한 체 살려는 것은 금물이다. 이러한 점에서 부모와의 돌봄의 관계성은 개인에게 감정적 불안, 성격적 장애를 발생시키는 주된 요소가 되며, 정신적 문제의 근원이 될 수 있다 (Bacal & Newman, 1991, p. 209).

거짓된 자기를 형성하는 도식은 다음과 같을 것이다.

불안의 탄생 ➡ 불안한 돌봄 ➡ 안전감 실패 ➡ 불안 가중 ➡ 외부/외부인 차단 ➡ 희망 없는 인생 ➡ 거짓 친밀감 ➡ 중독

어린아이가 주변의 장난감이나 신기한 것에 대해 호기심을 가지고 놀 수 있는 가장 큰 이유는 부모라는 안전기지를 확인했기 때문이다. 심지어 애완견도 자신을 지켜보는 주인이 있을 때 주변에 대한 탐색이나 놀이를 시작한다. 앞에 제시한 것처럼, 거짓된 자기의 도식의 순서대로 불안의 돌봄이 지속되면 아이는 세상에 대한 불안이 시작되고, 선천적으로 있는 불안감에 더해서 불안감이 가중된다. 그렇게 되면 주로 외부와 외부인으로

부터 나를 스스로 차단하게 된다. 즐거움과 희망이 있어야 나를 개방한다. 성인 역시 스스로 자신할 수 있는 것이 있어야 나의 집이나 나의 생각을 남에게 개방할 수 있다. 불안이 더 가중되면 사람들과 단절된다. 왜냐하면 외부 세계와 외부 사람들이 두려운 존재의 대상이기에 더 이상 접근해서 상처를 받기 싫은 것이다. 그리고 이것이 더 가중되면 내 안의 또 다른 나를 형성하는 것이다. 이것이 연약한 자아가 형성되기도 전에 불안을 가중시키는 너무나도 충격적인 경험을 해서 내 안의 내가 여러 가지로 분산되어 형성되어 버린다. 우린 이 상태를 다중인격체라고 말하기도 한다.

나를 외부로부터 차단하고, 나를 나로부터 차단하여 내 안에 갇혀 사는 것은 진실된 자기와는 반대로 희망 없는 인생이고, 인생이 소풍과 선물이 아니라 지루함과 답답함의 연속이다. 어린 시절이 이렇게 지나가더라도 청소년기부터 본격적인 문제가 발생한다. 청소년기는 본격적으로 나에 대한 정체성(identity)을 형성하고 나의 목소리가 나오는 시기이지만, 불안과 돌봄이 빈약하면 청소년기의 여자아이는 우울감에 머무르게 되고, 남자아이는 개인과 사회에 대한 폭력적 반항에 빠지기 쉽다. 그리고 이러한 문제들이 풀리지 않고 지속된다면 청장년이 되면서 거짓된 친밀감 속에 빠지게 된다.

친밀감이란 인간이 살아가면서, 때론 생존을 위해 필요할 수밖에 없는 요소다. 이 시기에는 인생에서 가장 중요한 과제가 성인에게 맡겨진다. 일, 사랑 그리고 우정이다. 프로이트는 말년에 인간이 가진 중요한 일을 '일하는 것과 사랑하는 것'이라고 규정했다. 그리고 에릭슨은 여기에 우정을 더했다. 인간으로서 살아간다는 것, 그리고 성인으로서 이 세상을 살아간다는 것은 에릭슨의 정의처럼 일, 사랑 그리고 우정이 가장 핵심적인 요소다. 진실된 자기를 형성하게 되면 일, 사랑 그리고 우정에 대한 친밀감을 가진다. 일을 하고 싶고, 그것을 통해 자신의 꿈을 실현하기도 한다.

그리고 이성에 대한 관심을 가지게 되고 자기와 일생을 공유할 이성에 대한 꿈을 가지고 찾기도 한다. 뿐만 아니라 자기가 살아가는 공동체 안에서 친구나 이웃과의 관계성을 중요하게 생각한다. 그러나 거짓된 자기가 형성되면 아예 이 세 가지 요소로부터 자신을 차단시킨다. 그리고 대신 거짓된 친밀감을 가지고 마치 이 세 가지에 관심이 있는 체하고 생활하는 것이다. 이 거짓된 친밀감의 최종적 결과는 자기소외이고, 또한 서서히 친밀감으로부터 고립되기에 스스로 만들어 놓은 거짓 친밀감이 중독의 맛을 보기 시작한다. 폭력이 인정을 받고 싶어 하는 욕구이듯이, 중독 역시 돌봄과 진정한 친밀감에 대한 목마름을 말해 주는 것이다.

(1) 사례 1

내담자 A는 소위 명문대를 나온 중년 남자다. 졸업 후 대기업을 다녔기 때문에 그곳에서 어느 정도 사회적 기반을 다졌다. 좋아하는 여인을 만나 결혼도 했다. 그러나 아내가 생각하는 결혼생활과는 다른 패턴의 결혼생활이 시작되었다. A가 가지는 문제는 주로 술집을 전전하면서 호스티스들과의 연분을 맺는 생활을 좋아한 것이었다. 자연히 부부관계는 소원해지고, 급기야 중년이 되어서는 아내가 A에게 선을 긋기 시작했다. 그리고 상담을 해서 회복이 되어야 부부가 성립될 수 있다는 조건을 내걸기 시작했다.

호남형의 얼굴을 가진 A와는 많은 만남을 가지지는 않았지만 그가 호소하는 가장 큰 문제는 자신이 술집을 전전하고, 그 술집에서 여성을 만나고 그들을 성적으로 가학하는 성적 가학 증상을 가지고 있다는 것이었다. 한 번도 아니고 매번 술집을 갈 때마다 이런 현상이 나타나기 시작했다. 그러면서 그는 자신의 이런 행동을 어머니에 대한 복수라고 했다. 이렇게 함으로써 어머니에 대한 복수를 하고 있다는 생각을 한다는 것이다.

사실은 그의 형제들은 다 중독에 빠진 상태다. 알코올중독, 도박중독 그리고 성중독에 세 명의 형제가 다 빠져 있었다. 무엇이 문제일까? 물론 환경이 좋지 않음에도 불구하고 그 환경을 이겨 낸 사례들도 많이 있다. 그러나 성장 환경에서 부모가 제공하는 정신적 환경은 자녀에게 유형·무형의 중요한 영향을 미친다.

부모는 서로 맞지 않았다. 한쪽은 돈을 보고 결혼을 했고, 한쪽은 학벌을 보고 결혼을 했다. 돈은 많이 있었지만 아버지의 지적 수준에 따라오지 못하는 어머니와, 종종 어린 자녀들을 술집에 데리고 가서 술을 마시는 아버지는 자녀에게는 이상한 존재였다. 어머니와의 불화로 인해 다른 술집의 여인들을 만나는 곳에 아버지는 A를 데리고 갔다. 무엇이라고 표현은 할 수 없었지만 감정적으로 무엇이 잘못 돌아가고 있다는 느낌을 늘 받았다. 아버지는 일찍 이 세상을 등졌고, 홀로 남은 어머니는 술집을 경영하기 시작했다. 그리고 A가 사춘기로 들어서던 그 시점에서 술집을 운영하는 어머니는 많은 남자들과 잦은 잠자리를 하는 것이 목도되었다. 어머니에 대한 끌어 오르는 반항과 죽이고 싶은 감정들이 있었지만 마음속으로만 가지고 있었다.

성장과정에서 부모의 화목한 모습을 보기보다는 서로가 맞지 않아 싸우는 모습 속에 자랐고, 아버지의 잦은 술집에서의 생활과, 아버지 사망 후 어머니의 빗나간 생활은 자녀들에게 최후의 방어가 되기보다는 자신들에게 실망과 좌절을 안겨 준 어머니였다. 그렇게 그는 늘 어머니에 대한 복수를 꿈꾸게 되었다. 자신을 중독에 함몰시킴으로써 어린 시절 경험한 혼란 속에 익숙해져 모든 것을 찰나적으로나 잊어버리고 그렇게 함으로써 현실로부터 도피하는 생활을 하는 것이다. 단기간의 상담이었기에 끝까지 할 수는 없었지만, 내담자가 가진 힘든 생활과 거짓자기를 볼 수 있었다.

2장

애착이론과 불안의 근원 탐색

역사이론과 역기능 탐험 모음

우주의 시작은 시간과 공간이 있을 때 가능하다. 사람의 인생 시작도 시간과 공간이라는 것이 적절하게 놓여 있어야 순조롭게 된다. 시간은 과거, 현재 그리고 미래로 한정짓는다. 그런데 상실과 박탈의 경험은 사람에게서 과거의 시간을 빼앗아가 버린다. 과거는 생각하기 어려운 무서운 짐이기 때문에 그것을 통째로 개인의 기억에서 지워 버린다. 그러나 건강한 사람은 간혹 과거로 돌아가 그곳에서 에너지를 찾는다. 우리가 고향을 찾는 이유도 거기에 있다. 어릴 때 가진 모든 추억의 본산지를 생각하는 것이다.

박탈과 상실의 경험이 미래를 기대하지 못하게 하는 것은 미래는 기다려야 하는 것이고, 인내를 요구하는 것이기 때문이다. 상실과 박탈의 경험이 깊으면 과거의 시간이 없어지고, 인내를 가지고 미래를 기다리기가 쉽지 않다. 그래서 오직 눈에 보이는 현재, 그중에서도 개인이 지금 바로 느끼고 해야 하는 것에 대해서 주저 없이 빠져들게 된다.

소우주인 인간생명에 필요한 시간이라는 것이 있지만 박탈과 상실의 깊은 상처는 정서적 시간을 함몰시켜 과거를 없애고, 미래는 두려움이 대상이 되기에 현실에서 내가 느끼는 것에 빠져들게 한다. 그래서 소우주인 생명시작의 정서적 시간이 휘청거린다.

공간은 인간이 살아가는 데 필요한 장소다. 망망한 시간과 우주 공간에 우리는 가정과 가족이라는 것을 통해 공간의 자리를 매김한다. 개인적이고 사회적 공간의 자리를 위해 살아가지만 만일 성장과정에서 깊은 박탈과 상실이 계속된다면 이 공간은 매우 복잡하게 얽히게 된다. 공간이 의미 있으려면 같이 하는 것과 홀로 있는 것의 적절한 시간 분배가 필요하다. 그러나 박탈과 상실은 이 공간을 너무 협착하게 만든다. 아이는 부모에게 끊임없이 있어 주기를 요구하거나, 부모가 아이와의 친밀성을 거부한다. 함께 더불어 사는 것과 단독자로서 혼자 서는 것들이 매우 어색해서 이 공간들을 침해한다. 침해하거나 침해당하는 것이 불편하지만 익숙한 구조이기 때문이다. 소우주인 인간 생명의 두 번째 사항이 공간은 이렇게 해서 어렵게 꼬이게 된다.

바른 애착관계는 아동에게 시간과 공간에 대한 좋은 정착이 시작되게 하지만, 애착관계가 바르지 않으면 시간과 공간의 개념이 흔들리고 인간으로서 살아가야 하는 최초의 기반을 상실하게 되는 것이다. 그래서 시간과 공간의 개념을 분명하게 하는 것은 부모의 바른 애착이고, 이것이 상실되면 불안이 우리를 지배하는 병인적 요인이 된다.

> 많은 사람들이 이에 대해(애착이론) 의문을 제시하지만, 나는 우리의 이론(애착이론)을 과학적 틀에 맞출 수 있다고 믿는다. 정신분석이 정말로 논리적 해석 원칙을 갖는 학문이라고 믿는 사람이 있다. 나는 솔직하게 말도 안 되는 소리라고 생각한다(Bowlby).

모든 불안은 부모와 사회로부터 온다. 믿기 어렵겠지만 아직 모든 것이 수동적이고 수용할 수밖에 없는 숙명을 가지고 태어난 아이에게 부모는 불안을 잠식시킬 수도 있고, 불안을 가중시킬 수도 있는 중요한 인물이다. 그리고 그 부모가 속한 가정 및 사회 환경이 어떤 것인가도 부모가 아이에게 어떠한 영향을 미칠 수 있는가를 예측케 할 수 있는 중요한 요소다. 물론 사람이 반드시 환경에 수동적이지만은 않다. 환경을 이겨 나가는 사람들이 주변에 있는 것도 사실이다. 그러나 필자가 여기서 말하고자 하는 것은 어떤 확률이 더 높은가에 의존해서 말하는 것이다.

불안은 승화가 되어 호기심과 도전으로 그 에너지가 변화될 수도 있고, 불안이 더 가중되어 나중에는 집착과 중독으로 악화될 수가 있는데, 이 에너지 변화의 핵심에 서 있는 것이 애착(attachment)이다. 메리 에인스워스(Mary Ainsworth)는 애착을 "한 사람이 다른 특정 한 사람에 대하여 시간과 공간 속에서 이 양자를 애정적으로 묶는 것을 말한다."(Steinberg & Beslky, 1991, p.199 재인용)라고 정의한다. 두 사람을 인간이 사는 시간과 공간에서 애정적으로 묶는 것을 애착이라고 하는데, 이 애착의 행위들이 아동에게 적합하게 제공되지 않았을 때 그 정도에 따라 발생하는 여러 가지 현상이 있다. 다음의 글은 볼비의 애착이론에서 빠질 수 없는 애착행위의 결과와 그 해결에 대한 핵심적인 글이다.

> 아이들이 부모에게 더 집착하여 달라붙는 것은 환경이 낯설고, 배가 고프거나, 피곤하거나, 놀랐을 때다. 이렇게 달라붙지 않을 때는 어머니의 음성이나 어머니가 함께 있을 것을 확인할 때, 특히 어머니와 즐겁게 놀 때다. 아이들이 부모에게 자꾸 달라붙으려고 할 때 어머니가 안아주면 아이들의 애착행위가 없어진다. 이렇게 되면 아이들은 안심을 하고 어머니에게 애착하기보다는 자신의 환경에 호기심을 가지고 탐험을 한다.

볼비의 말을 축약하면 아이들이 집착 행위를 보이는 가장 큰 이유는 환경에 대한 두려움과 사람에 대한 불안 때문인데, 이것을 소멸할 수 있는 것은 어머니가 아이와 함께 있고 놀아 줌으로써 그 불안에 대한 집착을 해소시킬 수 있으며, 이 불안이 해소된 아이는 주변 환경에 대하여 호기심을 가지고 탐험을 시작한다는 점이다.

이처럼 애착은 사람의 심리와 상담을 하는 데 가장 핵심적인 요소라 생각한다. 그리고 이러한 관찰과 이론을 만드는 데 공헌한 인물로는 볼비와 에인스워스가 있으며, 이 두 사람의 관계는 불가분의 관계다.

1. 애착이론의 발달

볼비는 1907년 2월 26일 런던의 중산층 가정에서 여섯 형제 중 네 번째로 태어났으며, 1990년 9월 2일 83세의 나이로 스코틀랜드에서 사망했다. 부친 앤서니 볼비(Anthony Bowlby)는 외과의사였는데, 그의 나이 5세 때 아편전쟁에서 복무하던 아버지가 사망한 불행한 가족사가 있었다. 어머니는 평범한 사람이었으며 볼비는 하루에 한 시간 정도 어머니를 볼 수 있는 시간을 가졌다. 그러나 이러한 현상은 부모의 관심이 아이들을 버릇없게 만들 수 있다는 당시의 사회풍조 속에서 만연했던 현상이다. 그러나 다행인 것은 유모가 있었는데 그녀가 어머니의 역할을 대신할 정도로 좋은 역할을 해 주었다는 것이다. 유모는 볼비가 4세 무렵 떠나게 되었는데, 볼비는 그 당시 마치 어머니를 잃은 것 같은 상실을 체험하였으며, 어머니 역할을 한 유모의 역할은 볼비가 자신의 애착이론을 형성하는 데 중요한 역할을 한 것으로 본다.[1)]

볼비는 1925년 케임브리지 대학에 입학하여 28년까지 다니면서 심리학 공부, 특히 발달심리학에 대한 관심을 가졌고, 예비의과계열의 학문(pre-clinical sciences)을 연구하였고, 우수한 성적으로 학업을 마쳤다. 이후 케임

---

1) Wikipedia에서 주제어 John Bowlby로 검색하면 볼 수 있다.

브리지 대학병원에 들어가기 전 22세까지 부적응 아동과 탈선한 아동에 대한 연구를 하였다. 여기서 아동이 가지는 행동장애와 그 가족의 역기능과의 관계성이 있다는 사실을 발견하였고, 이때부터 아동기의 경험이 병리적 성격에 영향을 준다고 생각하였다(Marrone, 2007). 22세에 의과대학에 등록 후에 26세에 의사자격을 가졌고, 의대 재학 중에 정신분석학회에 등록하여 연구를 하였다. 1937년 30세에 정신분석의가 되었고, 같은 해에 영국정신분석학회 회원이, 1939년에 정신분석학회 종신회원이 되었다.

1927년에 설립된 이스트 런던 아동병원(East London Child Guidance Clinic)에서 일을 했는데, 이것은 전에 그가 부적응 아이들과 탈선 아이들에게 대한 관심이 계기가 되었기 때문이다. 그는 이곳에서 전쟁으로 가족이나 친한 이들과의 분리를 경험한 아이들에 대한 관심을 더 가지게 되었다. 소아정신과 의사로 일하는 동안에 사례를 통해 논문을 작성하였는데, 그 요지는 다음과 같다.[2)]

> 아동에게 신경증이 나타났다면, 이 아동의 어머니는 어린 시절 자기 부모에게 품었던 적대감을 부모가 된 지금 자녀에게 표출하고 자기 부모가 충족시켜 주지 않은 욕구를 채우기 위해 자녀에게 부적절하면서도 비정상적인 것을 요구한다는 사실을 발견했다. 이때부터 볼비는 가족 간 상호작용과 정신병리의 대물림 현상을 주목하기 시작하였다. 그 후 그는 초기에 어머니와의 분리 · 박탈 · 상실을 경험한 영아에게 발생할 수 있는 병리적 결과에 관한 논문을 발표했다(Marrone, 2000, p. 12).

---

2) 이 논문은 「신경증과 신경증적 성격의 발달에 있어서 초기 환경의 영향(The influence of Early Environment in the Development of Neurosis and Neurotic Personality)」이다.

그는 정신분석학에서 출발하였지만 정신분석학을 넘어서 인간의 문제를 초기 양육자와의 애착문제로 보았으며, 이것을 연구하기 위해 인간의 발달심리학과 동물행동학에 대한 관심을 가지기 시작했다. 필자는 이러한 두 가지의 학문적 줄기가 매우 합리적인 볼비의 선택이라고 생각한다. 정신분석학이 인간을 이해하는 데 중요한 점을 제공한 것은 사실이지만, 프로이트와 당시 사회가 가진 특수한 상황에서의 주관적 이해가 너무 강하기 때문이다.[3] 정신분석학에 비해 볼비의 이 두 가지 학문적 줄기는 인간 이해에 대한 합리성을 추구하는 이정표라고 생각한다. 동물행동학은 우리가 인간인 이상 동물적인 본능과 습성이 있는 것이고, 기초로 해서 인간을 이해한다는 것도 설득력 있는 작업이라 생각한다.

그가 동물행동학에 관심을 가진 것은 정신분석학을 통해서는 유아의 어머니에 대한 애착 이유에 명확한 답을 얻지 못했기 때문이다. 결국 이 질문은 아이가 어머니에게 가지는 애착이 생존을 위한 진화의 산물이라고 보았고, 애착은 정신분석학에서 말하는 구순기의 욕구와는 거리가 멀다고 보았다. 그리고 그의 이러한 학설 때문에 정신분석학회에서는 그를 이상하게 보기 시작하였다(Marrion, p. 19).

1959년 「분리불안(Separation Anxiety)」이라는 논문에서 아이가 어머니에게 매달리는 것을 정신분석 입장에서는 설명이 불가하며, 이것을 어머니와 아이와의 특수한 고리로 설명하지 않고서는 이해가 불가하다는 입장을 표명했다. 또한 같은 해 「유아기와 초기 아동기에서의 슬픔과 애도(Grief and Mouring in Infancy and Early Childhood)」에서 어머니가 일정 기간 아이를 만나 주지 않으면 아이에게 정서적 문제가 발생한다는 주장을 했고, 여기서 멜라니 클라인(Melanie Klein)의 중요 개념을 반박했고, 연이어

3) 이에 대한 내용은 필자의 저서 『인간발달 이해와 기독교 상담』(pp. 107-184)을 참조하기 바란다.

유사한 논문이 발표되었고 1960년대 정신분석학 회원들은 볼비를 외면하기 시작했다(Marrion, p. 23).

사실, 멜라니 클라인은 볼비가 정신분석 학생이었을 때 그의 슈퍼바이저였다. 당시 불안이 극심한 3세 아이를 일주일에 5일씩 만나 관찰과 치료를 하면서 볼비는 환자의 어머니를 만나고자 했지만 클라인은 금지했다. 클라인은 아이의 불안증상이 어머니에 대하여 무의식적인 환상(fantasy)을 가지고 있기 때문이라고 보았다. 그러나 볼비는 아이가 실제 생활에서의 반응을 보이는 것이지 어머니에 대한 무의식적인 환상이 아니라고 반박을 했다. 결국 볼비의 추측대로 어린 환자를 치료한 지 3개월 뒤 아이의 어머니는 심한 우울증으로 입원하게 되었는데, 이러한 결과에 대해 클라인이 보인 태도는 치료를 위해 아이를 데리고 올 어머니가 없어졌다는 것에 대한 걱정이었다. 볼비는 이것에 대해 매우 실망하고 클라인을 혐오하기 시작했다(Wallin, 2010).

결국 클라인에 대한 반발은 영국정신분석학회에서 볼비를 이단아로 생각하게 했고, 정신분석학회에서는 볼비를 추방했다. 후에 볼비는 이 사건을 "클라인의 입장에서는 이방인" 이라고 회상했다. 클라인은 정신병리 현상의 근원을 삶과 죽음 사이의 본능의 갈등으로 보았고, 이러한 충돌이 환상을 만들어 낸다고 보았다. 결국 3세 어린아이에게 발생한 정신병리도 이러한 입장에서 본 것이다. 클라인의 정신분석에 대한 반박은 1935년에도 발생한다.

1935년에 볼비는 멜라니 클라인의 논문을 반박하기 위해 몇몇 우울증 환자에 대한 연구를 내놓았다. 그는 이 환자들이 최근에 사별을 겪었고, 그 후 이들에게 우울증이 나타났다고 보고했다. 심리적 외상에 대한 그의 관심은 정신병리가 실제 생활 사건보다는 무의식적 환상에서 비롯된다고 한 그 당시의 정설을 벗어난 것이었다. 결과적으로 볼비는 그 당시 정신분석학의 거장이었던 클라인과 대립하게 된 것이다(Parker, 1972).

1950년대 말 볼비는 그동안 자신의 임상과 이론 작업들을 합하여 출생 시부터 중요한 인간의 애착이론을 만들기 시작했다. 그때 이후로 나온 지속적인 그의 연구결과는 3권의 책으로 발행되었는데, 『애착(*Attachment*)』, 『분리(*Separation*)』, 『상실(*Loss*)』이 그것이다. 그는 이 집대성한 연구를 통해서 가족의 상호작용이 건강하거나 병리적 발달로 전개되는 것에 관심을 가졌고, 어떻게 애착이라는 것이 한 세대에서 다음 세대로 전이가 되는가에 대해 초점을 맞추었다. 그리고 이러한 애착은 유아를 약탈자로부터 보호하려는 진화론적 전략이라는 생각을 제안했다.[4)]

2. 원숭이 실험과 애착

제2차 세계대전 이후 영국의 타비스톡(Tavistock) 클리닉의 아동부 책임자로 있던 볼비는 1946~1956년에 이 부서를 '아동 및 부모 상담부'로 개명하여 많은 노력을 기울였다(Marrone, p. 15). 이 기간 동안에 그와 함께했던 제임스 로버트슨(James Robertson)[5)]은 1952년에 〈병원에 입원한 두 살짜리 아이(A Two-year Old goes to Hospital)〉라는 다큐멘터리 영화를 제작하게 된다.

이 다큐멘터리 영화는 로라(Lora)라는 아이가 수술을 받기 위해 병원에 입원한 8일 동안의 힘든 상황을 보여 준다. 부모로부터 분리를 당한 아이

---

4) Wikipedia의 John Bowlby 참조

5) 제임스 로버트슨은 후에 WHO의 실무 책임자가 되었고, 존 볼비에게 전쟁 후 상처를 입은 아동들에 대한 조사를 의뢰하였으며, 그 결과물이 책으로 발행된 『*Child Care and the Growth of Love*』이다.

가 겪는 고통과 상실에 대한 것인데, 이것은 당시 부모가 입원한 자녀들을 방문하는 것을 제한한 것을 변경시키고자 하는 캠페인으로 사용된 자료다. 로버트슨이 당시 이 자료를 영국정신분석학회에 보여 주었을 때, 정신분석가들은 아이가 슬퍼하는 이유가 부모와의 이별이라는 것을 수용하지 않았다. 대신 당시 대세였던 클라인의 이론을 따라 아이 어머니가 임신함으로써 아이가 여기에 대한 무의식적 환상으로 인해 겪는 고통으로 보았다(Schwartz, 1999). 로버트슨은 후에 WHO의 실무 책임자를 맡게 되었고, 전쟁 후 트라우마를 겪는 아동들에 대한 조사를 볼비에게 부탁을 했고, 그 결과를 책으로 발표한 것이 『*Child Care and the Growth of Love*』다. 이것은 볼비가 아동에 대한 관찰을 통해 발표한 가장 집약적인 저서라고 할 수 있다.

로버트슨이 병원에 입원한 아이들을 관찰하면서 내린 결론은 입원으로 인해 부모와 일시적으로 이별한 아이는 처음에 울면서 필사적으로 부모를 찾으려 하고 간호원들이 달래려고 하지만 듣지 않는 단계에 들어가는 저항-위축-초연 단계의 순서를 밟는다는 것이었다. 일련의 과정을 전체적으로 보면 부모를 만나볼 수 없는 아이는 저항 단계가 끝이 나면 시간이 지남에 따라 지루할 정도로 사람과 환경에 대한 무관심을 표출하고 심리적으로는 냉담한(apathy) 마음을 가지기 시작한다. 이런 아이들의 또다른 특징은 또래 집단과 거리를 두고, 멍하니 허공을 응시하고 있으며, 놀이와 먹는 것에 대하여 관심을 가지지 않고, 입원 시간이 연장되면 더 자기중심적이 되어 가며, 퇴원 후 2년이 지난 뒤에도 부모와 떨어져 있으려 하지 않는다는 점이었다(Holmes, 2005).

볼비의 상담과 관찰에 힘을 더 보태 주는 또 하나의 실험관찰은 1958년에 원숭이 아기를 대상으로 한 해리 할로(Harry Harrow)의 실험이었다. 이 실험은 르네 스피츠(Rene Spitz)가 1950년에 연구한 내용, 즉 모성 박탈 상태에서 성장한 아이는 불안한 성격과 병리적 발달의 위험적 요소를 가지고 있다는 설을 주장한 것이다.

할로는 어린 원숭이를 창살로 된 우리에 가두고, 그 안에 철사줄을 통하여 우유가 공급될 수 있는 장소를 오른쪽에 만들어 놓았고, 왼쪽에는 천으로 어린 원숭이에게 어머니 같은 느낌을 줄 수 있는 천으로 만든 원숭이를 만들어 놓았다. 이 실험에서의 최고의 관심은 원숭이가 어느 곳에 많이 체류를 할 것 인가였다. 대부분 우유 공급을 하는 철사줄에 있을 것으로 예상을 했지만 예상은 빗나갔다. 원숭이는 6시간 정도를 먹을 것을 제공하는 철사줄에 있었지만 나머지 시간은 천으로 만든 원숭이에게 자신을 맡기면서 피부적 접촉을 통해 머물러 있었다(Holmes, 2005, p. 114). 이 결과는 당시 프로이트 학설이 중요하게 생각한 구강기 욕구가 애착행동의 원인이라는 가설을 뒤집어 버린 것이었다. 이 붉은털 원숭이에게 필요한 것은 구강기 욕구에서 발생하는 애착행동이 아니라 따뜻한 접촉이었다.

여기서 천으로 만든 원숭이는 이 붉은털 원숭이에게 어떤 것을 제공해 주었을까, 그리고 그것은 유아와 어머니의 관계에 있어 어떤 것을 결정해 줄 수 있을까라는 질문을 하게 한다. 아기 원숭이는 어머니와 떨어지면서 맥박이 오르고, 체온이 떨어지는 여러 가지 신체적 증상이 나타난다(Holmes, p. 114). 어머니는 유아에게 영양분을 공급하고, 따뜻한 것을 제공할 수 있고, 불안으로 인해 안정치 못한 마음의 욕구를 해소시킬 수 있다고 생각한다. 그리고 어머니는 유아에게 외부의 위협으로부터 자신을 지킬 수 있는 보루이며 안전한 공간이 된다고 생각한다(Marrone, pp. 42-

43). 이러한 안전기저인 부모와의 사별, 상실, 격리 등은 아동에게 커다란 트라우마로 남게 되는 것은 의심의 여지가 없다.

어머니가 어린 자녀와 자주 피부접촉(스킨십)을 가지는 것은 이러한 신체적 접촉과 신체적 지지를 통해서 아동의 발달에 긍정적인 영향을 미치게 된다. 성인에게도 스킨십이 중요하지만, 아직 불안 속에서 성장하는 아동에게 부모가 하는 스킨십은 매우 중요하다. 아동은 이러한 스킨십을 통해서 위안감과 자신감을 가지게 된다. 탐험심과 어떤 현상에 대한 호기심은 부모를 통해 안전감을 확보한 이후에 가능하다. 이것이 확보되지 않으면 불안에 집착하게 됨으로써 불필요한 에너지가 다 소모되어 현실에서의 모험과 탐험이 불가능해질 것이다. 그리고 이러한 아동이 대인관계에서도 무리가 없이 잘할 수 있는 것이다. 그래서 특별히 아동기 때, 즉 아동이 부모를 의존할 수밖에 없는 시기에는 부모가 안전감을 제공할 수 있는 주체가 되는 것이 영재교육이나 특별교육을 시키는 것보다 훨씬 중요하다.

할로는 또 다른 실험을 하였는데,[6] 원숭이에게 실내에서 놀이를 할 수 있는 공간을 마련해 주고, 그 안에 원숭이에게 생소해 보이는 놀이기구를 배치하도록 했다. 아기 원숭이를 그곳에 집어넣은 후 원숭이가 어떤 행동을 할 수 있을까에 대한 고찰이다. 원숭이는 그곳에 처음 들어가자 낯선 놀이기구와 환경으로 움츠리고 호기심을 갖지 못하였다. 그런데 이 실험 이후 그곳에서 천으로 만든 대리모 원숭이를 집어넣은 후에 이루어진 관찰은 전자와 상이했다. 이 아기 원숭이가 천으로 만든 대리모 원숭이에 가서 피부접촉을 한 후 이전처럼 움츠리지 않고 여기저기를 다니면서 장난감들을 만져 보며 탐험을 하는 것이었다. 이 실험이 우리에게 주는 통찰은 사람이 인생이라는 불안한 환경에서 탐험과 모험을 할 수 있는 것은 자신

6) 해리 할로의 실험은 유튜브에서 그의 이름으로 검색하면 다양한 동영상을 볼 수 있다.

에게 안전기저(원숭이에게는 대리모천)가 확보되어 있기 때문이라는 점이다. 우리는 이런 통찰을 애완견을 통해서도 많이 관찰할 수 있는데, 아무리 많은 장난감이 집에 있어도 애완견은 주인이 없으면 흥이 나게 놀지 않는다는 것이다. 그러나 주인이 집안에 있거나 방에 있으면 장난감을 가지고 와서 주인의 주변에서 그것을 가지면서 논다.

푸오(Fuo)도 아기 원숭이를 가지고 실험을 했다. 태어나서 어미와 살던 원숭이를 3~6개월 동안 격리시킨 후 원숭이 집단으로 돌려보낸 후 그 행동을 관찰하였다. 그런데 돌아온 아기 원숭이들은 세 가지의 전형적인 다른 행동을 보여 주었다. 첫째는 집단과의 사회생활에 적응하지 못하고 외톨이 생활을 한다는 것이다. 이를 아동에게 적용한다면, 타인과 관계를 맺으면서 살아가는 것이 사회생활인데 이 사회생활을 할 수 있는 가장 중요하고 근본적인 것이 부모가 안전기저가 되어 준다는 것이다. 둘째는 자해현상이다. 가장 중요하게 부모 원숭이로부터 관계와 안전성을 보장받아야 할 기간이 상실이 되면 자신의 몸과 마음을 귀중하게 여기는 것이 없어진다. 후에 볼비의 이론을 통해 더 구체적으로 밝히겠지만, 사람은 자신이 부모나 주된 양육자로부터 돌봄을 받아야 그것을 기초로 하여 자신과 타인에 대한 존중감을 갖게된다. 어쩌면 사랑을 받은 만큼 돌려주는 것이고, 사랑은 받은 대로 타인에게 돌려주는 것이기에 경험되고 수용된 양만큼만 사랑할 수 있는 존재다. 셋째는 폭력 현상이다. 주변의 원숭이들과 조화롭게 살지 못하고 그들과 싸우고, 참지 못하는 것이다. 푸오의 이 실험은 아이가 어린 시절 부모로부터 격리와 분리를 경험하게 되면 인간도 예외없이 이러한 현상을 가지고 살 수밖에 없다는 것을 보여 주는 단적인 예다.

3. 아동에게 나타난 네 가지 애착유형과 부모관계 탐색

볼비의 애착이론은 앞서 간략하게 살펴본 바와 같이 어머니와 아동의 관계에 대한 임상적 경험을 통해 새롭게 발견된 것이며, 이것을 중심으로 정신분석이론을 수정하는 것이다. 이러한 관점에서 정신분석이론이 인간의 핵심을 성욕(에로스)과 죽음의 본능으로 본 것은 인간의 일차적 애착관계의 중요성을 간과한 것으로 본다(Marrone, 2007). 인간이 태어나면서 어머니에게 애착할 수밖에 없는 본능은 그 어떤 것으로도 설명할 수 없는 것이기에, 볼비는 동물학 관점에서 생존과 진화가 그 중심에 있다고 보았고, 애착을 발달심리학의 관점에서 동시에 통찰하였다.

애착을 본능으로 본다면, 애착이 습득되지 않은 본능이라면 본능은 학습을 거치지 않고 발달하려는 경향을 가진 것이어야 한다. 그래서 볼비는 애착이 본능이기 때문에 어머니의 젖 빨기, 매달리기, 따라다니기, 울기, 미소 짓기가 유아와 어머니와의 상호반응을 촉진시키는 애착현상이라고 보았다(Marrone, 2007). 이러한 관점에서 애착이 본능이라면 애착은 모든 사람에게 나타나야 하고 애착의 패턴과 예측 가능한 과정들이 있어야 한다. 애착이 어느 특정한 사람에게만 발생하고, 애착유형이 일정치 않다면 그것은 본능이라고 볼 수 없기 때문이다. 그리고 애착이라는 것은 특정 환경에 의해서 활성화되거나 비활성화 또는 종료되어야 한다. 이러한 관점에서 보면 애착은 갑작스러운 분리, 낯선 것의 출현, 어둠, 공포, 배고픔, 질병, 고통 등에 의해 활성화되는 것이기에 본능으로 본다. 이러한 애착관계는 자신보다 뛰어난 사람, 그리고 애착관계가 사회조직 안에 내재화되어 사회 전반적으로 돌아가면서 이것들을 통해 도움을 받으면 생존하는데 도움이 되기 때문에 생존에 많은 영향을 미치게 된다.

1) 어머니/부모와 자녀의 애착형성

볼비가 분리/박탈/애착을 연구하였던 가장 큰 이유는 모든 인간의 문제가 이 관계 안에 다 있기 때문이다. 그는 다음과 같이 말했다. "내가 분리를 연구하는 이유가 바로 이것이다. 흔히 사람들이 말하는 것처럼 모든 것이 다 이 안에 있다."(Hamilton, 1991) 결국 인간 생명의 시작이 가정과 부모에게서 발생하기 때문에 이 관계와 연관된 애착과 좌절은 인간문제를 파악하는 데 근원이 될 수 있다. 더구나 이러한 관계에서 개인에 따라 다양하겠지만 어느 정도의 분리불안을 경험할 수밖에 없는 것도 인간의 필연적인 결과다.

성장과정에서 애착문제가 심했던 아동이 성인에 이르는 과정까지 자신을 회복시킬 수 있는 사람들을 만나지 못하고 결혼을 하게 된다면 배우자와의 결속이 결코 쉽지 않을 것이다. 결혼에 있어서 배우자는 서로에게 일과 인생의 탐험에 대한 것을 수용해 주고 허락해 주는 안전기저이며 보호막이다. 필자의 상담 경험에 따르면, 이해심과 수용심이 많은 배우자를 만난 경우에는 과거에 가진 애착의 불안 정도가 어느 정도 완화되는 것은 사실이라고 생각한다. 그러나 극도의 박탈을 경험한 채 결혼생활과 대인관계를 유지하는 것은 결코 쉬운 일이 아니다.

개인상담과 집단상담의 경험을 하면서 필자가 늘 생각하는 것은 어린 시절 부모와의 관계는 한 개인의 정체성 및 감정을 지배하는 데 중요한 역할을 한다는 것이다. 부모가 좋으면 좋은 대로 모방을 하지만, 부모에 대한 반감을 가지고 있는 자녀는 부모가 가진 말, 억양, 음색, 가치관 등에 반박하면서도 그것을 내면화시켜서 어느덧 성인이 되고 부모가 되어서 그렇게 싫어하던 부모의 행동과 말을 자기 자녀에게 강요하고 있다는 사실에 놀라곤 한다. 부모에 대한 이 정도의 모방은 많은 사람이 생활 속에서 반복하고 있다. 그러나 이것보다 심각한 것은 애착형성을 하지 못한 채 박탈에 노출된 경우다.

앞서 할로의 실험은 박탈된 원숭이의 특징이 어린아이에게도 어떻게 유사하게 발생할 수 있는가를 잘 보여 준다. 심한 박탈을 경험한 아기 원숭이들이 보여 준 행동은 서로 붙어 있고, 다른 행동은 하지 않는 것이다. 움직이는 것과 행동하는 것은 자신의 주변에 자신을 보호하고 있는 보호자가 있다는 생각에서 가능한 것이다. 이것이 없는 것은 새끼들에게 날벼락과 같은 것이다. 앞서 하이데거의 말을 인용한 것과 같이, 인간이 왜 이 세상에 태어났을까라는 질문을 하면서 인간은 우주에 던져진 존재라는 표현을 썼다. 우리의 선택에서 온 것이 없다는 것이다. 태어났으니까 사는 것이고, 사는 것에 의미를 부여하니까 살아갈 수 있는 것이다. 삶과 인생에 대하여 특별한 종교적 의미가 부여되지 않는 한, 인간이 생존하면서 주변의 환경을 즐길 수 있는 것은 자신이 만들어 나가야 하는 몫이다. 그런데 어머니가 없고, 아버지가 없고, 있어도 아이를 수없이 박탈하는 부모라면 다른 행동과 생각을 할 이유도 없다.

먹이가 주변에 있어도 몸을 웅크리고 가만히 앉아 있는 것이다. 먹는 것이 생명 유지에 중요하지만 나를 돌보고 보호해 줄 대상이 없다면 먹는 것도 의미 없다. 어미가 격리된 원숭이들은 어미를 찾으려고 소리를 지르고, 저항을 하다가 그래도 찾지 못하면 우울감에 빠진 절망 상태가 된다(Marrone, 2000, p. 45). 그래서 환경 중에서 제일 중요한 환경은 어머니가 아동 주변에서 질적인 환경을 제공하는 것이다.

부모가 제공하는 양육방식은 자녀의 정신건강을 결정하는 가장 기본적인 방식이다. 그래서 정신건강의 이상은 성장과정에서 특별히 인생의 초반에 경험하는 부모와의 관계에서 양육방식의 문제로 인하여 자녀가 최적이 아닌 최악의 경로를 선택하게 된 결과로 볼 수 있다. 반대로, 자녀에게 민감하게 반응하여 자녀의 애착행동을 자연스럽게 받아들이면 자녀는 일생을 통해 사용할 수 있는 사랑, 협력심, 자기존중, 자기가치, 인간관계에 긍정적인 발달을 가져온다. 자녀에게 민감하게 반응한다는 것은 아동의 입장에서 공감을 하는 것이며, 자녀와 같은 느낌을 가지고 자녀를 독립된 존재로 대하며 존중하는 것이다(Marrone, 2000, pp. 49-50).

2) 아동의 네 가지 애착유형

에인스워스(Ainsworth)는 캐나다 토론토 대학의 발달심리학자였으며, 1950년에 결혼을 한 후 런던으로 이주를 한 다음 볼비의 연구자를 구한다는 구인광고를 통해 볼비와 연구의 인연을 40년간 맺게 된다. 처음에는 아프리카 우간다에서 어머니와 아이들의 애착관계를 연구했고, 이후 미국 볼티모어에서 이 애착관계를 다시 연구했다. 그녀의 중요한 기여는 애착이라는 것이 생물학적 진화에 있어 핵심적인 사항이며, 애착행동은 양육자가 어떠한 질의 양육을 제공하느냐에 따라 달라진다는 점을 밝혀낸 것이다(Wallin, 2010, p. 34).

1954년 우간다로 간 에인스워스는 9개월간 아직 어머니의 젖을 먹고 있는 26가구의 유아와 어머니의 관계를 2주마다 2시간씩 방문하여 관찰을 통한 자료를 수집했다. 이 관찰에서 애착을 형성하는 초기의 특징이 무엇이고, 애착형성을 알리는 신호는 무엇이며, 안정된 애착을 형성케 하는 요소는 무엇인가에 대한 답을 주기 시작했다.

에인스워스가 관찰한 결과는 애착이라는 것이 단계별로 발전한다는 점이다. 발달심리학의 특징 중 하나처럼 어느 순간에 애착이 형성되는 것이 아니라 준비 단계를 통해 점진적이고 지속적으로 된다는 의미다. 유아는 초기에 타인과 어머니에 대한 구별을 하지 못하다가 6~9개월에 어머니를 알아보면서 강력한 관계가 형성이 된다. 이러한 애착관계가 형성되면, 즉 유아가 안전기저를 확보하면 갑작스러운 상황이 발생하거나 고통을 당하면 어머니를 찾아간다는 것이며, 모험을 위해 어머니를 안전기저로 사용을 한다. 반면, 소수의 유아들은 모험을 하지 않았고, 어머니가 달래도 반응이 없었으며, 극소수의 유아들은 어머니와의 애착관계가 전혀 없는 것처럼 보였다. 이런 결과들을 통해 에인스워스는 이 다양성은 양육자의 양육특성에 의한 결과라는 가정을 하게 되었다. 그리고 애착은 양이 아니라 질에 의해서 영향을 받는다고 생각하였다.

> 에인스워스는 (우간다의) 어머니들을 면담한 내용을 토대로 하여 유아가 보내는 신호에 대한 어머니의 민감성이 가장 중요하다고 잠정적인 결론을 내렸다. 또한 유아의 애착 안정과 어머니가 수유에서 누리는 즐거움 간에 정적인 상관이 있음을 발견했다. 이 발견은 건강한 발달이 애착관계에서 어머니와 자녀 양자가 느끼는 즐거움에 의해 결정된다는 볼비의 초기 가설을 지지했다(Wallin, 2010, p. 36).

아이가 어머니에게 보내는 긍정 · 부정의 아우성에 대하여 어머니가 어떠한 신호를 보내느냐에 의해서 아이가 세상을 보는 눈이 정해질 수 있다는 말이다. 발달심리학자 맥아담스(MacAdams)에 따르면, 초기 발달에서 아이에게 영향을 미치는 가장 중요한 요소는, 아이가 비록 언어의 의미는 알 수는 없지만 어머니가 아이에게 보내는 음색(tone)과 상(images)에 의해서 자신만의 신비세계를 구축하기 시작한다는 것이다(MacAdams, 1993, p. 39). 즉, 아이는 부모의 말하는 내용을 이해할 수 없지만 부모가 아이에게 말하는 음색의 고저, 부드러움이나 앙칼짐에 따라 그 내용을 흡입한다. 사실, 희로애락의 감정을 띤 음색은 우주적이고 만국언어다. 아이들은 부모의 음색을 통해서 자신의 내부에서 조형할 수 있는 이야기 음색(narrative tone)을 구성한다. 부모가 보이는 상(images)도 마찬가지 원리다. 미소나 화내거나 짜증내거나 하는 부모의 상을 통해서 그 상을 자신의 상으로 수용하고 자신의 세계를 지속적으로 서서히 구축해 나가는 것이다.

1963년 필라델피아의 볼티모어에서 이루어진 한 연구에서는 연구 참여자로 26명의 예비어머니를 모았고, 아기가 태어난 후 일 년 동안 매번 4시간씩 열여덟 차례 방문하였다. 이 관찰은 애착이 보편적인 본능적인 욕구라는 결과를 보여 주었으나 우간다에 비해 안전기저 행동은 현저하게 낮은 것으로 평가되었다. 에인스워스는 아이들이 보이는 것이 유전적인 것인지 애착의 환경적 요인인지를 실험하였는데, 12개월 된 유아를 장난감이 있는 방 안에 어머니와 함께하도록 하고 낯선 상황을 연출하여 아이들이 어떠한 반응을 일으키는지에 대한 반응을 관찰하였다. 어머니가 아이와 함께 있다 나갔을 때 아이의 반응을 관찰했고, 다시 몇 분 후에 낯선 사람이 들어왔을 때의 아이의 반응, 낯선 사람이 나가고 다시 어머니가 돌아왔을 때의 반응을 관찰하였다. 그녀는 안정애착을 가진 아이는 어머니가 방을 나가도 안전하게 놀 것이고 불안정성을 가진 아이는 불안할 것으로 예상했지만, 그 예상은 빗나갔다(Wallin, p. 37). 아동들이 보인 행동은 안정애착, 회피애착, 불안정애착(양가적 애착), 혼란된/미해결 애착의 네 가지로 나타났다.

첫째, 안정애착이다. 이것을 통해 우리가 배울 수 있는 것은 아동이나 성인이 심리적으로 안정되었다는 말에 대한 완벽성을 버려야 한다는 점이다. 에인스워스의 추측이 잘못되었는데, 안정애착을 가진 아동이라도 어머니가 방을 나가게 되면 어쩔 줄 모르고 당황한다. 위니컷(Winnicott)의 지적처럼 부모는 완벽한 부모가 좋은 부모가 아니라(완벽한 부모가 없지만), '그 정도면 되는 부모'(good-enough mother)가 오히려 정상적일 수 있다는 것이다. 우리는 안정성을 가진 사람이 감정적 상황에 동요가 되지 않는 사람이라고 생각할 수 있겠지만, 오히려 안정된 사람이란 인간적인 감정의 동요가 있지만 감정을 다듬어 평정심을 회복하는 사람을 의미한다. 그리고 다시 부모가 돌아왔을 때 반가운 모습으로 반기는 아이였다. 이 안정애착을 가지는 아이는 전체의 66%였다(Holmes, 2005, p. 170). 이 안정애착에 대한 유형 고찰은 아동만이 아니라 성인 세계에도 잘 적용된다. 필자가 상담한 사례인데, 그녀는 교회에 출석하는 한 여성이었다. 이 내담자는 교회 일에 매우 열정적으로 참여한 사람인데 어느 날 갑자기 아버지가 돌아가셨다. 갑작스럽게 당한 일이라 황망하고 슬픔에 가득 차게 되었다. 그런데 주변의 신앙 있는 사람들이 이것은 죽음이 아니라 또 다른 세계에 간 것이니 슬픈 낯을 하지 말자고 조언을 해 주었다. 우리는 흔히 희로애락에 대하여 초연한 사람이 마치 심리적으로 안정을 누리고 있는 사람이라는 착각을 가지고 있다. 그러나 이러한 사람을 만드는 것은 결코 건전한 사람을 만드는 것이 아니다. 희로애락에 대해 적합한 표현을 하고, 그 감정을 느끼고, 이내 평정심을 가지는 사람이 오히려 건강한 사람이다.

안정애착을 가진 아이들의 사회적응은 어떨까? 이 아이들은 1세 정도가 되면 다른 유형의 아이들보다 덜 울고, 신체접촉을 좋아하지만 타인에게 신체접촉을 덜 요구하는 현상을 보였다. 이들이 2세 정도가 되면 집중하는 시간이 늘어났다. 그리고 더 긍정적이 되어 가고, 장난감을 가지고 노는 데 자신감을 가지고 놀이를 하는 특성을 보였다. 이러한 증상은 앞서 지적한 바와 같이 안전기저를 확보한 아동이 호기심과 탐험심을 더 많이 가지기 때문이다. 그리고 문제가 생기게 되면 부모에게 가서 도움을 요청하고, 다른 아동에 비해 교사가 접촉하기가 용이하다는 특징이 있다(Holmes, p. 178). 결국 부모를 통하여 안전기저를 가지고 있는 아동은 사회성 발달이 좋다. 이들이 6세가 되면 더 장기간 집중을 할 수 있으며, 갈등에 대한 문제를 해결할 수 있고, 자신에 대한 통제력이 강해졌다. 그리고 더 중요한 것은 6세 아동이 스스로에 대한 평가에 있어서 자신이 완벽하지 않다고 평가를 하고, 동시에 착하지도 않다고 생각한다는 것이다(p. 180). 착하지도 않고 완벽하지도 않다는 것은 자신을 객관적으로 볼 수 있는 중립적인 자세를 가진 것을 의미한다. 이것은 성인도 마찬가지다. 스스로를 완벽하다고 생각하는 사람은 가정이나 사회의 대인관계에서 항상 마찰을 일으킨다. 자신이 특별하다고 생각을 하기 때문이고, 내가 특별하다고 생각하는 것은 상대적으로 타인이 특별하지 못하다는 저평가를 하기 때문이다. 이것과는 달리, 불안정애착 아동은 스스로를 완벽하다고 생각하거나 나쁜 아이라고 단정한다.

삶에는 극단적인 것이 없어야 한다. 스스로를 완전하다고 여기거나, 악마나 천사라고 여기는 것은 바로 애착형성 과정 중 양육자와의 관계 속에서 형성된 자리에 의한 것이다. 우리에게는 천사의 모습도 있지만 악마의 모습도 있다. 성서에 나타난 간음하다가 잡힌 여인을 당시 유대인들이 예수에게 데리고 와서 판단을 요구했을 때, 그 요구에는 예수가 사랑을 말하면 유대법에 저촉되고, 유대법에 따라 사형을 이야기하면 예수가 주장하는 사랑에 저촉됨을 유도하려는 계략이었다. 그러나 이것은 엄격한 의미에서 당시 사람들이 사회적 환경 속에서 앓고 있는 사랑과 법에 대한 갈등을 보여 주는 장면이다. 그러나 예수가 죄 없는 자가 먼저 돌로 이 여인을 치라고 했을 때 성서는 나이 든 사람부터 자리를 떠나기 시작하여 마지막에는 이 여인과 예수만 남게 되었다고 쓰고 있다. 이것은 결국 사람이 나이 듦에 따라, 세상을 경험함에 따라 인간 맘 속에 있는 선과 악에 대한 뿌리가 우리에게 있는 모호한 존재임을 인정한다는 것이다.

극단적인 것은 악을 만들 소지가 농후하다. 그러나 한편에서는 극단적인 것이 매우 힘이 있어 보이는 결집력을 가지고 있기도 하다. 신학적인 이야기를 한번 해 보자. 20세기가 낳은 걸출한 독일인 신학자 폴 틸리히

(Paul Tillich)는 하버드 대학에서 교수생활을 한 후 시카고 대학에서 교수생활을 하며 생을 마감했다. 그는 성스러움이 종교생활에 필요하지만 이 마성(魔性)으로 변할 수 있는 가능성이 있는데 그때는 바로 인간 스스로가 성스러움의 주체라고 여길 때라고 하였다. 즉, 무엇이든 내가 중심이 되려는 것은 마성을 일으키고 나쁜 결과를 초래할 수 있다. 이러한 점에서 안정성을 가진 아동이 6세 정도가 되어서 자신이 스스로가 착하지도 않고, 완벽하지도 않다고 평가하는 것은 주지해야 할 대목이다. 오히려 불안정 애착을 가지는 아동이 스스로를 완벽하거나 나쁜 아이로 본다는 점도 틸리히의 이야기와 연관시켜 생각할 수 있다.

안정애착을 가지고 사는 아동이 많아질 수 있다면 가정과 사회는 더 이상적인 행복과 의미를 추구할 수 있는 요람이 될 수 있다. 이들의 또 다른 특성을 보면, 이 아이들은 자신의 고통을 말한다. 무조건 참아야 한다거나, 혹은 남자이기 때문에, 장남이나 장녀이기 때문에 자신의 감정을 숨기는 것은 심리적으로 건강한 것이 아니다. 아동은 자신의 고통을 알리지만 이 고통으로 좌절하지 않는다. 그리고 이 고통으로 인해 도움이 필요하면 적절하게 남에게 도움을 구한다. 이런 유형의 아동과 성인이 건강하다는 것을 잘 알 수 있다. 그런데 우리는 오랜 세월 동안 말을 많이 하는 것과 표현하는 것에 대한 문화적 억압이 있었다. 특별히 종교인의 경우에는 이러한 경향이 더 많이 있다. 일상생활에서 심리적 억제와 억압이라는 것이 표현되지 않는다면, 그리고 이렇게 억제와 억압, 혹은 좋은 말로 해서 절제와 침묵으로만 표현된다면 이것은 성인이 된 후에 기형적 통로를 통해서 표현될 가능성이 많이 있다.

안정애착 아동은 동시에 자신의 또래 집단이나 아동과 잘 어울리고, 협동놀이와 상징놀이에 잘 참여를 하며 정서 상태를 효과적으로 조절할 수 있는 능력을 보였다(Marrone, 2000, p. 80).

> 안정애착을 보이는 아동은 불안정애착을 보이는 아동에 비해 주의집중 시간이 더 길었고, 자유롭게 놀게 했더니 보다 더 긍정적인 정서를 나타냈다. 또한 놀이기구 사용에도 더 자신감을 가졌고, 어려운 과제가 주어지면 어머니의 도움을 요청하는 경향이 컸다(Holmes, 2005, p. 178).

둘째, 회피애착이다. 이 유형의 아동은 어머니가 방을 떠나든 돌아오든 태연하게 자기가 하는 장난감놀이를 하고 있다는 점이다. 혹자는 이들이 그러한 당황스러운 상황에서도 매우 침착한 아동이라고 생각하겠지만, 실제로 이들이 분리된 이후 신체의 스트레스 호르몬 코르티솔은 안정애착형의 아동보다 높게 나왔다(Wallin, 2010, p. 39). 이것은 아동이 어머니가 나가는 것에 대한 무관심하게 있는 것 같지만 그 상황이 아동에게 스트레스를 강화시키고 있다는 것을 말하는 것이다. 에인스워스는 회피애착을 보인 아동의 어머니들은 아동이 어머니와의 접촉을 원하는 것에 대하여 적극적으로 거부를 한 사실을 발견하였다. 이 어머니들은 감정표현을 억제하고, 신체접촉을 피하고 무뚝뚝하게 반응하는 특징을 보였다. 결국 이러한 어머니의 특성이 회피애착의 아동을 만들었다는 것이다. 회피애착을 보인 유아는 전체의 20%에 해당되었다(Holmes, 2005, p. 170).

> 불안정한 아동, 특히 회피적인 아동의 어머니는 아이를 안거나 신체접촉을 하는 것을 힘들어하며, 자녀의 요구에 민감하지 않고 자녀의 리듬에도 잘 맞추지 못했다. 이러한 어머니는 자신의 부모와의 관계에 있어서도 회피하는 경향을 보였으며 어린 시절에 대해서도 생동감 있거나 세세하게 이야기하지 못했다. 회피적인 아동은 성장하면서 사회적으로 고립되며, 까닭 없이 분노를 폭발시키고, 자아개념이 부족하여 자신에 대하여 일관되게 이야기하지 못하는 경향이 있다(Holmes, 2005, p. 187).

어머니가 방을 나갔을 때나 돌아왔을 때 무관심하게 회피하는 것은 아동이 가진 고통이 없는 것이 아니라 생리적으로 부정할 수 없는 고통이 있지만 표현을 하지 않는 것이다. 이들이 6세가 되었을 때의 습관적 행동은 분리 위기에 대한 해결책을 하나도 생각해 내지 못했다는 것이다. 분리가 되는 가족의 그림을 보아도 감정의 슬픔을 표현하지 않고 회피를 한다. 어머니나 부모와의 상호작용에서 아동은 모든 것을 이들이 주도권을 가지도록 하고 자신은 최소한의 반응만 보였다. 전체 실험의 20%에 해당하는 아동이 이 유형에 속했다(Wallin, 2010).

이들이 보인 특징들은 다른 또래의 아동들에 비해 융통성과 사용할 수 있는 내적 자원들이 부족하다는 점이다. 앞서 언급한 바와 같이 애착에 대한 관심이 없이 오로지 놀이나 탐험에만 몰두하는데, 이것은 진정한 놀이나 탐험이 아니라 주된 양육자를 회피하기 위한 방어다.

이 유형의 취학 전 아동들을 관찰한 결과는 다른 사람들에게 거짓말을 하거나, 말썽을 일으키고 책임을 전가하거나, 감정표현에 있어서 서툴러서 밋밋하고 수줍음을 타거나, 주변 환경에 관심을 나타내지 않고 홀로 딴 생각에 빠지거나 하는 것이었다. 이들이 학령기에 이르면 안정애착유형과는 다르게 자신이 가진 고통에 대하여 표현을 하지 않거니와 누구로부터의 도움도 구하지 않는다. 마론(Marrone)은 이것을 위니컷이 말하는 거짓된 자기와 유사하다고 보았다. 그렇기 때문에 이 유형의 아동은 때로는 오만하거나, 엄격한 자기방어 때문에 강하고 정서적으로 안정된 것처럼 보이지만 이것은 거짓된 자기다. 그래서 사람과 가까이 지내는 것과 친해지는 것을 싫어한다(Marrone, 2000).

셋째, 불안정 저항애착/불안정 양가형이다. 이 유형의 아동은 어머니가 방을 나가는 것을 극도로 고통스럽게 저항하는 유형이다. 어머니가 돌아왔을 때도 기쁨으로 재회하기보다는 저항을 한다. 자신을 버려 두고 간 어머니에 대한 분노가 있는 저항이다. 이렇게 화와 저항으로 자신의 에너지를 어머니에게 발산하기 때문에 이 아동은 주변의 환경에 적응하고 놀이를 하지 못하게 된다.

회피애착을 보이는 아동은 자신이 가진 정서를 과잉조절하고, 불안정저항애착은 정서조절의 결여를 보인다(Wallin, 2010). 이들은 저항과 회피를 번갈아 표현하는 것이 특징이다. 떠난 어머니를 향해, 그리고 돌아온 어머니를 향해 화를 내고 저항을 하거나 한편에서는 매우 수동적인 무력감에 빠져 달래는 것이 어렵다. 이 유형의 아동이 회복됨이 없이 6세가 되었을 때 흥미로운 관찰이 있었는데, 아동이 이중 메시지를 보인다는 것이다. 부모와 격리되는 그림을 본 6세 아동은 부모에게 꽃을 사 주고 싶다고 했지만, 이후에는 부모의 옷을 숨겨 놓겠다는 말을 한 것이다.

이 유형의 아동은 양가적으로 감정의 기폭이 심하기 때문에 정서적으로 쉽게 당황하고, 불안정하고, 쉽게 좌절하는 경향이 있다. 마론은 이러한 상태를 심리적인 혈우병자(psychic haemophiliacs)처럼 심리적 상처가 잘 아물지 않고, 공격성이 강한 아동으로부터 공격의 대상이 되기 쉽다고 본다. 에인스워스에 따르면, 이들은 전체 실험 대상의 10%에 해당하는 아이들이었다(Marron, 2000). 분리와 격리에 대해 강력하게 반응하고, 어머니에게 위안을 얻는 것 같지만 어머니에게 화를 내고, 어머니에게 안겨 있지만 매우 수동적이고 어색한 자세로 안겨 있는 모순된 이중성을 교차적으로 보여 준다.

넷째, 혼란된/미해결 애착형이다. 이 유형의 특징은 아이가 낯선 상황에서 어머니와 같이 있는 것이 설명하기 어려울 정도로 아이가 해리상태인 것 같거나, 기괴하게 느껴지는 유형이다. 이것은 아이에게 어머니나 안식처가 안전기지이면서 동시에 공포의 기원이 되는 것으로 이 해결할 수 없는 모순에 위험을 느끼고 애착이 붕괴된 상태를 말한다(Wallin, 2010).

> (이 유형의) 아동은 '무어라 설명할 수 없을 정도로 두려워하고, 그런 상태에 대해 아무것도 할 수 없어' 보였다. 일례로, 이들은 분리장면을 담은 그림을 보여 주었을 때 침묵에 빠지고, 마음의 동요가 너무나 심해서 아무런 반응을 하지 못하거나, 파멸적인 결과를 상상하거나, 혹은 말이나 행동에서 혼란을 보였다(p. 143).

이 아동이 6세가 되었을 때는 아동과 부모의 역할이 반대가 되어 아동이 부모를 돌보는 행동을 하거나 부모에게 공격적인 언어, 지시, 가혹한 행동을 하면서 부모를 통제하려는 경향을 보였다. 결국 어린 시절에 부모로부터 예측 불가능한 위협에 노출된 결과라 볼 수 있다.

> 아동은 그들이 지각하는 위험의 근원이면서 동시에 유일한 피난처이기도 한 애착인에게 다가갈 수도 없고, 그렇다고 멀어질 수도 없다. 따라서 혼란된 아동은 이례적인 행동을 보이는데, 이런 행동은 그들이 택한 '행위의 모순이나 억제 혹은 마치 대안적인 해결책이 없는 것처럼 얼어붙는 상태'를 반영한다(p. 146).

3) 부모의 애착유형과 아동 애착유형의 관계

불행인지 다행인지 우리의 몸과 정신세계에는 부모의 유령이 살고 있다. 볼비가 한 말이다. 힘이 없는 아동의 입장에서, 아동은 끊임없이 부모의 취미와 경향과 가치관 등에 자신을 맞추어 가며 생존하는 방식을 택한다. 프로이트가 한 말 중에 거세불안(castration anxiety)은 현대적으로 같은 해석이 가능하다. 어머니의 연모에 대한 아버지의 분노가 거세불안을 느끼게 되고, 어쩌면 거세공포라는 것이 죽음을 의미하기 때문에 아동은 생존을 위해서 아버지화(化)되어 가는 방법을 선택한다. 아버지가 두렵기 때문에 아버지의 생각, 행동 등등을 아동이 적극적으로 배우고 수용하여 자신의 것으로 만든다는 것이다. 이러한 심리적인 환경을 가지고 어린 시절에 우리는 부모가 가진 대부분의 유형들을 생존을 위해서 자기화시켜 버리고 만다.

부모가 생각하는 자녀의 이미지는 자녀와 이야기하거나 자녀를 대하는 방식을 통해 자녀에게 전달되므로 아동의 자기 모델에는 부모가 생각하는 자녀의 모습이 반영된다. 그다음 이 모델들을 토대로 아동은 부모와 자기에 대해 어떤 감정을 갖고 부모가 자신을 어떻게 대할지 기대하고 자신이 부모에게 어떻게 행동할지를 계획한다. 아동의 백일몽에 표현된 두려움과 소망도 이런 모델의 지배를 받는다.

발달심리학자 에릭슨(Erikson)은 부모의 행동과 가치관 등 유형 · 무형의 것들이 자녀에게 전적으로 전달되는데 이를 '톱니바퀴'(cogwheel)라는 용어를 사용하면서 설명하였다. 힘이 없고 전적으로 부모를 의존할 수밖에 없는 아동은 부모가 움직이는 톱니바퀴에 물려 있는 작은 톱니바퀴여서 부모가 움직일 때마다 자신도 자연적으로 움직이기 시작한다. 부모의 것이 멈추면 자신도 멈춘다. 이 부모의 톱니바퀴가 움직이고 서고, 빨리 또는 서서히 움직이는 일련의 감정과정을 통해서 아동이 그 안에서 자신의 생존전략을 찾아 적응해 나가는 것이다. 그는 또 부모의 것이 자녀에게 전달되는 것을 연못에 던져진 돌로 인한 물의 파장으로 비유했다. 돌이 떨어진 진원지에서 연못가 가장자리까지는 반드시 전달된다는 의미다. 시기와 시간이 걸리겠지만 언젠가는 그것이 연못가 가장자리까지 미치는 것과 같이 부모가 자녀에게 미치는 영향이 그러한 원리라는 의미다.

알프레드 아들러(A. Adler)는 자녀가 부모를 닮아 가는 것을 세 가지 입장에서 보았다. 그것은 일반적 태도(general attitude), 일반적 감정(general feeling) 그리고 친척과의 관계다. 그가 이 세 가지 입장에서 공통적으로 본 것은 부모라는 존재가 자녀에게 영향을 미치는 것이 말이 아니라 일상생활에서 보여 주는 태도, 감정 그리고 친척과의 관계를 통해서라는 의미다.

지금까지 아동이 가지는 네 가지 애착유형을 살펴보았다. 좋은 것도 있지만 우리가 닮지 말아야 할 유형들도 있다. 그런데 이러한 아동의 유형들이 어떻게 자기화되었을까라는 질문에는 곧 부모로부터라는 정답이 나온다. 아직 자기가 형성되기 이전에 유약한 자아를 가진 아동이 거대한 부모의 테두리 안에서 비판 없이 수용한 결과다.

애착이론에서 보는 관점은 성격발달에 가장 중요한 영향을 미치는 것은 부모와 아동의 관계성이 본능이나 유전적 특성보다 더 우선한다는 것이다. 에인스워스의 경우는 출생 후 12개월 동안의 어머니와 유아의 관계는 아동의 애착관계에 밀접하게 영향을 준다고 본다(Holmes, 2005). 어머니와 아동의 애착에 있어서 부모의 양육유형이 어떻게 자녀에게 영향을 미치고 있는지 살펴보자.

(1) 안정애착 아동과 부모

전반적으로 긍정적인 감정 순환을 하는 안정애착 유형의 아동은 감정으로 열려 있고, 부모와 주고받는 말이 자연스러운 아동이다. 안정애착 유형 아동의 부모는 어떠한 유형이었을까? 왜 이들은 부모와 헤어졌을 때 슬퍼했지만 이내 마음을 추수리고 놀이를 하고 호기심을 가지고 환경에 적응할 수 있었을까?

유아 시절의 부모와의 애착관계에 있어서 안정애착 아동의 부모는 아기가 울 때 신속한 반응을 하고 눈을 더 맞추고, 웃고, 아기를 사랑스러워하여 안아 주었다. 이들이 6개월이 되면 더 안정된 애착을 가지게 되어 덜 울었고, 신체적 접촉을 좋아하지만 접촉 요구는 적었다(Holmes, 2005).

메인(Main, 2000)은 안정애착 아동의 부모에 대한 연구결과에서 아동의 유형과 부모의 유형은 매우 닮은꼴이 있다는 것을 발견했다. 안정애착 유형 아동의 부모는 성인애착 면접을 통해 대부분 안정되고 자율적인 부모라는 것이 밝혀졌다. 이 부모들은 애착관계를 자연스럽게 여기면서 중요한 것으로 생각하고 있었다. 그리고 애착관계를 객관적으로 볼 수 있는 능력이 있었다. 동시에 부모와의 대화가 일관성이 있고 협력적이라는 사실도 밝혀냈다. 자신의 어린 시절 기억과 감정과 생각 등을 융통성 있게 전환하여 주의를 환기시킬 수 있는 것 같았으며, 과거의 애착관계를 생각할 때 감정에 휘둘리지 않으면서도 그 감정에 마음이 열려 있어 충분히 사려 깊었다. 이러한 과거의 시간을 회상할 때 과거에 집착하지 않고 현재에 머무르는 특성이 있어 부모와의 힘든 관계를 생각할 때 부모에 대한 이해와 노력 그리고 때로는 용서의 균형 잡힌 관점을 가지고 있었다.

더 중요한 점은 이 유형의 부모가 과거의 상처가 있었지만 이야기 자체가 일관되고 협조적이었다는 사실이다. 이렇게 할 수 있었던 것은 이들과 가까운 사람들, 상담자, 연인 등과의 관계를 통해 후천적으로 감정적 안정을 가질 수 있었기 때문이다. 결국 이들은 법칙에 제한되지 않고 열려 있는 사람들이었기에 안정된 부모가 안정애착 아동을 양육할 수 있다는 결론에 이른다.

(2) 불안정회피 아동과 부모

부모를 회피함으로써 자신만의 성 안에 있는 불안전회피 유형의 아동은 성장하면서 자신의 개인적 감정을 표현하는 데 익숙하지 않다. 왜냐하면 어머니와의 상호작용에서 최소한의 반응을 보이는 데만 익숙했기 때문이다. 이들이 이러한 방식에 익숙한 이유는 부모가 무시형 부모였기 때문이다. 무시형 부모는 자녀와의 애착관계가 성장과정에서 얼마나 중요한지를 모르고 있거나 과소평가한다.

부모를 대상으로 성인애착 면접을 해 본 결과, 이러한 부모들 대부분이 상담자와의 면접에서 일관성이 없으며 협조적이지 않았다. 대부분 아동기의 경험에 대한 이야기를 요청받았을 때 기억나지 않는다고 했으며, 자신들이 말하는 이상화된 관계와 실제 경험했던 것과는 차이가 너무 나는 모순관계였다. 즉, 이 부모들이 자신의 부모와의 관계를 설명했을 때 대부분이 좋거나 매우 좋았다는 표현을 하였지만 상담이 깊이 진행되면서 이러한 표현이 이들의 과거 기억과 일치하지 않는 모순이 발견되었다. 다음과 같은 것이 이 부모들이 자신의 부모가 좋다고 하면서도 어린 시절의 기억을 말한 것 사이의 모순을 보여 준다.

> 한 번은 내가 마당에서 놀다 팔이 부러졌습니다. 이런 일이 어머니를 화나게 했을 것입니다. 어머니는 이런 일이 일어나는 것을 아주 싫어했습니다. 팔이 오랫동안 고통스러웠지만 나는 어머니에게 절대 말하지 않았습니다. 그런데 어떤 사람이 어머니에게 나의 상황을 알려 준 모양입니다. 어머니는 우는 아이를 좋아하지 않았기에 나는 항상 울지 않으려고 애를 썼습니다(Main, 2000, pp. 1084-1085).

어머니의 성향이 굵고 강한 사람이었기 때문에 아동은 생존하기 위해서 어머니가 선호하는 사람이 되려고 자신을 적응해 나갔다. 그런데 이러한 아동에서 성인이 되어 면접하는 사람들은 어린 시절에 있었던 자신들의 부모에 대한 이상화를 시도한다. 즉, 어린 시절에 어머니에 대한 회피성향을 성인이 되어서는 어머니에 대한 객관성을 가진 평가나 어머니에 대한 이해 차원에 가지 못하고 어머니를 미화시키고 이상화시킨다. 그렇게 함으로써 어린 시절의 문제로부터 자신을 또다시 회피시킨다. 아동기에는 늘 자아가 아직 형성 중이기 때문에 자신과 상황을 객관적으로 볼 능력이 없다. 따라서 자신에게 잘못을 하는 부모를 이상화시키고 대신 자신들을 비하시키기 쉽다. 부모를 이상화시킴으로써 또는 기억이 나지 않는다고 함으로써 자신과 연관된 상처가 있는 애착문제를 최소화하는 방법을 찾는다. 그래서 이 고통스러운 성인애착 면접에 대해 협력하는 자세, 또는 자신의 과거를 탐색해 가는 과정으로 보기보다는 속히 끝내기를 원하는 것으로 보였다.

회피 유형의 어머니는 자녀를 안아 주거나 스킨십 등 신체적 접촉을 하는 것을 거북해하거나 힘들어하고, 자녀가 요구하는 것에 민감하게 반응하지 못했다. 사실, 이러한 어머니는 자신의 부모와의 관계에서도 회피하는 경향을 보였다. 그리고 자신의 어린 시절에 대하여 생동감 있게 표현하지 못했다. 그래서 이러한 회피 유형의 부모하에서 성장한 아동은 대인관계나 사회적 관계에서 고립될 수 있고, 특별한 이유 없이 화를 폭발한다. 그리고 자신에 대하여 말을 할 때 일관되게 말을 못하는 경향을 가지고 있다(Holmes, 2005, p. 187).

회피 유형의 부모는 감정에 대한 것을 표현하거나, 애착과 연관된 주제를 표현하는 것에 철저하게 봉쇄되거나 거부하는 것 같았다. 그래서 이들은 이러한 감정표현을 최소화하는 생존전략 규칙에 익숙해 있었다. 그래서 이러한 부모는 자녀가 신체적 접촉 욕구나 감정표현에 대한 표출을 할 수 있는 기회를 주지 않는다. 그래서 이런 내용들이 익숙하지 않고 어색한 구조를 만들어 낸다. 그래서 성인이 된 후에는 자녀를 안아 주는 것이 어색한 사람이 있기도 하고, 신체 접촉이 부담스러워 신경이 곤두서는 사람도 있다. 이러한 것들이 다 성장과정에서 가진 부모와의 애착관계에서 오는 것이다. 결국 이러한 유형의 사람들이 택하는 생존전략은 최소화하기와 비활성화하기 전략이다. 먼저, 최소화하기는 자신은 매우 좋은 사람인데 타인은 신뢰할 수 없는 나쁜 존재, 상관할 수 없는 존재라고 느끼기 때문에 부적절한 존재라고 생각하는 것이다. 다음으로, 비활성화하기는 자기를 비하시키고 무력하다고 느끼기에 상대가 자신을 거부하고 처벌할 가능성이 있다고 생각하는 것이다. 즉, 무시형의 부모가 무시하는 내면적 도식은 자신의 약점과 풀리지 않는 모순을 타인/자녀에게 전이시키고, 자녀를 부담을 주는 존재로 여기기에 회피를 하는 것이다. 이렇게 함으로써 회피 유형의 부모는 자녀에게서 결점을 찾아내어 어쩌면 그들이 사랑하고 의지해야 할 자녀를 희생양으로 삼는 것이다.

(3) 불안정 저항애착 아동과 부모

화를 내고 어떤 때는 무력감에 빠져 있는 아동은 어머니의 행동과 말로부터 예측 불가능한 반응에 자주 노출되었기 때문에 발생하는 유형이다. 이것은 어머니의 예측할 수 없는 감정과 행동에 대하여 아동이 관심을 끌기 위한 방법이며, 어머니가 좋아하지 않는 것은 호기심과 탐험의 자율성을 억제시켜 무력감에 빠져 있는 것이다. 이런 유형에 속하는 아동은 앞서 설명했듯이 이중 메시지, 즉 어머니를 좋아하면서 동시에 거부하는 메시지를 보인다.

이 유형의 자녀를 가진 부모들은 거의 비슷한 증상을 가지고 있다. 부모는 자신의 애착과 연관된 문제에 빠져 애착대상에 대한 분노 혹은 수동성에 몰두하는 것 때문에 힘들어했다. 이러한 부모는 자녀의 자율성을 막았다(Main, 1995). 이러한 부모들과의 면접에서 밝혀진 것은, 이들이 상담 중 일관성을 유지하는 것이 어렵고, 협조적으로 상담하는 과정을 방해한다는 것이다. 표현 내용들이 말하는 이와 듣는 이를 혼란스럽게 하였다. 즉, 이야기들이 주제에서 많이 벗어나 있고, 너무 길었다. 메인은 이 유형의 부모는 아동이 자신의 고통을 확대하여 부모에게 보이려는 것과 같이 상담자에게 자신이 다룰 수 없는 고통에 취약한 것처럼 보였다고 밝혔다

(Main, 2000).

(4) 혼돈된 애착 아동과 부모

혼돈된 애착유형 아동은 어머니와 같이 있을 때 표현할 수 없는 기괴함이나 해리된 것처럼 보인다는 특징을 가지고 있다. 그리고 이들은 6세 정도가 되면 오히려 어머니에 대해 자신의 역할을 바꾸어 부모를 돌보거나 공격적 지시 또는 가혹행동으로 부모를 통제하려 한다(Hesse & Main, 2000).

이 유형의 자녀를 가진 부모는 아직도 자신이 해결하지 못한 외상 또는 상실을 경험했다는 증거를 보여 준다. 중요한 것은 이러한 부모가 과거에 경험한 정신적 외상이나 상실이 아니라, 이 외상이나 상실에 대해 해결하지 못한 상태가 문제를 발생케 하는 원인이다(Ainsworth, 1991). 결국 미해결된 과제를 가진 부모로 인해 아동에게 혼란된 애착이 형성된다(Hesse & Main, 2000). 성인애착 면접에서 밝혀진 것은 이 부모들이 가족구성원의 죽음이나 신체적/성적 폭력에 대한 사건을 회상하고 성찰하는 능력에 문제가 있다는 것이다. 즉, 이러한 과거 사건에 대해 이야기해 보라고 하면 외상과 관련된 상처와 기억이 마음을 지배해 버리는 것이다. 정신적으로 큰 외상의 미해결된 과제를 가진 부모는 자녀를 쉽게 겁먹게 하고, 또 부모의 격한 분노는 자녀로 하여금 성장 후 그것을 본받게 하기 때문에 그 파괴의 강도도 두 배다.

지금까지 살펴본 아동의 애착유형과 부모의 양육유형의 비교를 도표로 나타낸다면 다음과 같이 요약될 수 있다.[7]

---

7) 이 내용은 Wallin(2010)의 내용을 참조함.

□ 안정애착 아동과 부모

구분		내용	비고
낯선 상황 (유아기)		• 어머니에게 가까이 머물면서 위안을 얻는 행동과 홀로 장난감이 가득한 방을 탐험하는 행동 간에 유연한 균형을 보인다. • 어머니가 나간 후 다시 만났을 때 기쁨으로 다가가 위안을 찾고 놀이와 탐험을 다시 시작한다.	
연속성 (6세)	일반	• 열려 있는 감정 • 부모와 재회했을 때 바로 따뜻하고 기쁘게 맞이하고, 부모와 대화하는 것이 자연스럽다(말을 자연스럽게 하고, 부모와 대화를 하는 데 서로 바꿔 가면서 균형 있게 하고, 초점을 맞추는 데 제한을 두지 않는다).	
	분리상황 그림	• 편안하게 그림 속의 아이 느낌에 대해 말할 수 있고, 그 이유를 상상하고, 건설적인 해결책까지 생각해 낼 수 있다.	
	가족 그림	• 현실적이며, 부모와 아이가 팔을 뻗친 채로 서로 가까이 서 있어서 마치 접촉을 받아들이려는 듯한 모습이다.	
	가족 사진	• 즐거움을 나타내고 미소를 짓거나 가볍게 한두 마디를 한 뒤 사진을 돌려준다.	
부모		• 성인애착 면접(AAI)에서 안정되고/자율적인 범주에 속한다. • 애착관계를 소중히 여기고 또한 객관적으로 성찰할 수 있는 능력을 가지고 있다. • 대화 방식이 일관성이 있고 협력적이다. • 면접 진행자와의 질문 및 탐색 사이에서 자신의 기억과 느낌 및 생각 사이에서 융통성 있게 주의를 환기시킬 수 있다. • 과거에 상처가 있으나 현재에 머무르려고 한다. • 부모와의 힘든 기억이 있지만 부모를 이해하고 때로는 용서하려는 노력을 보여 준다.	획득된 안정: 친구나 연인 또는 심리상담사들과의 관계를 통해 과거의 불안정애착과 관련된 경험을 안정애착으로 전환시킨다.
평가		• 이 유형의 부모는 애착과 관련하여 자신 내면에서 나오는 '뉴스'를 검열 혹은 편집할 필요가 없기 때문에 자녀가 보내는 신호를 전 범위에 걸쳐 수신할 여유가 있다.	

□ 회피형/무시형 애착 아동과 부모

<table>
<tr><th colspan="2">구 분</th><th>내 용</th><th>비 고</th></tr>
<tr><td colspan="2">낯선 상황
(유아기)</td><td>• 안정애착 유형의 아동에 비해 융통성과 자원이 부족하다.
• 애착행동을 배제한 채 놀이에만 몰두하나 자신의 스트레스를 참는 것이다.
• 생후 12개월의 유아는 어머니를 적극적으로 피하는 모습을 보였는데, 이것은 이전에 아이가 어머니와의 신체접촉을 원했을 때 어머니가 지속적으로 거절했기 때문인 것으로 보인다. 다른 연구자들은 어머니의 침해적이고 통제적이고 과도한 양육방식 때문인 것으로 본다.
• 낯선 상황에 대한 감정이 물건에 대한 흥미로 제한되어 있다.
• 어머니와의 분리 장면에서 당황하는 기색을 보이지 않았으며, 재회했을 때 모른 척함에도 불구하고 이들의 생리적 반응은 고통이 있음을 표현하는 징후가 나타난다.
• 유아는 분리 또는 애착과 관련된 감정을 표현하는 것을 억제하는데 이것은 어머니가 반응이 없었기 때문이다.</td><td>• 비활성화 전략
–정서를 과잉조절하는 것이 특징
–어머니로부터 위로 받는 것에 대한 희망을 잃는 것 같은 행동</td></tr>
<tr><td rowspan="4">연속성
(6세)</td><td>일반</td><td>• 유아 때와 마찬가지로 재회장면에서 어머니를 모른 척한다.
• 대화는 매끄럽게 흐르지 않고 자주 막혔으며 대화의 주제는 개인적인 감정이 섞이지 않은 것들이다.
• 어머니가 상호작용을 주도하도록 맡긴 채 최소한의 반응만을 보였다.</td><td rowspan="4"></td></tr>
<tr><td>분리
상황
그림</td><td>• 아동이 경험했을 감정이 슬픔이라 할 수 있겠지만 분리 위기에 대해 어떤 해결책도 생각해 내지 못한다.</td></tr>
<tr><td>가족
그림</td><td>• 서로 구별되지 않게 그려진 인물들이 각기 정형화된 '행복한 얼굴'을 하고 떨어져 있고, 공중에 떠 있고 팔이 없는 경우가 많다. 신체 부위가 없는 경우에는 메인(Main)의 의견으로는 어머니가 혐오를 했기 때문으로 본다.</td></tr>
<tr><td>가족
사진</td><td>• 눈길을 돌리거나 사진을 거부하고 무심히 바닥에 떨어뜨린다.</td></tr>
</table>

부모	• 한결같이 무시형으로 분리된다. 이들 대부분은 애착관계의 영향을 과소평가하는 데에서 기인한다. • 성인애착 면접에서 부모의 대화방식이 일관성이 없고, 협력적이지도 않았다. • 아동기 경험이 기억나지 않는다는 전형적인 주장과 그들이 경험한 부모와 이상화된 부모관계에는 모순이 있다. • 부모와 회피형 자녀 양쪽의 단면을 모두 보여 주는 태도를 취하면서 감정적 거리를 유지한다. • 면접 상담에 협력적이기보다는 빨리 끝나는 데 관심이 있는 것처럼 보인다.	
평가	• 회피형 아동이나 무시형 부모는 느낌 전반에 대한 자각이나 특별한 애착과 관련된 느낌에 대한 자각을 최소화시키는 법칙에 지배를 받는다. • 대외적으로 자신들이 말하는 것에는 좋은 경향이 있지만, 메인은 연구를 통해 그 이면에는 부인된 욕구와 취약성 그리고 분노가 있음을 밝혀냈다. • 무시형 부모는 그들의 초점을 애착에서 멀리하면서 다른 사람과 자신의 가장 깊숙한 갈망으로부터 거리를 두어야했기에 이들은 자신의 경험에 대한 성찰 능력만이 아니라 자녀가 보내는 신호에 반응하는 능력까지 움직이지 못하도록 묶어 둔 상태다.	

□ 불안정 저항애착 아동과 부모

구 분	내 용	비 고
낯선 상황 (유아기)	• 매달리고 화내면서 저항을 반복하거나, 무력하게 수동적인 상태에 빠져 있어 달래기가 극히 힘든 상태다. • 유아의 신호에 예측 불가능하게 반응하는 어머니에 대한 반응으로 보인다. • 유아의 이런 반응이 어머니의 변덕스러운 관심을 확보하는 데 도움이 되었기 때문에 이런 반응을 보인다.	정서를 과잉활성화하거나 비활성화하는 전략

연속성 (6세)	일반	• 어머니와의 재회 장면에서 이중 메시지를 전하는 행동을 보인다(한 아이는 어머니 무릎 위에 앉아 있더니 결국 꼼지락거리며 빠져 나갔다. 다른 아이는 과시하듯 잠시 어머니에게 애정표현을 하더니 불쑥 교류를 끊어 버린다).	
	분리 상황 그림	• 한 아이는 부모를 위해 꽃을 사지만, 그러고 나서 부모의 옷을 숨겨 놓을 것이라고 대답했다.	
	가족 그림	• 가족 구성원이 너무 크거나 너무 작게 그려졌으며, 항상 너무 가깝게 붙어 있고, 몸의 취약한 부분이나 치부를 두드러지게 그렸다.	
	가족 사진	• 열중해서 보는 것 같으나 사진 때문에 혼란스러워하거나 괴로워한다.	
부모		• 애착과 관련된 자신의 문제에 깊이 빠져 있다. • 애착 대상에 대하여 과도하고 혼란스럽고 화나거나 혹은 수동적으로 몰두되어 있는 상태가 주는 부담 때문에 힘들어하고 있어 그들 자신의 애착사를 탐색하는 능력이 제한된 것처럼 보였다. • 과거의 감정에 휩쓸려 현재에 일관되게 회상하고 성찰하는 능력을 발휘하지 못한다.	
평가		• 부모의 이러한 반응은 자녀가 '과잉활성화전략/비활성화 전략'을 만들어 낼 가능성이 있다고 생각되는 양육의 특성과 같다. • 어떤 때는 비교적 잘 반응하나, 어떤 때는 침해하거나 함께해 주지 않는 반응의 형태는 자녀가 한편으로는 친밀함에 대한 기대하거나, 다른 한편으로는 그 친밀함의 상실 가능성에 대해 집착하게 만든다. • 이렇게 상충된 것은 감정적인 잡음을 만들어 내고, 이로 인해 부모가 자녀에게 보내는 신호를 정확하게 지각하고 일관성 있게 자녀의 욕구에 맞춰 반응해 주는 능력이 훼손된다. 그리고 자신의 감정을 자유롭게 성찰할 수 있는 인지적 능력도 손상시킨다.	

□ 혼란된/미해결형 애착 아동과 부모

구분		내용	비고
낯선 상황(유아기)		• 어머니와 함께 있을 때 뭐라 설명할 수 없을 정도로 기괴하고 겉으로 보기에 모순되고, 해리된 것처럼 보이는 행동을 보인다. 이것은 어머니(부모)라는 안식처가 공포의 근원이고, 이 상황은 해결할 수 없는 모순적 위험이고, 자신의 애착전략이 붕괴된 상태를 나타내 보인다.	
연속성(6세)	일반	• 설명할 수 없을 정도로 두려워하고, 이 상태에서 아무것도 할 수 없어 보였다. • 부모와 재회하는 장면에서는 부모에게 공격적 지시 또는 가혹행위 등을 통해서 부모를 통제하려는 반응을 보인다. 이것은 부모와의 근접성을 유지하면서 부모의 위협에도 대처하기 위해 부모 역할을 하는 것처럼 보인다.	
	분리 상황 그림	• 침묵에 빠지고 마음 동요가 심하여 아무 반응을 하지 못하거나, 파국적 결과를 상상하거나, 말이나 행동에서 혼란을 보인다.	표상적 인물 공유
	가족 그림	• 보는 사람의 마음을 불편하게 만드는 기괴한 요소들이 보인다(절단된 몸의 부위와 해골 또는 단순히 그렸다가 지워진 인물들).	
	가족 사진	• 말이 없어지고 비이성적인 언행을 하거나 괴로워한다.	
부모		• 해결되지 못한 정신적 외상 혹은 상실을 경험한 부모가 어떻게 외상과 상실을 통합하고 이해했는가가 문제다. • 추론과 담화의 착오가 발생한다(사람이 죽었으나 살아 있다고 암시하는 내용, 인과관계나 공간과 시간 관계에 대한 일반적 통용에 위배되는 내용).	
평가		• 이런 착오(추론과 담화)를 초래하는 외상적 기억의 침해가 바로 이 미해결형 부모가 가정에서 자녀에게 혼란된 애착을 형성하게 하고 자녀는 겁먹게 하는 행동의 원인이라고 제안한다. • 자신의 감정을 건드리는 질문지나, 과거 자신의 외상적 경험과 비슷한 양육장면을 접할 때 심하게 혼란스러워하거나 넋이 나간 것 같은 상태로 빠져드는 것이 확인된다. • 아이가 달래지지 않는 울음소리나 짜증을 보면 자녀를 쉽게 겁에 질리게 만드는 행동을 할 수 있다.	

평가	• 자녀는 위험의 근원이며 동시에 안식처가 되는 부모에게 다가갈 수 없고, 멀어질 수도 없는 것으로 인해 해결책이 얼어붙은 것과 같은 행위를 한다. • 유아의 혼란을 유발시키는 것은 학대만이 아니라 부모가 두려움을 가지고 있다는 것을 알려 주는 신호인데, 이것을 본 유아는 부모가 안전하지 않다는 것을 느낀다.

4. 상실과 박탈의 트라우마

인간이 이 땅에 왜 태어났는지는 좀처럼 풀리지 않는 수수께끼다. 그러나 이것을 극복할 수 있는 방법 중의 하나는 부모 또는 이웃과 우리가 가지는 '애착'의 형성을 통해서다. 애착형성을 통해 무의미로부터 의미를 얻고, 혹 의미가 없어도 의지적으로 의미를 만들어 생존하는 이유를 만들어 내는 것이다.

> 내가 편의상 애착이론이라고 이름 붙인 이 이론은 특정한 어떤 사람에게 강한 애착을 느끼는 인간의 경향성을 개념화하고 애착 대상과의 원치 않는 분리 혹은 애착 대상의 상실이 발생했을 때 수반되는 불안, 분노, 우울, 정서적 초연(emotional detachment)과 같은 다양한 정서적 고통과 성격장애를 설명하는 이론 중의 하나다(Bowlby, 1979).

이러한 맥락에서 볼비는 불안, 특히 주된 양육자인 어머니로부터의 상실감이나 박탈감을 경험하는 것은 불안에 가장 결정적인 원인을 제공한다고 생각했다. 그래서 그는 과거에 정신병리를 유전적 요소로 여긴 것에 반대했다. 그 이유는 정신병리가 선천적이고 유전적인 요소이기보다는 후천적으로 경험된 불안정이 연속적으로 쌓인 조합의 결과물이라고 생각했기 때문이다. 그리고 이러한 불안정은 불안정애착을 형성하고 불안에 대한 자기방어기제를 지속적으로 사용하였기에 병리적 현상이 발생하는 것을 보았다(Marrone, 2000, p. 63).

과거 우리가 과학적으로나 사회적으로 여러 가지 무지한 시대에 살았을 때 대부분의 인간 사회는 결정론에 의거해서 개인 및 사회 구조가 형성되었다. 그래서 신분에 대해 변함없이 고정된 시각을 가지고 있었고, 그것을 숙명으로 여기는 시대가 있었다. 물론 그러한 잔재들이 현세대에도 남아 있는 것은 사실이다. 그래서 정신병리와 같은 것도 그 병을 발생케 한 후천적인 요인들에 대한 생각보다는 유전과 같은 운명적인 것으로 결정을 내리는 시대가 있었다는 점이다. 우리는 숙명처럼 모든 것을 받아들였던 사회로부터 개인의 특성과 환경에 대한 이해를 하는 시대로 조금씩 오는 과정에서 볼비의 이론이 정신병리에 대한 이해를 다른 각도에서 할 수 있도록 해 주었다.

정신병리적 문제나 대인관계의 심리적 문제는 그 모든 원인이 대인관계, 즉 어머니와의 관계에서 발생한다. 물론 여기서 볼비가 어머니와의 관계를 강조하는 것은 유아가 최초로 생존할 수 있는 대상이 어머니이기 때문에 어머니의 역할이 중요한 것이다. 출생 직후 부모의 적절한 보살핌의 질이 아동 정신건강에 중요하고, 따뜻한 보살핌을 받은 아동은 적합한 방향으로 건강하게 성장하는 결과를 낳는다고 본다. 그는 아동에게 신경증이 발생했다면 그것은 아동의 어머니가 어린 시절 자신의 부모에게 품었던 적대감을 현재의 자기 자녀에게 나타내고, 자신의 부모가 충족시키지 못했던 욕구를 아동에게 부적절하게 요구하고 있다는 사실을 발견하였고, 이러한 관점에서 정신병리는 가족 간의 상호작용과 대물림의 현상에 대하여 주목하기 시작했다(Marrone, p. 12).

1) 상실과 박탈의 경험: 부분 박탈과 완전 박탈의 경험

성장과정에서 부모로부터 받아들인 돌봄은 성인이 된 이후의 정신건강에 매우 중요한 요소다. 그래서 볼비는 유아 시절부터 성장과정을 거치면서 부모로부터 따뜻하고 친근한 관계가 필요하다고 보며, 만일 그것이 되지 않았을 때는 부모를 대체할 만한 것에 의해 돌봄이 제공되어야 한다고 보고 있다(Bowlby, 1961). 이런한 관점에서 볼비는 일찍부터 심각한 심리적인 문제는 아동기 때 중요한 사람, 특히 어머니와의 애착관계 단절에서 오는 손상으로 인한 역기능으로 보고 있다(Marrone, p. 8). 즉, 돌봄이 제공되지 않았을 때 문제가 생기는데, 이러한 관점에서 박탈에 대한 것을 세 종류로 보고 있다.

첫째는 '모성박탈'(maternal deprivation)이다. 이것은 어머니가 집에 있지만 자녀에게 돌봄을 제공하지 않는 것이다(Bowlby, 1961). 흔히 이러한 일은 부모가 가정에서 돌봄을 제공하는 데 소홀히 하기 쉬운 영역이다. 어떤 부모는 휴일이면 하루 종일 가정에서 가족과 함께 지냈다고 이야기하지만, 정확한 내용을 물어보면 TV를 보는 등 자녀와 소통한 내용은 없는 것으로 드러난다. 가정에 어머니가 있지만 아이의 희로애락의 감정에 대한 반응이 없는 것이다.

둘째는 '부분 박탈'(partial deprivation)이다. 이것은 말 그대로 아이가 부모를 통해 부분적으로 박탈을 경험하는 것이다. 물론 이 박탈에는 감정, 억양, 신체 등의 학대가 포함되고, 어머니(부모)가 부분적으로 아이의 시야에서 떠나감으로써 발생하는 것이다. 아이가 부모와 환경의 도움을 받아 연약한 자아상을 조금씩 확립해야 할 시기에 박탈로 인해 더 많은 집착을 하게 된다. 그래서 이러한 부분적 박탈이라도 불안이 연속성을 가지고 있고, 사랑에 대한 과다한 요구를 한다. 복수의 감정이 많이 있으며, 동시에 죄의식과 우울감을 가지고 있다(Bowlby, 1961).

셋째는 '완전박탈'(complete deprivation)이다. 완전박탈은 부모의 죽음과 같이 아이가 이 세상에 혼자 내버려지는 상황이다. 이 박탈이 사람과의 관계를 통해서 회복되지 않으면 다른 사람과 관계를 맺을 수 없게 된다. 볼비는 이 박탈의 원인이 무엇인지에 대해 조사를 해 보았는데, 가족의 구조, 특별히 자녀와 부모의 관계를 보면 답이 나온다고 보았다. 즉, 정신병리의 원인이 무엇인지 불명확할 때는 그 환자가 성장과정에서 어머니와 아버지의 관계가 어떠했는지에 대하여 좀 더 주의 깊게 관찰하면 불명료했던 원인들이 밝혀진다(Bowlby, 1961).

아동기 때 경험하는 박탈은 어린아이가 바람직한 인간으로 성장하는데 많은 걸림돌이 된다. 바람직한 환경이나 좋은 부모는 자녀에게 세상과 자신에 대한 희망을 심어 줄 수 있지만, 나쁜 부모는 자녀에게 박탈을 경험케 하고 그리고 이것이 회복이 되지 않으면 어쩌면 평생 어둡고 침울한 세상에서 살아갈 확률이 많다. 자신이 박탈에 대하여 저항할 수 있는 힘을 가질 수 있고, 세상을 객관적으로 볼 수 있는 힘이 있다면 아동이 박탈을 경험하지 않을 수 있다. 그러나 약한 아동이 이것을 경험할 수밖에 없다면 상담자는 박탈에 대한 사회학적 이해가 분명히 있어야 한다.

필자가 여기서 사회학적 문제를 제기하는 것은 박탈과 같은 것에 대한 폭넓은 이해가 선행이 될 때 좀 더 바람직한 상담이 될 수 있기 때문이다. 심한 박탈을 습관적으로 경험한 아동의 그 박탈 경험이 자신을 형성하는데 중요한 구조가 되기에 이것을 구조로 또 살아갈 수밖에 없는 상황이다. 지속적인 박탈을 경험한 아동이 세상에 해를 끼치는 사람이 될 확률은 분명히 많다. 그리고 이 해를 끼치는 행위를 흔히 종교인은 '죄'라는 표현을 한다. 그러나 엄밀한 의미에서 '죄'는 박탈, 소외, 분리라는 심리학적 의미가 현대인에게 적합한 표현이다(Tillich, 2006, p. 15).

심리사회학적 관점에서 심한 박탈의 경험들이 성장과정에서 회복되지 않으면 적어도 두 가지 유형으로 빠지게 된다. 하나는 자기 안에 갇혀 외부와의 관계를 차단하는 유형이고, 다른 하나는 박탈 경험을 사회에 되돌려 주는 복수형이다. 이것은 사람이 가진 천부적 경향에 따라 이렇게 달라질 수 있다. 그러나 중요한 것은 박탈 정도가 심한 부분 박탈이나 완전 박탈은 어린아이가 구별해서 받아들이기에는 너무 벅찬 상대이기에 그대로 수용하고 그러한 행동이 습관이 되고 부지불식간에 행동으로 옮기게 되고, 그 행동에 대한 별다른 죄책감 없이 지내는 것이다.

상습적 성폭력 가해자들을 면접해 보면 이들이 가진 공통적인 특성을 발견할 수 있다. 대부분 남성인데, 이들은 성장과정에서 습관적으로 성폭행을 받은 피해자라는 점이다. 그것도 안면이 없는 사람이 아니라, 가족을 포함하여 주변에 자주 만나 안면이 있거나 친한 사람들을 통해서 폭행을 당했다는 사실이다. 그들이 이러한 피해를 입고 나면 가해자는 이들에게 물질공세를 하거나, 음식을 제공하거나, 필요한 것을 제공하고 말로써 피해자를 위한다는 표현을 한다. 피해자는 피해와 보상이라는 혼란된 감정 상태에 노출이 되고, 그것이 습관적으로 지속되면 자신의 정체성과 가치관을 형성하는 데 매우 혼돈된 상태에 노출이 된다. 이렇게 피해를 입은 사람이 성장하면서 성폭력 가해자로 변할 가능성이 많은데, 그 이면에는 이러한 슬픈 이야기들이 녹아 있다.

가해자들이 면접과정에서 또 공통적으로 노출하는 것은 양심의 가책이 없다는 점이다. 일단 자신이 한 행위가 쌍방 합의에 의해서 발생한 것이라거나 혹은 상대방이 성적 유혹을 했다는 식의 합리화를 통해서 자신의 행동에 대한 면죄부를 준다. 이들이 자신의 행동을 반성하기 시작하는 시점은 피해자가 겪은 고통의 시간이 직접 가해자의 눈과 귀에 들리기지 시작할 때 마음이 동요가 조금씩 생기기 시작했다(Poling, 1991). 이러한 박탈과 소외에 대한 사회심리학적 방향과 논의는 후반부에서 좀 더 구체적으로 살펴볼 것이다.

다시 본론으로 돌아가서, 인간에게 가장 문제의 근원이 되는 것은 '불안'이라고 했고, 불안에는 정상적인 불안과 병리적인 불안이 있다. 정상적인 불안은 우리로 하여금 생활을 하는 데 도움을 준다. 예를 들어, 중요한 시험을 앞두고 있을 때 느끼는 불안이나, 미래의 직업에 대한 불안 같은 것은 정상적인 불안에 속하게 된다. 만일 불안이 없는 사람이 있다면 그것은 딱 한 가지다. 죽은 사람만이 불안이 없다. 그래서 모든 사람은 불안을 가지고 산다. 정상적인 불안은 우리로 하여금 현실을 뒤돌아보게 하고 시험과 미래에 대하여 조금이라도 준비하고 시간과 생활에 대한 관리를 하게 한다. 그러나 과도한 불안은 생활의 질서를 흩뜨리고 사회생활을 할 수 없게 만든다. 이러한 불안의 배후에는 어린 시절이나 혹은 성장하여서 겪는 박탈의 경험으로 트라우마에 시달리는 경우가 있다.

> 나는 지속적인 박탈과 특정한 성격의 발달, 즉 애정적인 유대관계를 맺지 못하는 듯하고 칭찬이나 비난에 무감각하기 때문에 반복적으로 비행을 저지르는 경향이 있는 특정 성격 간에 어떤 상관관계가 있을지 모른다는 가능성에 주의를 돌리게 되었다(Bowlby, 1981).

어머니에 대한 박탈을 경험하는 것은 생존이 시급한 아동의 성격 형성에서 치명적인 영향을 미친다. 그리고 이러한 영향은 아동이 성인이 되어서까지도 중요하게 미친다. 후에 볼비가 말하는 환경과 어머니/부모의 애착의 중요성에 대하여 더 구체적으로 언급하겠지만, 볼비는 물질적 환경보다는 신뢰할 수 있고 애착할 수 있는 일관성을 가진 부모가 있는 것이 아동에게는 가장 중요한 요소라고 생각하고 있다. 예를 들어, 복지 혜택

및 가정환경이 좋은 아동이 박탈을 경험하는 요인은 무엇일까 생각해 보면 그것은 부모의 감정적 불안과 무능력에서 오는 것임을 알 수 있다. 즉, 아동은 부모로 인해 정상적인 가정생활의 문화를 박탈당하는데, 가장 핵심적인 이유는 가족관계를 효과적으로 유지하여 자녀에게 그러한 환경과 분위기를 제공하지 못하는 부모의 감정적 불안과 무능력 때문이다. 이러한 점에서 우리는 주변 환경이나 가정환경의 변화가 아동의 심리를 바꿀 수 있다는 환상을 버려야 한다. 물론 이러한 사회적 또는 물리적 환경이 중요치 않다는 것은 아니다. 이것이 가장 주된 요소는 아니라는 것이다. 이러한 관점은 성인 및 세상을 살아가는 건전한 가치관하고도 밀접한 연관이 있다. 우리 사회 구조는 더 많은 것과 더 풍요로운 세상에 대한 꿈을 꾸고 있지만 이러한 꿈이 어떤 기초를 중심으로 세워져야 하는데 그 사실을 간과하고 있다는 점이다.

볼비는 애정결핍 정신병리자 14명 중 12명이 어린 시절 어머니와 오랫동안 떨어져 있었다는 사실에 기초하여 태어난 후로부터 5년간 아이가 어머니로부터 떨어져 있던 환경이 비행적 성격을 형성하는 데 핵심적 역할을 했다고 보았다(Bowlby, 1944). 이러한 환경에 노출된 아동은 성장과정에서 부모를 지속적으로 만나서 관계를 유지하고, 또 그러한 부모에 대한 이상화 작업이 필요하다. 이상화 작업은 자기 자신에 대한 꿈이나 자신이 이상화의 대상을 가지고 있다는 일종의 선망의 대상이 되기 때문에 살아갈 수 있는 이유와 꿈을 지닐 수 있는 이유가 된다. 그래서 이러한 부모를 통해서 자기 내면의 꿈과 희망을 가질 수 있게 된다. 더구나 중요한 것은 아동이 자신의 희로애락을 표현할 수 있는 환경이 있어야 한다는 점이다. 감정적으로 자신의 희로애락을 표현하여 받을 수 없고 느낄 수 없는 아동은 감정이 결핍된 채 성인기까지 성장하게 된다. 동시에 자신의 권리에 대하여 표현할 수 있는 사람이어야 한다는 점이다. 결국 문제는 이러한 것을 표현하지 못함으로써 감정적으로 결핍된 아동이 만들어진다는 점이다. 아동이 한 가정에서 자신이 느낀 것을 말하는 것, 표현할 수 있는 것은 정신건강에 매우 필수적인 요소다. 설혹 자신이 느낀 것이 고통스러울지라도 그 고통을 표현할 수 있는 것은 진실을 억제시키는 환경보다 더 좋은 것이다. 그 이유는 아동이 자신의 성장과정에서 부모에 대한 양면성을 보고 그 느낌을 표현하는 것이 중요하기 때문이다(Holmes, 2005, p. 79).

우리가 착각하지 말아야 할 것은 완전성에 대한 것이다. 부모나 아이, 혹은 성인이 빠지지 쉬운 유혹은 완전성에 대한 착각이다. 완벽한 부모가 있을 수도 없지만 완벽한 부모를 이상화시키는 자체도 정신적인 문제가 된다. 배우자에 대한 완전성, 혹은 자녀에 대한 완전성을 요구하는 가정은 반드시 문제가 발생하게 된다. 그래서 자녀가 성장하면서 자기가 할 수 있는 것과 할 수 없는 것이 있다는 사실을 아는 것이 중요한 것처럼, 자신의 부모도 완전하지 않고 때로는 실수할 수 있는 사람이라는 사실을 보는 것은 정신건강에 긍정적이다. 그리고 거기에 대한 실망도 표현할 수 있는 아이가 건강한 아이가 될 수 있다.

> (정신병리 현상을 보이는 아이는) 껴안기, 놀기, 젖 빨기 등의 친숙한 행위를 통해 어머니 몸의 편안함을 알기, 씻기기와 옷 입히기 같은 여러 의식을 통해 어머니가 조그만 아이를 향해 갖는 자부심과 부드러움을 느끼고 아이가 자신에 대한 가치를 배우기 등 모든 것이 결여되어 있다(Bowlby).

아이는 성장과정에서 거울보다 어머니의 얼굴을 먼저 보며, 어머니의 표정과 감정을 통해서 자신에 대한 존중감을 배우게 된다. 어머니가 아이를 존중하지 않으면 자신이 존중을 받을 가치가 없는 존재라는 자기비하에 사로잡히기 쉽고, 자기가치와 자기존중감이 약해진다.

2) 상실과 박탈의 현상

상실과 박탈을 관찰하는 방법은 세 가지 관점에서 보아야 한다. 첫째, 아동이 어머니를 상실했을 때의 나이가 중요하다. 애착발달을 체계적으로 보면 유아는 생후 3~6개월에 애착관계가 시작된다. 이러한 발견은 생후 6개월된 유아가 입양되더라도 얼굴을 가리지 않았지만 이후에 입양이 된 유아는 고통을 보여 주었다. 그래서 사람과 환경이 달라진 것에 의한 불안 때문에 울음을 울거나, 사람에게서 안 떨어지려고 하거나, 냉담하거나, 잠자리와 먹는 것에 문제를 보이기 시작했다. 이 아동이 7개월이 되면서 처음 보는 사람에게 불안을 보이기 시작했다. 중요한 발견 중의 하나는 3세 이후에 부모가 자신에게서 떨어지려고 하면 애착을 유지하기 위해 부모에게 어리광, 애원 그리고 부모의 환심을 살 수 있는 물건을 주기도 한다는 것이다(Holmes, 2005, p. 115). 결국 생존하고 남아 있기 위해서 부모가 좋아하는 것을 집중적으로 하려고 하고, 이런 것들이 장기화되어 습관이 되어 개인의 생활 속에 녹아드는 것이다.

볼비의 관찰에서 상실과 박탈의 결과로 정신적으로 건강하지 않는 아동에게 나타난 현상에는 어떤 것이 있는가? 첫째, 그는 일단 이러한 아동이 무의식적으로 사랑하는 사람을 거부하는 것을 보았다. 일종의 회피다. 자신이 사랑하는 사람을 통해서 상처를 입었기 때문에 사랑을 하다가는 또 다른 상처를 입을 수 있기 때문이다. 그래서 관계적으로는 사랑이 형성이 될 수 있지만 내용적인 면에서는 이 사랑을 회피해 버리는 것이다. 상처에 대한 깊은 인식이 있기에 무의식적으로 그 사람을 피하는 것이다. 둘째, 과도한 사랑을 요구하는 것을 보았다. 예를 들어, 사전에 충분한 인지와 습관이 되어 있지 않는 상태에서 부모와의 잦은 이별로 고통을 당하는 아동이 틈만 나면 부모 곁에서 떠나지 않으려는 경향과 같다. 그래서 어머니가 이동하는 대로 자신도 끝까지 쫓아다니는 것이다. 계속 따라다니면서 어머니의 존재를 확인한다. 어머니나 타인의 입장에서 보면 아동이 너무 따라다닌다고 생각하겠지만, 이미 분리와 박탈을 경험한 아동 입장에서 생각하며 이해를 할 수 있다. 결국 과도한 사랑을 요구하는 것은 과도한 상실과 박탈에서 오는 결핍을 채우기 위한 생존의 몸부림이다. 무엇이든지 과도한 결핍은 과도한 요구를 발생케 할 수밖에 없는 공식을 가진다. 셋째, 어머니는 자신의 아동이 보이는 현상에 대하여 나무라면서도 아동이 행동하는 것으로부터 무의식적으로 가지는 만족을 보였다(Bowlby, 1961).

전쟁으로 어머니나 부모가 사망하여 박탈을 경험한 아동에게는 더 심한 현상이 발생했다. 첫째, 어머니를 상실한 아동은 사람을 보고 웃지는 않는 현상이 나타났다. 쾌활함, 웃음, 호기심 등 이러한 것은 부모가 곁에서 우호적 환경을 조성해 주었을 때 발생하는 것이다. 어머니의 존재를 상실한 아동은 이 세상에 대해, 사람을 보았을 때 웃어야 할 에너지가 자신 안에 있지 않는 것이다.

둘째, 음식을 잘 먹지 않는다는 특징과 좋은 음식을 섭취함에도 살이 찌지 않았다. 우리는 여기서 정신과 음식과의 긴밀한 관계가 있음을 알 수 있다. 음식이라는 생존하는 데 필수적인 외부적인 환경요인들이 절대적이지만, 그보다 더 아동의 정신적 축을 세워 줄 수 있는 어머니의 상실은 아무리 좋은 외부적 환경과 음식이지만 도움을 줄 수 없다는 말이다. 환경과 외부 세계 또는 미래에 대한 호기심과 탐험이라는 것은 내재적 요소의 중심적인 축이 견고하게 자리 잡고 있어야 가능한 것이다. 그래서 볼비는 제2차 세계대전에서 상실과 박탈을 경험한 아동들의 임상을 마친 후

WHO의 보고서를 통해서 아동에게 필요한 요소는 풍요롭고 좋은 환경적인 요인은 이차적인 요소라고 보았고, 그보다 더 중요한 것은 부모가 있으면 부모가 일관되게 자녀에게 관심과 사랑을 보여 주는 요소가 제일차적인 요소라고 보았다. 필자의 주관적인 생각이지만, 이러한 요소는 인생 전반을 살아가면서 매우 중요한 요소다. 앞서 인용한 하이데거의 말처럼, 인간이 이 세상에 무엇을 위해 왔는지, 어떻게 살아야 하는지, 우리의 근원은 무엇인지에 대한 답이 없이 이 세상의 생명체로 던져졌는데 어쩌면 답을 알 수 없는 불합리한 조건에 던져진 인간에 답을 줄 수 있는 일차적인 요소는 부모다. 우리는 부모를 통해서 세상을 볼 수 있는 눈과 가치관을 가지게 된다. 그리고 이러한 요소는 인간 성장과정의 배경을 밝게도 만들고 때로는 어둡게도 한다. 그런데 이러한 부모의 관계를 바탕으로 세상살이를 하지만 인간에게 끊임없이 도전되는 것은 존재론적인 문제다. 아마 이 문제는 인생의 중년부터 우리에게 도전이 되는 문제일 것이다. 인생의 전반이 부모와의 관계에서 해답을 찾는다면 중년부터의 존재론적인 문제는 종교를 통해 각자 인생의 답을 찾으려는 것이 필요한 것이고, 나름대로 찾은 답은 마치 어린아이에게 부모가 있어 삶을 놀이터로 생각하듯이, 중년 이후에 찾아가는 답은 인생에 더 큰 의미가 있을 것이다.

셋째, 볼비는 아동이 잠을 제대로 자지 못하는 것과 자발성이 적다는 것을 보았다. 부모와 같이 있는 아동은 움직임이 다른데, 움직이는 것이 자연스럽고 자유롭게 활보하는 특징을 가진다. 그러나 어머니와 떨어져 있는 아동을 관찰해 보면 구석에 남아서 심리적으로 얼어붙은(psychological frozen) 상태가 된다(Bowlby, 1961). 주변과 세상에 대한 호기심을 가지고 탐험을 할 수 있는 것은 부모라는 안전기저가 확보된 이후 시도를 할 수 있다. 아동이 자리 잡고 있는 터전이 흔들리면 호기심과 탐험심에 대한 시도보다는 안전기저에 대한 불안으로 에너지를 소진하게 된다.

넷째, 볼비는 상실된 아동은 쉽게 병에 걸리고 일반적인 신체발달의 정지가 뚜렷해지는 것을 보았다(Bowlby, 1961). 매번 볼비의 통찰은 인간의 신체와 마음의 관계에 중요한 시사점을 허락한다. 즉, 마음과 몸의 관계에서 어떤 것이 우위가 있어야 하는가에 대한 점이다. 몸에는 정신이 필요하고 정신에는 몸이 필요하지만, 이 네 번째 볼비의 관찰을 통해서 볼 때 인간이 병에 쉽게 노출되는 이유는 아동이 심리적으로 기댈 수 있는 근원이 되는 어머니의 상실 때문이다. 그래서 병의 근원은 신체의 허약이 우선된 것이 아니라, 신체를 허약하게 만든 어떤 정신적인 고통이 먼저 발생했기 때문이다. 신체발달도 음식을 잘 섭취해서 될 수 있는 것도 있지만, 선행되어야 하는 요소는 부모의 우호적이고 일관성이 있는 환경이 있어야 섭취하는 음식이 신체발달에 적극적으로 도움이 된다는 점이다. 신체발달에 있어 분명한 점은 박탈의 경험이 길어지면 길어질수록 아동의 신체발달은 현저하게 낮게 나타난다는 점이다.

다섯째, 앞서 제시한 이러한 현상들은 우울증 환자들이 겪는 전형적인 현상과 같은 형태의 것이라는 점이다. 이러한 점에서 우울증이라는 것은 선천적요인도 있을 수 있지만 대부분 개인이 매우 중요하게 여긴 어떤 대상으로부터 상실과 박탈을 경험한 것이라는 관점도 가능하다. 아동은 목소리가 두려움과 슬픔으로 가득 차 있고, 자신의 주변으로부터 움츠러들고, 낯선 사람에게는 결코 가지 않으려 하고, 낯선 사람이 자신에게 접근하면 반기지 않는 상태였다.

박탈에 대한 임상관찰은 24개월간 어머니와 좋은 관계를 형성한 아동을 대상으로 이루어졌다. 이 아동은 어머니를 대신한 사람에게 한동안 돌봄을 받았고, 대리인에게 돌봄을 받는 첫 주간 동안은 어머니가 매일 방문을 하다가, 방문 횟수를 일주일에 두 차례로 줄이자 아동의 행동은 점점 악화되었고, 어머니가 방문을 하지 않게 되자 아동은 심각하게 퇴행되었다. 이 아동에 대한 고찰을 볼비는 다음과 같이 기술하였다.

> 아이는 무관심해졌고, 자주 구석에 앉아서 손을 빨았고, 몽상에 빠졌다. 다른 때는 매우 거칠게 행동을 했다. 아이는 거의 완전히 말을 하지 않았다. 더러웠고 계속 젖어 있었기 때문에 사람들이 관리해 줘야 했다. 음식이 앞에 있지만 즐겁지 않았고 음식을 매우 적게 섭취하였고, 식탁에 음식을 흘리기 시작했다. 이 무렵에 자신을 돌보는 간호사가 아프자, 어떤 누구와도 친구를 만들지 않았지만, 누가 와서 자신에게 신체를 접촉해도 대항하지 않았다(Bowlby, 1961, p. 27).

자신을 돌볼 사람이 없다는 사실, 주된 양육자가 사라졌다는 것은 아동으로 하여금 모든 영역에 대하여 관심을 가질 수 있는 에너지를 끊어 버리게 하고 자기 안에 갇히게 된다. 흠모할 대상을 잃어버린 아동에게는 주린 배를 채울 수 있는 음식조차도 즐겁지 않다. 자신의 몸을 누가 함부로 해도 거기에 대한 저항조차도 할 수 없는 무기력에 빠진다.

1930년대 후반의 조사에서 수없는 탈선을 한 아이들을 관찰한 결과, 이들은 어떤 사람에 대해서도 애틋한 마음을 가지지 않았고, 또 이 아이들을 다루기가 매우 어려웠다. 끊임없이 물건을 훔쳤고, 되풀이되는 폭력, 자아중심적 사고 그리고 성적 비행이 계속되었는데, 이들은 더 어린 시절에 어머니와 관계가 매우 좋지 않았다는 사실이 밝혀졌다. 예를 들어, 한 아이는 태어난 후 이 집 저 집으로 친척집을 오가면서 불안전하게 성장하게 되었고, 약 6세 무렵에 입양이 되었는데, 그 입양부모는 아이가 속이는 것과 회피하는 것이 많다는 불평을 하였고, 학교교사는 아이가 수업에 집중을 하지 않고 자신에 대한 존중감을 가지고 있지 않다고 평가했다. 그러나 지적인 것과 학교과제에 대해서는 잘했다. 또래와는 관계성이 있지만 가까운 우정을 나누지 못했다. 무엇을 생각하고 느끼는지를 말하지 않았고, 피상적으로 표현했다(Bowlby, 1961). 그래서 볼비는 어려서 박탈과 상실에 대한 전형적 현상을 다음과 같이 서술하였다.

> 피상적인 관계; 진실한 감정이 없다—사람들을 돌볼 능력이 없고 또는 진정한 친구를 만들 능력이 없다; 접근하기 어렵고, 도와주려는 사람을 좌절시킨다. 감정적으로 반응해야 할 상황에 반응이 없다—호기심 부족; 속이고, 회피하고, 뚜렷하지 않다; 학교에서 집중력 부족(Bowlby, 1961, p. 34).

또 다른 부류를 관찰한 결과에 따르면, 어린 시절 부모와의 장기적 결별이나 부모 없이 거처를 이곳저곳으로 옮겨야 했던 경험을 한 아동들이 보여 준 결과는 매우 다양하게 나타났다. 그러나 관찰자들이 결론 내린 것은 이런 아동들이 공격적이고 어린 나이에 성경험을 하였고, 절도와 거짓 그리고 허황된 형태의 행동을 한다는 것이었다. 감정적 반응이 부족하여서 자신의 행동을 절제하는 데 힘들어하는 것으로 보였다. 그래서 인격성장 발달에 문제가 있었고 이러한 특성은 대인관계에서 나타났는데, 즉 감정을 주고받는 것의 무능력으로 나타났다. 이러한 것으로 인해 타인과의 관계성을 갖는 데 문제가 있었다. 미국에서의 임상관찰과 볼비의 임상관찰 결과에는 매우 유사한 점이 많이 있는데, 볼비는 그 점을 다음과 같이 기술하였다.

> (어머니와 자녀의 관계에서) 태어난 후 첫 3년 동안에 발생한 긴 이별은 아동의 인격성장에 특별한 결과를 가져온다. 이러한 아동은 감정적으로 수축이 되고 고립된 것으로 나타난다. 이들은 다른 아동이나 성인

> 과 더불어 친밀한 관계를 형성하는 데 실패를 하고 결국 우정의 가치를 가지지 못한다. 이들은 표면적으로는 때때로 사교적으로 보이지만, 세밀하게 조사를 하면 이러한 관계에 감정도 뿌리도 없다는 것을 발견한다. 나는 이것을 어떤 것보다 더 그들이 가진 상당한 격분이 원인이라고 생각한다. ……이들은 진정한 감정적 관계성을 만들 수 없기 때문에 어떤 주어진 순간에 관계성의 상태는 모든 중요성이 결여된 것이다 (Bowlby, 1961, p. 36).

정서적으로 사람들과 교분을 나눌 수 없는 감정이 없는 아동은 대부분 성장과정에서 부모로부터의 아픈 분리의 경험이 있었고, 이들은 성장하면서 회복되지 않으면 다른 또래보다 훨씬 더 탈선을 많이 하는 것을 나타났다. 볼비는 이러한 관점에서 아동이 물건을 훔친 것은 성장과정에서 부모와의 관계성에서 온 결과라고 본다. 반면, 볼비의 입장에서 선 위니컷의 경우는 아동과 어머니의 관계를 진화론적인 생존 입장에서 보는 것이 아니라 존재론적으로 본다. 그래서 위니컷은 아동이 습관적으로 물건을 훔치는 것은 어머니에 대한 그리움 때문이라고 해석을 한다. 그렇다면 아동의 이탈에 대한 해석은 필자의 주관적 생각이기는 하지만 단순히 박탈과 결핍으로서 물건을 훔치는 것도 있지만, 그 이면에 어머니 존재에 대한 그리움과 그리움의 왜곡이 있는 존재론적 해석은 상담자로 하여금 더 깊은 공감과 연민에서 인간과 사회를 바라볼 수 있는 수용을 허락해 준다.

3) 애착결핍과 집착의 문제

> 일차적인 가정 경험이 없다면 정신건강의 기초는 세워지지 않는다. 유아의 욕구에 본질적으로 관심을 갖는 사람 없이 유아 혼자서는 외부

> 현실과 효과적인 관계를 맺지 못한다. 만족스러운 본능적 욕구충족을 주는 사람이 없다면 유아는 자신의 신체를 발견할 수 없고 통합된 인격을 발달시키지 못한다. 사랑하고 증오할 사람이 없다면 유아는 자신이 사랑하고 증오하는 사람이 같은 사람이라는 사실을 알지 못하며, 그 결과 죄책감을 발견하지 못하고 고치거나 회복할 욕망도 발견하지 못한다. 제한된 인간과 물리적 환경이 없다면 유아는 자신의 공격적인 생각이 실제로 파괴할 수 없는 한계를 알 수 없게 되어, 환상과 사실의 차이를 구별하지 못한다. 함께 살며 자신에 대해 공동의 책임을 갖는 아버지와 어머니가 없다면 유아는 그들을 떨어뜨려 놓으려는 자신의 충동을 발견하지도 표현하지도 못하고, 그렇게 하지 못했을 때 생기는 안도감을 경험하지도 못한다(Homles, 2005, p. 81 재인용).

이 글은 위니컷과 브리턴의 글을 볼비가 인용해서 사용한 것이다. 이 글은 유아에게 가정과 그 가정에서 부모의 역할이 얼마나 중요한지를 잘 설명해 주고 있다. 그는 건강의 기초에서 가장 핵심인 것이 가정 경험이라고 본다. 이 가정을 통해서 자신에게 관심을 보여 주는 부모/주된 양육자가 없다면 현실에서 효과적으로 관계를 하는 데 어려움을 겪는다고 말한다. 즉, 가정에서 부모의 관심을 통해서 부모와 유아가 하는 신체적 · 정신적 상호작용의 교류를 통해서 기초를 쌓고 그것을 근거로 해서 외부 세계를 경험하려는 힘을 가지고 적응한다는 것이다. 그래서 이러한 경험이 가정에서 이루어지지 않으면 외부 세계에 효과적으로 적응을 하지 못한다. 중요한 이유는 유아는 가정을 통해서 자기의 본능이 충족되어야 하고 자신이 가질 수 있는 자존감과 가치를 인정하게 된다. 동시에 부모와의 상호작용을 통해서 부모도 완벽하지 않다는 사실을 서서히 깨달아 가는 것은 자신의 '전능성의 환영'이 잘못된 것임을 인지하고 부모를 미워하고 증오한 것에 대한 죄책감을 가지고 이것을 극복하려는 생각을 가지게 한다.

부모가 자신의 요구를 들어줄 수도 있고, 그렇지 않을 수도 있다는 생각을 가지는 것은 자신이 요구해서 되지 않는 것도 있다는 사실을 서서히 깨달아 가는 과정이다. 그러나 이러한 가정적 환경이 없으면, 위니컷의 지적처럼, 자신의 요구를 들어주지 않는 부모는 나쁘거나 악마 같기에 부모가 아니고, 들어주는 사람만이 부모라고 생각을 한다. 사실은 이러한 생각이 고쳐지지 않으면 아동은 오랫동안 이분법적인 구조 안에서 갇혀 살게 된다. 자신의 전능성으로 인해 자신이 중심이 되고, 자신의 요구를 들어주지 않는 사람은 다 악마 같은 사람이라고 생각을 하면서 성장을 한다면, 성인이 되어서도 계속 자기중심의 욕구를 배우자와 사회 구성원에게 요구할 것이다. 자신이 가진 집착에 대해 전혀 자책감을 가지기 어려운 구조에 놓이게 된다.

볼비는 다음과 같은 관찰결과를 제시하였다. 18개월까지 가정에서 어머니와 좋은 관계를 유지한 유아가 병 때문에 9개월간 병원에 입원을 하였는데 이 기간 동안 부모의 면회는 허락되지 않았다. 이런 사례를 포함해서 아동이 5세가 되기 전에 한 어머니와의 긴 이별은 아동이 성장하여 범죄인의 성격을 가지는 데 중요한 원인을 제공한다고 보았다. 이러한 박탈된 사랑을 경험하는 사람은 성인이 되어서 성인 정신문제에 중요한 원인이 된다고 보았다. 즉, 개인이 어떠한 성향의 성격을 선천적으로 가지고 태어났는지 무관하게 성인이 되어 히스테리를 발생하게 되는 원인은 아동기에 경험한 애정결핍으로 인한 갈망이다(Bowlby, 1961).

전쟁고아에 대한 고찰도 있다. 제2차 세계대전으로 스위스로 피난을 간 아동들을 관찰한 결과에 따르면, 오랫동안 개인적 관심과 관계성 없이 방치된 아동은 정신적 기능이 감퇴되었고, 서서히 개인의 감정발달과 정상적인 지적발달이 저해되었다. 이들 중 11~17세 아동들에게 자신이 무엇을 생각하고 있고, 무엇을 원하고, 희망하는지에 대한 수필을 써 보라고 했는데, 이들이 쓰고 말하는 것의 가장 큰 관심사는 전쟁으로 인한 부모와의 결별이 가장 큰 비극으로 나타났다(Bowlby, 1961). 이 관찰은 아동기와 청소년기에 있는 아동이라 할지라도 부모에 대한 상실과 박탈이 얼마나 큰 정신적 충격을 주는가를 보여 준다.

오랜 기간에 걸친 박탈과 상실에 대한 연구는 적어도 세 가지 관점에서 박탈이 정신적 성장에 매우 부정적인 영향을 준다고 밝혀냈다. 첫째는 출생 후 첫 3년 동안에 어머니와의 애착을 형성하는 기회의 부족 문제, 둘째는 출생 후 첫 3~4년 동안에 적게는 3개월에서 6개월 이상의 제한된 기간 동안 어머니와 떨어짐, 셋째는 같은 기간 내에 어머니가 바뀌게 되는 경우다(Bowlby, 1961). 결국 이러한 박탈 경험들은 아동이나 성인이 느끼는 우울감과 불안의 원인이 된다. 박탈의 경험을 가진 채로 성인이 된 사람은 주로 자기보다 나이 많은 사람들과의 관계에서 문제가 발생하는데, 그들에게 나이 많은 사람은 마치 어머니를 대신하는 것처럼 느껴진다. 박탈 경험을 가진 성인에게는 마치 어머니에게 자신이 요구했던 것과 같은 요구를 나이 많은 사람에게 요구하면서 이러한 관계를 유지하는 것에 의지하게 된다. 그런데 이러한 요구가 거부될 때 마치 어린 시절 어머니에게 박탈을 경험하여 좌절에 빠진 것과 같이 그 사람은 우울감에 빠지고 다른 관계가 형성되기 전까지 마치 중요한 어떤 것이 결핍된 것과 같이 느끼게 된다.

> (이런 사람들이) 또 다른 형태로 보이는 현상은 자신의 어린 시절의 결핍을 만족시키기 위해 선택한 사람에게 과도한 요구를 하게 된다는 것이다. ……문제는 항상 같다—자신의 특권을 위해서 과도한 음식, 과한 돈, 과도한 특권을 요구한다. 이러한 문제를 가진 사람은 과도하게 자신의 즐거움이나 행동을 보임으로써 자신의 현 문제를 부정한다. 이

> 러한 행동은 자신이 확신하지 못하는 현 상태를 안심시키기 위해 자신의 현재는 모두가 좋고, 하느님은 자신과 함께 천국에 있다는 것을 자신에게 설득하려는 시도다. 이러한 방법은 약간의 성공은 거둘 수 있지만, 그러나 이 시도가 (방어기제) 부정(denial)에 기초하고 있기에 그들을 끝까지 분해시키거나 절망에 빠지게 하는 위험에 있다. 더욱이 이러한 시도가 성공하는 동안조차도 자신의 좌절을 받아들일 수 없는 것이 다른 사람들에게 시도되고 있지만 이러한 시도는 자주 비행으로 이어진다(Bowlby, 1961, p. 64).

상담자는 다양한 내담자들을 만나게 된다. 처음부터 자신의 문제를 쉽게 내어놓는 내담자는 비교적 순조롭게 상담이 진행되고, 내담자는 자신이 가진 문제들을 쉽게 발견하고, 상담을 통해서 많은 것을 얻어 간다. 그러나 이와 정반대되는 내담자들이 있다. 인용된 글에서 나타났듯이, 자신이 가진 문제들이 전혀 없다는 식으로 부모의 배경, 그리고 자신의 현 상황에 대하여 부러워할 만큼 장황하게 설명하는 경우가 많다. 그래서 개인상담이나 집단상담에서 상담자는 그들의 말에 쉽게 넘어갈 수 있다. 결국 아무런 문제가 없다는 식이나 스트레스가 조금 있으니 조절하라는 조언을 해 주는 것으로 진단되곤 한다. 그러나 장황하게 자신의 상황을 미화시키는 것에서 말 못할 그림자가 있다는 사실을 잊지 말아야 한다. 사실, 그들은 공적인 것에는 자신의 문제를 잘 나타내지 않지만 친밀한 환경이 주어지면 자신이 가진 결핍에 대한 과다한 집착이 곳곳에 묻어난다. 일차적으로는 가족이 가장 큰 피해를 입고, 이후 그 사람과 연관된 사회 구성원들이 피해를 입는다.

과도한 음식, 과도한 돈, 과도한 특권을 요구하는 이유는 애착에 대한 심한 상실에 대한 보상심리로 구조화된 결과다. 필자는 오래전에 항상 음식을 손에 가득히 쥐고 있고, 바지 주머니에도 음식을 넣고, 심지어 입에도 가득 넣고 다니는 아이를 만난 적이 있다. 적당하게 음식을 먹는 것이 또래관계에서 좋지만 단체활동에서 음식에 유독 집착을 보이는 이 아이는 또래들에게 항상 왕따를 당하고 있었다. 이 음식에 대한 집착은 부모와의 관계에서 밝혀졌다. 부모는 아이에게 매우 강압적이었고, 관심이 있는 듯했지만 늘 부모 위주의 말과 행동이 있었고, 심지어 잦은 폭력도 있었다. 생존의 테두리에서 아이가 택할 수 있는 것은 음식을 섭취하고 소유함으로써 자신의 존재감을 드러내는 것이었다. 많이 먹고 소유함으로써 그 존재감을 부모에게 나타내고 자신에 대한 만족감을 그것으로 찾아가는 것이었다. 그래서 음식이 많이 가지면 가질수록 긍정이든 부정이든 자신을 바라보는 부모나 주변 사람으로부터 내가 주목을 받는다는 의식을 가지면서 살아간 것이다. 이러한 관점에서 보면 음식을 갈망하고 많이 소유하려는 것은 단순히 음식에 대한 갈망이 아니라 어머니의 애착에 대한 갈망이다(Holmes, 2005, p. 111).

집착은 애착결핍, 즉 박탈의 경험에서 오는 결과다. 흔히 집착이 애착과 혼돈된 상태로 일상생활에 사용되는 것은 이것이 둘 다 감정적이고 정서적 끈과 연관이 되어 있기 때문이다. 앞서 우리가 섭식장애에 대한 예를 든 것과 같이, 결핍은 집착을 낳는다. 흔히 여기에 사용되는 정서적 영역은 '사랑'이다. 특별히 청춘 남녀가 사랑에 빠지게 될 때 우리가 집착과 애착에 대한 영역을 구분하기 모호할 수 있다. 그러나 엄격한 의미에서 집착은 자신의 결핍을 채우기 위한 방법으로 심리적 기제를 가지고 있고, 애착은 그것을 가지고 있지 않다. 그러나 겉으로 드러난 것은 애정, 관심 또는 사랑으로 포장이 되기 때문에 혼동되기 쉽다. 오히려 집착을 위장한 사랑은 열정적이고 무모하고 시도 때도 가리지 않기 때문에 집착을 위장한 사랑을 받은 사람 입장에서는 마치 커다란 관심과 사랑이 자기에게 주어지는 것과 같은 느낌에 살기 때문에 주의하지 않으면 집착관계에 빠지기 쉽다. 그러나 엄격히 집착적 사랑은 자신을 중심으로 해서 사랑하는 것이고 애착은 상대방을 중심으로 해서 진행이 되는 것이다.

과도한 집착이 인간을 병리적으로 반사회적으로 만드는 것에 대해 볼비는 이러한 현상에 대한 근본적인 이유를 두 가지로 뽑고 있다. 첫째, 어린 시절에 가진 어머니로부터의 분리경험이다. 이것은 그의 연구 「44명의 청소년 절도자, 그들의 성격과 가정생활」(1944)에서 밝혀진 것인데, 이 절도자 중 40%는 생후 5년 동안 어머니와 반 년 이상의 분리경험이 있었고, 이들 중 감정이 없는 것처럼 느껴진 14명 중 12명은 장기간 분리를 경험했다. 이들이 감정이 없는 것과 느끼는 것은 분리의 상처로 인한 감정이 너무 힘들기 때문이다. 그래서 이러한 감정이 자주 나타날 때 마다 그것을 억압해 버리는 것이다. 왜냐하면 이러한 감정이 자주 발생하면 자신이 생존을 할 수 없다고 느끼기 때문이다. 그래서 분리경험을 한 과거는 자신의 기억에서 없애 버리는 것이다. 생각하면 할수록 아픈 기억이 되기 때문이다. 미래는 생각할 수도 없는 것이다. 과거와 현재가 기초가 되지 않는 사람에게 미래는 사치스러움이다. 그리고 기다림이라는 고통에 또다시 노출되는 것, 언제 올지 모르는 어머니를 기다린다는 것은 또 다른 고통이기 때문에 미래의 시간개념도 없는 것이다. 그래서 단지 보이는 현재, 만질 수 있는 현재만을 최우선으로 하는 것이다.

현재를 살아가고 미래를 지향해야 하는 인간에게 과거의 기억이란 보고와 같은 것이다. 그 기억은 현재의 나를 다시 한 번 추스르고 건전한 미래 지향적 인간으로 살아갈 수 있도록 만든다. 교육을 통해 기억을 강조하는 민족 중의 하나가 이스라엘 민족일 것이다. 이스라엘 민족은 자신들의 과거 경험을 후대에게 물려주려고 많은 교육과 의식을 가진다. 특별히 하나님에 대한 신앙을 가진 이 민족은 기억이라는 것이 유한한 인간이 영적 세계에 있는 무시간대의 하나님과 교류할 수 있는 도구라고 생각한다. 그래서 지금도 이들이 예배하는 회당(synagogue)에 가면 두 가지 표시 중 하나가 있다. 이 민족의 성왕인 다윗왕(King David)을 기리는 별 표시와 과거 이집트의 압재에서 탈출한 것을 기리는 출애굽(Exodus)이라는 글자가 벽면에 붙어 있다. 다윗왕과 출애굽은 수천 년 전의 인물이고 사건이지만 4차원 세계를 말하는 개념에서는 영원한 현재(eternal now)에 발생한 사건인데, 이 과거의 사건을 접속할 수 있는 것이 기억이라고 생각한다. 그래서 이 기억을 함으로써 이스라엘 민족이 중요하게 여기는 이 두 가지 일은 과거의 일이 아니라 현재의 사건이며 또 미래에 자신들이 맞이할 사건으로 생각한다. 과거의 좋은 추억을 가진다는 것은 현재를 살아가는 사람들에게 매우 중요한 역할을 한다. 그래서 과거나 미래에 대한 개념이 없으며, 현재에 관심을 가지고 있으나 현재에 대한 시간 지킴에 대한 감각이 없는 것은 과거에 경험한 분리경험이 영원히 계속되어 자신에 대한 박탈을 또 경험하게 할 수 있다는 느낌 때문이다(Holmes, 2005).

과도한 집착이 인간을 병리적으로 만드는 두 번째 요소는 분리와 박탈로 인해 발생한 분노에 의한 사랑 감정의 억제와 격노다. 부모와 헤어진 아동은 부모 상실에 대한 화와 파괴적인 반응을 가지고 있다. 이러한 상태에 있는 아동은 자신이 신체적 · 감정적으로 어려울 때 자신에게 다가올 수 있는 대상인 어머니를 구하지만 이러한 바람이 실현될 수 없다는 실망이 느끼며, 자신은 이러한 실망과 분노를 다시는 겪지 않겠다는 생각으로 감정의 끈을 동여맴으로써 감정에 대한 관심을 끊어 버린다. 거기에 자신이 노출되면 더 힘든 시간을 되풀이할 것이기 때문이다. 즉, 이러한 일들을 생각할 때마다 오는 격한 감정으로부터 자신을 보호하는 것이다(Bowlby, 1944).

박탈을 경험한 아동이 병원에서 치료를 받을 때 보이는 또 다른 집착이 있다. 간호사가 자신에게 와서 많은 시간을 할애하다가 다른 곳으로 가거나 다른 아동에 대한 관심을 가지면 보이는 현상이다. 자신만을 돌봐주기를 원하는 집착이다. 그리고 떨어짐에 대한 재현에 대한 불안이다(Bowlby, 1961).

집착은 인생에 있어 문제를 발생케 하는 주 요인이다. 왜냐하면 집착은 과도한 불안과 연결되어 있기 때문이다. 종교에서도 인간의 가장 큰 문제를 집착으로 보는 경우도 있다. 그러나 엄밀한 의미에서, 심리학적 의미에서 집착은 애착의 결핍으로 발생하는 것이다. 그런데 이 집착은 인생에서 실상보다는 허상을 추구하게 하고, 허상을 잡다가 인생을 허비한다. 인생은 일련의 소풍과 같아야 한다는 볼비의 말처럼, 인생은 어쩌면 자주 소풍과 같다는 생각으로 사는 사람이 행복한 사람이다. 인생의 가장 큰 목적은 행복이고 이 행복의 결과가 의미다. 그리고 이 행복을 위해 일과 사랑에 대한 적절한 균형이 필요하다. 그러나 집착 성향에 놓이게 되면 일과 사랑이라는 것이 행복을 위한 수단이 아니라 목적이 되어 버리는 집착에 놓이게 된다.

"우리는 요람에서 무덤까지 우리의 애착 대상이 제공하는 안전기저로부터 출발해 길든 짧든 일련의 소풍으로 이루어진 삶을 살 때 가장 행복하다고 느낀다."(Bowlby, 1988) 이 소풍과 같은 행복을 느낄 수 있는 가장 근본 이 되는 안전기저는 부모로부터 느낄 수 있는 애착이다. 부모의 오감과 목소리와 얼굴을 통해 전달되는 모든 안전기저는 자녀에게 자신이 보고 있는 부모는 부모가 아니라 바로 자기 자신이라는 것을 보고, 느끼고, 체험하면서 살아간다. 그래서 긍정적 애착이 형성되면 아동은 자신의 인생과 세계에 대한 탐색과 탐험을 하는 일련의 소풍 과정을 가질 수 있는 기초를 가지게 된다.

필자가 만나 본 여러 내담자들은 매우 다양했지만 한 가지 결론은 과도한 집착이 가정을 해체시키고, 부모와 자녀 간의 관계가 마치 적을 대하는 것과 같다는 것을 보았다. 외적으로 보면 너무나 좋은 환경이지만 내적으로 보면 이 애착관계의 단절로 인생이 살얼음판을 걷는 것과 같다는 것을 보았다. 과도한 부모의 집착이 낳은 결과다. 그래서 이 아동들이 성인이 된 이후에도 거의 같은 양육유형의 대물림으로 전개가 된다.

성인기와 유아기나 아동기 때 겪은 애착불안은 어떤 관계가 있을까? 아동의 애착은 어머니와 기타 인물과의 관계에서 차등이 분명히 있다. 볼비는 이러한 구별은 생후 6개월 이후부터 나타난다고 본다. 이러한 과정에서 나타나는 행동들이 따라다니는 것, 안기는 것, 우는 것, 반기는 것, 미소 짓는 것 등이다. 어머니가 없고 낯선 사람이 있을 때 우울감에 잠기고 어머니를 찾으려 하는 것은 어린아이가 2~3세 때 가장 많이 보이는 현상이고, 이 시기가 지나면 조금씩 감소한다. 이후로는 이러한 애착행동들이 적어지지만 이것은 인간행동에 여전히 중요한 역할을 하고 있어서 후기 아동기, 청소년기 그리고 성인기까지 영향을 미친다. 성인기에서는 우울감, 아프거나 혹은 두려움을 느낄 때 어린 시절 가진 애착관계들이 명백하게 나타난다(Bowlby, 1975, p. 292). 그리고 아동기 때 가진 박탈과 장기간 부모와의 이별은 신경증 현상, 청소년기에는 비행으로 나타나고, 성인기 때는 정신질환으로 나타날 가능성이 있다(Holmes, 2005).

볼비는 아동의 부모에 대한 애착행동들은 낯선 상황, 피곤할 때, 놀랄 때 그리고 애착 대상인 어머니가 없거나 반응하지 않을 때 발생하지만, 다시 친근한 환경이 조성되거나, 애착 대상 어머니가 있어 반응을 해 주면 애착행동들이 없어진다고 보았다(Bowlby, 1980). 그래서 어머니를 끊임없이 찾고 우는 아동은 어머니가 자신의 주변에서 안전기저가 되어 주거나 포옹 등을 통해 스킨십이 형성되어 안전기저가 확보되었다고 생각되면 이러한 애착행동이 나타나지 않는다. 와이스(Weiss)는 볼비가 정의한 애착행동은 세 가지 범주로 정의되고 이것을 바탕으로 성인의 애착행동과 비교하였다.

첫째, 유아는 주된 양육자/어머니의 보호 영역 내에서 머물려고 하고, 이렇게 머무는 이유는 위협적이고 낯선 환경으로부터 보호받기 위해서다. 만일 위험한 상황이 있으면 주된 양육자를 부르거나 이동을 용이하게 위해서다. 둘째, 만일 유아를 위협할 상황이 없다면 유아는 안전감을 나타낼 것이다. 셋째, 만일 주된 양육자로부터 분리되는 것이 연속되면 저항과 분리되지 않으려고 할 것이고 다시 찾으려고 저항할 것이다(Weiss, 1986).

볼비의 애착이론을 요약하고 이것을 바탕으로 성인들의 애착관계를 하버드 의과대학 실험실에서 관찰한 결과는 ① 결혼관계가 좋은 부부에서도 발생하고, ② 결혼관계가 좋지 않은 부부에게도 발생하고, ③ 결혼을 하지 않는 사람들 사이에서도 발생하고, ④ 홀로된 외로운 부모와 자녀 중 장남/장녀 사이에서 발생하고, ⑤ 남자친구들 사이에서의 관계성에서 발생하고, ⑥ 때때로 결혼하지 않은 여자 친구, 자매 혹은 부모와의 관계 속에서 발생한다는 결과를 얻었다. 즉, 이 모든 관찰은 성인도 스트레스가 있는 상황에서 가장 친근한 사람과의 애착관계에 대한 욕구가 있으며, 만일 이들과 접촉을 하지 못했을 때 불안이 증가되고, 이들과의 애착이 형성되면 불안이 감소되는 것을 보여 주었다(Weiss, 1986). 그러나 와이스는 유아가 어머니에게 애착을 보이는 현상과 성인이 보이는 애착과의 관계는 세 가지 점에서 다른 점이 있다고 지적하였다. 첫째, 유아는 어머니와의 애착관계를 보이지만 성인은 자신이 느끼기에 중요하다고 생각하는 사람과의 관계에서 애착을 보인다는 점이다. 그 주된 목적은 애착이 아니라 자신들에게 직면한 도전을 극복하기 위해서다. 둘째, 유아는 애착관계가 무너졌을 때 다른 사람과 관계성을 가질 능력이 없지만 성인은 다른 사람과 관계성을 가질 수가 있다는 점이다. 셋째, 성인의 애착관계는 성적 관계가 있는 대상 쪽으로 향하고 있다는 점이 유아와 다른 점이다. 즉, 이것은 사별이나 이혼을 한 경우에 친밀감 있는 친구들을 만나서 관계성이 형성되지만 이들이 가진 '외로움'이라는 것은 성적이고 감성적인 친밀감이 있는 사람들에 의해서만 애착의 기준에 맞는 것을 나타냈다. 때로는 성인들 중에서는 '우정'에 대한 애착을 보이는 사람들이 있었는데, 이들 중에는 자신의 취향과 취미를 나누고, 상호 충성이 기반이 되는 공동체에 대한 외로움을 호소하는 사람도 있었다(Weiss, 1986).

중요한 것은 유아와 성인이 보이는 애착 유형이나 종류에 대해서는 다양성과 차이가 있지만 성인이 보이는 애착 구조는 이들이 어린 시절 주된 양육자나 어머니에게 보였던 애착구조와 같다. 그리고 이러한 애착방법이 모든 사람과의 관계성에서 표출되지는 않고 자신과 연관된 매우 중요한 인물과의 관계성 속에서만 나타난다는 점이다.

무너진 가정 속에서 박탈과 불행을 경험한 아동이 성인이 되어 가면서 비합리적인 구조에 익숙해지고, 10대 시절에 임신을 해서 미혼모가 되거나, 결혼을 해도 불행한 결혼이 되기가 쉽다. 결국 결혼이나 이성을 사귀는 것이 박탈에서 기원된 보상심리 차원이어서 항상 자신을 위주로 한 관계성이 문제가 되기 때문이다. 자녀를 양육하는 과정에서도 자녀를 학대하는 경향이 많은데, 이미 이들은 어린 시절에 학대받은 경험들이 있기 때문이다(Homles, 2005). 결국 어린 시절의 중요한 시기에 과도한 박탈과 상실을 경험하는 것은 과도한 불안을 양산하고, 이 불안으로 인해 과한 집착을 하거나, 자기만의 세계에 갇혀 외부와 차단함으로써 생존하는 방식을 택하게 되는데 그것은 결국 과도한 불안이 움직이기 때문이다.

애착유형 관점에서 본

역기능아이

3장

애착이론과 역기능

1. 역기능아이의 애착문제

앞서 애착유형을 살펴보면서 성장과정, 특히 유아기부터 아동기까지의 성장과정에서 어머니와의 관계 속에서 경험된 상실, 박탈, 이별 등이 성인이 된 이후에도 성인기의 생활패턴에 영향을 주고 있음을 보았다. 그리고 애착이 대물림된다는 것은 애착의 정신적 외상을 입고 회복되지 않은 아동은 성인이 되어도 상실과 박탈의 아픔을 되풀이한다는 것이고, 성인이지만 성인아이로 살아간다는 의미다.

성인아이란 무엇일까? 성인이지만 성인으로서 생활을 하지 못하고 유아기에 나타날 법한 자기중심적 사고와 행동으로 가정생활과 사회생활에 적응하기 힘든 사람을 지칭한다. 앞서 우리는 애착이론을 살펴보면서 애착이 우리 생활에 얼마나 중요한 요소이며 어떻게 영향을 주고 있는지를 살펴보았다. 그리고 이 애착형성의 주된 원인제공자가 어머니와 부모라는 면을 애착이론을 통해 관찰하였다.

어린 시절 어머니/부모와의 애착고리가 무너지면 사람은 이것을 갈구하면서 평생을 쫓아다닌다. 그래서 주된 양육자인 어머니를 통해서 형성되는 이 애착고리는 일차적 사랑이고, 이 고리는 아동의 성격형성에 매우 중요한 역할을 한다. 일차적 애착고리는 어머니/부모가 아동과의 관계형성을 어떻게 해 주는가에 달려 있다. 즉, 어머니가 아동의 욕구와 표현에 적극적으로 공감을 해 줄 때 아이는 어머니로부터 독립하여 외부 환경을 배우기 시작하고, 이것을 통해서 자기 능력의 한계를 경험한다(Marrone, 2000).

> 어머니로서 자질이 부족한 사람들은 아기에게 전능감을 심어 주지 못한다. 이런 어머니는 계속해서 아기의 몸짓을 놓친다. 그 대신 어머니가 자신의 몸짓을 아기에게 사용하고 아기가 이에 반응한다. 이러한 순종은 아기에게 거짓된 자기가 만들어지는 첫 번째 단계다. 아기의 욕구를 알아차리지 못하는 어머니의 무능력 때문에 아기의 거짓된 자기가 만들어지기 시작한다(Winnicott, 1975, p. 145).

위니컷(Winnicott)의 주장은 어머니는 자녀에게 전능감을 심어 줘야 한다는 것이다. 유아기를 거치면서 아이는 어머니가 자신의 욕구에 따라 움직여 주는 것을 보면서 자아성취감이나 자존감이 커지는 것이 일차적 목표다. 그러나 서투른 어머니/성인아이 성향을 가진 부모는 자신들의 욕구에 아이가 움직이도록 만든다. 이러한 부모의 욕구에 아이는 따라갈수밖에 없는 구조를 가졌기에 아이 자신의 내적 욕구를 억압하고 부모의 의향대로 따르게 되어 여기에 성인아이의 근거가 될 수 있는 거짓된 자기를 형성하기 시작한다.

거짓된 자기의 형성이 악화되면서 어린 시절 부모와의 관계에서 형성된 감정이 타인과의 관계에서 분출되는 잘못된 연결을 '전이'라고 부른다. 그런데 이 전이는 분명한 원인이 다른 곳에 있고, 현상은 엉뚱한 사람에게 폭발되는 것이다. 이런 점에서 전이는 누군가를 향한 감정(공포, 환상, 욕동), 태도, 방어를 경험하는 것인데, 이렇게 전이된 감정의 원천은 초기 아동기 때 관계 맺었던 중요한 사람(부모)들과의 관계성에서 오는 것이다(Marrone, 2000). 물론 이러한 전이가 장애물인 것은 사실이지만, 전이를 발생시키는 대상과의 관계에서 내담자의 문제를 가장 잘 볼 수 있는 길이기도 하다.

자신을 표현할 수 없었던 어린아이, 그리고 부모의 요구에만 따라야 했던 아이는 자신의 내적 요구가 실현될 수 없고 순종적인 아이로 성장을 했기 때문에 주변에서는 늘 조용하고 말을 잘 듣는 아이로 통했을 수 있다. 그러나 가장 건강한 아이는 자신의 의견을 받아줄 수 있는 부모가 있어 자신이 싫어하는 것과 좋아하는 것을 말하고 표현하며, 때로는 거부하는 아이가 가장 심리적으로 건강한 아이다. 부모가 가진 권위, 억압, 폭력 등으로 어린 시절 자신을 그 상황에 적응시켜야 했던 대부분의 사람은 성인이 되어서도 자기가 겪었던 억압과 분노로 인해 힘들게 살아간다. 이러한 성장과정에서 부모와의 관계 유형은 타인과의 관계에서 발생하는데, 앞서 말한 것과 같이 이것을 '전이'라는 현상으로 부르기도 한다.

볼비는 전이현상에 대하여 단계별로 악화되기도 한다고 밝혔다. 첫 번째 단계에서는 타인에게 악의가 있다는 것을 알아차리고, 그러한 상황에 매우 민감하게 반응한다. 두 번째 단계에서는 자기가 성장하는 동안 부모를 포함해서 자신과 연관된 사람이 자기에게 악의적이었다고 생각하고 이러한 생각을 자신이 성장한 후에 만나는 사람들에게 옮겨 그들이 적대적이지 않음에도 불구하고 적대적으로 자신을 대한다고 추측을 한다. 세 번째 단계에서는 자신을 비하시키면서 자신은 타인에게 친구가 될 수 없는 해로운 존재로 여긴다. 네 번째 단계에서는 자신 안에 있는 악한 요인을 생각하지 않고 자신은 선하다고 생각하며 타인을 적대적으로 여긴다(Marrone, 2000). 소위 자기는 특별하고 남은 특별하지 않다고 생각하는 것이다.

결국 이러한 전이현상이 발생하는 요인을 두고 볼비는 애착에 의한 이러한 현상이 부모를 통해 자녀에게 전달되는 애착장애의 대물림 현상으로 본다. 이 대물림 현상은 간단한 공식처럼 쉽게 설명되지 않지만, 중요한 점은 부모가 가진 불안 애착사(愛着史)의 정도가 자녀에게 전달된다는 점이다. 즉, 부모가 해결하지 못한 불안애착의 비율만큼 자녀에게 전달된다는 점이다(Marrone, 2000).

> 유아 정신건강 프로그램을 진행하면서 많은 가족과 아기들을 만났다. 어떤 아기는 프로그램에 들어왔을 때 이미 위험한 상태였고, 정서적 굶주림, 무덤 증후군 및 발달장애의 초기 신호가 있었다. 각 사례를 보면, 아기는 가정이라는 비극의 무대에서 침묵을 지키는 배우와 같다. 아기가 세상에 태어나는 순간부터 부모의 강박적인 과거가 비극적인 가정의 아기를 짓누른다. 이런 가정의 부모는 자기 어린 시절의 비극을 똑같이 자기 아기에게 정확하게 반복하는 죄를 짓는다(Fraiberg, 1980, p. 165).

부모가 자신이 겪은 해결되지 않은 어린 시절의 비극을 자녀에게 반복하는 이유는 무엇일까? 많은 내담자들이 강요하고 폭력을 행사하는 부모의 상을 미워하고 거리를 두면서도 자신이 성장하여 부모가 된 이후에는 그렇게 싫어했던 부모가 자신에게 강요한 형태의 것을 자녀에게 하고 있다는 사실에 좌절과 실망을 한다.

한 내담자는 젊은 시절에 선망하는 배우자를 만나 결혼을 하게 되었다. 주변의 모든 사람들이 그녀를 부러워했다. 수려한 외관과 집안 배경 그리고 배우자가 현직에서 가지는 명예는 상위 1%에 해당되는 특권이었다. 그러나 결혼한 지 몇 해가 되지 않아 배우자가 병을 얻었다. 온갖 병원과 치료 수단을 사용해 보았지만 병은 호전되지 않았고 오랜 투병으로 경제생활이 어려워졌다. 급기야 자신의 부모 집으로 가족을 데리고 들어갈 수밖에 없었다. 그렇게 해야 어린 자녀와 경제적인 곤란의 짐을 조금은 완화시킬 수가 있었다. 이 상황에서 그녀가 해야 하는 것은 어머니에게 실망을 주지 않기 위해서 끊임없이 일을 하는 것이었다. 자신의 부모에게 눈치 보이지 않기 위해서 자녀를 최대한 엄격한 규율로 통제를 했다. 어쩌면 한순간도 정신적 긴장을 놓치지 않고 시간을 보냈다. 그녀가 가장 불안했던 것은 당시 사회와 주변 사람이 자신을 보는 시각이었다. 병을 얻은 것은 여자의 잘못이라는 통념 속에서 주변 어른의 눈치를 살펴야 했다. 옆을 볼 시간도 없고, 마음의 여유도 가지지 못했다. 환경이 그녀를 불안하게 하였고, 그녀는 이 불안을 극복하기 위하여 쉬지 않고 자신과 가족을 채찍질했다. 자신의 불안을 어느 누구에게도 토설할 수 없었던 내담자는 그 불안 가운데 신앙을 깊게 가지기도 했다. 그러나 필자가 보기에 그 내담자는 수십 년의 불안한 환경에서 벗어나지 못하였고, 신앙을 가지고 있음에도 불구하고 불안 때문에 자녀들과 잦은 마찰을 일으켰다. 그녀는 불안했고, 불안했기 때문에 무언가를 자꾸 해야 했다. 가만히 있으면 그것은 자신에게 저주와 같은 것이고 죽음과 같은 것이라고 자주 말했다.

다른 한 내담자는 어린 시절 유복한 집안에서 살았다. 그는 집안의 장남으로서 아들을 선호했던 시대에 살았던 사람이다. 홀어머니 밑에서 성장한 내담자는 어머니의 큰 기대에 자주 못 미치는 사람이었다. 어머니는 여장부와 같은 사람이어서 사람들을 능수능란하게 다스리며 호령을 할 수 있는 사람이었다. 그래서 많은 사람들이 남녀불문하고 따라다니는 호걸과 같은 사람이었다. 그런데 남편의 형과 아우 집안을 보면 자녀들이 번듯하게 성장하여 부모의 후광을 비춰 주는 역할을 하였는데, 정작 자신의 자녀는 그러한 노릇을 하지 못했다. 그래서 어머니는 날마다 수많은 주문을 하였고 강요를 하였고, 요구에 따라 오지 못하는 아들을 비하하기 시작했다. 많이 약한 내담자는 장부 같은 어머니의 기에 눌려 아무런 소리를 하지 못하고 스스로를 억압하여 살았다. 그리고 스스로를 이 세상에 잘 적응하지 못하는 사람으로 판단을 했다. 이런 그가 결혼을 했다. 드디어 억누르는 어머니의 곁을 떠나 스스로 독립할 수 있는 사람이 된 것이다. 그런데 결혼을 한 후 얼마 되지 않아 그는 외박과 술로 나날을 보냈다. 집안에 들어와서는 자녀에게 엄한 아버지가 되었고, 아버지의 감정이 무엇인지 자녀들이 읽을 수 없을 정도로 감정의 편차가 심한 아버지가 되었다. 자신의 뜻대로 되지 않으면 막을 수 없는 분노가 치솟아 올라 가족에게 피해를 입혀 자녀들이 서서히 그 아버지와 담을 쌓게 되었다.

내담자들에게 어린 시절에 대한 기억을 떠올리라고 하고 그때의 느낌을 색깔로 표현해 보라고 하면 크게 두 부류로 나뉜다. 즉, 회색빛과 밝은 빛이다. 이 내담자의 감정적 기복은 자녀가 어떻게 아버지에게 맞추어 살아야 하는지에 혼란을 가져 왔고, 급기야 자녀들은 성장하면서 자기 나름대로의 방어기제를 만들기 시작했다. 어떤 아이는 침묵과 순종으로 어떤 아이는 대항으로 방어기제를 만들었다. 그런데 문제는 이들이 성장한 이후에도, 모든 조건이 좋음에도 불구하고 불안에 시달리게 한다. 이 불안으로 자녀가 성장한 이후에도 끊임없이 간섭하고 준비하고 주문한다. 때로는 이 불안으로 배우자의 사랑을 재차 확인해 본다. 마치 집안을 잘 보살피지 않고 자주 밖으로 다닌 아버지에 대한 불안으로 배우자에게 그것을 다시 확인해 보는 것과 같다. 불안을 심하게 경험한 사람이지만 좋은 상담자, 멘토, 벗, 배우자를 만날 기회가 된다면 그 불안의 수위는 어느 정도 줄어들게 된다. 분명히 불안으로 인해 어려운 시절을 겪었음에도 불구하고 이해와 수용이 많은 배우자를 만남으로써 어린 시절의 불안을 극복해 나가는 내담자들도 있다. 그러나 이와는 반대로 수용과 이해가 없는 배우자를 만나거나, 불안이 더 많은 배우자를 만나 불안이 더 가중되는 경우도 있다.

왜 사람은 어린 시절의 불안 경험을 반복하는 것인가? 그것은 우리가 어린 시절 수용적일 수밖에 없었던 상황이었지만 그 환경과 상황을 되풀이하면서 피해자이지만 가해자 또는 공격자와 동일시하기 때문이다. 그래서 사람은 놀라울 정도로 부모의 부정적 측면을 병리적으로 내면화하면서 살고 있다(Marrone, 2000). 예를 들어, 공격자와 동일시한다는 것은 아동이 자신을 보고 겁에 질려 있는 사람을 위협하는 사람으로 변할 수 있다는 것이다. 결국 이러한 공격자와의 동일시는 초기 성장과정에서 불안의 경험이 자주 반복이 되면 개인 성격의 일부가 된다는 것이다.

> 이제까지의 사례를 분석해 보면, 공격자와의 동일시는 병리적인 부모들이 자주 사용하는 기제다. 이런 부모는 자신의 아동기 때 경험한 학대, 폭력, 유기의 기억을 끔찍할 정도로 선명하게 기억하는데, 이러한 부모가 기억하지 못하는 것은 이러한 기억에 연합되어 있는 정서적 경험이다(Fraiberg, 1980, pp. 194-195).

사람은 어린아이가 양육자와 애착관계를 형성하는 생물학적 장치에 의해 움직인다. 그런 관점을 가지고 있기에 볼비는 정신분석에서 말하는 일차적 동기인 성욕을 밀어내고 거기에 애착을 놓은 것이다(Marrone, 2000). 그러나 인간에게 일차적 동기가 성욕은 아니지만 애착과 성욕의 관계는 밀접한 관계에 있다. 마로네(Marrone, 2000)에 따르면, 애착이 먼저인가 성욕이 먼저인가는 마치 닭이 먼저인가 달걀이 먼저인가라는 논쟁과 같다. 그러한 점에서 애착과 성욕은 불가분의 관계로 서로 중첩되고 맞물린다고 본다. 그래서 애착이론에서 성욕은 중요한 문제 중의 하나라 본다.

예를 들어, 가정에서 부모와의 애착문제나 불화 등의 문제로 가출한 청소년이 많다. 그리고 이 가출 청소년들이 가족을 이루어 서로 공생 관계를 형성하는 것을 가출 팸이라고 한다. 정부 공식 통계로는 이러한 청소년들이 전국에 20만 명 정도가 있을 것으로 예상하고 있다. 이들이 가진 공통점은 집안에서 부모와의 애착문제나 불화 그리고 경제적 문제들이 주로 이루고 있다. 그중에서도 애착문제는 으뜸이다. 아무리 어려운 요인이 있다 하더라도 애착관계가 건강하게 형성되어 있으면 이들이 가족을 떠나지는 않았을 것이다. 그런데 이 청소년들이 보이는 전형적인 형태는 성에 대하여 일찍 눈을 뜨는 것이다. 앞서 애착과 성욕은 불가분의 관계라고 했는데, 가출 청소년에게 문제가 되는 애착불안은 성숙되지 않는 애착 욕구가 성욕으로 이어질 가능성이 많다.

사실, 애착이 잘 성장하여 성인이 되면 그 애착에 대한 또 다른 중요한 표현은 성이다. 잘 성숙된 애착은 좋은 성생활을 통해서 상호 간의 애착관계를 더 돈독하게 할 수 있다. 그러나 박탈과 상실에 따른 애착문제는 남자에게는 상대방을 배려하는 성생활 이전에 자신의 성 욕구를 해소할 수 있는 창구로 상대방을 여긴다는 점이고, 여자에게는 '내 생각'만을 중심으로 한 성생활을 요구한다. 애착문제로 가정을 떠난 청소년은 애착에 대한 본능적인 갈구를 늘 가지고 있다. 그래서 이러한 본능적 갈구를 가진 또래 집단 청소년들과 공감대를 쉽게 형성할 수 있고, 애착에 대한 결핍은 성적 관계에 대한 탐닉을 가지게 한다. 애착 관점에서 성욕은 성적 충동에서 파생하는 것이 아니다. 왜냐하면 성욕은 애착고리가 작동하는 관계에 밀접한 연관이 있기 때문이다(Marrone, 2000). 물론 애착에 대한 완전 박탈의 경험은 오히려 성욕에 대한 심한 손상을 초래하기도 한다. 이것은 해리할로의 실험을 통해 밝혀진 것인데, 성장과정에서 어미를 접촉하지 못한 원숭이, 즉 완전 박탈을 경험한 원숭이는 성적 기능을 수행하지 못한다는 실험관찰이 있었다.

> 살아 있는 어미를 접하지 못한 채 성장한 수컷 원숭이는 다른 수컷이 교미하는 현장을 보여 주어도 교미하는 방법을 배우지 못했다. 살아 있는 어미를 접하지 못한 암컷 원숭이는 교미하려는 수컷의 성기 삽입을

> 허용하였으나 암컷이 해야 할 능동적인 역할을 수행하지 못하고 힘없이 바닥에 주저앉았다. 이런 암컷은 새끼를 낳으면 자신의 새끼를 신체적으로 학대하고 거절하는 등 어미의 역할을 수행하지 못했다(Harlow & Zimmerman, 1959).

원만한 부부의 애착관계와 그 애착관계 속에서 성장하는 아동은 성인이 된 이후에도 그 관계성을 자신의 결혼생활이나 대인관계에 적용할 수 있다. 그러나 앞서 지적한 바와 같이 가출 청소년의 이른 성경험은 가정의 애착불안에 대한 대안이라는 심리적 고리가 작용하여 발생하는 현상이다. 그런데 성관계, 때로는 결혼이라는 것은 몸으로만 하는 것이 아니고 몸과 정신, 사랑과 일이라는 두 가지 도식에 의해 형성이 되어야 균형을 가질 수 있는데, 애착불안에 노출된 가출 청소년의 경우는 이 균형이 이루어지지 않고 몸 또는 사랑으로 치우친 불균형을 이루고 있기에 이런 조기의 성경험이나 결혼이 거의 원점으로 되돌아가는 이유다.

조기 성경험에 대한 문제는 단순히 성의 문제로 보기보다는 더 깊은 의미가 있다는 것을 파악해야 한다. 칼 융은 프로이트가 모든 인간욕동의 핵심을 단순히 성으로 보는 것에 반대했다. 그는 성에 대한 욕구를 근원과의 일치(oneness)에 대한 추구로 보았다. 이 관점에서 보면 탈선 청소년이나 성에 대한 문제로 고민하는 성 중독에 대한 공통점은 근원에 대한 일치성의 혼란이며, 그것을 회복하는 존재론적 의미가 그 안에 있다는 점이다. 예를 들어, 어떤 청소년이 학교에서 폭력을 행사한다고 하면 그것을 단순히 폭력이라고 단정하기도 하지만, 이 청소년의 내면 깊은 곳에는 누군가에게 인정받지 못해 인정받고 싶어 하는 욕구가 폭력과 직결되어 있다는 것을 알 수 있다. 성에 대한 문제도 이와 같은 맥락에서 이해될 수 있다.

2. 우리 모두는 한때 아이였다

우리는 누구나 한때 아이일 때가 있었다. 힘이 없었을 때도 있었고, 우리의 부모가 좋아서 따라다닐 때도 있었다. 우리가 아이였을 때가 있었다는 사실을 기억하는 것은 성인이 된 이후에 생활하는 데 중요한 역할을 한다. 왜냐하면 우리가 아이였을 때가 있었다는 것을 잃어버리는 것, 망각하는 것은 우리 자신을 이해하는 데 중요한 핵심을 상실하는 것이기 때문이다(Missildine, 1961). 우리 모두는 어릴 때가 있었고, 누군가를 의존했어야 했고, 그런 의존이 없이는 생존하기도, 어쩌면 호흡하기도 힘든 실존적인 현실이었다. 태어나 보니 인품 좋은 부모를 만날 수도 있고, 성질 고약한 부모 밑에서 생존할 수도 있다. 그러나 인간이 완벽하지 않은 이상, 우리의 부모도 완전한 이는 없고, 그리고 사회도 마찬가지다. 사회는 유형 · 무형으로 각 국가나 각 집안의 문화를 형성하고, 그 문화 속에서 중요한 가치를 창출하고, 구성원들이 이 가치를 위해 살아가도록 한다. 우리 대부분은 그 문화 속에서 무엇이 바른 것이고 가야 할 길인지를 잘 모르고 순응하거나 적응하면서 살아간다.

필자가 1990년대 초반 기숙하던 학교에 한 기부자가 큰 기부를 했다. 학교는 고민을 하다가 본관과 작은 도서관을 연결하는 건물을 건립하기로 하고 건축 설계 및 허가 과정을 밟았다. 오랜 기간의 준비 끝에 공사가 진행되었는데, 몇 주 후에 공사가 중지되어 몇 달 동안 진척되지 못했다. 이유는 100년 전에 학교 건물 밑에 묻어 둔 거대한 기름 탱크가 발견되어 이것을 처리하는 문제로 난항을 겪고 있었던 것이다. 100년 전의 일을 기억하는 사람은 아무도 없었지만 기름 탱크는 그곳에 자리하여 현재의 건물 건립에 큰 지장을 주고 있었다. 마찬가지로, 어린아이 때의 기억, 특히 정신적인 상흔은 우리의 기억 저변에 묻혀 있어 마치 없는 것처럼 생각하지만 그것은 우리가 기억하여 활성화시키지 않을 뿐이지 깊은 의식의 저변에 가라앉아 있고, 우리가 성인이 된 후 그 어린시절 겪은 유사한 일과 상황에 놓이게 되면 그대로 재현되는 것이다. 어린 시절에 우리가 표현하지 못했던 분노, 서러움, 원망 그리고 갈망 등이 나타나게 되는 것이다.

우리 모두가 아이였다는 것은 누군가에게 반드시 전적으로 의존해서 살아야 할 때가 있었다는 의미다. 전적으로 의존하게 되는 대상은 주로 부모가 될 텐데, 아이는 이러한 자신의 부모가 선호하는 것에 적응하는 방식의 생활을 한다. 이렇게 적응하는 방식이 생활화와 습관화가 되어 개인에게 고착되는 것이다. 그런데 이렇게 우리가 아이였다는 사실은 성인이 망각하기 쉬운 사실이다. 단지 우리의 신체가 성장하고 시간이 흘러 성인이 되었을 뿐이기에 우리가 아이였다는 사실을 잊어버리면 중요한 핵심을 상실하게 되는 것이며, 이것은 우리에게 불행을 가져다줄 수 있다.

어린아이가 주된 양육자에게 의존할 수밖에 없는 상황은 유아에게 생존의 방식을 성인의 틀에 맞추어 살아가도록 한다. 완벽할 수 없는 부모와 상황은 누구에게나 다 있지만, 무너지고 상처가 지속적인 부모를 통해서 아동은 그 생존 구조에 맞추어 자기가 아닌 부모의 방식에 적응하여 살아가도록 한다.

1) 당신의 어린 시절 기억의 색상은 어떤 색인가?

분리와 상실은 아동에게 가장 큰 마음의 상처 중의 하나다. 우리가 어린 시절을 지내면서 마음의 상처 없이 자랄 수는 없다. 마음의 상처가 없다는 것은 죽은 영혼과 같은 것이다. 적절한 좌절과 실망은 오히려 우리에게 도움을 줄 수 있다. 발달심리학자 에릭슨의 부인인 조앤 에릭슨(Joan

Erikson)은 인간발달에서 적절한 좌절이나 고통을 마치 밝은 색을 더 밝게 보이게 할 수 있는 어두운 색에 비유하기도 했다. 밝은 색만 있으면 그것이 단조로워서 그 진가를 알지 못한다. 오히려 적합하게 배합될 수 있는 어두운 색이 있음으로써 밝은 색이 더 환하게 보이는 것이다. 인생살이도 그러하다. 늘 밝은 것만 있으면 실은 그것은 인생이 아니다. 아마 밝은 것만 있으면 오히려 그것이 밝은 색이라고 느끼지 못할 수도 있다. 살아 움직이는 모든 사람에게 그림자가 있다. 그림자가 없는 사람은 죽은 사람이다. 죽음이 있다는 것을 알기 때문에 삶이 더 진지해지고 고마울 수 있는 것이고, 병이 있기 때문에 건강이 얼마나 중요하다는 것을 우리는 안다. 5~6일 동안의 노동이 있기 때문에 주말의 고마움을 아는 것과 마찬가지다. 발달심리학자 로버트 콜러(Robert Cohler)도 비슷한 말을 했다. 음악이라는 것은 높은 음과 낮은 음의 섞임으로 형성되는 것이기에 음악이 낮은 음만 있으면 우리 귀에 즐거울 수가 없는 것이고, 또한 높은 음만 있어도 그것이 우리 귀에 들어오지 않는다. 높은 음과 낮은 음이 오가기 때문에 그것이 음악이 될 수 있는 것이다. 필자가 여기서 강조하는 것은 완벽하다는 것, 매번 100% 완벽한 것을 추구하는 것은 불안에서 나온 병적 추구라는 것이다. 오히려 약간의 부족한 부분이 인생의 여유를 가지게 하고, 우리는 그 여유를 통해서 숨과 쉼을 얻는 것이다.

적합하게 배합된 음과 색상은 자기 자신과 타인에게 좋은 영향을 미친다. 그러나 과도하게 한쪽으로 치우친 것, 즉 과도한 상실과 분리의 경험은 우리에게 부정적인 영향을 미친다. 그래서 색도 한쪽으로, 음도 한쪽으로만 간다. 필자는 스스로 어린 시절의 색상이 회색에 가깝다고 생각한다. 곰곰이 내게 왜 이런 색상이 있을까를 물음을 통해 밝혀 본 적이 있다. 필자의 어머니가 필자에게 들려준 어린 시절의 이야기를 들으면서 스스로에 대한 분석을 해 보았다. 어머니는 농부의 딸로 태어나서 성장한 후 아버지와 결혼을 하셨다. 아버지는 초등학교 1~2학년 무렵에 어머니가 돌아가셨기에 다른 어머니 밑에서 성장을 하셨다. 당시 사회가 자신의 자녀가 아닌 것에 대한 특별한 편견을 갖고 있었던 사회였기에 아버지의 생활은 친어머니 없이 양어머니 밑에서 성장을 하였다. 그래서 간혹 내가 성인이 된 후 아버지는 나에게 어머니가 있다는 것이 얼마나 좋은지 모를 거다라는 말씀을 하셨다. 결혼을 한 후 아버지는 입대를 했고, 어머니는 시어머니 밑에서 모진 시집살이를 하기 시작했다. 아버지가 그녀의 친아들이 아니기에 며느리도 고울 리가 없는 것이다. 당시 농촌사회가 다 비슷했겠지만, 어머니는 거의 머슴처럼 일을 하였고 먹을 식량이 충분치 않아 배도 많이 곯았다고 하신다. 끼니를 제대로 못 먹는 것은 둘째 치고 어머니의 처지를 안아 줄 환경인 아버지마저 군대에 있으니 모태에 있는 나는 거의 매일 우울했을 것이다. 이후 내가 4세 무렵에 올라온 서울 생활 적응도 녹록치 않았으며, 부모님은 돌봄보다는 생존이 급한 시대에 사셨다. 그래서 그런지 나는 지금도 혼자 있는 것을 좋아한다. 물론 너무 많은 고독은 삼가지만, 혼자 있는 시간이 마치 내 공간을 가진 것 같은 느낌을 가질 때가 많다. 젊었을 때는 비오는 것을 너무 좋아했다. 간혹 비를 맞으면서 다니기도 했고, 잠을 청할 때 비가 오면 문을 열어 놓고 처마지붕을 두드리는 빗소리를 들으면서 잠을 잤다. 무언지는 모르지만 그 빗소리가 모든 것을 처음으로 돌리는 것과 같은 신선함을 가져다주는 것 같았다.

우리의 과거에 대한 색상이 어두운 색에 가까울수록 우리에게는 상처가 많다는 것이다. 그리고 이러한 상처는 우리가 이 세상에 혼자 내버려졌다는 생각을 가지게 한다. 철학자 하이데거가 지적한 인간이 우주에 내버려진 존재라는 말처럼, 마치 내가 세상에 혼자이고 누구도 자신을 돌보지 않고 있다는 느낌을 갖는다. 가장 가까운 부모로부터 겪은 잦은 분리와 상처로 인한 것이다. 우리의 색상이 어둡다면 부모나 주된 양육자를 통해서 우리가 많이 통제를 받았기 때문이다. 물론 후에 언급하겠지만, 과도한 통제를 한 부모의 개인사를 밝혀 보면 그들 역시 수많은 통제를 받은 개인사에 얽혀 있어 풀지 못한 수수께끼로 남아 있다는 사실을 알게 된다. 과도한 통제를 한 것은 부모의 입장에서 보면 어린아이가 하는 일이 비정상적으로 여겨졌기 때문이다. 그러나 엄격한 의미에서 어린아이 입장에서 보면 그들이 하는 일은 비정상적이지 않았다. 다만 어린아이의 형태를 가지고 했을 뿐이다. 이런 것이 계속되다 보면 아이가 조금씩 성장하면서 언어적 표현보다는 행동적 표현을 하기 시작한다. 예를 들면, 밥 먹기를 거부하거나 말을 거부하는 경우다. 자신에 대한 뚜렷한 의사를 말로 표현하는 것이 가장 건전한 방법이다. 그러나 말로 표현하는 것으로 주된 양육자로부터 피해를 입을 것을 우려한 아동은 주로 밥이나 말하는 것을 거부한다. 이 거부의 가장 핵심은 아동이 부모에게 거부를 했을 때 부모가 그 이유를 물어보고 예전에 보이지 않은 관심을 보이기 시작하기 때문이다. 그래서 관심을 끌기 위해 계속적으로 거부를 한다.

필자가 어린 시절에 가장 맛있었던 것 중의 하나는 황도 통조림이었다. 그런데 이 통조림을 구입해서 먹을 수 있는 방법은 거의 없었다. 그러나 아파서 누워 있으면 어머니가 동네 가게에 가서 황도 통조림을 구입해서 그릇에 시럽과 함께 담아 가지고 입에 떠 넣어 주시곤 했다. 그때 나는 두 가지의 행복함에 빠졌다. 어머니가 나에게 관심을 가진다는 생각에 행복했고, 맛있는 복숭아 통조림을 먹을 수 있었기에 행복했다. 그래서 내가 이것을 먹기 위해서 자주 아프면 좋겠다는 생각을 했지만, 뜻대로는 되지 않았다. 이러한 추억 때문에 지금도 내 아이가 아프면 어머니가 나에게 해 준 것과 똑같이 마트에 가서 복숭아 통조림을 구입하여 아이에게 주곤 한다.

아동은 끊임없이 부모의 관심을 끌어서 자신과 부모가 함께 있고 자신에게 관심을 가져 주길 바란다. 그런데 이러한 요구가 거절되면 거부를 하는데, 거부하는 가장 큰 이유는 나에게 관심을 가져달라는 요구 때문이다. 그리고 밥을 거부하고 말을 안 할 때 이전까지 아무런 관심을 보이지 않았던 부모가 거부로 인해 관심을 보이자 아동은 점차 이 방법을 자주 이용한다(Missildine, 1961). 이러한 거부는 부모가 평상시 꾸준한 관심을 보여 주면 자연스럽게 시간이 흐르면서 없어진다. 그러나 부모가 이런 것을 간파하지 못한다면 아이는 거부를 지속적으로 사용한다.

한 내담자는 어린 시절에 말을 거부하는 방법으로 부모의 관심을 받으려는 시도를 부단히도 했다. 뛰어난 오빠와 아픈 동생 사이에 태어난 내담자는 부모의 관심을 받는 것이 목표였다. 그런데 오빠는 남자이기 때문에 부모의 사랑과 관심을 듬뿍 받고 자란 것 같이 보였다. 아픈 동생은 부모가 끊임없이 먹을 것과 약을 가지고 돌보았는데, 내담자는 몸이 너무 건강해서 약을 먹을 기회가 없었다. 부모의 입장에서는 자연히 건강한 자녀보다는 심적으로 아픈 자녀와 가부장적 사회에서 아들에게 관심이 가는 상황이 되다 보니, 자신은 관심을 전혀 받지 못하는 외톨이요 외로운 아이로 여겼다. 왜 부모는 자신을 사랑하고 관심을 가지지 않을까 하는 생각 속에 깊이 잠겼다. 그러던 어느 날 말을 거부하였는데 부모가 관심을 보이기 시작한 것이다. 그래서 아주 익숙하게 자주 말을 안 하였고, 학교에서 온 공지문이나 중요한 일을 말하지 않았다. 그러면 평소에는 사는 것으로 바쁜 부모가 말을 잘 안 하다가 자세한 상황을 물어보고 이것저것에 관심을 가지지 시작한 것이다. 이 때문에 자신이 관심을 받는다고 생각한 것이다. 그런데 이것이 습관이 되어 가면서, 그리고 성인이 되어 가면서 내담자는 말을 하지 않는 것에 익숙해진 것이다. 습관이 고착화된 경우라고 볼 수 있다. 그리고 이렇게 자기방어의 방법을 거부로 사용하고 그것이 고착화되어 가면 그런 아동도 성장하면서 자신도 모르게 자기의 주장이 너무 강한 사람이 되어 간다. 자신이 원하는 바대로 끝까지 밀고 나가는 경향이 발생한다. 그리고 이러한 경향 때문에 가족이나 주변 사람과 마찰이 발생하게 된다. 왜냐하면 어린 시절 겪은 고통스러운 상황은 무의식 속에 은닉되어 버리고 표현되지 못하고 억울한 감정이 나를 주관하기 때문에 자신의 관점이 너무 일방적이기에 타인과의 관점이 거의 불일치하게 되는 것이기 때문이다.

또 다른 거부의 방법으로는 대소변에 대한 억제나 방출 등이 거론된다. 부모에 대한 거부이기도 하지만, 사실 내면에는 이러한 거부를 통해서 부모의 관심을 받으려는 시도다. 그러나 너무 억제하면 성장하여 매우 인색한 사람이 될 수 있다고 보고 있으며, 역으로 참지 않고 자주 방출하면 자신의 경제적 규모 이상으로 남용하는 사람이 될 가능성이 있다고 본다. 즉, 어린 시절에는 관심을 받기 위해 이러한 거부를 사용했지만, 이러한 행동이 습관이 되고 개인의 몸과 정신의 일부가 되면 그것은 또 다른 역작용이 발생할 수 있다. 우리가 우리 자신에 대하여 어떻게 느끼고 있는가는 개인의 성격에 중요한 열쇠다. 그리고 이러한 느낌은 부모가 나를 어떻게 취급해 주었는가에 의해 결정된다. 성장과정에서 자녀에 대한 부모의 태도는 어떤 것이든 자기 안내를 하는 중요한 열쇠가 된다.

2) 역기능아이와 부모

내담자를 만나 보면 부모와의 관계가 내담자의 성격 및 가치관을 형성하는 데 결정적인 영향을 주고 있다는 것을 자주 본다. 그런데 내담자들은 부모와의 관계에서 획일적인 방향으로 반응을 일으키지는 않는다. 부적절한 부모의 애착단절에 대하여 같은 형제라도 어떤 아이는 저항을 하면서 거부를 하고, 어떤 형제는 침묵하면서 거부를 한다. 중요한 것은 각기 다른 방식으로 거부반응을 하지만, 내부 감정의 형태는 둘 다 억압과 분노라는 구조를 가지고 있다는 점이다.

부모의 결혼생활에 대한 평가도 내담자의 성향에 따라서 다르다. 부모의 행복한 결혼생활을 본 내담자는 대부분 결혼에 대해 긍정적인 생각을 하고 있고, 가급적 결혼을 적당한 나이나 조금 일찍 하려는 경향을 보인다. 그리고 자녀도 많이 가지고 싶어 하는 공통적인 특징이 있다. 그러나 부모가 결혼생활 중 자녀에게 힘들어하고 다투는 불안을 지속적으로 보여 주면 이것을 보고 자란 내담자는 크게 두 부류의 사람으로 나뉘진다. 첫째, 결혼에 대한 부정적인 생각을 하는 경우다. 결혼이 지루하고 불안의 연속과 다툼의 장이라는 인식을 하는 이상, 결혼을 더 이상 할 필요가 없다고 생각한다. 특별히 여성인 경우에는 이러한 비율이 더욱 높게 나온다. 아마 현대 여성이 결혼을 미루거나 거부하는 요인에는 자기계발과 같은 중요한 항목이 있기도 하지만, 부모가 보여 준 역할 모델에 대한 느낌도 핵심적 요인 중 하나일 것이다. 그리고 이러한 결혼에 대한 지연이나 거부는 현대 사회의 환경적인 요인이 많이 작용한 경우다. 둘째, 결혼을 조속히 하여 부모를 떠나 보려는 경우다. 이러한 성향은 현시대의 중년 이상의 여성들에게 많이 나타났던 성향이다. 당시의 사회문화가 결혼을 반드시 해야 하는 분위기였고, 특별히 여성의 경우는 자기계발이라는 기치가 당시에 없었기 때문에 조기결혼은 불안을 가중시키는 부모를 떠나는 중요한 방법 중 하나였다. 이렇게 부모가 가진 정서적 환경은 자녀에게 성장과정부터 결혼에 대한 결정에서도 중대한 영향을 준다.

인간이 왜 직립보행을 하는가에 대한 답은, 우리 모두가 직립보행을 하기 때문에 아이도 부모가 걸어다는 것을 모방함으로써 보행할 수 있는 힘과 기술을 익힌다는 것이다. 만일 부모가 모두 기어 다닌다면 아이는 평생 기어 다닐 것이고 서서 다니는 것이 원활하지 못할 것이다. 아이가 자기에 대한 정체성이나 자긍심을 어떻게 가지는가는 부모가 자신을 어떻게 다루느냐에 의해 정의가 된다.

어린 시절 부모가 자신을 어떻게 해 주었는가 하는 것은 정서적인 관점에서 말하는 것이다. 모든 동물은 인간의 언어를 이해하지 못하지만, 언어에 서려 있는 감정, 억양과 말하는 사람의 눈빛, 촉감, 느낌 등을 통해 사람이 자신을 어떻게 다루고 있는가에 대한 정보를 얻는다. 그리고 자신의 얼굴과 느낌을 알 수 없는 아이는 자기를 다루는 부모나 어른의 웃음, 눈빛, 소리 등을 통해서 자기정체성을 세워 나간다. 그래서 부모가 긍정적으로 자신을 평가하면 아이는 긍정성을 가질 것이고, 부모가 부정적으로 자신을 다루면 아이는 부정적이 될 수밖에 없다.

신약에 나타난 예수의 명언 중에는 "너의 이웃을 너의 몸과 같이 사랑하라."라는 말이 있다. 이 말은 사람은 자신을 사랑하는 만큼만 이웃을 사랑한다는 것이다. 그리고 자신을 진정 사랑하는 사람만이 이웃을 진정 사랑할 수 있다는 말이다. 자신을 진정 사랑한다는 것은 이기성을 말하는 것이 아니라, 자기를 존중하고 아끼는 사람만이 남을 그만큼 사랑할 수 있다는 것이다. 부모가 어린 자녀를 정서적으로 다룬 것이 중요한 이유 중의 하나는 사람이 처음 태어나 가지는 기억이기 때문이다. 같은 사건이라도 어린아이가 겪는 것과 성인이 체험하는 것은 다르듯이, 어린아이에게 초기의 정서적 경험들은 마치 하얀 백지에 처음으로 그려 넣는 그림과 같은 것이기 때문이다.

부모에게 정서적으로 돌보아진 아동은 부모가 필요 없는 성인이 되어 사회생활을 할 때나 결혼을 하고 나서부터 자기 자신에게 부모가 되어 버린다. 자신에게 부모가 된다는 것은 부모가 자신에게 해 준 행위 및 정서적 분위기를 자기에게 적용하고, 사회생활에서는 타인에게 그리고 가정에서는 배우자나 아동에게 적용을 한다는 것이다. 그리고 이렇게 다루는 것의 재현은 성장과정과 유사한 환경이 되면 발생한다(Missildine, 1961).

힘이 없는 어린아이는 성장하면서 부모가 자신을 취급하는 행동과 정서적인 상태를 자신에게 가져오고 부모의 판단에 의해 자신의 정체성을 가진다. 힘이 없는 아이는 모든 일이 자신 때문에 발생한 것이라고 생각할 때가 많이 있다. 혹 부모가 다투는 것을 보면 아이들은 부모에게 가서 자신이 더 잘할 테니 싸우지 말라는 말을 한다. 아직 자신을 부모로부터 분화시킬 힘이 없는 아이는 좋은 일이나 나쁜 일이나 모두가 자신 때문에 발생하는 것이라는 생각을 한다. 그래서 우리는 기쁠 때나 슬플 때나 성인이 된 이후에도 친근한 구조에서는 이 아이의 법칙을 사용한다.

어린 시절의 일은 짧지만 강렬한 기억이어서 애착에 대한 상처는 성인이 되어서도 이어지는데, 이는 어린 시절에 받은 감정과 욕구가 계속적으로 요구를 하기 때문이다. 순수한 생명체인 아이가 부모와 부모가 살았던 환경과 문화에 의해 좋거나 나쁘거나 하는 판단을 받아 우리의 정체성을 형성하는 데 중요한 영향을 미쳤다면, 이제는 성인이 된 우리가 이러한 문화로부터 자유로워지기 위해 이러한 것에 대하여 객관적 판단을 할 힘을 가질 수 있어야 한다. 애착 관점에서 개인상담 및 집단상담을 해 보면 이러한 문제를 많이 접하게 된다. 그리고 애착과 분리의 문제 때문에 고생하는 대다수 내담자의 부모의 가족사에서도 뿌리 뽑을 수 없는 당시 사회문화적 환경의 영향으로 애착과 분리에 대한 큰 불안에 시달렸던 것을 보게 된다. 문제는 애착불안으로 고생하는 사람이 부모와 자신에 대하여 객관적으로 볼 수 있는 힘을 가져 애착사에 대한 문제를 재해석할 수 있는 힘을 가져야 한다는 점이다. 이것을 통해서 자신과 환경에 대해 좀 더 객관적으로 볼 수 있는 통찰이 필요하다. 그리고 이러한 것을 시도하는 것이 모든 문제의 해결 방법이 될 수는 없지만, 이러한 시도를 하지 않는 사람들보다 좀 더 호전된 결과를 갖는다.

진찰받는 의사에게조차 폭언을 하는 행동을 보인 내담자가 있었다. 내담자와 어머니의 관계를 조사해 보니, 어머니는 매우 지배적이고 폭력적인 사람이었으며 걸핏 하면 싸움을 하고 요구하는 것이 많았다. 내담자를 낳은 후 어머니는 남편과 싸우고 난 다음에는 내담자에게 화를 쏟아부었다. "너는 참 못생겼고 추해. 이 상태면 어떻게 되든 예뻐지지는 않을 거고, 가치도 없을 거야. 이 멍청하고 어리석은 것아. 너 같은 아이를 갖지 말아야 하는데 내가 불쌍하지."라는 표현은 부부싸움이 있을 때마다 어머니가 내담자에게 쏟아붇는 비난이었다. 힘이 없는 내담자는 억세고 폭력적인 어머니의 말에 수동적으로 얼어붙은 채 있었다. 그리고 어머니가 한 말이 진실이고 정확한 사실이라는 것을 받아들이면서 내면화시켰다. 엄격한 어머니는 내담자에게 말도 하지 않고, 항상 부어 있는 얼굴이었고, 얼굴은 증오와 화로 가득 찬 것 같았다. 자신에게만 유독 화를 내는 어머니가 아버지와 동생에게는 다른 태도를 보여서 내담자는 자신에 대한 비참함을 통감했다. 그래서 이러한 생각이 들 때마다 울었고, 부끄러워서 화장실에 들어가 숨었다. 아버지는 적극적으로 어머니를 만류하지 않았고, 다만 잊어버리라고 하면서 용돈을 주는 것으로 무마시켰다. 내담자는 밤마다 얼른 어른이 되게 해 달라고 기도했다. 내담자는 성인이 되어 결혼을 했고, 자신이 자녀에게 자기 어머니와 똑같은 행동을 되풀이하는 것을 깨달았다. 자기가 어렸을 때 어머니에 들은 '못생겼다' '추하다' '내 눈 앞에서 없어져라' 하는 자기가 들으면서 가장 비참하게 여긴 말을 자녀에게 그대로 하고 있는 것을 깨달은 것이다. 성인이 되어서는 어린 시절 상실과 박탈을 경험하면서 그렇게도 듣기 싫었던 말과 행동을 또다시 다음 세대인 자녀에게 되풀이하고 만다. 이것으로 인해 때론 스스로 절망과 좌절에 빠지는 성인들이 많이 있다. 조금만 더 참았으면, 조금 더 달리 생각했다면, 아무것도 아닌 것에 나는 왜 성급하게 감정을 폭발했을까 하는 후회감에 사로잡히기도 한다.

왜 상실과 박탈을 경험한 사람이 다시 자녀에게 이렇게 모질게 할까? 사실, 그 반대도 진실이다. 부모로부터 진정한 돌봄과 관용을 받은 사람은 자신의 자녀에게도 역시 그러한 돌봄과 관용을 자연스럽게 돌려준다. 우리 모두는 긍정적이든 부정적이든 어린 시절에 가정에서 받은 느낌을 자녀에게 돌려주기 때문이다. 특별히 부정적인 경향을 자녀, 배우자, 가까운 사람(전이를 통해)에게 돌리는 이유는 성장과정에서 가졌던 '집'의 환경을 되풀이하는 것이다. 집 혹은 가정은 긍정적이든 부정적이든 우리가 어린 시절에 요람으로 삼고 우리 감정의 모든 것을 담아 놓았던 곳이다. 우리는 그곳을 싫든 좋든 가고 싶어 하는 회귀적 본능을 가지고 있다. 그래서 일이 있을 때마다 이러한 감정을 가지고 과거로의 회귀를 통해 자신의 어린 시절의 감정으로 되돌아간다. 그리고 싫었지만 과거에 내가 익숙했던 환경 속으로 들어가 또다시 거친 표현과 환경을 만듦으로써 아동기 때 겪은 친근했던 환경으로 들어가는 것이다. 마치 산짐승이 자신이 다닌 익숙했던 길만을 선호하는 것과 같이, 사람이 좋든 싫든 자신이 익숙하게 생각하고 습관으로 길들여진 곳으로 다시 돌아간다는 것이다.

애착사나 부모 양육형태에 대한 관찰은 부모도 당시 사회상황과 자신의 가족사에 얽혀 있는 애착문제로 불가피한 문화의 전수자라는 사실을 돌아볼 수 있게 한다. 그리고 이것은 부모에 대한 원망이 아니라 부모 역시 불가피한 애착과 감정의 전달자였다는 것이다. 그래서 부모에 대한 원망이 아닌 부모를 이해하고 수용함으로써 부모가 나에게 한 원망을 가지고 나를 원망하거나 자녀를 다시 원망하는 악순환에 빠지지 않기 위함이다.

애착사에 얽혀 있는 개인은 자신이 진실된 자기가 되는 것을 가로막는다. 그래서 이 애착사에 대한 연구와 원인을 밝혀 나가는 것, 특히 부모와의 관계를 애착 관점에서 조명해 보는 것은 과거로의 회귀나 원망이 아니라 애착관계로 형성된 나의 관계성을 제대로 파악해 봄으로써 나를 알아가는 과정이다. 우리 안에는 애착관계에서 상실과 박탈로 숨어 있는 과거의 아이, 즉 정서적으로 고립되어 있는 아이가 있다. 이 아이가 성장하여 성인이 되어 외관은 과거와 달라졌지만 그 당시 상실과 박탈로 인해 억압된 감정에서는 아직 성숙치 않은 아이의 감정으로 있다. 그래서 이 감정이 우리가 하는 일에 영향을 주는 것이다. 예를 들어, 우리가 수백만 개의 실로 짜여진 옷감이라면 상실과 박탈의 상처는 이 옷감에 잘못 엮인 부분이다. 이 잘못된 것을 잡아 빼면 주변의 옷감이 다 상하는 것과 같이 상실과 박탈에 얼룩진 곳은 잘못 짜인 실과 같다. 누군가 이 부분의 실을 빼면 엮어서 다 풀어지는 것과 같다는 것이다. 그래서 이 잘못 엮인 실과 같이 자신과 엮여 있는 민감한 감정적 상황에 놓이게 되면 감정의 조절이 순간적으로 되지 않는 것이다.

사회생활의 가장 중요한 덕목 중의 하나는 남에 대한 배려와 이해다. 남이 나의 부족한 부분을 건드려도 때론 인내를 가지고 그 순간을 지나갈 수 있어야 한다. 문제는 어린 시절 경험한 상실과 박탈이 인내를 배우는 사회성에 우리를 길들이지 않았기에 감정을 건드리는 사람에게는 분노의 감정이 폭발하게 된다는 것이다. 그래서 우리가 어떤 때에 감정조절이 되지 않는지, 그리고 우리의 성인아이가 무엇을 지배하려 하는지 통찰이 필요하다.

또 하나의 사례를 살펴보자. 한 내담자는 매우 자기중심적인 경향을 가진 사람이었다. 이 내담자의 문제는 모든 사람을 만나면서 자신이 중심에 서야 한다는 생각을 가지고 있는 것이다. 때로는 좋은 음식을 자기가 대접하고, 특별한 복장으로 관심을 끌어 중심에 섰다. 자신이 명령하는 모든 것에 대하여 사람들이 따라야 했다. 특히 모든 여성이 자신의 말에 복종해야 했다. 말을 듣지 않으면 화를 낸다. 이렇게 자신의 말을 듣지 않는 사람과는 다시 헤어지는 일을 반복을 했다. 내담자는 여성이 자신을 진정 사랑한다면 자신의 어머니가 자신에게 한 것처럼 해 줘야 한다는 생각을 가지고 있다. 내담자의 어머니는 자신의 자녀를 성장과정에서 아들 위주로 키웠다. 내담자를 위해 목숨을 바칠 것처럼 열정을 다해 간섭을 했다. 물론 이러한 과정이 어린 시절에는 나르시시즘을 느끼게 하는 요소가 되었겠지만, 성장 후에는 지나친 간섭으로 여겼고, 이와 동시에 자신의 어머니를 명령하고 조정하기 시작했다. 그리고 어머니는 명령대로 움직이고 아들이 원하는 것을 들어주었다. 이러한 관계가 오래되어 내담자가 여자친구를 만나면 늘 자신이 해 왔고 살았던 습관대로, 그리고 자신의 어머니가 자신에게 해 준 방식대로 상대방에게 요구를 했다. 결국 어머니가 가진 습관으로 인해 내담자는 성장과정에서 자기 중심으로, 자기의 요구대로 모든 것이 이루어져야 했던 메시아적인 질병에 걸렸고, 타인의 권리를 존중해 주는 것을 배우지 못한 것이다. 그러기에 자신과 함께 있는 여성에게 그런 요구를 했고, 그렇게 하지 않을 때를 화를 내는 생활패턴으로 인해 주변 사람들이 힘들어했다.

성격형성 과정에 부모의 애착관계 역할은 절대적이다. 그리고 이 애착관계에서 상실과 박탈의 과정을 겪은 감정은 사회생활에서 편한 사람과 편안한 환경에 놓이게 될 때 발생한다. 프로이트의 말처럼, 보통 무의식에 억제된 감정의 덩어리들은 평상시에는 검열 기관을 통해 정제되거나 억제되기에 올라오지 못하지만 편안한 분위기에서 나타나거나 꿈을 통해서 상징으로 나타난다. 그래서 우리의 성인아이 모습을 가장 잘 볼 수 있는 곳은 가정이다. 무언가에 몰두하고 일을 할 때는 이러한 모습들이 잘 나타나지 않지만, 우리가 살고 있는 가정에서는 이런 문제가 잘 노출된다. 공적인 상황에서는 공손하고 성숙된 사람이고 절제된 사람으로 보이지만 사적인 가정생활에서는 불합리하고, 명령적이고, 완고한 경향을 보이는 완전히 다른 나를 볼 수 있다. 그래서 가정에서 우리에게 엮여 있는 감정들이 발생하는 것을 보면 결혼은 두 명이 한 것이 아니라 엄밀한 의미에서 네 명이 결혼을 한 것이다(Seamands, 2011). 이런 관점에서 가정에서 존중받는 자녀와 부모라는 것이 얼마나 어려운 것인가를 알 수 있다.

부모의 양육형태와 역기능 발달

4장

연출이론과 연기술 발달 양식

1. 부모와 역기능아이

모든 아이에게는 부모의 유령이 있다는 말은 볼비가 한 말이다. 신령하지 않는 유령은 우리가 살아가면서 어린 시절과 유사한 상황에 놓이거나, 그때 그 시절과 비슷한 구조와 사람을 만나게 되면 되살아난다. 1985년 미국 버클리 대학에서 개발된 성인애착 면접(Adult Attachment Interview: AAI)은 성인의 애착역사를 탐색하는 것이다. 이것은 내담자로 하여금 성장과정의 어린 시절부터 현재까지의 일을 순서별로 질문하고 답을 탐색하는 방법이다. 이 성인애착 면접은 애착의 대물림이 어떻게 되는가를 알아보기 위한 것인데, 부모가 회상하는 자신의 어린 시절이 현재 자신의 자녀를 대하는 방식에 영향을 준다는 것이다(Marrone, 2000). 이 성인애착 면접을 통하여 분류된 부모군은 네 종류다.

첫째, 안정형이다. 이들은 과거에 대한 기억을 쉽게 탐색하고 여기에 얽힌 이야기를 편안하게 할 수 있으며, 그 기억들은 긍정적이고, 통합적인 면에서 기억을 하고, 힘든 일이 닥쳤을 때 방어기제를 사용하지 않고 대처할 수 있는 심리적인 힘이 있다.

둘째, 배척형이다. 이들은 애착구조의 수준이 낮고 자기방어적이며, 사람들이 가까이 지내는 것을 싫어하고, 위로받는 것을 거부하는 사랑의 굴레를 벗어난 유형이다. 그래서 이들에게는 친밀한 관계가 그리 중요한 것이 아니다. 배척형에 대해서 볼비는 다음과 같이 설명하였다.

> (배척형의) 한 유형은 아동기 때 부모 한쪽을 잃고 그 후 홀로 살아온 사람들이다. 다른 한 유형은 사랑, 주목, 지지받고 싶은 아동의 요구를 부모가 비난하거나 공감해 주지 않은 경우다. 흔하지 않지만 사랑의 굴레를 벗어난 사람들 중에는 이 두 유형을 종합해서 살아온 경우도 있다 (Bowlby, 1980, p. 224).

셋째, 집착형(preoccupied)이다. 배척형과는 정반대로 쉽게 관계를 맺을 수 있는데, 문제는 맺는 관계에 양가감정을 가지고 있으면서 상대방에게 매달리는 경우다. 그래서 이 양가감정과 관계가 불안한 상태다. 이들은 어린 시절 부모로부터 충분한 보살핌을 받지 못했는데, 이런 경험들이 부분적으로 지속되었다. 이것을 바탕으로 아동은 부모로부터 충분한 보살핌을 요구하지만 거절당할지도 모르는 불안감에 놓여 있는 양가감정 상태를 경험한다. 그래서 부모에게 더 많은 애정과 관심을 받기 위해 요구가 많고, 혼자 떨어지는 것을 저항한다(Bowlby, 1980). 이런 사람은 성장과정에서 부모나 부모 중 한 사람이 신체적으로나 정신적으로 허약해서 자녀의 불안을 수용해 주지 못한 경우다. 결국 이러한 성장 배경이 자신의 정체성을 습득하는 데 충분히 하지 못했기 때문에 부모와의 초기 관계에서 벗어나지 못하는 것이다.

넷째, 미해결형이다. 이 유형에 속한 많은 사람은 성장과정에서 상실, 학대 등 외상적 일들을 경험했고, 이 외상에 대해 말할 때 일관성이 없는 방향으로 진술하여 주제가 다른 방향으로 가도 주제 이탈을 인식치 못하였다(Marrone, 2000). 성인애착 면접를 통해 나타난 중요한 결과는 성장기에 부모로부터 받은 애착유형은 대물림된다는 점이다. 이것을 더 확고히 할 수 있는 관찰은 런던에서 임산부들이 출산 후 아동과의 애착관계를 연구한 결과다. 이에 따르면, 안정애착 유형의 어머니 75%는 자녀와 안정애착을 형성하고 있었고, 배척형이나 집착형의 어머니 73%는 자녀와도 불안정애착관계를 형성하고 있었다. 이런 유형의 부모는 역기능적 부모이고, 이 유형에는 불안애착과 정신병리가 수반되는 비정상적인 발달이 있다. 그리고 아동기와 청소년기에 발생하는 정신병리는 아버지와 밀접한 연관이 있다고 본다(Marrone, 2000).

우리는 거의가 다 우리가 모르는 사이에 부모가 우리에게 보여 주고 정서적으로 느끼게 해 준 대로 행동을 한다. 부모와 생활하면서 본 것, 느낀 것 등을 마치 양파의 껍질이 한 겹 한 겹 쌓여서 양파의 형체를 형성한 것과 같이 그러한 경험들이 우리를 형성하게 된다. 그래서 우리는 부모가 보여 준 방식대로 우리를 위안하기도 하고 우리를 벌하는 법칙을 따르기도 한다.

부모의 양육형태는 애착관계를 기반으로 자녀가 자신의 성격을 형성하는 데 중요한 역할을 한다. 어떤 내담자는 이런 고백을 한다. 그는 성직자로 살아가는 사람인데, 성장과정에서 부모가 가진 표어가 있었다. 최고의 사람, 최고의 학벌과 같은 것이었다. 자신이 학교에서 시험을 잘 본 성적표를 가지고 오면 항상 하는 말이 "너를 사랑한다. 그러나 조금만 더 잘하면 더 사랑할 수 있을 거다" 였다. 잘해도 칭찬이 없고 최고의 어떤 것을 요구하는 부모 밑에서 자란 그는 겉으로는 편안해 보이지만 기복이 심하고 영성의 높낮이가 심한 사람이었다. 또 다른 여성 내담자도 추구하는 것이 끝이 없는 사람이었다. 여기저기 다니면서 나름대로 이룰 것을 이루었으면서도 불구하고 계속 무엇을 해야 하고, 지금보다 훨씬 나은 학교에서 공부를 해야 하는 생활에 쫓기고 있었다. 역시 이 내담자의 어머니도 끊임없이 무엇인가를 요구하는 사람이었다. 이 내담자가 가진 불안은 어머니가 심어 준 최고와 100점의 사람이 되는 것이다. 100점을 이룬 사람이 된다 할지라도 또 불안에서 다른 것을 추구하는 사람이 될 것이다. 그리고 이들

중에 종교를 가진 사람들의 경우는 신의 뜻과 100점을 맞는 사람을 같은 위치에 놓아 합리화를 시키기 때문에 종교도 매우 왜곡된 신앙을 가지게 되고, 신앙의 진수에 들어가지 못하는 매우 샤머니즘적 신앙의 틀을 가지게 된다.

양육과정에서 부모는 자녀에게 사랑이라는 것이 무조건적인 관용과 용서가 뒷받침되어야 함에도 불구하고 조건을 내걸어서 자녀와의 관계를 악화시키는 경우가 있다. 그래서 자녀는 그 조건에 의해 움직이고, 그것이 습관화되지만 자신이 부모로부터 인정받지 못한 감정들은 늘 남아 있는 것이다. 잘해도 무엇인가를 계속 요구하는 부모는 자녀의 희로애락 감정을 수용해 주지 않았기 때문에 그 감정이 자녀가 자라서 늘 문제가 된다. 즉, 이렇게 자녀에 대한 부모의 정서와 태도는 자녀가 성장한 후 위기에 맞닥뜨렸을 때 문제가 된다. 한 단계를 이루고 나면 또 다른 단계를 요구하는 부모는 자녀를 자기 자신에 대하여 만족을 모르고 살아가게 만든다. 무언가에 쫓기듯이 계속 추구해야 하고, 성취의 만족도 잠깐이고, 또 다른 어떤 것을 다시 해야 하는 것이다. 결국 이러한 과정은 자신에 대한 사랑이 없는 것이고, 이것이 확대되어 가족과 이웃에 대한 사랑도 어렵게 된다.

부모의 요구에 의해 결정된 목표가 성취되었건 혹 실패되었건 이것을 돌봐 주는 부모의 정서적 공감이 없이는 이러한 문제들은 사람의 정신구조에 콤플렉스로 남게 된다. 그리고 이 콤플렉스 덩어리가 우리에게 그림자(shadow)가 된다. 그림자는 평가에서 위로받지 못하고, 감정적으로 유린당한 무의식의 저변에 있는 덩어리다. 그런데 이 콤플렉스는 무의식의 영역 저변으로 내려가 있어서 우리가 이해하기 힘든 영역에 있다. 그러나 이것이 무엇인지 이해를 하려면 의식의 가장 표면에 나타나 있는 가면(persona)이 어떤 것을 강조하고, 편협하게 되어 있나 살펴보면 된다. 사실, 칼 융의 심리학에서 언급되는 콤플렉스나 가면의 이론은 인간이 살아가는 데 필요한 사항이다. 가면이나 그림자는 어느 누구나 다 가지고 있는 것이다. 문제는 이 정도가 심할 때 일어나는 균형의 상실이다. 그래서 콤플렉스가 상대적으로 너무 강하면 특히 성인이 되어서는 개인이 특별히 강조하는 영역이 많아진다. 진리는 균형이고 자연과 같은 것인데, 어느 특정 분야를 계속적으로 강조한다면 그 강조하는 부분과 걸려 있는 콤플렉스가 분명히 있다는 것이다.

영화 〈헨리의 이야기(Regarding Henry)〉는 부자(父子)가 대를 이어서 변호사 활동을 하는 아들과 가정 그리고 사회에 대한 이야기다. 헨리는 뛰어난 변호사로서 로펌을 대표하는 변호사다. 매사에 정확하고 철저해서 비서들도 어려워한다. 이런 철저함과 냉철함으로 투사 같은 변호사의 위상을 가지고 있지만, 이러한 가면으로 가정에서 부부관계, 자녀관계가 다 끊어져 버린다. 결국 이 영화는 헨리가 머리에 총상을 입음으로써 그 회복되는 과정을 통해서 가정이 복원되는 것을 보여 준다. 영화가 주는 의미는 우리에게 가면이 강하면 강할수록 인간관계, 특히 가족관계가 힘들어지고 제 역할을 하지 못하고, 이 가면에 익숙한 사람은 그 내면의 적막과 고독을 위로받지 못하고 밖을 헤맨다는 것이다. 영화는 가면을 벗는 것은 총상과 같은 상징적 죽음을 통해서 이루어진다는 점을 보여 주고 있다.

어린 시절의 반복되는 불안과 박탈의 경험은 아동에게 정신적 성장뿐만 아니라 신체적 성장에까지 영향을 줄 수 있다. 자신이 하늘과 같이 절대적인 어른, 부모로부터 버림을 받는다는 것은 아동에게는 최악의 시간이 되기 때문이다. 그리고 무엇인가 뚜렷한 이유 없이 부모의 애착사로 인해서 부모가 부지불식간에 쏟아 버리는 말이나 행동은 아동에게 고통을 가져다준다. 그래서 이러한 것으로 인해 고통을 당하는 아동은 자신이 성장한 이후에도 뚜렷한 이유 없이 정신적인 불안과 고통으로 시달리는 신경증으로 이어진다.

뚜렷한 이유 없이 시달리는 고통은 아동에게 콤플렉스로 남고, 이것은 인격 전반을 지배하는 억눌린 기억과 욕구의 뭉텅이가 된다. 이 콤플렉스는 감정적으로 위안을 받지 못한 채 저변에 떨어진 덩어리이기 때문에 강한 감정적 공격력을 가진 건전치 않은 기제다(Seamands, 2011). 결국 이것이 우리 안에 내적 아이의 자리를 틀고 상주하는 정체다. 이렇게 마음속에 있다가 어떤 상황이 오면서 가장된 모습으로 나타난다.

결국 어린 시절 가정생활과 부모의 양육형태가 우리에게 중요한 영향을 미치는 것은 사실이다. 부모의 양육형태는 그 자녀를 비슷한 유형의 자녀로 만들어 버린다. 예를 들어, 알코올중독자 가정에서 성장한 아동은 보통 사람들보다 알코올중독자가 될 확률이 4배에 이른다. 그래서 이들은 보통 가정보다 훨씬 더 우울한 가정에서 생활하고, 범죄에 쉽게 노출되고, 신뢰에 대한 어려움을 가지고 있으며, 타인을 의지하는 데도 어려움을 느낀다(Seamands, 2011).

2. 부모의 양육 유형

우리 안의 성인아이를 이해하기 위해서는 우리가 어떤 유형의 돌봄을 받았으며 우리 부모의 양육유형을 아는 것이 필요하다. 이것을 통해서 우리가 성장과정에서 어떤 종류의 사람인가를 탐색할 수 있다. 이런 어린 시절의 성장과정을 통해서 학교와 가정에서 슬플 때가 언제였고, 어떠한 외로움을 느꼈는지를 알아야 한다. 특히 부모의 허락을 받기 위해서 어떠한 것을 하였고, 부모가 가장 좋아했던 것이 무엇이었으며, 가장 싫어한 것은 어떤 것이었는지도 매우 중요한 사항이다. 그리고 부모가 가장 좋아하는 것을 하기 위해서 어린 시절 나는 어떠한 감정과 행동을 가지고 있었으며, 역으로 부모가 가장 싫어하는 것을 하지 않기 위해서 어떤 감정과 행동을 하였는가를 알아 가는 것도 중요한 일이다. 그래서 이러한 질문에 대한 답을 알아 가는 과정은 우리 자신을 이해하는 데 매우 도움이 된다. 왜냐하면 부모가 가진 이러한 태도와 그것을 맞추어 나가는 우리 자신의 노력이 우리의 어린 시절 감정을 자유롭게 하지 못했기 때문이다. 그래서 이와 질문을 가지고 탐색하면서 발생하는 감정을 숨기거가, 부정하거나, 간과해서는 안 된다. 개인상담이나 집단상담을 해 보면 대부분의 사람들이 어린 시절에 부모나 환경에 적응하기 위해서 택한 방법을 숨기거나, 부정하거나, 간과하면서 지나간다. 그래서 이러한 부모의 자녀양육 유형과 어린 시절의 감정을 제대로 알아 가려면 어린 시절의 감정 욕구가 무엇인가를 파악하고 그것을 실현할 수 있도록 도와주는 것이 필요하다.

어린 시절의 욕구불만, 콤플렉스, 감정의 상처 등은 특히 결혼해서 이루는 가정에서 가장 격렬하게 발생한다. 가장 큰 이유는 결혼의 구조가 과거 우리가 경험했던 가족구조처럼 부모와 형제들이 있는 구도와 비슷하기 때문이다. 그래서 결혼의 구조가 과거 우리가 표현해지 못했던 감정의 실타래를 하나씩 풀어 내기 시작한다. 그리고 결혼에서 발생하는 내적 아이의 상처 문제는 큰 문제에서 발생하지 않고 아주 사소한 일로부터 시작된다. 예를 들면, 청소하는 것, 휴지 사용법, 옷 정리하는 것 등 집안일로부터 시작된다.

물론 이런 일들이 결혼을 하지 않은 경우에는 일상생활에서 발생한다. 실례로, 어떤 운전자가 운전을 하면 너무 난폭하게 운전을 해서 상담을 요청한 경우다. 그는 자동차 운전을 하면서 지나가는 모든 차에 대해 간섭한다. 교통질서를 안 지켰다거나, 너무 느리게 간다거나 하는 식으로 불평을 한다. 그런데 그것보다 더 큰 문제는 자신이 운전을 하는데 앞에서 운전을 방해하면, 또는 자기보다 차를 빠르게 몰면 가차없이 따라가서 그 운전자의 운전을 방해하는 것이다. 급기야 이런 것으로 인해 차로에 차를 세워놓고 싸움하는 경우가 잦아 자신의 문제가 무엇인지를 고민하게 되었다. 평상시는 감정이 올라오지 않는데 차를 운전할 때마다 발생하였다. 내담자의 부모 이야기를 살펴보았을 때, 문제는 아버지와의 관계에 있었다. 매우 거칠고, 명령적이고, 반드시 부모의 말은 들어야 하는 환경에서 그는 성장했다. 한마디로, 아버지의 통제가 비민주적이고 폭력적이었다. 힘이 없이 자신의 싫은 감정을 표현하지 못하고 내담자는 그렇게 성장을 했다. 사회인이 된 이후 그가 가진 부모에 대한 불만과 불안은 다른 곳에 표현을 할 수 없었지만, 이제 스스로 운전할 수 있는 차가 있었고 그것을 운전을 하면 이제 내 세상이다라는 쾌감에 빠져들었다. 운전을 할 때는 내가 왕이니 어떤 누구도 내 운전을 방해하면 가차없이 따라가 억제를 하려고 했다. 아버지로부터 받은 억압은 운전대를 잡을 때가 되면 모두 다 사라진다. 아버지에게 표현하지 못한 자신의 감정을, 중심에 서고 싶고 나도 존중받았으면 좋겠다는 감정을 운전할 때만 유일하게 표현할 수 있었다. 그러나 어린 시절 감정의 억압은 운전에서 누구든 자기보다 앞서는 꼴을 못 보는 것이다. 자기 차를 앞서가는 차에 대한 감정적 폭발은 어린 시절 자기를 억압한 아버지에 대한 감정적 폭발이었다.

1) 완벽주의 부모와 역기능아이

완벽을 추구하는 것은 병이다. 스스로를 힘들게 할 뿐만 아니라 가족과 타인조차 힘들게 만든다. 이 세상에 그림자 없는 이가 없고 불안이 없는 이가 없다. 완벽만을 추구하는 것은 자기 자신에게 그림자를 없애려고 하는 것이고 불안을 없애려고 하는 것이다. 그래서 그림자와 불안이 없다면 그는 땅에 누워 있는 사람일 뿐이다.

소아정신과의사인 위니컷(Winnicott)은 어머니는 완벽한 어머니가 될 수도 없고, 그것을 바라는 것이 잘못된 심리구조라는 것을 알면서 '그 정도면 되는 어머니' (good-enough mother)를 말하고 있다. 성적으로 말하면 평균 B학점 정도만 되어도 좋은 어머니라는 말이다. 완벽을 추구하려는 사람들의 공통적인 심리배경은 불안이다. 심리기저에 놓여 있는 이 불안은 한 개인을 신체적으로나 정신적으로 쉴 수 있는 공간을 마련해 주지 않는다. 이 불안에 시달리는 완벽주의 부모는 끊임없이 집안을 깨끗하게 치워야 하고 일을 해야 하고, 다른 한편에서는 사회적으로 완벽한 성공을 향하여 인생을 질주하도록 한다.

완벽주의는 주로 사회적으로 성공한 부모들, 특별히 어려운 환경에서 성공한 부모들에게서 보이는데, 이런 표준을 가지고 있는 부모는 자녀가 자신의 요구에 맞추어질 때까지 과도한 요구를 한다. 종종 우리나라에서도 입시문제로 인하여 매우 우수한 학교에서 좋은 성적을 가지고 있음에도 불구하고 성적이 약간 떨어지면 불안해하고, 때론 그것으로 인해 자살을 선택하는 불행한 일들이 있다. 이것은 부모가 제시하는 완벽주의에 자녀가 따라가지 못하는 좌절로 발생하게 되는 것이다. 어릴 때부터 계속된 완벽 추구가 약간의 실수로 성적이 저하되는 것을 정상적인 시각에서 바라볼 수 없게 만든다.

완벽주의 부모 밑에서 자라는 자녀는 어쩌면 경제적 · 성취적 · 지적으로 다른 유형의 부모보다 더 많은 혜택을 받고 있다. 그러나 부모가 계속 완벽을 추구하는 것은 자녀가 이룬 것에 대한 부모의 불만족이 있는 것이고, 이것으로 인해 자녀는 자신이 어느 정도 업적을 성취했음에도 불구하는 자기에 대한 만족이 없다. 자녀에게 최고의 만족은 부모의 격려와 칭찬으로부터 오는 것이고, 최고의 실망은 부모의 비난과 비교 등에서 오는 것이다. 에릭슨(Erikson)은 부모가 자녀를 비난할 경우 아이는 수치를 느끼는데, 이 수치는 마치 존재의 뿌리를 흔드는 것과 같은 느낌을 가진다고 하였다. 왜냐하면 부모와 자녀는 가장 근본적인 관계이기 때문이다.

어떤 사람은 자신이 어느 정도 성취하고 좋은 위치에 있음에도 불구하고 만족을 느끼지 못하는데, 이것은 부모가 계속 더 나은 것을 추구하도록 만들었기 때문이다. 따라서 부모의 요구를 수용하려는 자세를 가지고 살아왔다. 이러한 사람은 성인이 되어 외관적으로는 무엇을 이루었고, 남들도 자신을 칭찬하지만, 그의 내부는 항상 공허하다. 만족을 모르고 추구하게 하는 부모로 인해 발생한 현상이다.

어머니가 이런 완벽주의 유형이면 그녀는 분명히 집안을 완벽하게 꾸밀 것이다. 집안의 모든 가구배치나 구도가 거의 완벽할 것이다. 남들이 와서 감탄할 정도일 것이다. 집안을 먼지 하나 없게 치우고, 모든 가구들에 잡티 하나 없게 관리를 할 것이다. 어떤 부조화도 수용하지 않으려고 할 것이다. 자기 전에는 모든 것이 정리되어 있어야 한다. 내일 죽을지도 모르니, 자신이 치우지 않고 사는 추한 모습을 보이기 싫어 매일매일 정리해서 완벽하게 해야 한다. 물론 깨끗이 치우는 것, 정리하는 것이 잘못된 것은 아니다. 그러나 자신 자신에게 스스로가 냉혹하고, 끊임없이 몰아치며, 쉼이나 공간도 가지게 못하는 완벽주의가 자기 자신을 스스로 질식시킨다. 이렇게 자신이 철저하다고 생각을 하고 있기 때문에 자신을 내면적으로 매우 우월하게 생각한다. 그리고 남을 자신보다 낮게 보고, 남의 작은 실수에 대하여 폄하를 한다. 다시 말하면, 정리정돈을 완벽하게 하는 것이 개인의 내면세계가 수련되어 잘 정제된 인격체에서 발생되는 현상이라면, 이들은 자신보다 못한 사람이나 실수하는 사람들에 대하여 냉혹하게 몰아칠 필요가 없다. 그런데 이렇게 완벽하게 하는 것이 자신의 병리적 불안에서 오는 것이기 때문에 잘 정리해 놓고 남에 대한 평가에서 자신을 우위에 세우는 교묘한 심리가 있다.

장인정신과 완벽주의는 다른 것이다. 장인정신의 소유자는 자신에게 만족을 줄 수 있지만 완벽주의는 사회적 성공이 있음에도 불구하고 자신의 내부가 공허와 불만족으로 불안하기 때문에 자신을 성공한 실패자로 규정하기도 한다. 완벽을 추구하는 부모 밑에서 자란 완벽주의자는 사회에서 상당히 경쟁적인 인간이 될 수 있지만 자기 자신에 대해서는 스스로를 낮게 여기는 모순을 가지고 있다.

완벽주의 유형의 사람이 보이는 일반적인 현상은 무엇일까? 완벽주의는 내재화된 불안에서 시작되지만 끊임없는 자기긍정과 가능성의 세계로 자기를 집어넣는다. 인간의 행복이 결코 많고 적음에 있지 아니하고, 배움과 불학에 있지 아니함에도 불구하고 보이는 현상세계에 집착한다. 이 자기긍정의 내부에는 영웅이나 엘리트라는 것을 우상화시켜 놓고 매달리지만 정작 개인 내부에는 행복이 부재한 것이다. 그래서 이 완벽을 추구하는 사람들은 최고에 대한 집념이 많기 때문에 가족이나 대인관계에서 친밀도가 적다. 앞서 예로 든 영화 〈헨리의 이야기〉에서도 변호사 헨리는 완벽주의였고, 그는 그의 업적으로 인해 회사가 그를 사랑하고, 그는 그 맛으로 세상을 살아가지만 회사 내의 부하와의 관계는 늘 사무적이고 냉랭하였다. 가정에서 그는 집요하고 딸에게 성공할 것과 공부를 잘할 것, 쉬지 말고 관리할 것, 그리고 집안의 청결을 강조했고, 자기 마음에 맞지 않는 가구는 가차없이 없애 버렸고, 음식의 편식이 철저한 사람이었다. 왜냐하면 성공이라는 신기루와 같은 목표는 끊임없는 자기 내부에 있는 갈증이고 이것을 손아귀에 넣기 위해 뛰어야 하기 때문에 목표를 향해 뛰는 것 외에 사람들과의 관계나 친밀감은 시간을 소비하는 것이라고 생각하기 때문이다.

성공과 업적을 향해 뛰는 것은 마치 고속도로에서 자동차 경주를 하는 것과 같다. 경쟁적인 사회에 사는 사람들에게 왜 그처럼 뛰느냐고 물어보면 명확한 이유를 말하지 못한다. 그냥 뛰어야 하기 때문에 뛰는 것이라고 말할 수 있다. 등산의 최고 가치는 산꼭대기에 오르는 것이 아니다. 실은 등산을 하면서 옆 사람들과 이야기도 하고 주변의 자연풍경을 보기도 하고, 산새들과 자연의 울창함을 느끼는 것이다. 그렇게 하면서 올라가는 것이 등산의 최고 목표다. 인생도 이와 같다. 성공이 필요는 하지만 어쩌면 행복보다는 가치 있는 것은 아니다. 성공이라는 산꼭대기를 향해 올라가지만 가정과 자신은 정서적으로 메말라 가는 불우한 인생을 사는 것이다. 이렇게 완벽주의 유형들이 분주하게 움직이는 이유는 어릴 적 성장과정에서 부모가 자녀의 성취를 칭찬하지 않고 과소평가해서 그 완벽의 고삐를 놓게 하지 않고 멈추게 하지 않았기 때문이다(Missildine, 1961).

완벽주의 유형은 배우자에게 짐을 안겨 준다. 배우자의 완벽을 향한 요구가 끊임이 없으니 상대 배우자는 거기에 맞추어 사느라 정서적 윤활유가 다 소진된다. 그렇게 매우 부정적으로 자연스럽게 부부의 정서적 고리가 금이 가게 되어 소원해진다. 그러면 이 금이 간 정서적 고리를 대체할 대상을 찾는다. 마치 발달심리학자 에릭슨의 지적과 같이, 사람이 '친근감'(intimacy)에 대한 긍정적 심리발달을 하지 못하면 '잘못된 친밀감'(pseudo-intimacy)을 추구하는 것이다. 이 잘못된 친밀감이란 인간의 본능이 관심과 돌봄인데 이것이 제대로 충족되지 않고 청년기를 지나면 사람과 자연 등에 대한 친밀감을 건전하게 가지지 못하고 거짓으로 가지는 친밀감을 의미한다. 그래서 이것이 길어지면 결국 중독에 대한 증상으로 확대가 된다. 다시 영화 〈헨리의 이야기〉로 돌아가면, 헨리도 같은 증상이 발생한다. 성공과 맞물린 엄격함은 아내와의 관계도 소원하게 만든다. 중년기에 애정에 대한 갈증을 느낀 아내는 다른 남성의 따뜻함에 정을 느끼게 되었고, 헨리는 자신의 성공 지향적이고 사회 중심적인 시각에 따라오지 못하는 아내에 대한 불만과 고갈된 정서적 고리를 여자 직장동료와의 애정으로 보상받으려 한다.

완벽주의 유형의 사람은 자신이 내면에서 갈구하는 인간적 '친밀함'에 대한 갈구를 배우자와의 성관계를 통해서 해소하려는 경향이 있다. 그러나 실제 성취 지향적인 사람에게 부부간의 성관계는 관계 성적이지 않다. 왜냐하면 그들에게는 성관계 역시 성취 지향적인 자기중심적 해결의 열쇠이기 때문이다. 그래서 관계성을 생각하는 아내와 정복을 추구하는 남편은 서로가 소외된 채로 남아 있다.

완벽을 추구하는 것은 자기 자신에 대한 가치의 저평가에서 오는 것이다. 예를 들어, 성형수술을 습관적으로 하는 중독 증상의 사람들을 3개월의 시간차를 가지고 본다. 즉, 성형수술을 하여 원하는 모양으로 시술되면 변화된 모습에 자신감을 가지지만 그 효력이 3개월을 넘지 못한다. 그래서 또다시 얼굴이나 몸에 성형을 시도하는 것이다. 성형은 필요하면 해야 하지만 이보다 더 중요한 것은 성형하는 사람의 마음가짐이다. 마음의 중심이 서지 않으면 외부적인 성형수술을 수없이 해도 만족할 수 없는 것이다. 성형의 만족을 구하려고 수없이 수술을 하고 그 충족되지 않은 불만을 약이나 다른 것으로 돌리다가 죽어 간 사람이 있다는 것을 뉴스를 통해서 접한다. 마찬가지로, 완벽추구는 성형중독과 같은 것이다. 이 세상에 완벽주의자의 마음을 충족시키는 것은 아무도 없다. 결국 문제는 내면의 정신적 불안과 결핍에서 오는 것이기 때문에 자기 자신이 보는 가치관에 대한 재평가가 더 시급한 것이다.

후기산업사회로 치닫을수록 집단문화의 가치체계는 없어지고 개인이 중심이 되는 사회가 되었다. 과거 집단문화에서는 개인의 가치를 집단이 정해 주었지만, 이제는 개인이 책임을 지고 살아가야 하는 시대다. 그래서 집단에서 개인 가치로 넘어가면서 개인 자신의 가치를 발견하는 데 어려움을 겪는 사회다. 개인주의 중심의 사회는 완벽주의와 목표 지향적 삶을 살도록 교육과 직업 조직을 만들어 놓았기에 이 사회도 개인이 완벽주의로 살아가도록 부추기고 있다. 그래서 부모가 물려준 완벽 성향에 대한 이해와 더불어 현대 사회가 가지는 시스템에 대한 올바른 평가도 필요하다.

2) 강요형 부모와 역기능아이

강요를 하고, 자주 요구를 지속적으로 하는 것은 그것이 중요해서가 아니라 그렇게 자주 강요하는 부모에게 심리적 불안이 있기 때문이다. 그래서 강요하고 자녀에게 요구하고 직간접적으로 자녀를 지나치게 간섭함으로써 자녀에게 선택할 수 있는 권리가 없어지게 만든다. 합리적이지 않은 강요로 인해 추종할 수밖에 없었던 아이들은 어린 시절에는 맹종을 하며 마치 부모의 말을 듣는 것 같지만, 성장하면서 자신만의 방어기제를 가지게 된다. 그것은 부모의 말을 못 들은 체하거나, 일처리를 늦게 하거나, 말을 듣지 않는 방법 등이다. 마치 상담자에 대한 거부 반응을 보이는 내담자가 상담자의 질문에 묵묵부답을 한다든지, 딴 곳을 응시하고 있다든지, 습관적으로 상담시간에 늦게 오거나 아예 오지 않는다든지 하는 경우와 마찬가지다.

강요형 부모는 자녀에게 요구하는 것이 많다. 물론 자녀가 말을 듣지 않으면 속이 상하겠지만 이러한 정도를 벗어나 규칙적으로 해야 할 사항을 지속적으로 요구하는 것이다. 예를 들어, 일어나라, 씻어라, 밥 먹어라, 학교 가라, 무엇을 해라 식의 발언이다. 이런 말을 아이에게 지속적으로 하면서 부모는 마치 모범생처럼 살라고 한다. 그러나 그 내부에는 문제가 있다. 부모가 가진 불안이다. 앞서 말한 바와 같이, 바른 것, 진실인 것은 자주 말을 반복해서 되는 것이 아니다. 말의 잦은 반복은 그 말을 하는 사람들이 가진 내적 불안에서 오는 것들이다.

에릭슨은 아이가 자율성을 발휘하는 2~3세경에 부모가 갖추어야 할 양식으로 법과 사랑의 딜레마를 말하고 있다. 이 시기는 아이가 자율성을 발휘하면서 신체를 움직이고 이제는 부모의 곁을 조금씩 떠나 외부와의 접촉을 하는 시기인데, 이때 부모는 아이에게 규칙을 아는 것과 사랑하는 것에 대한 바른 조화를 가져야 한다는 것이다. 그러나 이 시기에 제일 중요한 것은 사랑에 기초한 법/내규를 가져야 바른 부모의 가치관을 가질 수 있다는 것이다. 사랑은 모든 것의 기초이고, 이 사랑에 기초한 법은 문제가 없다. 혹 아이가 부모로부터 힘든 말을 듣더라고 만일 부모가 사랑의 마음을 기초로 하여 말하면 아이에게는 거부반응이 없을 것이다. 그러나 많은 부모는 법을 기초로 하고 사랑을 한다는 식으로 말한다. 이렇게 말하는 부모의 마음에는 도덕적 사디즘(sadism)이나 종교적 사디즘이 있다. 즉, 사디즘이란 가학성 음란증이라는 정신질병인데 성적으로 상대에게 고통을 줌으로써 쾌감을 느끼는 것이다. 부모가 숱한 잔소리를 하는 것과 연속적으로 되풀이하는 것은 그 부모의 내면적 불안과 콤플렉스에서 나오는 것이지만, 정작 부모는 그 내면의 깊은 소리를 인식하지 못하고 겉으로는 내가 너만한 시절에는 더 나았다는 식의 가학적 언어를 사용한다는 것이다. 그것을 통해 부모는 잠시나마 아이를 낮게 보고 아이가 당하는 정신적 고통을 보면서 쾌감을 느끼는 것이다.

강요가 반복되면서 그 안에 사랑이 없다고 느낀 아이는 성장하면서 부모의 지시에 대하여 빈둥거리게 된다. 일찍 일어나라고 하면 고의로 늦게 일어나는데, 이런 아이들은 자기가 하지 않으면 부모가 답답해서 해 놓는 것에 익숙해져 있다. 그러기 때문에 방어기제로서 늦게 일어나는 것도 있겠지만 자기가 안 하면 답답한 부모가 해 놓을 것이라는 예상을 하기 때문이다.

미실다인(Missildine, 1961)에 따르면, 아이들이 이러한 유형의 부모에 대하여 저항하는 단계는 다음과 같은 세 단계로 나뉜다. 첫째, 유순한 형(docility)이다. 이들은 어려서부터 부모가 강압하는 명령에 매우 익숙하게 생활을 했는데 이유는 부모의 사랑을 잃지 않기 위해서다. 이들은 부모만이 아니라 사회생활에서 상급자에게도 이러한 반응을 보인다. 그리고 이렇게 지시할 사람이 없으면 불안해한다. 둘째, 적극적 저항형(active resistance)이다. 이 유형은 아이가 정체성을 가지고 있을 때 부모가 자주 강요하면 발생한다. 부모의 잦은 요구, 강압적 요구에 대해서는 저항을 하기 때문에 부모는 더 강하게 강압하게 된다. 셋째, 수동적 저항형(passive resistance)이다. 이것은 앞서 언급한 것으로 가장 빈번하게 나타나는 현상인데 부모의 강압에 침묵해 버리는 것이다. 예를 들어, "조금 있다가 할게." "내일 할게." 등등이다. 강요는 자발성을 저해시킨다. 강요형의 부모는 자녀로 하여금 자주 무엇인가를 지연시키도록 하고 지금 당장 해야 할 일조차도 다음 기회로 넘기는 습관을 가지게 할 수도 있다. 그래서 이런 일로 인해 결과가 좋지 않게 될 때 자신을 자책하기도 한다. 더 나아가서는 자발성을 가지고 자신을 일에 참여시키는 습관이 익숙하지 않다. 그래서 자신을 타인에게 소개하는 데 어려움이 있으며, 강요로 인한 심리적 억압으로 말미암아 은닉형이 될 수도 있다.

불안을 가중시키는 중요한 인물은 집에서 가장 힘을 많이 가지고 있는 사람이다. 대부분 아버지나 어머니가 이 힘의 핵심이 된다. C의 어머니는 막강한 힘을 가진 사람이었다. 모든 일에서 화통했고, 어지간한 남성들도 그녀가 말하고 행동하는 것에 따라올 수 없을 정도였다. 좀 심하게 말하면 완력을 쓰는 남성들 조차도 그녀 앞에서는 기를 못 필 정도였다. 뿐만 아니라 그녀는 수하의 사람들에게 통 큰 보살핌을 제공해 주었다. 소위 당근과 채찍을 동시에 가지고 있는 사람이었다. 이렇게 담력이 큰 어머니는 C

가 연약하게 말하거나 행동하는 것을 용납하지 않았다. 그래서 C는 어머니 앞에 설 때마다 떤 기억이 난다고 하였다. 이러한 어머니와 같이 있는 아버지는 자연스럽게 매우 수동적인 사람이 되었고 마치 웨이터와 같은 역할을 하였다고 한다.

C는 이렇게 엄격한 어머니의 통제에 있었기 때문에 모든 일에 안 된다는 것이 없이 행동을 했다. 기억에 남는 것은 어떤 날 아파서 병원에 입원을 해 영양주사를 꽂고 있었는데 어머니는 학교에 가라서 해서 주사기를 꽂고 있는 상태로 학교에 출석을 했다. 이렇게 12년간 개근을 했다. 그러나 개근을 했다는 C의 표정과 마음에는 많은 슬픔이 남아 있었다. 개근을 하기가 얼마나 어려운가? 성실함과 부지런함이 몸에 배어 있어야 하는 것이고 어떤 면에서 그 근면함을 칭찬을 해 줘야 할 상황이지만, C는 그러한 개근이 너무나 싫은 것이었다. 어머니의 강압과 근면을 요구하는 것으로 인해 자신이 학교를 가지 않으면 어머니로부터의 피해를 감당할 수 없기 때문에 학교를 간 것이다.

성인이 되어 C가 가진 애환은 늘 자기가 어떤 사람인지를 모르겠다는 고민이다. 여전히 집안의 일과 어머니와 형제들의 요구가 있을 때마다 죽을 힘을 다해서 그 일에 뛰어들어 일을 처리하면서 착한 딸이라고 칭찬을 받지만 이런 일을 할 때마다 자신은 죽도록 힘이 든다는 표현을 하였다.

부모가 강압형의 부모인 경우에 자녀는 이 강압형의 구조에 맞춰서 자신의 생존방식인 애착유형을 만들어 나간다. 여기에는 적어도 두 가지의 변수가 있다. 부모가 강압형인데 아이가 이 강압형에 대해 저항할 내면적인 힘이 있는 경우와 이 강압형에 대해서 저항할 힘이 없는 경우다. C는 이러한 부모에 대해 저항을 할 힘이 없었고, 상대적으로 어머니의 강압이 너무 강하기도 했기 때문이다. 어머니의 말이라면 떨 정도로 순종하면서 그녀는 어머니에게 자랑스러운 자녀로 되었다. 그래서는 C의 어머니의 인식에는 자신의 말에 철저하게 순종하고 따라주는 자녀라는 인식을 했고 강압과 칭찬의 애착구조를 형성하면서 성장을 했다.

C가 가진 애착의 문제는 자신의 아픔과 감정을 받아줄 대상이 어려서부터 없었다는 데 있다. 그러면서 그녀는 어머니의 칭찬으로부터 자신은 완벽하고 성실하게 모든 일을 처리해야 착한 딸이 된다는 애착구조를 형성했다. 이러한 구조에 익숙해지다 보니 C의 어머니도 힘들다고 표현하지 않는 딸을 자랑스러워하고, 일이 있을 때마다 C를 부르고 C는 해결사의 역할을 하는 것이다. 문제는 이러한 과정에서, 어린 시절도 그랬고 성실하고 일을 완벽하게 처리하는 사람으로 성장을 했지만 자신의 감정과 사정을 고려하지 않는 어머니에 대한 원망이 너무 크다는 것이다. 자신의 애환과 감정을 들어주지도 않고 받지도 않았던 어머니는 모든 것을 당연하게 C가 해결해 줄 수 있다고 생각을 했고, 그것에 익숙해지다 보니 지금도 다른 사람을 의지하지 않고 C에게 모든 일을 맡기는 것이다.

이 애착구조에 익숙한 C의 문제는 자신이 모든 일을 담당하고 해결해야 한다는 생각에 익숙하게 되어 버렸다. 자신에게 어떤 문제를 부탁하는 사람이 있다면 밤을 새워 가며 일일이 해결해 줘야 한다는 생각을 가지고 있다. 물론 이런 생활자세에 좋은 점도 있는 것이 사실이지만 자신의 희로애락을 표현하고 그것을 받아줄 대상이 없이, 자신을 문제에 쏟아 붓는 것이다. 이러한 구조의 배후에는 어머니와의 애착관계에서 자신이 모든 일을 성실하게 해야 하고 그것을 칭찬해 주는 어머니의 애착구조가 있다. 그러나 C의 상황과 감정에 대하여 듣지도 않고 물어보지도 않는 어머니는 원망스러운 대상이다.

C가 가진 두 가지의 딜레마는 자신의 도움을 바라는 손길이 있을 때마다 죽을 힘을 다해서 해야 한다는 것이다. 오랜 기간 동안 반복된 이러한 구조는 보이지 않게 내가 해결해야 한다는 특별성을 가지도록 강화되었

다. 둘째는 자기자신의 공간을 가지고 있지 않다는 점이다. 그래서 요구에 응해 문제를 해결하지만 이러한 과정 중에서나 일을 끝난 후에도 자신이 도대체 누구인지, 나는 지금 무엇을 위해 일을 하고 있는지에 대한 고민에 쌓여 있는 것이다.

마치 내가 없으면 모든 일이 잘 안 될 것이라는 생각은 불안 때문이다. 잘못 형성된 불안은 때론 자신을 모든 것의 해결사로 나서게 하기도 한다. 얄롬(Yalom)의 표현으로, 우리 자신에게 특별성을 부여하여 영웅주의나 해결사로 만들어 버린다. 그러나 이러한 것이 개인적으로 얼마나 힘든 것인지 안다. 불안 가운데 특별성에 빠진 사람은 마치 내가 없으면 모든 일이 잘 되지 않을 수 있다는 생각을 무의식적으로 가진다. 그러나 우리가 없어도 내일은 해가 뜰 것이고, 구름은 하늘에 떠다닐 것이고 새들은 공중을 날아갈 것이다.

필자는 이러한 내담자를 만날 때마다 일본 작가 엔도 슈사쿠의 저서 『침묵』의 내용이 생각난다. 이 책은 서방의 선교사가 일본에서 선교활동을 하면서 기독교로 개종한 일본일들과 선교사들이 겪는 비참한 세월에 대한 내용이다. 군주들은 기독교를 믿기로 한 일본인들을 갯벌의 십자가 위에 매달고 바닷물이 밀려오면서 서서히 익사되도록 만든다. 이 과정을 지켜 보면서 저자는 다음과 같은 고백을 한다. 하나님의 백성이 배교를 거부하고 순교를 하며 물에서 죽어 가는데 하늘은 여전히 파랗고, 구름은 하늘 떠다니고 새는 날아 다닌다고 한탄한다. 사실은 내가 없어도 세상과 사람들은 여전히 오늘처럼 살아가고 움직일 수 있다. 그러나 사람이 어느 한 부분에 몰두하여 헌신을 하면 세상이 나를 위해 움직여 줄 것이라는 착각에 빠지게 된다. 그리고 자신의 세상의 중심에 서고 내가 없이는 일이 해결되지 않을 것이라 생각을 가진다.

C의 문제도 마찬가지다. 자신이 없이는 모든 것이 안 될 것이라는 부정

적 애착강화가 어려서 익숙하게 체질화와 정신화되었기 때문에 지금도 이 문제로 고민을 한다. 자신이 없으면 하늘이 파랗지 않을 것이고 새는 날지 않을 것이고, 자신이 있을 때만 하늘에 파랗게 되고 새는 날아갈 것이라고 생각을 하는 것이다. 이제 그것으로부터 놓아져야 한다. 이렇게 익숙하게 만든 어린 시절 어머니와의 구조에서 조금씩 자신의 희로애락을 표현해야 하고, 힘이 들면 할 수 없다는 말과 표현을 함으로써 자신 안에 자신을 진정 사랑하는 공간을 조금씩 만들어 가야 한다.

3) 과도허용형 부모과 역기능아이

사실, 어린아이와 때 묻지 않은 원시인은 이 세상에서 가장 맑은 영혼을 가진 사람이라고 본다. 그래서 서양에서는 '신성한 아이'(Divine Child)라는 용어가 신화나 이야기를 통해서 많이 나타난다. 그런데 이러한 신성한 아이는 충분한 여성성인 아니마(anima)[1)]의 실현이 된 여성으로부터 신성한 아이가 태어난다고 본다(Abrams, 1990). 사실, 태어난 아이가 좋은 부모와 좋은 환경 속에서 성장을 할 수 있다면 이 아이는 신성한 아이가 될 것이다. 그러나 환경과 부모의 영향으로 어린아이는 신성한 아이가 아니라 내적인 문제를 안고 사는 성인아이로 남는다. 사실, 어린아이 또는 신성한 아이라는 말은 아이의 귀함과 그 생명에 대한 경외가 서려 있지만 프로이트의 심리학 이후로 어린아이는 더 이상 신성한 것이 아니라 상처받는 대상이 되거나 무의식의 구조가 복잡하게 꼬여서 병적인 증상을 가진 어린아이로 등장하기 시작했다(Abrams, 1990). 그러나 우리의 신성한 아이가 왜 성인아이가 되었을까에 대한 질문을 시작하면서 지금까지 본 것은 돌

---

1) 이 용어는 심리학자 칼 융의 용어로, 아니마(anima)는 여성성을 말하고 아니무스(animus)는 남성성을 의미한다.

봄을 제공하는 부모나 주된 양육자의 애착사가 중요한 변수로 작용하고 그리고 애착에서 불가분의 관계를 가지고 있는 부모가 어떠한 양육형태를 제공해 주는가를 보면서 문제는 아이가 아니라 부모, 환경 그리고 양육형태임을 말하고 있다.

너무 허용적인 부모는 과연 자녀에게 어떻게 영향을 줄까? 다음의 도표를 보자(Balswick, 1991, pp. 97-99). 앞에서 언급한 부모 유형과 앞으로 언급할 유형에 대하여 이 도표를 참조하면 좋다.

가르침 ↑ / 행동 →	높음	낮음
높음	훈련(discipling)	가르침(teaching)
낮음	모델(modeling)	방치(neglecting)

우리는 몇 가지 다양한 부모 유형을 만났고, 앞으로도 만나겠지만, 이 도표에서 모델형 부모부터 보자. 모델형의 부모가 가진 특징은 행동으로 자녀들에게 많은 것들을 보여 주지만 말로 하는 가르침은 적게 보여 주는 것이다. 이때 아이들은 부모를 모델화하여 살아갈 수 있다. 가장 바람직한 부모는 행동으로 좋은 것을 보여 주면서 바른 말로 자녀를 가르치는 것이다. 이렇게 되면 아이는 스스로를 훈련하고 적절하게 헤쳐 나갈 수 있는 사람이 된다. 반면, 부모의 행동도 좋지 않고 가르치는 일도 적으면 아이는 감정분리형이 될 것이다. 다음에 언급할 과도 허용형이 여기에 속하게 된다. 부모가 행동으로 보여 주는 것이 없고 말만으로 교육을 하면 아이는 끊임없이 누구를 가르치려는 아이가 되기가 쉽다. 다음의 도표는 앞서 제

시한 도표와 비교하여 이해하는 것이 더 확실하다.

법	높음	낮음
높음	믿을 만한 (authoritative)	독재적 (authoritarian)
낮음	자유방임적 (permissive)	방치적 (neglecting)
		사랑

우선 이 도표는 부모가 법과 사랑의 비중 중에서 어떤 것에 치중하며 교육을 하는가에 따라 자녀가 변화할 수 가능성에 대한 것을 보여 주고 있다. 법이나 규범 등과 같은 것을 잘 지키는 가정이면서 자녀에게 사랑을 제공하는 부모가 있다면 이 양쪽의 균형으로 인해 아이는 믿을 만한 아이가 될 수 있다는 가설이다. 법은 높은데 자녀에게 베푸는 사랑이 적으면 아이는 독재형이 되기 쉽다. 법이 높다는 의미는 규칙과 규범을 강조한다는 것이다. 법에 대한 관심이 낮고 자녀에게 사랑을 많이 주면 이 아이는 자유방임적인 사람이 될 가능성이 있다. 어찌 보면 이 유형은 지금 설명하려는 과도 허용형 부모의 양육 결과로 성장한 자녀일 가능성이 높다. 마지막 유형은 부모가 사랑도 없고 법도 없으면 그 자녀는 방임형이 되고 방치적인 사람이 되기가 쉽다. 볼스윅(Balswick, 1991)이 보여 준 이 도식에서 가정에서의 두 가지 정신축은 하나는 법과 사랑이고, 다른 하나는 행동과 가르침에 대한 수행이다. 이 네 가지의 사실들이 가정에서 어떻게 전개되느냐가 아이에게 영향을 미친다.

과도 허용형 부모는 자녀에게 지켜야 할 예절이나 법에 대한 것에 무관심하고 자녀가 무엇을 요구하든지 무조건적으로 허용을 하는 경우다. 그래서 볼스윅은 이러한 아동은 결과적으로 자유방임형이 된다고 했다. 자유방임형은 너무 관대한 부모 밑에서 성장하면서 자신에게 스스로 재갈을 물리고 절제하는 것을 배우지 못했기 때문에 자신에게 주어진 더 많은 자유를 찾아다닌다. 때론 이들은 바람둥이이기도 하고, 마시고, 즐기고, 돈을 마구 소비하고, 이런 것에 대한 관심으로 중요한 일들을 무시해 버리기도 한다. 한마디로 미래를 생각하지 않고 현재만을 위해 산다. 이렇게 즐기는 것을 좋아하기 때문에 인내를 요구하는 작업을 할 때는 지겨워하고, 그러다 자기가 생각한 것을 하지 못하면 화를 낸다. 부모의 허용을 통해 즐기는 생활에 익숙해졌기 때문에 자신의 힘으로 만족하지 않으려 하고 다른 사람을 통해서 만족하려고 한다.

이들은 자기중심으로 타인과 관계를 맺기 때문에 타인에 대한 배려가 적고, 어려서부터 규제 없이 허용적으로 성장했기 때문에 자신이 세운 목적을 성취하기가 어렵다. 왜냐하면 대부분 부모의 도움으로 성취한 것이기 때문에 조금만 힘들면 목적으로부터 이탈해 버린다. 그러다 보니 결혼생활도 장난 삼아 하는 연애와 같다고 생각하고, 바람둥이가 될 가능성이 많다. 자기중심으로 즐기는 것이 많았기에 충동적 구매에 익숙한데 이러한 행동을 하는 것은 결국 어린 시절의 생활습관을 되풀이함으로써 자신이 살아 있다는 것을 느끼게 하기 위함이다. 허용적이고 때론 남용적이다 보니 발언이나 행동 면에서 타인에게 매력적인 요소가 있다. 이런 것이 겉으로 보기에 처음에는 매력적으로 비칠 수 있다.

자기중심적으로 성장하면서 부모로부터 "안 돼."라는 말을 듣지 못하고 자란 사람은 부모의 과도한 허용으로 생활을 해 온 사람이다. 그래서 이들이 결혼을 하고 나서 배우자가 "안 돼."라고 말을 하면 이것은 마치 어릴 때 살던 집을 상실한 것과 같은 좌절을 느낀다. 모두가 자기중심으로 되어야 한다는 가치관이 있기에 상황이 여기에 맞으면 감정은 매우 좋게 되어 배우자에게 잘해 주지만, 만일 "안 돼."라고 하면 깊은 상실감에 좌절한다. 그래서 이들은 성격의 변화가 너무 크기 때문에 주변에 있는 사람, 특히 가족이 힘들어한다. 이것은 마치 상대방이나 배우자에게 당신이 나를 사랑한다면 이 정도쯤은 해 줘야 한다는 식으로 말하는 것과 비슷하다. 그래서 상대가 들어주면 그날 기분은 하늘을 날아가는 것 같지만 안 들어주면 기분은 땅속으로 들어가 좌절과 분노로 가득 차 버린다. 이들은 매우 신경질적인 사람들이다.

4) 체벌형 부모와 성인아이

만일 자주 복수심에 불타오르고, '복수는 나의 것'이라는 생각을 하게 된다면 우리는 성장과정에서 체벌형 부모 밑에서 성장을 했을 가능성이 있다. 동시에 자신을 나쁘게 또는 기분 좋지 않게 여기고, 증오에 가득 찬 원망을 가지고 있다면 이 역시 체벌형 양육이다. 1930년대 영국의 병원조차 아이들이 입원했을 때 부모의 면회를 불허한 것을 보면, 그리고 지금도 제3세계에서 아동과 여성의 인권이 매우 미약한 것을 보면 인류 역사에는 부모나 아버지가 마음대로 하는 시대의 의식적 잔재가 현대인에게 남아 있다고 볼 수 있다. 마치 이 맥락은 매를 들지 않으면 아이들이 버릇없게 되고, 부모를 공경할지 모른다는 생각으로 체벌을 시도한다. 그러나 이렇게 성장한 대부분의 아이들은 성장 후에도 부모와의 정서적 유대감이 0점에 가깝다. 자녀가 잘되어 물질적으로 부모를 보조한다 하더라고 심적으로는 깊게 들어갈 수 없는 건너지 못하는 강이며, 늘 감정적으로 평행선을 유지하고 살아간다. 그만큼 상처가 깊다는 것이다. 부모가 가까이 있지만 가까이 하지 않고, 그저 자식의 도리에서 기본적으로 할 것만 해 주고 다시 먼발치로 돌아가는 자녀는 체벌형 부모 밑에서 성장을 한 사람들이다.

부모의 지지와 격려 그리고 눈물만큼 자녀의 마음을 움직이는 요소는 없다. 역으로 부모의 폭력이나 폭언보다 자녀의 자존감을 무너뜨리는 것은 없다. 부모는 자녀와의 정서적 · 신체적 연결고리가 어느 누구보다 강하기에 이런 영향을 받는다. 폭력과 폭언 등을 당하고 자란 아동은 특히 자신에 대한 긍정적인 생각이 매우 약하다. 어린 시절부터 시작된 이런 체벌은 자아정체성이 형성되는 과정에 있는 아동에게는 모든 원인이 자신 때문이라고 생각하게 하기 때문에 자신은 모자라고, 나쁘고, 가치 없고, 못난 인간이라는 생각을 하면서 부모의 체벌을 정당화시킨다.

폭력과 폭언을 상습적으로 들은 아동은 어린 시절에는 수치감에 사로잡히지만 이것이 훗날 복수 감정으로 발전할 가능성이 있다(임경수, 2013). 서서히 성장하면서 내면에 복수 감정이 들끓어 오르게 된다. 객관적으로 자기를 알아 가면서 이러한 폭력에 대하여 불안을 가지고 격렬한 비판을 하고 훗날 복수를 꿈꾼다. 이런 유형에서 성장한 아동은 속으로 '내가 힘이 더 세지면 그때는 나도 가만히 있지 않을 거야.'라는 복수심을 마음에 가득 담고 있다.

한 내담자는 체벌형 부모와 같이 살았다. 특히 아버지가 그에게 문제였다. 아버지는 술을 자주 마셨고, 집안일에 관심도 없으면서 자녀들과 아내를 괴롭혔다. 때로는 구타도 했는데, 내담자의 어머니가 많이 맞았다. 어릴 때는 겁에 질려 크게 관여할 수 없었고, 말리고 싶어도 어린 나이에 엄두가 나지 않았다. 그래서 내담자는 자신이 고등학생이 되면 아버지를 가만히 두지 않겠다는 결심을 했다. 그날도 여느 때처럼 아버지가 어머니를 못 살게 굴고 자신들에게 싫은 소리를 퍼부었다. 오랜 세월 동안 마음먹어 왔던 결심을 그날 실행했다. 강압적이고 폭력적인 아버지에 맞서 힘으로 막고, 그 이상으로 아버지에게 저항하면서 집안에 있는 집기를 부숴 버렸다. 힘으로도 맞설 수 없을 만큼 자녀가 성장한 것을 안 아버지는 어릴 때 아이가 아니고, 더 이상 온순하게 아버지의 말을 듣는 아이가 아니라 자기를 힘으로 밀어붙이고 무섭게 저항하는 아들에 할 말을 잃고 망연자실하였다. 그 이후로 아버지는 더 이상 아들을 가까이 하지 못했고, 아들도 아버지를 더 이상 가까이 하지 않고 세월이 흘러갔다. 10여 년 뒤 우연히 말없이 두 부자가 걸어가다가 고향집 앞에서 서로의 잘못과 실수를 고백한 후 관계가 회복되었다.

다른 예로, 무척 강하고 똑똑한 어머니를 둔 내담자가 있었다. 부모의 기대를 한몸에 받는 아들로 성장한 내담자는 특히 어머니의 요구를 채워주지 못했다. 반면, 어머니는 대인관계 및 이익이 나는 것, 특히 대외적으로 자신의 가치를 드러낼 수 있는 것에는 주저하지 않는 형이었다. 그래서 외부 활동을 왕성하게 했고, 똑같은 기대를 자녀에게 했다. 그러나 이 기대에 못 미치고 유약하게 성장한 내담자는 너무 강한 어머니 밑에서 폭언과 비하 발언을 습관적으로 들으면서 성장했어야 했다. 어머니는 자녀에 대한 기대가 컸기 때문에 자녀가 당연히 자신을 잘 대접해야 한다고 생각했다. 그래서 시원치 않은 것은 눈에 차지 않아 무시해 버리곤 했다. 문제는 이 내담자가 자기를 어머니로부터 분화시키지 못하였다는 점이다. 성인이 된 이후에도 계속 어머니의 요구가 있었고 자신은 그 요구에 미치지 못했다. 결국 이러한 것은 내담자로 하여금 매우 낮은 자존감과 극도의 불안 속에 살게 했다. 그런데 어머니와 얽힌 불안은 어머니에게 방출되지 않았고 결혼 후 가정에서 배우자와 자녀들에게 표출되었다. 자녀들이나 배우자가 자신의 말이나 명령에 즉각적으로 따르지 않으면 불안이 극에 달해 순식간에 폭력과 폭언으로 이어졌다. 폭언과 폭력을 일삼던 어머니의 성향에 맞추어 살아야 했던 그는 어머니의 기분이 좋은 날에는 좋은 기분으로, 기분이 나쁜 날에는 나쁜 기분으로 맞추어 살았다. 그래서 자신은 없어진 것이다. 거짓된 자기가 살고 있었기에 무엇을 하든 어떤 곳에 있든 마음은 공허와 쓸쓸함에 시달리게 되었다. 가족과 함께 있으면 불안해졌고, 밖에서 일을 할 때면 공허했기에 술과 유흥으로 시간을 다 보냈다.

어린 시절 부모로부터 인정받지 못하고 비난을 받고 폭언을 들은 사람은 성인이 되어서도 쉽게 자기 자신에게 만족할 수 없다. 사랑을 받고 줄 수 있는 능력도 없는데, 사랑은 돌봄과 관심으로부터 시작하고 자기 자신의 소중함에서 시작될 때 좋은 것인데 그렇지 못하기 때문이다.

앞서 이 유형의 두 가지 사례를 들었는데 첫째 유형은 자녀가 복수심을 품게 되는 경우다. 이 경우는 어려서는 집안의 물건을 훔치기 시작하는데, 사실 물건을 훔치는 것은 물건에 대한 탐익이기보다는 어머니의 사랑에 대한 욕구로 보는 것이 내면적 깊이가 있는 것이다. 이것이 습관화가 되면 젊은 시절에 범죄자로 전락할 가능성이 있다. 젊은 시절에 범죄자가 된 경우를 미실다인(Missildine)은 어린 시절 부모로부터 불합리한 폭력과 폭언을 받은 것에 대한 폭발로 보고 있다. 그리고 이런 것이 고정화되면 이제는 사회가 자신에게 적이라 생각된다. 그래서 사회의 불특정 다수에게 폭력을 가하거나, 세워 둔 차를 이유 없이 파손하는 것도 이러한 이유에서다. 결국 인간은 누구나 자기실현에 대한 욕구가 있는데 그 에너지가 어린 시절 폭력과 폭언으로 억눌린 것에 대한 보복으로 쓰이는 것이다. 그리고 이 복수의 감정이 강하고 살인적이어서 통제를 상실할 수도 있다. 강압과 폭력적 상황에 노출된 아동이 성인이 된 후 부모에게 하는 말은 부모의 입장은 이해하지만 용서는 하지 않겠다는 말이다.

5) 감정분리형 부모와 성인아이

감정분리형 부모를 앞의 두 가지 도표를 통해 살펴보면 부모가 행동 면에서 자녀에게 거의 좋은 행동을 보여 준 것이 빈약하고, 가르치는 것도 빈약한 것으로 집안 분위기가 형성된 경우다. 자연히 가르침이나 행동에서 빈약이 따르기 때문에 이 유형의 아동은 대부분 사람과 가까이 지내는 것에 익숙하지 않다. 왜냐하면 행동과 말에 있어서 부모와 교류가 거의 없었기 때문에 사람과 가까이 지내는 것이 어색해서 자기에게 익숙한 환경 구조에 있으려고 할 수 있다. 사람과 익숙하지 않다 보니 단체나 어떤 기관에 소속되는 것에 대한 부담이 많아 이런 것들로부터 자연히 멀어지게 되고, 부모를 통해 사회성을 익히지 않았기에 타인에 대한 중요성이 없다. 혼자 있는 시간이 많았기 때문에 혼자서 하는 일에 너무 익숙해져 버린 것이다. 때로는 감정분리형이 되는 경우가 부모와의 이별, 특히 어머니와의 이별이나 죽음, 이혼 또는 입원과도 연관되는 경우가 있다. 애착유형의 관점에서 보면 이것은 회피형이다.

왜 부모는 행동과 말에 있어서 자녀를 이렇게 방치하게 되었을까? 앞서 애착이론에서 애착유형이 세대 간에 대물림된다는 것을 지적한 것과 같이 양육형태는 세대 간에 전수되는 것이 많고, 더불어 부모가 직업과 일의 분주함 때문에 자녀에게 관심을 보이지 못하는 경우가 있다. 이런 경우 아이는 마치 구석에 몰려 있는 아이와 같이 된다. 아버지는 일로 바쁘고 집에 와서 아이와 대화할 만큼 정서적 공간이 형성되어 있지도 않은 것이 문제다. 일과 가족을 바꿀 수 없다고 생각하여 가족에 가치를 두는 사람이 있는 반면, 일에 가치를 더 두는 사람들도 있다.

통계에 따르면, 아버지들이 자녀들과 하루에 있는 시간은 매우 적다. 스티븐 보이드(Stephen Boyd, 1977)에 따르면, 아버지들이 태어난 유아들과 처음 3개월간 함께하는 시간은 하루 37초이고, 9개월간의 통계로는 일주일에 1시간 정도다. 잭 스턴백(Jack Sternback)의 통계에 따르면, 미국은 23%의 아동이 아버지가 없는 상태에서 성장을 하고, 29%의 아동은 아버지는 있지만 아버지와 정신적 교감이 없이 정신적 부재 속에 있고, 18%의 아동은 너무나 엄격한 아버지로 인해 정신적으로 분리된 상태에 있고, 단지 15%의 아동만이 정서적으로 교류할 수 있는 아버지와 함께 지낸다고 했다. 이러한 아버지의 정서적 결핍은 남자들이 성장한 후 모든 범죄의 89%가 남자로 인해 발생하고, 1년에 1,800만 명이라는 여성이 남성에 의해 피해를 입고 있으며, 모든 전쟁의 주범은 남자이고, 폭력으로 인한 남자의 사망률은 여성에 비해 3배가 많다는 사실로 드러난다. 이렇게 사망률이 높은 것은 남아는 성장과정에서 부모와의 피부 접촉이 적어 여아에 비해 자신의 몸에 대하여 긍정적인 상을 가지는 것이 느리다고 본다 (Boyd, 2007).

여성심리학자 캐롤 길리건(Carol Gilligan, 1993)은 남성이 폭력적이거나 거리문화에 익숙한 것은 남아가 성장하면서 집안에서 아버지 상을 볼 수 있는 기회가 적기 때문으로 보았다. 그래서 자신의 상을 배울 수 없는 남아는 남자상을 길거리 문화에서 배우게 됨으로써 그것이 거친 것이 될 수 있다. 반면, 여아는 집안에 있는 어머니를 통해 어머니의 상과 여성상을 학습함으로써 자신에 대한 정체성이 남아에 비해 더 강하다(Gilligan, 1993).

남성심리에 대해 심리학과 신학 관점에서 서술한 제임스 넬슨(James Nelson)의 이론은 우리에게 많은 통찰을 제공한다. 남성이 집안이나 사회에서 여아에 비해 관계적이지 않고 목표 지향적인 이유를 오래된 인류의 역사에서 그 근거를 찾는다. 그의 통찰에 따르면, 남성은 역사 이래로 자신의 몸은 생각(mind)과 영(spirit)으로 구성되어 있다고 생각한다. 그리고 몸(body)과 물질(matter)을 나쁜 것으로 인식했는데, 이것을 여성에게 투여했다. 그래서 자신을 여성보다 더 나은 존재로 여겼다. 이러한 생각은 남성중심적 서양세계에서 영과 몸을 구분시키는 이분법적인 구조를 가지고 왔고, 몸은 천한 것이고 영은 좋은 것이라는 이분법적인 시각을 가지게 했다. 그래서 현실적인 몸과 물질에 대한 것을 천하게 여겼기 때문에 이것에 대해 무관심이나 거리를 두었고, 반면 초월적이고 수직적인 구조의 것을 선호하게 되었다. 이러한 점에서 좋은 것 혹은 안전한 것은 몸과 영을 완전히 구분하여 생활하는 것이 안전하고 잘된 것으로 생각하였는데 이것은 심리적인 면에서 통찰하면 남성에게 균형상실을 초래한 것이라고 본다(Nelson, 1997). 균형을 상실한 남성은 내부에 불안이 있고 쉴 곳 없음으로써 초조가 있고, 이것을 극복하기 위해 또 다른 목표를 가지게 되는 것이다.

필자는 남성의 이러한 심리적 불균형이 대부분의 가정에 불안의 원인 제공자가 된다고 본다. 내담자들의 대부분은 남편이나 아버지로부터 많은 상처를 받았다. 여성도 상처를 주는 부분이 있기는 하지만, 여성의 경우는 어머니의 가치관으로 인한 전이와 투사가 아들에게 전달이 되고 이것을 수용치 못하는 아들이 불안한 가운데 문제를 일으키는 경우다.

감정분리형 아동은 성장하면서 남의 것을 침해하거나 방해하는 데 맛을 느낀다. 볼비의 이론에서 이들은 혼돈애착에 가까운 아동이다. 이들은 어렸을 때는 방치되었지만 성장하면서 타인과 좋은 관계를 유지하지 못하고 다른 사람을 이용하기 시작한다. 이들은 성장과정에서 부모를 통한 역할 모델이 형성되어 있지 않아 도덕이나 양심, 윤리에 대한 기준이 모호하기 때문에 타인 이용이 매우 당연한 것이라 생각하고, 필요에 의해서 타인과의 관계를 쉽게 탈피한다. 결국 이렇게 되면 남자아이들은 서서히 좀도둑이 되어 가고, 여자아이는 유흥가에 접근하게 된다(Missildine, 1961).

최근 EBS에서 방영한 30분짜리 애완견에 관한 다큐멘터리도 우리에게 주는 통찰이 많다. 강아지가 태어나서 3개월까지는 어미와 애착을 형성하는 기간이라고 한다. 이 시기에 강아지는 어미와의 애착을 통해서 어미의 냄새, 강아지의 언어 그리고 일종의 사회성을 배우는데, 대부분 1개월이 된 강아지가 가장 예쁜 모습을 하고 있기 때문에 이때 판매나 입양을 한다는 것이다. 이렇게 되면 강아지도 일종의 애착불안으로 적응하는 데 힘든 기간을 보내고 그 표현으로 대소변을 아무 곳에 누거나, 불필요한 곳을 물어뜯거나, 울거나 하는 애착불안에 대한 징조를 보인다는 것이다.[2)]

볼비는 이런 유형에 대한 관찰을 더 세밀하게 하였는데, 생애 초기에 부모나 주된 양육자와의 이별이 사람과의 친근감을 결정하는 데 매우 중요한 요소인데, 감정분리형 아동은 마치 정신적 이별이 있었던 것과 같다. 이들은 외적인 모습도 창백하고 겨우 숨 쉴 정도의 호흡을 하거나 숨을 멈추는 것과 같은 느낌을 가지게 한다. 부모가 애착관계를 형성하지 않고 방치함으로써 박탈과 상실을 경험하는 아동, 이 박탈유형의 아동에 대한 관찰에서 볼비는 방치로 인해 박탈과 상실한 아동의 심리구조를 다음과 같이 서술한다.

> 이 시기에 아동은 마음의 평온을 깨고 폭력적인 방법으로 짜증을 내고 파괴적인 행동거리를 만드는 경향이 있다. 분리(방치)가 얼마나 오래 되었는가에 따라 이 무책임한 행위들은 몇 시간에서 몇 주까지 지속될 수 있다. 그리고 이들은 어머니에게 달라붙거나 화를 내거나 잠시 어머니가 사라지더라도 예민하게 불안해한다. 만일 아동이 자신의 부모와 오랜 기간 떨어져 있게 되면 아동은 더 깊은 분리의 단계에 가게 되어 분리된 채 남게 되고, 자신의 부모에 대한 애정을 회복하지 못하게 된다(Bowlby).

감정분리형 부모는 처음에 자녀에게 슬픔을 초래하고 그들로 하여금

---

2) 이에 대한 정보는 EBS에서 '당신은 개를 키울 자격이 없다' 검색

방치로 인한 분리에 대하여 저항하게 한다. 부모가 다시 오게 될 때까지 울고 저항하지만 이것이 안 되면 아동은 차츰 시들게 되고, 다음 단계에는 절망감에 빠지게 된다. 그리고 최종적인 단계는 부모와의 감정적 분리(detachment)를 겪게 된다(Missildine, 1961).

감정적 분리에 머물게 되면 초연한 단계에 있는 것인데, 상담가는 처음에 이러한 내담자의 초연한 반응을 마치 정신적 성숙처럼 혼돈할 때가 있다. 마치 감정분리가 심한 아동이 놀 때 무서운 것을 보여 주면 아이는 초연해지고 오히려 안정애착을 가지고 있는 아동이 어머니를 찾거나 위로 대상을 찾는다. 이런 사실을 모르고 초연한 것을 확대 해석하는 경향에 빠질 수가 있다. 감정분리로 인한 초연함은 친밀감에 대한 두려움이 있는 것이고 그래서 친밀감을 표현하는 사람으로부터 멀어지게 되고 극한 외로움에 놓이게 된다.

감정적으로 분리되어 친밀감에 대한 두려움이 있는 사람이 가진 불안의 정도를 해소할 수 있는 길은 무엇일까? 일시적으로는 사람에게 자신과 반대 성향의 사람에게 끌리는 경향이 있다. 마치 자석의 남극과 북극이 서로 다른 성향을 가지면서도 끌리고, 같은 성향을 배척하는 원리다. 매우 활동적인 사람은 아주 차분한 사람에게 끌리는 원리가 있다. 그런데 이런 경향은 자신에게 없는 것을 보완하려는 자기중심적 사고에서 나오는 것이기 때문에 이기적 원리에 기인하는 것이어서 끝까지 가는 데는 서로 조율해야 할 많은 난제들이 있다.

감정분리를 경험한 성인이 좋아하는 형은 무엇일까? 일단 감정적으로 자기와 같지 않는 사람이 좋다. 이것의 정반대 유형은 충동적인 유형이다. 무엇이든지 자기가 원하는 대로 다하는 유형이다. 일단 충동형 사람은 감정분리형 사람이 하지 못하는 일과 말들을 쉽게 함으로써 감정분리형 사람들의 마음을 끈다. 그리고 이 감정분리를 해소할 수 있는 방법 중의 하나를 모색하는 것이 상대를 빨리 만나 자신이 가진 감정분리를 해소할 수 있는 대상을 구하여 일찍 결혼을 하는 경우가 있다. 그러나 이런 감정분리에 대한 이해와 통찰에 대한 과정이 없이 지속되는 인간관계는 오래 가지 못하게 되는데, 이유는 자기 필요에 의한 중심이 너무 강하기 때문이다.

앞에서 언급한 다섯 가지 부모 양육형태의 도표를 만들고 그 역기능 현상을 살펴보면 다음과 같다.

양육유형	양육태도	자녀의 상처	역기능 발달
완벽 주의형	자녀에게 완벽을 요구	자신에 대한 무가치와 무능감, 자신에 대한 실망.	자신감 상실, 낮은 자존감, 열등감, 허무주의적 삶
강요형	자녀가 스스로 하는 것을 기다릴 인내심이 부족하여 지시하고 훈계하고 명령	주도성 상실, 무능감, 낮은 자존감, 두려움으로 복종, 주도성 상실	부모를 따라 강압형이 됨, 압력에 쉽게 굴복, 생활 일관성 상실
과잉 허용형	충동적인 자녀의 요구를 전부 수용, 원칙이 없기에 부모가 조정당함	안 되는 것을 몰라 자녀는 미성숙하고 충동적이게 됨	타인의 권리를 인정치 않음, 각종 중독(음식, 술, 담배)이 발생
체벌형	강압과 완벽주의형가 있는 유형. 부적절한 분노와 체범, 인내심의 부족 등의 상처로 자녀를 학대	자기 학대와 처벌을 하기에 행복과 즐거움이 없음	복수심, 정죄 의식, 죄책감과 억압된 분노
감정 분리형	자녀 성장에 도움을 주지 못하고, 규칙이 없음	친밀감이 없음, 자아정체감 형성의 어려움	외롭고 고독하며, 관계 형성을 못함

3. 역기능성인의 심리적 현상과 사례분석

여기서는 역기능성인이 가진 심리적이고 행동적인 증상에 대해 살펴본다. 일반 사람과 다르게 보이는 심리 증상을 말할 때 주의할 것이 있다. 모든 사람은 역기능성인이 가진 심리적인 문제를 조금씩은 다 가지고 있다. 다만 역기능성인의 경우에는 일반 사람에 비하여 그 정도가 심해서 그것을 조절하는 데 실패하는 것이 문제가 된다. 역기능성인의 경우에는 분명히 성장과정에서 역기능적인 부모 유형에 길들여진 것이기에 어린 시절 가정생활이 우리에게 어떻게 영향을 미치고 있는가를 살펴보았다. 다음에서는 역기능적인 부모 유형으로 인해 그 틀에 익숙해진 역기능 성인이 어떤 현상을 보이는가를 살펴보자.

매우 점잖아 보이는 내담자가 찾아왔다. 내담자는 나름대로 도덕과 예의를 지키면서 살았고, 남들과의 대화에서 남의 영역에 침입하는 것을 질색하는 사람이다. 그래서 권위적으로 내세우는 사람, 함부로 말하는 사람, 남을 배려하지 않는 사람에 대해서는 현기증이 날 정도로 싫어하는 사람이다. 자신은 나름대로 정신적 균형을 갖추고 살아가는 사람이라고 생각했고, 외부에 있는 사람들도 아마 그렇게 인식을 한 것 같다. 이러던 그가 어느 날 집안에서 본질적인 자기 자신을 보게 되었다. 자신은 자녀와 아내에게 권위적으로 말하지 않고 항상 평화와 균형을 유지한다고 생각을 한 것 같았다. 그러던 어느 날 자녀가 내담자에게 "아버지는 너무 권위적이야."라는 말을 듣자마자 버럭 화를 내고 책상을 치면서 분위기를 망쳐 버렸다. 이렇게 된 이유는 내담자에게 화에 대한 역기능성이 잠재하고 있었기 때문이다. 겉으로는 자신이 가진 역기능을 무마시키고 민주적으로 사람을 대하고 있지만, 어릴 때 권위에 대한 문제로 인한 상처가 있고 이것이 내면에 자리 잡고 있기에 이것을 건드릴 때 분노를 나타내는 것이다.

1) 역기능적 심리현상

(1) 특별함의 추구

대부분의 사람은 자신이 특별하다는 생각을 하면서 살 수가 있다. 내가 특별하다는 것은 다른 사람과 차이가 있거나 다른 점이 있다는 의미도 될 수 있지만, 잘못하면 타인이 나만큼 되지 못한다는 생각으로 우월감에 빠질 수도 있다. 그런데 사람 관계 문제는 대부분 개인이 가진 특별함을 강조하기(specialness) 때문에 발생을 한다. 개인을 특별하게 여기는 것은 문제가 될 것이 없다. 자신을 특별하게 여기는 것은 항상 보편성의 관점에서 조율되어야 한다. 그래서 성숙한 사람은 자신만의 특별함 또는 우월성이라는 것을 가지고 있지만 대인관계에서 자신의 특별함을 드러내지 않으려고 하고 상대방을 배려하는 보편적인 법칙을 가지고 생활한다.

특별함에서 자주 언급되는 것은 다른 사람에게는 그런 것이 있을지 몰라도 자신에게는 그런 것이 없고 발생하지 않을 것이라는 맹신이다. 그러나 이러한 신념이 구체화되어 가면 개인은 보편적인 세상살이와는 보이지 않는 벽을 쌓고 사는 것이다. 예를 들어 보자. 현대인은 과거 1970~1990년대에 없었던 질병을 가지고 있는데, 바로 피부병 중의 하나인 아토피다. 현대인이 아토피에 걸리는 가장 큰 이유는 너무 깨끗하게 지내기 때문이다. 때론 자연 속에서 흙과 함께, 자연과 함께 생활해야 우리 생체에 좋지만, 이런 것으로부터 차단된 것이 아토피와 같은 현대 문명이 주는 병에 걸리게 한다. 특별함이라는 것은 개인이 매우 고결하고 특별하다는 의식을 가지고 있지만 이것은 역기능적인 자기방어기제다.

특별함은 부모가 자녀에게, 구조적 상황에서 상관이 부하에게, 팀의 장이 구성원에게 발생하기 쉬운 것이다. 자신의 특별함을 자주 나타내려는 것은 성장과정에서 부모로부터 개인이 가진 보편적인 일들이 인정을 받지 못했기 때문이다. 보편적인 감정이나 말이나 행동이 부모로부터 수용되지 못함에 따라 아이는 자신을 나타낼 수 있는 과도한 방법을 찾게 되고 그것이 자신을 특별하게 만드는 방법이라고 인지한다.

자기가 특별하다고 여기는 것은 반드시 보편적으로 사람들에게 인지되고 수용되어야 한다. 내가 특별하다고 여기는 것이 보편적인 생활 속에서 융해되지 않으면 그 특별함은 무기가 되는 것이다. 이 특별함과 연관되어 앞으로 설명할 일/종교 중독, 자기애성 성격장애, 충동적 영웅주의도 마찬가지 원리다. 일, 자기애, 영웅주의가 나쁜 것은 아니다. 이런 것들은 어느 정도 살아가면서 필요한 요소들이다. 그러나 균형을 잃어 가면 그것은 특별함이 되고 만다.

특별하다고 여기고 특별한 일이 일어날 것이라는 것은 어떤 면에서 건강한 심리상태라고 볼 수 있다. 그러나 타인과의 관계성 속에서 타인을 배려하지 않고 자신의 특별함만을 나타내면 그것은 자기애성 장애다. 그런데 이 자기애성 장애가 무너지고 자신이 특별한 사람이 아니라고 여기면서 사람들이 마지막으로 매달리는 것은 누군가 나를 도와줄 것이라는 마술적 믿음을 가지는 환상이라는 것이다.

(2) 자기애성 성격장애

사람은 이기적 유전자를 가지고 태어났다는 말에 공감을 하지만, 유전적인 요인보다는 이기적으로 만들 수밖에 없는 환경이 더 큰 영향을 미친다. 사람이 이기적이며 자기만을 사랑하는 것은 질병이다. 아동은 성장하면서 부모로부터 무조건적인 수용과 공감으로 자신의 공간세계를 형성해야 한다. 본능에 입각하여 행동할 수밖에 없는 아동에 대한 이해를 가지고 부모가 민감성을 가지고 대하는 것을 통해 아동은 자신과 바깥 세상에 대한 긍정성을 가지게 된다. 그리고 이것을 통해서 자신 자신에 대한 가치를 가지게 되고, 자기가 중심에서 서서히 벗어나 타인을 볼 수 있는 힘이 생기게 된다. 프랑스 신학자인 샤르댕(Chardin)은 이러한 점에서 날카롭게 지적하였다. 즉 사람이 남을 도와주기 위해서, 그리고 남을 사랑하기 위해서 일단 사랑을 받은 경험이 있어야 한다. 그래서 자신의 가치가 인정된 이후에 그 느낌과 그 정서로 타인을 사랑할 수 있는 것이다. 남을 도와주기 위해서는 내게 무엇인가 유형 · 무형의 가치 있는 것이 있어야 한다. 이것 없이 남을 도와준다는 것은 불가하다고 본다. 포기할 수 있으려면 가진 것이 있어야 한다. 내게 무엇이 있어야 포기를 하는 것이지 내가 가진 것이 없이 포기는 불가하다.

자기애는 누구나 가지고 있고, 적절한 자기애는 성장과정과 그 이후에 개인에게 긍정적인 효과를 가져다줄 수 있다. 그러나 자기애성 성격장애는 부모나 환경으로부터 사랑받지 못했기 때문에 발생하는 것이다. 자녀가 사랑받지 못했다는 사실은 두 가지 부모유형에서 발생할 수 있다. 첫째는 독재적 부모형이다. 독재적 부모형은 사랑이 없고 부모가 법이 되는 것이고 그들의 기분에 따라 법도 상황도 변할 수 있는 것을 성장하면서 경험하는 경우다. 부모의 독재, 때로는 폭력 때문에 욕구와 마음을 드러낼 수 없는 아동은 언제나 자신의 욕구가 충족되지 않는다는 생각을 한다. 사랑과 관심의 욕구가 박탈되고 가해지는 폭력적 언어와 폭행은 아동으로 하여금 생리적으로 자신을 지키기 위한 집착으로 가게 된다. 외부는 무서운 곳이기 때문에 아동은 자신을 지키기 위해 더 많은 자기중심적 사고와 행동을 만들어 내는 것이다. 이러한 독재적 부모형에 대하여 어린 시절에는 무조건적으로 수용하면서 살아가지만 사춘기가 시작되면서 크게 두 유형으로 나뉜다. 하나는 말문을 닫고 사는 것이다. 부모가 말은 하지만 비자발성 순종을 보이면서 부모와의 거리를 두고 조속히 부모의 곁을 떠날 마음의 준비를 한다. 다른 하나는 부모에 대하여 적극적으로 말이나 행동으로 대항을 하는 것이다. 말이나 행동을 통해 대항하기 때문에 부모는 이런 유형의 자녀가 더 편할 수가 있지만 이 아이 역시 부모로부터 입은 상처로 인해 관계성에 어려움을 가지게 된다. 독재형 부모로부터 폭력을 당함으로써 자신의 성(城)을 더 강하고 높게 구축한 사람은 다양한 자기중심적 현상을 나타낸다.

독재와 마구잡이식 허용 방식의 양육은 자녀에게 '나'의 감정과 의견을 표출할 수 있는 기회를 박탈해 버린다. 독재형은 특별히 부모의 양육형태에 자기를 맞추어서 생존하는 방식을 택했기 때문이다. 그러나 독재로 인해 감정과 의견을 표현하지 못하는 것은 병이 된다. 그래서 내향형의 사람은 내면적으로 자신의 주관을 대인관계에서 끝까지 양보하지 않고 관철하려는 경향이 나타나고, 외향형의 사람은 전투적으로 싸우면서까지 자신의 의견을 관철하려고 하는 경향이 나타난다. 자기의 의견을 가지고 있는 것과 타인에게 타협과 양보를 하지 않고 끝까지 자신의 것을 가지려는 것과는 많은 차이가 있다. 이들은 이런 일을 하는 것에 익숙하기 때문에 이것이 주변인을 얼마나 힘들게 하는지 알지 못한다.

좋은 비유가 될 수 있는지 모르지만, 필자는 몇 달 전에 지하철이 다 끊어진 시간이라 택시를 타고 귀가를 한 적이 있었다. 집까지는 대략 30분 걸리는데, 기사가 운전을 조금은 난폭하면서도 빠르게 운전을 하였다. 그리고 운전을 여유 있게 하지 못하고 운전대에 자신의 상반신을 거의 붙이다시피 하면서 운전을 하는 것이었다. 그리고 내가 이제껏 다녀 보지 못한 길을 소개하면서 주행하였다. 택시 기사의 난폭과 과속으로 내내 불안했고, 초행길이 빠르기보다는 더 멀었다. 그 길과 그 운전 방식이 그 기사에게 익숙한 듯 주행을 했지만 내내 불편함 때문에 힘들었다. 이처럼 독재형 부모형에서 성장한 자녀는 자신의 것들이 배려받지 못하고 불행한 대접을 받는다고 생각하기 때문에, 그리고 그 감정들을 적절하게 말하고 발산하는 구조에 익숙하지 않기 때문에 그것이 싫음에도 불구하고 그 유형을 자기가 답습을 하는 것이다.

허용형 부모는 모든 것을 허용한다. 허용이 사랑에 기초한 것은 사실이지만, 사랑이 가정에서 부모가 가지고 있는 법/질서 등과 균형을 이룰 때 그 효력이 더하는 것이다. 허용형 부모는 법/질서에 대한 가치관 없이 무차별적으로 허용해 버린다. 부모가 자신의 요구와 명령에 움직인다는 사실을 감지하고 자녀가 이 유형에 익숙해지면 사람과의 관계를 가져도 상대가 늘 부모가 자신을 중심으로 했던 것처럼 해 주길 기대하는 것이다. 이들이 가진 일반적인 현상들을 보면 다음과 같다.

① 현재 사람들과 맺고 있는 관계에 불안을 느낀다

폭력과 폭행은 관계에 대한 불안을 증폭시키기 때문에 언제 어떻게든 관계가 다시 무너져 버리는 옛 기억에 대한 아픔을 가지고 있다. 그러기에 심지어 현재 살고 있는 배우자와의 관계에서 자신과의 관계성이 확고한지에 대한 질문을 자주 하기도 한다. 자신을 버리거나 폭행해 버릴 것 같은 부모에 대한 기억들이 현재까지 지속되기 때문이다. 동시에 타인과의 관계성에서 흡족한 관계를 가지지 못하고 실망을 통한 불평과 좌절을 경험한다. 가장 큰 이유는 부모와의 관계성에 대한 만족이 모든 관계의 기초가 되는데 이것이 흔들림으로써 타인과의 관계성에서 있어서도 마찬가지다.

시카고 대학 교수였던 아나 리주토(Ana Rizutto)는 부모와의 애착관계 정도가 어떻게 하나님에 대한 관계성에 대하여 영향을 미치는가를 연구하였는데, 그녀는 부모애착에 대한 긍정 · 부정이 하나님에 대한 이미지 형성에 절대적 영향을 미친다고 하였다(Rizutto, 1979). 부모가 강압적이며 독재적이고 횡포적이면 하나님에 대한 이미지가 매우 부정적으로 되어 접근하기 어렵게 된다는 것이고, 만일 부모 이미지가 긍정적이면 하나님

이미지도 용서와 관용 그리고 가깝게 가기 편한 것으로 인식되었다.

② 중독되기가 쉽다.

중독은 정상적인 인간관계 형성이 어려운 사람이 그것을 대신하여 찾는 거짓 친밀감이다. 사람에게 가장 필요한 것은 부모의 관계를 통해서 대인과의 관계성으로 가는 과정이다. 그러나 이 관계가 형성되지 않고, 실패하면 이것을 대신하여 자신이 살 수 있는 관계를 추구하게 된다. 이것이 거짓 친밀감이고 더 심해지면 결국 중독되게 된다. 중독은 자신 안에서 있는 공허감을 채우려는 의도다. 그래서 중독은 공허의 결과이지 과정은 아니다. 긍정적 시각에서 해석을 하면 중독은 곧 공허감을 표현하는 사람들의 안식처이기에 그 사람들이 가진 공허를 바라볼 수 있다.

늘 마음속에 초기 관계의 실패와 자신의 부족함을 가지고 있기에 이것을 채워 줄 수 있는 사람이나 대상을 구하게 되는데 이때 매우 완벽한 것을 추구하게 된다. 이렇게 되다 보니 사람이 상대방에게서 무엇이 필요한가를 보려는 것이 아니라 내가 필요로 하는 사람을 채우기 위해 상대방이 완벽하게 해 주길 원한다. 사랑과 관심을 받지 못한 만큼 포기하는 것보다는 오히려 잃어버린 것만큼을 상대방이 해 주길 원하기 때문이다. 그리고 어릴 때 폭언과 폭력과 과다한 강압으로 인해 자신이 초라하게 보인 것이 중단을 멈추지 않게 한다. 그래서 자신에게 감정적으로 채워지지 않은 것을 사람(배우자)과 물건을 통해서 만족을 얻으려고 한다(Missildine, 1961).

③ 완벽주의를 추구한다.

자기애성이 가진 허구는 겉은 매우 화려하고 무엇을 추구하는 것 같지만 인간관계성의 박약에서 출발하기 때문에 이것은 공허감을 채울 대물이나 대상을 구하게 된다. 그래서 인간관계에서나 결혼생활에서 가장 힘든 상대가 자기애성 성격장애를 가진 사람들이다. 이들은 대인관계에서 상대가 나에게 필요한 사람이라고 생각을 하면 온갖 궂은 일과 서비스를 다하여 상대방이 자신을 인정하게끔 노력을 한다. 좋은 물건, 음식 그리고 돈을 통해서 자신의 가치를 상대에게 인식을 시키려고 하고, 개인이나 단체가 이런 자신을 알아주기를 간절히 원한다. 그런데 이러한 출발점이 자신의 채워지지 않는 공허를 채우기 위한 시도이기 때문에 목표를 달성하고 나서는 쉽게 실망해 버리고 또다시 자신의 공허를 채우기 위한 소위 완벽한 사람을 찾으려고 한다.

완벽이 자기수련을 목표로 하면 좋지만, 내가 못한 것을 다른 사람에게 요구할 때는 질병이 된다. 완벽주의가 진실이고 인간관계에 매우 필요한 것이라면 그것은 타인에게 요구하는 것이 아니라 수련이 되는 것이 오히려 더 낫다. 완벽주의는 개인이 가지고 있는 질병이기 때문에 가족과 배우자에게서도, 그리고 사회생활에서도 만족을 느낄 수 없다. 자신에 대한 만족은 가지는 것에서 출발하지 않는다. 오히려 가지고 있는 유형 · 무형의 것을 밖으로 보냄으로써, 그리고 비움으로써 인생의 만족을 아는 것이다. 그런데 강요, 체벌의 강화는 개인의 공허감을 강요하기에 이것을 없애 줄 출구로 성적인 것에 관심을 가지게 된다. 왜냐하면 일반 사회생활에서의 친밀감이 자신이 가진 것을 충족시키지 못하기 때문에 그리고 이들에게 성은 친밀감의 표현이 아니라 일종의 행사이기에 영원히 불만을 갖게 된다.

(3) 중독

내면아이 치료에 관심이 있는 브래드쇼(Bradshow, 2004)가 자신의 초기 인생에서 중독이 있었던 이유를 다음과 같이 설명한다.

> 상처받은 내면아이는 각종 중독과 중독적인 행동들의 주원인이다. 나의 경우 어린 나이에 알코올중독자가 되어 버렸다. 역시 알코올중독자였던 나의 아버지는 내가 어렸을 때 신체적으로 그리고 정서적으로 날 버렸다. 나는 아버지에게 필요없는 존재처럼 느껴졌다. 아버지는 한 번도 내가 어떻게 행동해야 하는지 모범을 보여 준 적이 없었으며, 나와 함께 지낸 적도 없었다. 내가 다른 사람에게 인정받는다는 것이 어떤 것인지 경험을 해 본 적이 없었기 때문에 나 자신을 진정으로 사랑해 본 적이 없었다. 십대에는 아버지가 없는 다른 아이들과 어울려 가출을 하기도 했다. 우리는 남자다움을 증명하려고 술을 마시고, 매춘을 하기도 했다. 15세부터 30세까지 나는 중독적으로 술을 마시고 마약을 했다(Bradshow, 2004, pp. 51-52).

누구나 한두 번쯤은 세상에서 말하는 중독에 대한 관심이 있어 그것을 접해 본 사람들이 있다. 게임, 도박, 술, 종교, 성 등은 인간 세상에 여기저기 산재되어 있는 문화 속에 있는 일부분들이다. 그러나 이러한 것들을 일반인이 호기심을 가지고 접근할 수는 있겠지만, 그리고 때론 그것이 흥미를 유발할 수는 있겠지만 이것들이 우리 자신을 사로잡을 수는 없다. 왜냐하면 성장과정에서 더 큰 가치인 인간관계의 가치와 양심 가치 등을 부모를 통해 형성했기 때문이다.

브래드쇼(Bradshow)가 중독에 깊이 빠진 가장 큰 이유는 부모와의 정서적 결핍 때문이다. 중독에 빠짐으로써 자신이 무가치하다거나, 버림받은 것 같다거나 하는 느낌들을 이 중독의 순간에만은 다 잊어버릴 수 있었다. 우리가 중독에 빠지는 이유도 마찬가지다. 어린 시절 버림받은 것과 같은 무가치함을 느낄 때마다 이 감정을 주체할 수가 없다. 이것은 정상적인 사고와 행동으로는 아직도 풀리지 않는 감정 덩어리이기 때문에 이것을 풀 수 있는 유일한 길, 즉 이 감정을 생각하면 내가 죽을 것 같고, 미칠 것 같기 때문에 중독에 빠지는 것이다. 그러면 그 폭발할 것 같은 감정은 중독에 빠지는 감정의 세력으로 인해 상쇄된다. 그러다가 인간관계에서 어린 시절의 박탈과 불안이 또 올라오면 우리는 의식적으로 또다시 중독으로 환원하고, 이 중독으로 환원되는 것이 습관이 되고 일상이 되어 버리면 우리는 인간 구실을 전혀 할 수 없는 사람으로 될 수도 있다.

브래드쇼(2004)는 자신이 중독자를 위해 일하면서 마약중독자에게서 발견한 것은 단순하게 마약이 좋아서 빠진 사람은 없다는 점이다. 마약중독자들에게 가장 공통적인 것은 그 내면에 있는 많은 상처가 있다는 것이고, 이것이 그들로 하여금 만족할 줄 모르는 중독에 빠져들어 가도록 만들었다는 것이다. 만족할 줄 모르는 중독의 시발점은 초기 부모관계에서 가진 박탈, 상실 등으로 인한 애착의 실패에서 온다. 정신적으로 그리고 신체적으로 돌봄을 제공받지 못한 아이들에게는 늘 불안이 그 중심에 있고, 그 불안의 핵심 내용은 '내가 이 세상에서 없어진다.'는 공포, 즉 죽음에 대한 공포다. 그래서 죽음은 이러한 환경에서 성장한 사람들에게는 주된 인간의 심리적 문제다(Becker, 1973).

성중독에 빠지는 사람도 같은 심리적 상태를 가지고 있다. 후기 프로이트 학파인 어니스트 베커(Ernest Becker)는 성에 대한 참신한 해석을 내놓았다. 그는 프로이트가 말하는 오이디푸스 콤플렉스의 핵심은 성이 아니라 한 아이가 그 가정에서 중심이 되느냐 아니냐에 대한 문제라고 말한다. 어쩌면 한 집안에서 어린아이는 '하느님이 되고자 하는 것', 다시 말해 많은 관심을 받고 성장하는 중심체가 되고자 하는 계획이 있다고 본다(p. 36).

사실, 인간은 몸과 자기(self)를 동시에 가지고 있다. 그리고 중세기에는 이 자기를 우리 안에 있는 '작은 신'(small god)이라고 여겼다(Becker,

1973). 중요한 것은 성장과정에서 존중과 배려 등을 통해 안정애착을 형성하게 될 때 이 두 가지의 균형이 적합하게 될 수 있지만, 애착의 실패는 정신적 자기에 대한 잠재성으로 인도하기보다는 이제는 죽어서 없어질 몸에 대한 불안을 쌓이게 한다는 것이다. 이러한 관점에서 보면 성중독이라는 것은 박탈과 상실을 통한 불안의 해결 통로로 생각되는 것이다. 관심을 받는 중심인물로 서고 싶은 인간의 본능이 박탈됨으로써 발생하는 죽음의 불안을 해소시키기 위해 또 다른 성 중독에 빠지는 것이다. 그러나 사실은 이러한 중독에서의 성관계는 중독에 빠진 사람에게 죄의식 외에는 아무런 해결이나 답을 주지 않는다.

한 내담자는 30대의 남자였다. 대기업에 근무 중인 이 내담자의 가장 큰 문제는 성중독이었다. 결혼을 하였고 자녀도 있지만 그리고 여전히 자책하는 마음과 죄의식이 있지만, 그는 성중독을 끊을 수가 없었다. 그의 현재 문제는 이곳 저곳 술집을 돌아다니면서 많은 여성들과 성관계를 가지는 것이었다. 그는 자신이 추구하는 이상적인 여성상이 있다고 했다. 그리고 그 여성을 찾기 위해서 지금도 그렇게 찾아다닌다는 것이다. 그의 경험은 중학생 시기로 돌아간다. 부모가 이혼을 한 후에 아버지는 새엄마와 같은 여성을 데리고 왔는데 당시 20대였고 유흥가에 종사하는 것 같았다. 문제는 이 여성과 자신과의 부적절한 관계가 몇 년 동안 지속이 되었고 그렇게 그 여성은 떠났다. 이 내담자의 호소는 사춘기 시절 경험한 강렬한 경험을 찾아 떠나간 여성과 같은 상을 찾아 거리를 헤맨다는 호소였다. 성중독이다. 이것은 사춘기 시절의 강렬한 경험에 대한 인상을 찾아 떠나는 것이 아니었고, 성장과정에서 부모와의 관계에서 잘못 형성된 애착과 부모의 이혼으로 인한 상실과 패배감에 대한 깊은 불안이 있었는데 그 상처들이 아물기 전에 여성과의 관계를 통한 비정상적인 애착관계가 형성된 것이다. 겉으로는 사춘기 시절의 관계를 찾아 떠나는 것이지만, 내면으로는 이러한 애착사를 본다.

중독의 유형 중에 무시할 수 없는 것 중의 하나는 종교중독이다. 종교에 중독된다는 말이 낯설어 보이지만 불안이 가중되면 이 불안의 해결책으로 종교를 이용한다는 의미다. 결국 프로이트가 종교를 환영(illusion)이라고 정의한 것과 같은 맥락이다. 개인이나 집단이 가지고 있는 불안을 종교에 투사하여 종교로부터 피난처와 위로를 받으려는 것이다. 그러기에 참된 종교는 개인에게 어떻게 살아야 하는지를 말해 주지만, 종교중독은 개인과 집단의 불안을 종교가 해결해 주길 바라는 것이다.

1992년 10월에 우리 사회에 종말운동이 일부 기독교인들을 중심으로 불거졌다. 기독교에서 생각하고 있는 재림운동에 대해 10월 28일 예수 재림이 확실하다는 것이 일부 잘못된 기독교인들을 대상으로 퍼졌다. 이 재림운동에 참가하는 사람들이 수만 명에 이르렀기 때문에 당시 9시 저녁뉴스에서는 6분 정도를 할애하여 생방송으로 보여 주었다. 이들은 특정한 날, 특정 장소에 이 사건이 발생할 것이라는 생각에 빠져서 가족이 집단적으로 참석하거나, 가족과는 별개로 개인적으로 참석하는 사람들도 많았다. 필자는 당시 시카고에서 학업 중이었는데 시카고에서 사람들이 많이 보는 일간지인 『시카고 트리뷴(*Chicago Tribune*)』의 사회란 한 면에서는 일부 교민들이 이 예수 재림에 동참한다는 소식을 사진과 함께 실었다. 이들은 하얀 소복을 입고 한 교회에 모였고, 자신들이 하늘로 들림받기 때문에 그 광경을 촬영하기 위해 양쪽 벽면에 비디오카메라를 설치하였다는 기사를 실었다. 한인들과의 인터뷰 내용도 실었다. 같은 신앙생활을 해도 왜 일부 사람들은 생활과 삶이 연관된 신앙생활을 하기보다는 이와 같이 매우 특별하거나 개인적인 것과 연관된 신앙에 빠지는 이유는 무엇일까? 여기에 참가하는 집단이나 개인이 가지고 있는 극한 불안은 평범한 신앙생활에서는 해소되지 않는 것이기에 매우 비정상적인 종교생활에 빠지면서 생활하는 종교중독에 걸리게 된다.

일중독에 빠진 사람도 일상이 충동적이고 역기능적이다(Yalom, 2012). 일중독이 가진 가장 핵심적인 특징은 일중독에 빠진 내 자신이 앞으로 나아가고 있고, 위로 움직이고 있다는 신념이다. 즉, 흘러가는 시간이 자신에게는 죽음이라는 불안에 빠지게 하는 요소이기 때문에 이것을 극복하는 것은 끊임없이 자신을 일에 몰두시키는 것이다. 그래서 자신은 영원히 앞으로 나가고 있다는 신념을 가짐으로써 시간에 대항을 하는 것이다 (Yalom, 2012).

> 일중독이라는 삶의 형태는 충동적이고 역기능적이다. 일 중독자는 일이나 자신에게 몰두를 하는데, 이는 원해서 하는 것이 아니라 해야 하기 때문에 하는 것이다. 일 중독자는 자신과 인간의 한계를 고려하지 않고 무자비하게 자신을 밀어붙인다. 여가시간이 고민의 시간이고, 흔히 광적으로 어떤 활동에 심취하는데 이것이 성취의 환영(illusion)이다. 그러므로 살아가는 것은 '되어 가는' 것이나 '행하는' 것과 같이 된다. (일 중독자들에게) '되어 가는' 것이 없는 시간 소비는 '살아가는' 인생이 아니라 시작하려고 기다리는 인생이다(Yalom, 2012, p. 158).

일중독은 불안으로부터 개인을 방어하는 실패하거나 도피한 유형이다. 결국 개인에게 운명처럼 다가오는 죽음이라는 불안을 이기기 위해 일에 몰입하는 것이다. 이것은 앞서 언급한 산을 등정하는 논리와 같다. 산을 오르는 것의 최고의 목표를 계속 산을 오르는 것이라고 하면 그것은 이치에 맞지 않는다. 일은 인생의 행복과 의미를 위한 것인데 사는 동안 계속적으로 무엇인가에 쫓기듯이 일을 해야 하는 이유는 그 내면에 가지고 있는 불안에 대한 방어다. 이것은 목적적으로 일을 하면서 사는 사람이 항상 안전하리라 생각하는 위조와 환영적인 불사성(illusionary immortality)이다(Yalom, 2012).

(4) 친밀감에 대한 두려움

구체적으로 친밀감에 대한 두려움은 사람들을 가까이 하는 것에 대한 두려움으로 인해 사회성이 없어지게 할 수 있다. 또 다른 반대의 현상은 상호 의존성을 가지고 있으므로 밀착관계로 인해 개인의 단독성(aloneness)이 없어지게 할 수 있다.

사람들에 대한 두려움을 느끼는 친밀감 장애로 인한 사회성장애는 특별히 경쟁이 많은 현대사회에서 많이 일어나는 현상이다. 사람들을 만나는 것이 두렵고, 사람들이 나를 어떻게 생각할까에 대한 관심으로 불안해서 접촉을 기피하는 것이다.

한 내담자는 전형적인 친밀감 장애로 인한 사회성 결여를 보였다. 그는 자신 안에 타인이 사는 것과 같다는 표현을 했다. 타인이 나를 어떻게 평가하는가에 대한 생각인데, 이것을 매우 부정적으로 생각했다. 타인들의 평가가 두렵고 그것을 이겨 내기가 너무 어려운 것이다. 작은 실수를 해도 타인의 평가에 절대적으로 민감했다. 따라서 매사에 자신감이 없어졌다. 이 내담자는 그를 가족 구성원이나 타인과 쉽게 비교하는 부모의 평가방식에 문제가 있었다. 아이 자체를 수용하지 못하고 더 뛰어나고 잘 나가는 가족 구성원이나 다른 학생들과의 비교를 매우 구체적으로 강요하는 부모의 구조가 이 내담자에 불안을 가져다주었고, 결국 그는 친밀감 장애를 가진 것이다. 결국 홀로 남아 사람들을 만나지 않는 방법으로 집안에 칩거하거나 게임에 몰두하는 것으로 시간을 보낸다.

영화 〈앤트원(Antwon)〉은 전형적인 친밀감 장애가 사회적 폭력을 발생케 하는 실화를 중심으로 구성된 영화다. 앤트원은 흑인으로 태어났고 부모 없이 고아원에서 성장했다. 후에 성인이 된 후 해군에 입대하여 직업군인의 길을 선택했는데 그는 늘 혼자 있는 것을 좋아했다. 그래서 군부대 내에서도 타 구성원들과 친밀하게 지내지 못했다. 그러나 수시로 자신의 어릴 때의 상처를 건드리는 동료들의 말이 나오면 거침없이 폭력으로 이어져서 군부대의 골칫거리가 되었고 마침내 오랜 기간 상담을 받으라는 명령을 받았다. 상담기간 중 밝혀진 것은 그는 고아로 성장하면서 어느 성직자 집안에 입양되었는데, 그의 기억 속에 떠오르는 중요한 세 가지 사건은 첫째는 양모가 매우 폭력적이어서 어릴 때 강요에 의해 신앙생활을 했던 것과 자신이 흑인이기 때문에 이러한 처지에 놓여 있다는 평가를 받으면서 성장을 했다는 것이다. 둘째는 그 가정에서 성추행을 당한 것이다. 셋째는 자신이 극도로 사랑한 친구가 총에 맞아 사망한 사건이다. 이러한 사건들의 연속이 그로 하여금 개인과 사회에 친밀해지는 것에 대한 공포를 가지게 했다. 친숙한 양부모에게 폭력을 당한 것은 친밀함으로부터의 공포를 만들어 내었고, 성추행을 당한 것은 여성에 대한 두려움과 성에 대한 거부감으로 청년시절 내내 따라붙었다. 이런 그에게 친구들이 성과 여성에 대한 농담이나 자신이 흑인이라는 것에 대한 비판을 하게 되면 그 자리는 싸움판이 되는 것이다.

친밀감 장애의 두 번째 현상은 상호 의존적이 되는 기생적 관계다. 상담을 하는 가장 큰 목적 중의 하나는 '단독성'을 가지도록 하는 것이다. 모든 사람은 부모를 의존하여 성장하지만 궁극적으로는 어느 시점에서 부모로부터 모든 면에서 독립하여 자신만의 단독성을 가지는 것이 가장 건강한 사람이다. 사회 안에서 사람들과의 여러 관계를 가지고 살아가고 있지만, 한편으로는 자기 스스로의 단독성을 확보해야 한다. 그래서 이 상호 의존성은 자기정체성이 없는 것이다. 결국 이 상호 의존적인 친밀감 장애는 자신의 정체성을 가지지 못하고 다른 사람을 통해서 자신의 정체성을 가지려는 것이다.

사람은 살면서 함께하는 것과 따로 하는 훈련이 필요하다. 부부라도 마찬가지다. 부부 중 남편이 아내를 너무 의지하거나 그 반대가 되어도 장기적으로 보면 심리적인 문제가 된다. 어느 한 부부가 같이 살다가 남편이 먼저 사망을 했다. 도저히 받아들일 수 없는 현실에 망연자실했지만 이 부인은 남편이 죽은 것이라고 생각하지 않았다. 그는 여전히 살아 있다고 생각을 했기에 사망신고도 하지 않고 장례도 치루지 않았다. 2층 방에 시신을 모셔 두고 자녀들에게도 아버지가 돌아가신 것이 아니라고 교육을 했고 등하굣길에 인사를 하도록 했다. 수년간 이렇게 살았던 사실이 발견되었다. 이 역시 친밀감 장애에 속하는 상호 의존적 문제다. 개인의 정체성을 세우지 못하고 반드시 누군가에 의지해서 자신이 살려는 것이 결국 이러한 사태를 만들었다.

(5) 무질서한 행동과 사고

사람이 살아가는 사회에는 법과 규칙이라는 것이 항상 필요하다. 이 법이 개인적인 욕구 입장에 보면 때로는 합리적인 아닌 경우가 있다. 그러나 전체를 볼 때 이것이 필요하기 때문에 만드는 것이다. 예를 들어, 교통신호등을 보자. 간혹 급할 때는 교통신호등에 걸려서 운전하지 못할 경우 마음이 답답하고 조바심이 난다. 그러나 만일 바쁘다고 해서 사방에서 교통신호를 지키지 않고 차를 몰고 나오면 아마 거리는 순식간에 교통지옥으로 변할 것이다.

부모가 있고 바른 사회가 있다고 해서 완전한 것은 아니다. 그러나 이것은 차선책이 될 수가 있다고 본다. 부모가 있어 애착과 돌봄에 대한 것들이 바로 제공이 되면 정상적으로 분리되어 개인이 자신의 정체성을 가지고 생활을 하면서 동시에 사회성을 가지게 된다. 스캇 펙(Scott Peck)의 저서 『아직도 가야 할 길(*Roadless Traveled*)』에서는 인간의 삶이 어렵기 때문에 우리가 살아가면서 배워야 할 첫 번째 사항을 '훈련'(discipline)으로 보고 있다(Peck, 2000). 훈련의 내용 중 중요한 것은 해야 할 것을 먼저하고 자유를 나중에 누리는 것이다.

무질서한 행동은 애착관계에서 발생한다. 볼비는 박탈과 상실을 많이 경험한 아동들의 특징 중의 하나는 식사를 할 때 식탁에 많은 음식을 흘리고 어지럽게 만드는 특징을 보인다고 했다(Bowlby, 1961). 부모가 있어 자신을 절제시키거나 훈련시키는 것이 없는 상황, 누군가가 자신을 봐주는 것이 없는 상황에서는 당연히 무질서하게 되는 것이다.

필자가 초중학생 10여 명이 함께 섞여 있는 대중강연을 한 적이 있다. 그때 초등학생들에게 다음과 같이 질문을 했다. "학교 가는 날인데, 아침에 비가 엄청나게 많이 내리고 있습니다. 학교를 가고 싶어요 안 가고 싶어요?" 이 질문이 끝나기 전에 아이들은 이구동성으로 "안 가고 싶어요"라고 답을 해서 좌중이 웃은 것이 있다. 이 상황에서 학교에 가기가 싫지만 부모에 의해서 가야 하고, 부모의 도움으로 학교를 가는 것은 일종의 책임을 다스리는 훈련이다. 그런데 만일 이렇게 해 줄 수 있는 대상이 부재하다면 아이들은 자유만을 생각하는 무질서한 행동에 노출된다.

현대인에게 정신적 문제가 발생하는 이유 중 가장 큰 것을 '책임과 자유'의 혼동으로 보는 경우가 많다. 문제는 봉건군주제 시대에는 책임만을 너무 강조하다 보니 개인의 자유가 억압받는 상황이었지만 오늘날 사람들은 책임을 지기보다는 자유를 먼저 선택한다는 점이다. 예를 들어, 맛있는 사과와 맛없는 사과가 1개씩 있는데 과연 어떤 사과를 먼저 먹는 것이 좋을까라는 질문을 받는다면 대부분의 사람이 맛있는 사과를 먼저 선택할 것이다. 문제는 맛있는 사과를 먼저 먹고 나면 맛없는 사과를 먹기가 어려워진다는 점이다. 처음부터 좋은 것을 선택하여 살다 보면 후에 좋지 않는 것을 선택해야 하는 상황을 참기가 어려워진다는 점이다. 역으로 맛없는 사과를 선택한 사람은 나중에 맛있는 사과를 가볍게 먹을 수 있다.

책임과 자유의 선택도 마찬가지다. 사람들이 무질서한 행동에 익숙해진 것은 자유만을 추구했기 때문이다. 단맛에 익숙한 사람들은 쓴 것을 먹기 어렵다. 큰 집에 살다가 작은 집으로 이사하여 사는 것이 어려운 것과 같다. 반대로 작은 것을 택하여 시간이 지날수록 조금 더 큰 것을 선택하는 것이 차례일 것이다. 엄격한 의미에서 책임과 자유는 분리되어 있어 우리가 각각 하나만 선택할 사항이 아니다. 동서고금을 통해서 그리고 현대 심리학적인 연구결과에 따르면, 자유는 책임을 다한 사람이 가질 수 있는 결실이라는 점이다. 그런데 우리는 이것을 별개의 것으로 여기는 사회 환경에 익숙해져 있다. 개인의 자유라는 말로 마음대로 행동하고 말하고 표현하는 것이 익숙해지면 결국은 무질서한 행동에 빠져서 제멋대로 된다. 규율과 법에 대하여 반항하거나 빈둥거리고, 개인의 자유 욕구가 수용되지 않으면 참지 못하고 저항을 한다. 자기구속에 대한 반항이 익숙해지다 보니 사회생활에 대한 문제가 발생하게 된다.

반대의 경우도 있다. 책임이나 규율이라는 분위기가 너무 강해서 개인의 자유를 누리지 못한 경우다. 개인은 집단에 맹종해야 하거나, 개인은 법에 절대복종해야 한다는 식, 아이는 부모에게 절대 순종이라는 교육으로 된 경우다. 이런 경우 개인은 매우 융통성이 없는 사람이 된다. 책임과 법이라는 것이 개인을 사로잡고 있다. 결국 사람과 사회를 생각하는 것이 살아가는 데 중요한 것임에도 불구하고 책임과 법을 최상의 것으로 두고 살아가는 경우다. 법이나 책임에 대한 것이 미비되면 스스로에 대한 압박을 가하고 강박증에 시달리게 되고, 죄책감에 놓이게 된다. 자유를 택한 사람은 자유를 통한 방종으로 표현하고 책임에 너무 시달리는 사람은 스스로에 대한 강박증과 도덕적 혹은 종교적 청결에 목숨을 걸어 사람을 평가하는 데 익숙해진다. 결국 자유와 책임의 과다한 불균형은 개인들로 하여금 역기능적인 행동과 사고와 판단에 살도록 한다는 점이다. 도덕과 종교의 최고의 목표는 자기 개인에 대한 도덕 수양과 종교가 되어야 함에도 불구하고 이것이 타인을 판단하고 정죄하는 도구가 된다는 점이다.

(6) 공허감

사실, 상실과 박탈의 연속된 애착사를 가진 사람은 역기능 현상이 하나만이 있는 것이 아니라 이곳에서 언급하고 있는 다양한 역기능 현상들을 가지고 있고, 그중에서 몇 개의 특별한 현상이 발생한다. 그리고 이 역기능적 현상들은 마치 먹이사슬처럼 서로가 연결되어 있는 것도 특징이다.

공허감은 역기능 현상의 가장 핵심적인 감정이다. 공허감이 발생하는 이유는 성장과정에서 부모라는 뿌리로부터 받은 적절하지 못한 감정에서 온다. 사람은 부모로부터 사랑과 자아존중감을 키움으로써 자신의 중심을 찾게 되지만 그렇지 못한 경우에는 성인이 되면서 공허감에 시달리게 된다. 볼비는 어린아이의 반복되는 박탈과 상실로 인한 현상을 설명하면서 이들이 보이는 증세가 성인 우울증 증세가 비슷하다고 했다.

과거의 상실, 미래의 불안 그리고 현실에의 집착은 개인으로 하여금 영혼의 고독(spiritual solitude)을 느끼게 한다(Bowlby, 1961). 영혼의 고독이라는 것은 볼비의 용어로 영적 자양분(spiritual nourishment)과는 반대된 개념이다. 소아정신과 의사가 굳이 '영적'이라는 종교적 표현을 쓴 것은 흥미롭다. 그는 아이가 부모로부터 받을 영적 자양분이 있는데 이것이 사랑과 즐거움이라고 보았다. 딱히 이 세상의 것을 초월한 신비스러운 것이 영적이라고도 할 수 있지만, 볼비의 정의는 영적이라는 것은 현실적인 뿌리가 있어야 하는데 그중 가장 적합한 것을 사랑과 즐거움으로 보았다.

성장과정에서 사랑과 즐거움에 대한 박탈은 아동으로 하여금 영혼의 고독감 속에 살게 한다. 사실, 심리적으로 개인 존재의 근거와 삶의 이유가 개인을 향한 부모의 사랑과 즐거움을 주는 환경이지만 이것을 상실하면 존재감의 위축과 더불어 개인 상실감에 빠진다. 이런 내담자를 만나면 모든 조건이 다른 사람들보다 좋은 것 같지만 항상 마음속에는 공허감이 있다. 채우려 해도 채워지지 않는 이 공허감이 삶의 의욕을 꺾는다. 이것은 어린 시절 우리가 경험한 상처로 인한 공허와 우울이다.

역기능적 가정 안에 우리는 있었지만 어쩌면 단 한 번이라도 나라는 존재가 수용되고 위로된 적이 없었고, 다른 구성원들은 다들 자기네끼리 어울리는 것 같았는데 나는 그들로부터 영원히 멀어져 있었기 때문이다. 그래서 가족이 같이 있지만 나는 행복감이 없었고 혼자라고 느꼈다. 만일 어떤 행사가 있다면 정신없이 그 행사에 참여하지만 그 행사가 다 끝나고 돌아가는 길에는 공허와 허무 그리고 우울감이 나를 사로잡는다. 복잡한 사람과의 만나는 행사를 위한 준비와 실행으로 이것저것 생각할 겨를이 없었지만 끝이 나면 보람보다는 공허감에 사로잡힌다.

5장

인간발달단계에서 본 애착과 역기능 발달

예술이론과 역기능

1. 발달의 욕구: 자기실현과 관계성의 욕구

사랑과 힘은 신화와 이야기에서 빠지지 않는 두 가지의 중요한 주제다 (MacAdams, 1993, p. 68). 세계 어느 나라의 신화나 이야기를 조사해 보면 이 두 가지를 중심으로 내용이 전개된다. 예를 들어, 신데렐라나 백설공주의 이야기는 사랑이 중요한 주제이고, 피터팬과 같은 이야기는 힘에 대한 것이 중요한 주제가 된다. 여자아이가 인형놀이와 같은 것을 좋아하고, 남자아이가 차와 같은 종류의 장난감을 가지고 노는 이유도 자신의 심리 안에 있는 사랑과 힘에 대한 욕구의 대리 만족을 추구하는 것이다. 그런데 이 두 가지 욕구는 어느 한 가지만으로 균형된 삶을 가질 수 없다. 그래서 이 두 가지 욕구는 성장해 가면서 만족을 누려야 하고, 인간은 이 두 가지의 균형을 가지고 살아가야 한다.

사랑과 힘(성취)에 대한 인간의 관심은 인류의 오랜 역사를 거쳐 오늘날 우리들에게 전수된 정신문화적 코드와 같은 것이다. 인생의 초반에 우리는 사랑을 원하며 살아가지만, 사랑만으로 살 수 없다는 것을 안다. 사랑은 보완해 주고 더 사랑할 수 있도록 하는 성취에 대한 필요조건이다. 반대로 힘이 필요한 것은 사실이지만 힘만으로 사람이 균형을 가지면서 살 수는 없다. 그래서 힘은 사랑을 필요로 하고, 사랑은 힘으로서 균형을 가져야 삶의 가치가 발생할 수 있다. 이러한 점에서 칼 융은 인간의 일생이 자아(ego)에서 자기(self)를 찾아가는 과정이라 했고, 이것을 개성화(individuation) 또는 자기실현(self-actualization)이라는 용어를 사용하였다. 이 개성화의 최고 목표는 이타성, 즉 이웃사랑이다. 그런데 이 개성화의 과정에서 가장 중요한 단계가 남성성과 여성성의 균형된 조화라고 보았다.

엄밀히 말해, 사랑에 대한 추구는 후에 보편적 사랑이라는 교류/친교(communion)에 대한 관심을 확장하는 여성성의 경향이다. 힘 또는 성취와 성공에 대한 욕구는 힘을 표현하는 대리(agency)에 대한 취득에 관심을 많이 나타내는 남성적인 경향이다. 그래서 칼 융은 이 여성성의 경향을 '영혼'(soul)이라고 표현하였고, 남성성의 경향을 '이성'(logos)이라고 표현하였다. 그리고 인간의 궁극적인 자기실현에 대한 통합의 절정은 영혼과 이성의 조화와 균형으로 통해서 이루어진다고 보았다.

인간의 삶에 대해 사랑과 힘을 제외시키고 논할 수 없는 것과 같이 사랑과 힘에 대한 인간의 관심은 일평생 우리가 호흡하는 한 지속적으로 이루어진다. 그래서 개인이나 가족 그리고 사회 생활에서 문제가 되는 것은 사랑과 힘에 대한 결핍이나 과잉이 문제를 발생하는 중요한 요인이 된다는 것이다. 그리고 이 사랑과 힘은 인생의 출발이 시작되는 과정에서 우리와 밀접하게 연관이 있다.

1) 사랑에 대한 욕구: 안전과 돌봄에 대한 필요

사랑을 추구하는 인간의 경향은 유아 시절에는 돌봄에 대한 욕구로 나타난다. 즉, 관심이나 보호를 받아야 하는 욕구로 표현된다. 그래서 유아 시절에 느끼는 사랑의 욕구를 필자는 '돌봄'(caring)의 욕구로 보는 것이 적합하다고 생각한다. 유아 시절의 사랑에 대한 감정이나 욕구는 청년이 생각하고 느끼는 것과는 깊이나 넓이가 다른 차원이다. 이 시절은 청년이 가지는 사랑에 대한 욕구의 표현이 있을 수 없다. 그러나 청년이 느끼는 사랑의 원시적 원형적인 형태로 유아가 표현을 하는 데 그것이 돌봄이다.

사랑에 대한 최초의 욕구가 돌봄으로 표현되지만, 돌봄의 최종적 완성은 성인이 되어서 나타난다. 그 완성되는 사랑의 의미는 '사랑, 우정 그리고 친밀감'의 굴레 안에 다른 사람들과 함께 살아가는 것이다(MacAdams, 1993, p. 68). 이것을 심리학자 데이빗 베컨(David Bakan, 1966)은 '공동체' 안에 있는 것으로 표현했다.

아들러(Adler)는 인간이 가진 욕구를 세 가지로 설명했다. 첫째는 안전에 대한 욕구, 둘째는 성장에 대한 욕구, 셋째는 힘에 대한 욕구다. 인간이 안전에 대한 욕구를 느끼는 가장 큰 이유는 '불안' 때문이다. 불안을 통해 인간이 외부로부터 구하는 것은 누군가 나에게 관심을 가지고 '돌봄'을 제공해 주는 것이다. 물론 이 돌봄은 의식주를 포함하여 정신적인 것까지를 포함한다.

아이가 우는 것은 네 가지 이유에서다. 즉, 배고픔, 졸음, 대소변 문제, 아픔(병)이다. 그런데 어린아이에게는 이것을 스스로 해결할 수 있는 능력이 없다. 자신에게 먹을 것을 준비해 주고, 또 그것을 자신에게 먹여 주는 사람이 필요하다. 나머지 세 가지도 마찬가지다. 아픈 것을 혼자 해결할 수 없고, 졸음도 누군가가 옆에서 다독거려 줘야 평안스럽게 잘 수 있다. 그래서 유아일수록 아이들은 자신을 돌봐 주는 부모나 주된 양육자에게 전폭적으로 의지할 수밖에 없는 것이다.

이러한 인간의 심리적 본능에 대한 적절한 예는 1990년대 중반부터 전 세계 아동들 사이에 열풍이 일었던 일본 닌텐도 회사의 '포켓몬스터'(pocket monster) 장난감이다. 지금도 이 캐릭터의 사진, 장난감, 게임을 수집하는 사람이 있고, TV에서 방영도 되고 있는데, 당시에는 전 세계 아동에게는 일류 역사상 가장 선풍적인 인기를 끌었던 장난감이다. 1990년대 중반부터 시작하여 2000년대 초반까지 매해 이 게임으로 올린 수익은 7조

3,000억이었다. 장난감으로 세계를 제패한다는 것에 온갖 언론들이 관심을 가지게 되었고, 급기야 2000년에 『뉴욕 타임즈(*New York Times*)』는 포켓몬스터의 선풍적 인기와 수입 그리고 이 게임이 아동들의 마음을 사로잡는 이유에 대하여 조사를 하였다.

포켓몬스터는 다음과 같은 두 가지의 기본적인 인간심리에 호소한다는 것이다. 첫째가 '돌봄'이고, 둘째는 '성공/성장'(Grwoth) 체험이라는 것이다. 사실, 이 두 가지에 대한 분석은 앞서 아들러가 지적한 인간의 기본심리 세 가지와 매우 흡사하다. 아들러의 안전욕구는 돌봄이며, 성장과 힘에 대한 욕구는 성장/성공의 욕구와 같은 것이다. 이 게임 이전에 역시 선풍적인 인기를 끌었던 '다마고찌' 장난감 역시 아동이 이것을 구입해서 돌보고, 먹여 주고, 재워 주고, 같이 놀아 주는 과정을 거치는 것인데 포켓몬스터에도 그러한 돌봄의 요소들이 있어 아동의 핵심적인 심리를 자극하는 것이다.

인간은 성장과 성공 이전에 부모로부터 돌봄을 진솔하게 받아야 한다. 우리는 아는 것만큼 말할 수 있고, 아는 것만큼 볼 수 있다는 말에 익숙하다. 사랑받은 만큼 사랑하는 것이 중요하다는 것도 알고, 사랑받은 만큼을 상대에게 돌려보낼 수 있다. 그래서 성장과정에서 부모가 일상생활에서 자녀에게 보여 주는 긍정과 부정의 요소들은 자녀가 성장하여 결혼하면서 자신의 배우자에게 나타나게 된다.

필자는 약간 늦은 나이에 결혼을 했다. 결혼 후 대부분의 남자들이 이제는 결혼을 했으니라는 안일한 생각을 가지고 생활하는데, 아내도 결혼생활에 약간의 불만을 가지는 것 같았다. 아내 생각으로는 내가 특별히 부엌일도 도와주고 여러 가지 집안일도 도와줄 줄 알았는데 안 도와 주었기 때문이다. 내가 도와주지 않은 것은 우리 시대 부모를 통해 아버지가 어머니를 도와주는 것을 거의 보지 못했기 때문이다. 그 시대에 대부분의 어른들이 그러했겠지만, 어머니는 집안일을 홀로 담당하였고, 회사에서 퇴근하신 아버지는 집안에서 거의 대접만을 받으신 것 같다. 이것이 자연히 내 눈에 들어왔고, 결혼을 한 후에도 아내가 무엇을 원하는지 잘 알지 못했고, 나는 익숙하게 집안에 앉아서 대접받는 것이 당연스럽게 여겼다. 불만을 가진 아내가 이것저것을 부탁하면서 조금씩 익숙해진 기억이 난다.

돌봄은 사람들에게 불안과 불안전으로부터 안전성을 가질 수 있도록 한다. 발달심리학자 에릭슨(Erikson)은 인생의 초기단계인 유아기에 이 불안을 달랠 수 있는 돌봄을 부모로부터 받은 자녀는 '기본적 신뢰'(basic trust)가 서서히 확보된다고 보았다(Erikson, 1994, pp. 32-33). 그는 일반적으로 신뢰라는 용어를 사용하지 않고, 모든 인간관계와 사회생활에 기초적인 바탕이 될 수 있다는 의미에서 기본적 신뢰라는 용어를 사용했다. 기본적 신뢰가 형성되면 그것의 긍정적인 결과로 사람은 '희망'을 가지게 된다.

출생의 불안이 돌봄의 환경으로 인해 희망을 가지게 되면 주변의 모든 것이 신비적(numinous) 대상이 된다(Erikson, 1994, pp. 32-34). 그렇게 불안한 것들이 주변의 돌봄을 통해서 환경과 사람이 무서운 것이 아니라, 신비에 가득한 동화 세상과 같이 재미있고 같이 놀고 싶으며, 이것들이 무엇일까 하는 신비로운 대상으로 바뀌는 것이다. 물론 이렇게 환경들이 신비로움으로 바뀌는 것은 부모나 주된 양육자의 긍정적인 관계성의 돌봄을 기초로 한 것이다.

다시 포켓몬스터로 돌아가자. 이 게임이 제일 처음 나왔을 때 카드도 같이 나왔는데, 기억으로는 카드가 153장으로 구성되어 있었다. 각 캐릭터들이 이상한 이름을 가지고 있었고(필자는 '피카추'와 '라이추' 정도만 기억한다), 그 특성들도 복잡했다. 그런데 이 게임을 가지고 노는 대부분의 아이들은 이 이상하고 생소한 고유 명칭을 모두 알고 있었을 뿐만 아니라, 각 캐릭터가 가지고 있는 고유한 장단점, 그리고 적을 만났을 때 어떠한 것이 제일 유효한지를 마치 습관적으로 다 알고 있는 것 같았다. 이렇게 난해한 명칭과 특징을 어떻게 기억할 수 있었을까? 그것은 이 게임이 인간의 본능인 '돌봄'을 기초로 해서 노는 아동의 마음에 명칭과 특징을 흡수하도록 한 것이다. 그래서 이 게임을 어른들처럼 난해하고 복잡하게 외우는 것이 아니라, 그 이름들을 자연스럽게 머리에 인식하게 된 것이다. 인간의 돌봄을 게임을 통해서 느끼는 아동에게 그 복잡한 캐릭터들의 명칭과 특징은 어려운 것이 아니라, 신비로움으로 탐험해야 할 대상이 되기에 즐겁고 신비한 놀이가 되는 것이다.

돌봄이 안전을 제공한다는 것은 어떤 의미에서일까? 언어를 알아들을 수 없는 유아의 입장에서 이들이 주된 양육자로부터 받는 신호는 '음색'(tone)과 '이미지'(image)다(MacAdams, 1993, p. 39). 즉, 주된 양육자가 이들에게 말하는 음색이 어떠하고, 유아의 눈에 보이는 양육자의 이미지가 어떤 것인가에 따라 유아의 삶의 음색과 이미지가 형성된다.

아이가 부모의 도움을 필요로 할 때 주된 양육자가 아이에게 말하는 언어와 희로애락이 나타나는 음색을 통해 유아는 언어를 이해한다. 그리고 주된 양육자가 자신에게 향하는 얼굴 이미지를 통해서 마음의 정서를 인식한다. 중요한 점은 아직 자아라는 것이 형성되어 가는 상태에 있는 아동에게는 주된 양육자의 음색과 이미지가 아이 자신의 것이 된다는 점이다.

진실된 사랑으로 유아에게 말하는 음색과 이미지는 오감(五感)을 통해서도 전달된다. 어머니의 자애로운 손길이 아이의 피부에 닿을 때 유아는 이것이 좋은 것인지 좋지 않은 것인지 안다. 양육자의 목욕시키는 손이 아이의 피부에 닿을 때 이것이 생명의 경외와 존엄성에서 하는 것인지, 하기 싫은데 의무적으로 하는 것인지 알게 된다. 자기를 부르는 목소리에서 아이는 그 음색이 사랑의 가운데 있을 때 에너지를 전달받는다. 그리고 이러한 돌봄의 음색과 이미지를 통해서 유아 자신의 초기 이미지를 구축해 간다. 자신이 관심과 사랑을 받고 있다는 것을 감지하면 자신이 가치 있는 사람이라는 자기존중감이 생기는 반면, 그렇지 않으면 자신을 가치 없는 사람으로 여긴다. 자신이 가치 있는 사람이라는 것을 통해 조금씩 사람과 외부환경에 대한 호기심을 가지는 것이고, 가치 없는 사람이라고 여기는 것은 사람과 외부 환경에 대한 호기심이 없고 두려움과 불안 속에 외면하고 우는 것이다.

2) 힘에 대한 욕구: 성취와 성공에 대한 필요

어린아이, 특히 남자아이는 자동차에 관심을 보이고 자동차를 종류대로 다 외우거나 장난감을 가지고 놀기도 한다. 어떤 아이는 포크레인이나 소방차 또는 경찰차를 선호하기도 한다. 이렇게 차에 대한 관심을 가지는 것은 힘에 대한 욕구의 표현이다. 소방차나 경찰차 같은 것은 다른 차들보다 더 위엄이 있고, 현장에서는 다른 차를 단속하거나 보호하는 차량이 되는 것이기에 남아에게는 더 매력적이다.

장난감 차를 구입하고 나서 어느 날 아들이 나에게 그 차 안으로 타라고 말했다. 3~4세의 아이만 들어갈 수 있는 공간이지만 아들은 자신이 아버지를 자기의 차에 태우고 어디를 가고 싶었던 모양이다. 뒤에 가서 탔다고 했더니 아들이 운전을 하기 시작했다. 한참 가더니 급브레이크를 밟는 소리를 내더니 나에게 내리라고 한다. 이유를 물어보니 타이어 펑크가 났다는 것이다. 펑크를 수리한 후 다시 타라고 해서 먼 길을 함께 다닌 기억을 한다. 어린아이는 자신의 세계에서 온갖 이상적 구상(ideal plot)을 가지고 현실에 맞지 않지만 자신의 세계에서는 합리적인 이야기를 만들어 간다. 이러한 것은 자신의 구상을 가지고 자신이 주도적으로 무엇을 만들어 나가는 주도성을 가지는 것이다. 이러한 작은 주도성 역시 미약하게나마 아동이 자신의 힘을 순차적으로 경험하는 계기가 된다. 그리고 이러한 주도성의 연습을 통해서 막연하게 미래에 대한 목적을 가지게 된다.

성인이 되어서도 남자는 대부분 자동차를 선호하는데, 그것도 같은 맥락이다. 좋은 차를 구입하여 시내를 활주한다는 것은 뭇사람들의 시선을 집중시키고 내가 중심에 있다는 생각을 더 확실하게 해 주는 것이라는 생각을 하기 때문이다. 때론 이러한 힘을 성취하지 못한 사람의 경우에는 자동차 운전대를 잡고 다른 차들이 앞에 있거나 주행하는 데 방해된다고 생각되면 가차 없이 추월해 버리고 경쟁하듯이 주행을 하기도 한다.

사랑 외에 사람의 또 다른 본능적 원형은 힘을 가지는 것이다. 힘이라는 표현은 아동기를 거치면서 성취 또는 성공이라는 용어로 바뀌게 된다. 이러한 힘에 대한 욕구는 사람이 주된 양육자로부터 정신적 · 신체적으로 독립하여 자립할 수 있다는 생각을 가짐으로써 시작된다. 칼 융이나 칼 로저스(Carl Rogers)가 언급하는 자기실현의 의미도 결국 자아의 성장에서 시작하지만 자아를 객관적으로 볼 수 있고, 자아가 추구하는 것을 넘어서 미시세계에서 거시세계로 자신과 세상을 볼 수 있는 자기를 찾고 발견하는 힘을 말한다.

포켓몬스터로 돌아가서, 그 게임이 선풍적 인기를 끈 두 번째 이유는 게임의 구조가 가지고 있는 성취와 성공, 곧 힘에 대한 인간의 욕구를 풀어주기 때문이다. 기괴하게 생긴 동물들이 처음에는 약하게 시작하다가 점점 힘을 얻게 되어 뚜렷하게 힘을 가진 성장체로 발달하는 과정인데, 이것에 아동과 성인을 매료시킨다는 것이다. 힘이 약한 작은 동물에서 시작하여 힘이 절정에 달하는 막강한 성장체로 성장하는 것이다. 이러한 점에서 사람은 인생의 중요한 시기에 성취에 대한 것을 체험하면서 살아가는 것이 좋다.

가정에서 부모를 통한 격려와 칭찬이 자신감과 자존감을 회복할 수 있는 기회를 가지면 이것을 통해 성취의 교두보를 형성할 수 있다. 학교생활에서도 지혜롭고 통찰력 있는 교사를 통해 다면적 평가를 받아 자신의 특성과 잘할 수 있는 것을 계발하는 것이 중요하다. 학교에서 성적으로 인정을 받든지 아니면 자신이 잘할 수 있는 것으로 인정을 받는 것이 필요하다.

사랑은 신체적 · 정신적 성장에서 가장 기본적인 것이며, 이 사랑에 대한 톤(tone)과 이미지(images)가 형성되고, 이것들을 자신의 신비/신화(myth)로 느끼는 사람은 바른 주제와 목적을 형성하게 되고, 이것은 바른 성공관으로 이어지게 된다. 예를 들어, 성장과정에서 주된 양육자로부터 톤과 이미지에 대한 긍정적인 것을 받지 못하고 계속 성장한다면, 아동은 어느 때부터인가 탐식(gluttony)을 통해 자신의 감정과 배고픔을 해소하기도 한다. 놀이기가 되면 아동은 놀이에는 열중할 수 있지만 타인에 대한 배려와 공유 정신은 약해진다. 그렇게 되면 아동에게는 바른 목적이 생기기보다는 탐욕에 대한 정신이 발달하는 것으로 보고 있다.

> 목적은 타인을 무례하게 대하지 않게 한다. 그리고 그들이 가진 고유성을 인정하게 하며, 반대로 공동의 목표를 향해 일하는 사람들에게 협력정신을 갖도록 촉진한다. 목적이 제시될 때 탐욕에 대한 추구는 탐구의 정신으로 바뀐다. 탐욕은 "나는 이것을 반드시 가져야 해. 나에게 줘."라고 말하면 반면, 목적은 "재미있는데 이것은 어디에 쓰이지? 어떻게 작동되는 거지?"라고 한다(Capps, 1983, p. 42).

정신적으로 건강한 사람이라면 자기실현에 대한 생각은 다 가지고 있다. 그리고 이러한 생각을 하는 것이 매우 적절하다. 인생은 사랑만으로 살 수는 없다. 사랑이 기초적 진실이기는 하지만 이 사랑을 통하여 건강한 톤과 이미지가 형성되면 자기실현에 대한 것이 반드시 발생한다. 이렇게 추구하는 성공이나 목적에는 공동의 선에 대한 모색과 협력 정신 그리고 남을 배려하는 심지가 있다. 그리고 주변에 있는 것들이 내가 소유할 대상이나 대인이 아니라 호기심과 탐구의 대상이 된다는 점이다.

인생은 '선물'이고, 인생살이를 '소풍'처럼 살아가는 것이 우리의 꿈이다. 선물은 귀한 것이고, 이것을 받았을 때 기대치와 즐거움이 있는 것이다. 인생살이가 늘 즐거울 수는 없지만 간간이라도 인생의 소중함을 통해 생명이 선물이며, 인생에 고생은 있을 수 있으나 동시에 소풍 가는 것과 같은 기대감을 가지고 살 수는 없을까? 필자가 어린 시절 소풍을 가는 날을 생각해 보면 늘 들떠 있었던 것과 같다. 몇 밤을 자야 가는지 손꼽으면서 기다렸고, 맛있는 김밥과 유부초밥을 어머니에게 부탁하고, 동네 구멍가게에 어머니와 함께 가서 과자를 구입한 기억이 난다.

자기실현, 즉 성공이나 성취에 대한 만족도가 개인에게 있어야 정신적으로 건강한 사람이 될 수 있다. 그러나 이 성공이나 성취가 타인에 대한 무례와 침입을 서슴없이 한다면 그것은 병리적인 성공이다. 그래서 아들러는 개인의 성공이 사회적 맥락 안에서 이해되어야 한다고 보았다. 성공을 개인적으로만 생각하고 사회와의 관계성을 통한 공헌이나 기여가 없다면 그것은 개인의 심리적 문제에서 발생한 병리적 성공이라고 보았다. 이런 점에서 그는 성공에 대해 반드시 '이웃과 함께'(with others), '이웃을 위하여'(for others)라고 말했다.

젊은 나이에 창업을 하여 사회적 기업을 꿈꾸는 한 CEO가 TV에 나와서 강연하는 것을 보았다. 매우 젊은 사람이었지만 필자는 그 사람이 가진 성공에 대한 목적을 들으면서 아주 바른 성공의 목적관을 가지고 있다고 생각했다. 젊은 시절 시장 안에서 불편한 다리로 기어가면서 힘들어하는 이웃을 보고 언젠가는 노력하는 만큼 보상을 받을 수 있는 사회를 만들겠다고 생각했고, 그 일환으로 자신이 사장으로 있는 기업에서 직원의 봉급과

복지를 최우선으로 하여 임금을 책정하고, 사장과 이사진은 가장 나중에 한다는 것이다. 직원들의 가족들과 연 1회 함께할 수 있는 자리를 마련하기 위해 국내 및 세계 각국에 흩어져 있는 가족들에게 항공권과 무료숙박권을 제공하여 자신들의 자녀들이 일하는 직장을 보고 느끼고 함께하는 행사 등을 한다는 것이다. 우리는 개인이 성공을 하지만 사회에서 칭찬받을 수 있는 성공을 할 수 있는지는 의문이다.

심리학자 칼 융은 인생의 목적을 자기실현의 목적으로 생각하는데, 자기실현의 최종 결과는 이타성으로 보고 있다. 그런데 이 자기실현을 위해 인생의 전반에 경험해야 하는 것이 있는데 그것을 성공과 성취의 경험이라고 했다. 왜 이타성을 위한 자기실현에 있어 성공과 성취가 필요할까? 성공과 성취에 대한 것을 경험하지 못하게 되면 그것에 계속 목말라 하면서 인생의 후반도 그러한 목적을 가지고 살기 때문에 자기실현의 단계로 가기가 어렵다고 본다. 그만큼 개인이 설정한 성취의 목표를 이루는 것이 중요하다는 것이다.

남성심리를 연구하는 심리학자 로버트 무어(Robert Moore)에 따르면, 인간이 소유한 네 가지의 정신적 축은 왕, 전사(warrior), 마술가 그리고 연인(lover)이다. 여기서 힘과 성취에 대한 정신적 축은 왕과 전사다. 고대로부터 왕과 전사 같은 힘을 가진 위치에 있는 사람들 중에 훌륭한 성군과 같은 사람들이 가진 정신구조는 구조자(structer), 구조자(saver) 및 변형자(transformer)라는 세 가지로 본다. 힘과 성취를 한 사람들이 해야 할 것은 구조를 변화시키는 것이다. 그것이 건물이든, 정치이든, 문화교육이든 합리적이고 보편성을 둔 바른 구조를 갖도록 하면, 그 구조하에서 살아가는 평민이 혜택을 입는다. 그리고 그것이 그 구조 안에서 사람들의 문화가 되고 체질이 되는 것이다. 구조자는 곤란에 빠져 있는 사람에게 도움을 베풀어 주는 자가 되는 것이고, 변형자는 악의 구조를 선으로 바꾸는 것을 의미한다.

왕과 전사는 성공과 힘을 가진 사람인데, 이들이 정말로 바른 목적을 가진다면 구조자, 구조자, 변형자로서 역할을 할 수 있다. 만일 바른 목적이 형성되지 않으면 그것은 탐욕적이고 자기중심적인 힘을 미치려는 개인중심적 성공에 몰두하게 된다. 이렇게 되면 폭식적인 성공관을 가지게 된다. 닥치는 대로 자신에게 이익되는 것은 흡수해 버리고 먹어 버린다. 타인에 대한 배려가 없는 것이다. 먹기 위한 힘을 가지기 위해 생존하는 것인데, 실은 이러한 구조는 상당한 박탈의 경험에서 비롯된 것이라고 볼 수 있다. 건강한 사랑을 받은 경우에는 바른 목적과 성공관을 가지고 생활하는 도식을 가지지만, 많은 박탈을 경험한 경우에는(심하면 정신질환의 발생확률이 높다) 박탈을 당한 만큼 혹은 그 이상으로 대상이나 물질에 집착하는 것이다. 그러니 삶의 질과 내용에는 관계가 없는 것이고 미래라는 것은 너무 막연한 것이고 기다릴 수 없는 것이다. 이들에게는 지금 당장이라는 현재성이 가장 중요하기 때문이다. 그래서 인생에 대한 의미와 미에 대한 무관심을 가지고 수단과 방법을 가리지 않고 자신이 생각한 목적을 이루려고 한다. 이러한 폭식적 성공관은 다음과 같이 설명할 수 있다. "폭식은 어떤 것에 대해서도 특별한 가치를 부여하지 않는다. 다만 먹고 소화시켜 버리는 것이다. 맛을 보지 않고 다만 삼켜 버린다." (Capps, 1983, p. 25)

사랑과 힘(성공과 성취)은 인간이 태생적으로 가지고 있는 경향이다. 모든 사람의 관심과 문제는 이 두 가지의 균형과 불균형 사이에서 발생한다. 사랑만으로 살 수는 없다. 사랑, 다시 말하면 관계성만으로는 인간이 살 수 없는 것이고, 힘과 성공만으로도 살 수 없다. 어느 한쪽으로 치우친 심한 불균형이 각 개인의 문제를 발생시키고 있고, 우리는 또 이것의 균형을 이루기 위해 상담가로서 역할을 다하고 있다. 그러면 이러한 사랑과 힘에 대한 균형과 불균형이 구체적으로 사람들에게 어떠한 영향을 미치는가에 대한 상담적 구조화를 살펴보도록 하자.

2. 인간심리발달의 보편적 원리[1)]

농사 중에 가장 힘든 농사가 자식 농사라 한다. 워낙 다양한 환경과 개인의 기질 등이 작용하기 때문에 어떻게 자녀가 성장할지에 대한 두려움도 있고, 특히 사춘기를 겪을 때는 부모와의 첫 전쟁이 발생하는데, 이때 부모는 어떻게 대처해야 하는지 방법을 알 수 없을 때가 있다. 농사는 1년을 바라보면서 하는 원칙이 있다. 가령, 채소는 농부의 발자국 소리를 듣고 성장한다는 말이 있다. 발자국 소리는 그만큼 관심을 가지고 돌본다는 의미다. 사람은 어쩌면 100년을 내다보며 살아가는 인생이다. 농사나 기타 다른 것에 비해 들이는 시간이 너무나 많게 된다. 그런가 하면 포유류 동물 중에서도 사람은 부모로부터 신체나 정신적으로 가장 긴 기간을 보호받아야 하는 동물이다. 그만큼 오랜 시간 관심과 양육이 필요하다. 그러나 이런 오랜 세월에도 불구하고 인간의 정신세계를 성숙케 하는 원칙은 분명히 있다. 1년 동안 농사를 지으면서 사계절을 보내고 시기마다 각각 필요한 것을 공급하거나 불필요한 것을 제거하는 것은 비교적 짧은 기간에 볼 수 있어서 농사일을 하는 사람들이 그 원칙과 방법에 익숙해진다. 그러나 사람은 20대 초반이 되기까지에는 약 20배에 달하는 시간이 필요하고, 이 과정에서 어떤 것이 어떻게 변화되는지 감지하기에는 그 범위가 너무 광범위하고 시간이 길어서 평가하는 데 어려움을 겪는다.

많은 시간을 요함에도 불구하고, 인간의 성숙에는 원칙이 있다. 예를 들

---

1) 이 내용은 필자의 저서 『인간발달 이해와 기독교 상담』에서 발췌함

어, 인간의 생명이 시작할 때 제일 먼저 발생하는 기관은 심장이다. 그리고 이후에 순차적인 질서를 가지고 각 기관들이 발생한다. 우리는 이것을 후성설(epigenesis)이라 한다. 후성설은 인간이 움직이고 생각하는 생명체가 되기 위해서는 이미 만들어진 어떤 원칙과 질서에 의해서 진행이 된다는 것이다. 만에 하나 이러한 생명체 기관이 순차적 질서를 따르지 아니하면 정상적인 상황은 되지 않을 것이다.

> 태생학(embryology)은 인간이 성장에서 차례로 중요한 기관이 발달한다는 후생적인 발달을 설명하고 있다. ……나는 독자가 모든 성장과 발전이 아날로그적인 유형을 따르고 있다는 사실을 이해하길 바란다. 후생적인 발달의 연속에서 각 기관은 발달하는 시기가 있다. ……만일 그 기관이 발달할 시기를 놓치게 되었다면, 그것은 그렇게 운명 지어진 것일 뿐만 아니라 동시에 전체 기관이 성장하는 데 있어서의 순차적 질서를 위험하게 한다(Erikson, 1994, p. 228).

그래서 인간에 대한 정신적 발달을 연구하는 발달심리학에서 보면 다음과 같은 여섯 가지의 원칙이 있다.

1) 순서가 있는 발달

인간의 신체나 정신적인 발달은 일정한 질서에 따라서 진행이 된다는 것이다. 앞서 지적한 심장의 최초 발생과 이후 타 기관의 발생이 있는 것과 같이 정신적인 발달도 그러한 질서를 따른다는 것이다. 발달에 순서와 절차가 있다는 것은 사람을 이해하는 데 매우 중요한 사실이다. 예를 들어, 한 사람의 정신적 성숙은 순서와 절차에 따른 시간을 요하는 것이고,

인물은 하루아침에 형성되는 것이 아니다. 훌륭한 정치가 또는 사회적 지도자가 나오는 것이 순간적이거나 짧은 시간을 통해 배출되는 것이 아니라 일생의 발달과정을 통해서 꾸준한 교육과 노력을 통해 나타나는 것이다. 예를 들어, 심리학자 에릭슨은 인생발달 8단계에서 중년기의 긍정적 결과를 '성숙성'(generativity)이라고 표현하였다. 이것의 특징은 자신의 일, 후손에 대한 돌봄, 가치관과 사상을 통해서 돌봄에 본격적인 관심을 가지는 것이다. 그런데 이 중년기 단계는 유아~청년 단계들을 긍정적으로 경험하며 성장할 때 성숙한 성인이 된다. 그러므로 성군, 성자, 위인, 현대인이 존경하고 신뢰할 만한 사회 지도자 혹은 집안의 어른은 한순간에 형성되는 것이 아니라 앞선 단계들의 누적된 결과로 꾸준하고 일관된 교육과 자기개발의 훈련을 통해 인물이 배출되는 것이다.

우리 사회는 과거 1980~1990년대에 조직 세계에 몸을 담고 있다가 종교적 회심을 한 사람들을 내세워 포교활동을 하기도 했다. 그때 이것을 몸소 앞장서서 하나님이 한 인간을 회심시켜 변화시킨 기적을 매스컴을 통해 홍보한 적이 있었다. 그러나 이런 경우가 있을 수도 있지만, 이것은 정말 하나님만 아는 것이다. 특별한 기적 같은 것이 발생하기 전에 보편적인 법은 인간을 이해하고 전망하는 데 우선이 되는 법칙이다. 젊은 시절부터 조직 세계에서 수십 년 동안 있었던 사람은 비록 회심이라는 사건을 통해 동기부여는 해 줄 수 있겠지만 그것이 지속적으로 되기는 어렵다. 왜냐하면 오랫동안 인간은 생각하고 행동했던 삶의 방식이 자신의 몸과 정신에 뿌리 내리고 있어 그것을 버리기가 너무 어렵기 때문이다. 그래서 과거의 행동과 결정의 결과로서 내가 현재 있는 것이다.

결혼생활을 시작하면 본격적으로 배우자와 내가 다르다는 점을 조금씩 발견하기 시작한다. 데이트를 할 때에는 서로가 다르다는 것이 매력으로 다가온다. 내게 없는 것을 상대방이 가지고 있기 때문에 그것으로 인해 끌리는 것이다. 그러나 신혼이 지나면 이제는 자신들이 오랜 세월 동안 유지해 왔던 삶의 방식으로 생활을 하며 배우자를 괴롭히기 시작한다. 괴롭히기보다는 과거 삶의 방식들이 여과 없이 쏟아지기 시작했다.

필자와 아내는 매우 다른 가정환경에서 30여 년을 성장했다. 필자의 부모는 정리정돈을 바로 하지 않고 2~3일 후에 몰아서 하는 스타일이었다. 집안도 좁았기 때문에 옷을 벗어 정리하는 것보다는 자기 주변에 두는 편이 더 좋았다. 한편, 아내는 정리정돈을 칼같이 하는 집안에서 성장했다. 먼지나 어질러진 것을 보면 바로 치워야 하고, 자로 잰 듯한 규격으로 정리를 한다. 여기저기 어지러운 것을 보면 정리를 해야 속이 풀리는 모양이다. 서재에서 책을 보고 정리하지 않은 채로 잠을 청하고 나서 아침에 보면 책이 질서정연하게 정리되어 있다. 그런데 나는 취침 전 책을 다 정리하고 자면 간밤에 작업한 것들이 다 없어지는 듯한 느낌이라 그냥 두고 잠을 청하는 편이다.

신혼 초에 양말을 벗어 방구석에다 벗어 두었더니 아내는 그것을 빨래통에 집어넣어 달라고 요청을 했다. 신혼 초에 아내 말을 안 듣는 사람이 있을까? 그 말을 듣고 빨래통에 집어넣었는데, 이상하게 그것이 이틀을 넘기지 못했다. 다음날이 되면 또다시 옛 습관으로 돌아가는 것이다. 이렇게 되자 아내는 내가 자기 말을 존중해 주지 않는다고 불평을 품기 시작했다. 나는 그때 농담 겸 진담으로 이런 말을 했다. 내가 이런 방식을 배우는 데 30여 년이 걸렸으니 나를 하루아침에 바꿀 생각을 하지 말고 앞으로 30년을 더 기다리면 내가 변할 것이라는 말을 했다. 올해 결혼 23년차다. 나는 전체적으로 변화하지는 않았지만 아내의 요구에 상당히 부응하고 있다고 자평하고, 아내 역시 자신의 생각이 조금씩 바뀌어 가는 것을 알고 있다.

현재의 나는 과거의 나의 결정과 행동의 소산물이다. 그래서 바늘 도둑이 소 도둑된다는 말이 이러한 발달심리학적 관점에서도 충분하게 이해

된다. 최근 우리 사회에 과거에는 정말 상상할 수도 없는 성폭력 사건들이 발생을 하고 있다. 그런데 이런 일을 저지르는 피의자들은 자신이 우발적인 행동으로 범행을 저지른 것이 아니라, 오랜 세월 동안 그러한 환경에 노출되고 그러한 것이 익숙하도록 자신을 거기에 물들였다.

인터넷과 스마트폰을 습관적으로 오래 사용하면 우리의 뇌구조가 변형된다는 보고가 있다. 그래서 그렇게 노출된 뇌를 '팝콘 브레인'(popcorn brain)이라고 칭하는 용어가 생겼다. 팝콘 브레인은 생각할 수 있는 뇌의 앞부분의 회백질이 아주 작아져서 사람이 인내가 적어지고 충동적인 행동과 말에 민감하게 반응을 한다는 특징이 있다. 자신을 통제할 수 있는 것이 적어지고, 충동적인 것에 자신을 쉽게 노출시키고, 그러한 행동을 한다는 것이다. 편한 것에 자기를 쉽게 노출시키면 우리의 뇌구조도 그렇게 변하고, 사고와 통찰을 통한 객관적 시각을 가지기보다는 충동적인 감정에 쉽게 엮이게 되는 것이다.

습관과 규칙이 인생의 미래를 결정할 수 있는 것이다. 이러한 점에서 현재 우리 앞에 있는 일들을 결정하고 행동하는 것에 신중을 기할 필요가 있다. 이스라엘의 사상가 마틴 부버(Martin Buber, 1979)는 사람의 미래는 한 순간의 큰 결정으로 정해지는 것이 아니라, 매 순간마다 작지만 어떻게 결정하느냐에 의해 정해진다고 했다.

필자의 어머니 집에는 두 군데의 미닫이문이 있다. 내 방으로 통하는 문과 어머니 방으로 통하는 문이다. 공부를 하러 떠나면서 내 방의 문은 방 안쪽에 캐비닛으로 가려 놓아 10여 년 동안 사용하지 않았다. 공부가 끝이 난 후 집으로 돌아와 캐비닛을 치우고 방문을 열어 사용하려고 했지만 방문은 무쇠로 잠근 듯이 요지부동이었다. 방문을 하루에 몇 번을 여는 것은 정말 별 것이 아니지만 열지 않고 10년의 세월이 흐르자 문을 아예 열 수 없게 되어 버린 것이다. 그런데 같은 시기에 교체한 다른 문은 아주 쉽게 열렸다. 10년 동안 그저 일상생활에서 안과 밖으로 나가면서 단순하게 열었던 문이다. 그러나 내 방문은 현재도 사용치 못한다. 윗벽이 서서히 내려 앉아 문틈을 눌러서 움직이지 못하게 만들어 버렸다.

큰 결정이 위대한 인물을 만드는 것이 아니라, 작은 것이지만 하루하루 삶의 결정과 행동을 바르고 진지하게 하며, 이웃을 배려하고 공정을 기할 수 있도록 하는 원칙과 습관들이 5~10년 후에 내가 사회에서 바른 직업을 가지고 적응하며 일할 수 있도록 만드는 것이다. 그리고 그것은 아주 견고해져서 시련이 와도 견뎌 낼 수 있는 뿌리를 가지고 있어 현재의 삶에 의연하게 대처할 수 있다.

10~20년의 세월 동안 천천히 변화를 하나 나는 그 틀에 의해 살아가는 사람이 된다. 막연한 수십 년의 세월이 아니라 우리의 생각과 사상 그리고 그것을 기반으로 하는 행동을 만들어 내는 어쩌면 엄격한 질서다. 옛날에 콩나물을 기르기 위해 시루에 콩나물을 가득 넣고 어머니들이 콩을 기르기 위해 자주 물을 주었다. 그런데 시루 밑바닥에 커다란 구멍이 많이 있어서 물을 주는 즉시 물은 밖으로 빠져 버린다. 그러나 물이 다 빠진 것 같지만 시간이 지나면서 콩은 성장을 한다. 이 원리를 생각한다면 우리의 인격성숙도 같은 원리라고 본다. 하루 동안에 진지하고 정성을 들인 노력들은 시루에 물을 붓는 것과 같다. 아니 하루뿐만 아니라 인생살이가 마치 시루에 물 붓는 것과 같지 아니한가. 눈에 보이는 것이 없는 것 같으나 이렇게 지속된 생활은 세월이 지나면서 그 결과들이 서서히 나타날 것이다.

갑자기 성공을 하려고 대박을 꿈꾸는 것은 금물이다. 무엇이든 작은 것부터 차근차근 해 나가는 것이 필요하다. 경제적인 규모도 작은 것부터 시작해야 한다. 일시에 크고 많은 것을 준비하면 결혼 초기나 살아가면서 들뜨지만, 처음부터 크게 모든 것을 다 준비하면 작은 것으로 돌아가 적응하기가 쉽지 않다는 점을 조심해야 한다. 이는 우리의 결혼 풍속에서도 볼 수 있다. 결혼 시작부터 아예 모든 것을 준비하려는 마음과, 남과 비교하여 자신도 최소한 어디까지는 해야 한다는 식의 시작은 바람직하지 않다. 여건이 되면 그렇게 시작해도 될 수 있겠지만, 사람들 대부분이 그렇게 시작한다면 그것은 모순이다. 작은 것에서 시작하여 고생을 하면서 조금씩 집도 넓혀 가고, 필요한 물건을 장만하는 작은 기쁨을 모르고 일시에 모든 것을 소유하고 끝내려는 것이다. 집안 형편이 되지 않으면 월세부터 시작하는 것이고, 방 하나에서 시작하는 것이 건강한 정신을 소유한 사람들의 모습이라 생각한다. 급하게 돈을 벌려는 사람들이 자가당착이나 자기모순에 빠지거나 사기꾼에게 휘말리는 이유도 마찬가지다. 무언가 급하게 성과를 보려 하면 그 냄새를 맡고 사기꾼들이 접근을 하고, 필히 사기에 휘말려 손해를 본다는 것이다. 공을 들이지 않은 일종의 불로소득과 같은 것이나, 너무 쉽사리 우리에게 다가오는 이익은 장기적으로 보면 개인에게 해로운 요소가 된다. 이런 식의 삶은 모래 위에 집을 지은 사상누각이다. 겉으로 보기에 번듯해 보이나 어려움이 발생하면 한순간에 무너져 버린다. 조금은 어렵더라도 견고함과 확실함을 밟아 나가는 것이 오래 가는 것이고, 시련 속에서도 인내와 관용을 가질 수 있는 사람이 된다.

볼비는 애착관계의 형성이 단계적이라고 하였다. 부모와 자녀의 애착관계는 하루아침에 형성이 되는 것이 아니라 시간과 공간 속에서 엮이는 과정과 관계가 필요하다는 점이다. 애착을 형성하기 전 탐색이 있을 것이고, 탐색을 통해 안전성을 확보하게 되면 서서히 접근과 놀이와 탐험으로 이어지는 순서가 있다.

2) 서로 다른 발달

사람이 정신적 · 신체적인 면에서 순차적으로 성장하지만 개인에 따라 성장이나 성숙의 속도는 다르다. 성장은 획일적이지 않고 다양성을 가지고 있다. 아기가 태어나 처음 말을 배우거나 걸음마를 할 때 부모의 기쁨이라는 것은 두 말할 것 없다. 부모는 자신의 자녀가 천재라고 여기고 있다. 다른 아이보다 더 빠른 것 같고 더 빨리 습득하는 것 같다고 생각한다.

우리가 이렇게 주변 인물, 즉 자녀 그리고 배우자에게 획일적인 기대치를 가지는 것은 자연의 원리에 위배되는 것이다. 모든 것을 획일적으로 보려는 것은 우리가 가진 내면가치의 부재라고 볼 수 있다. 자기에 대한 내면가치가 부족하니까 자꾸 외부적 기준에 자신을 맞추어 살아가려고 하는 것이다.

학교 주변에 나무가 제법 있는데 봄날이 오면서 나뭇잎을 관찰하게 되었다. 그런데 같은 종류의 나무인데 한 나무만은 시간이 지나도 잎사귀가 너무 적어서 다른 나무들과 비교가 되었다. 왜 저렇게 크지 않을까 하는 염려로 한두 달을 지낸 것 같다. 그 사이에 이 나무 관찰을 잊어버렸다가 어느 날 우연히 이 나무를 보았는데 다른 나무들과 같이 잎이 무성하게 자라 있는 것을 발견했다.

거목은 잎사귀가 나는 것이 더디다. 작은 나무들은 잎사귀가 일찍 나는 것 같다. 아이의 발달이 더디다고 안절부절못하는 것이 오히려 성장하는 아동에게, 미래를 꿈꾸는 청소년에게 나쁜 요소가 된다. 대기만성이라 하지 않았는가? 한 며느리가 아들의 걸음마가 너무 더딘 것 같아 걱정이 많았다. 이웃집 아이들은 아장아장 잘 걷기 시작하는데 자기 아이는 아직 바닥을 헤매고 있으니 양육발달에 문제가 있다고 생각하여 시어머니에게 불평을 했다. 시어머니가 그 말을 듣곤, "아이가 평생 걸을 텐데, 조금 늦게 걸으면 어떠니?" 라고 말했다. 인생을 좀 더 산 사람들에게는 삶을 관조해 볼 수 있는 지혜가 있다. 젊은 날에 경쟁적인 학교와 사회 속에서 살았기 때문에 경쟁에 익숙한 가치와 사고방식이 우리를 초조하고 불안하게 만들고, 혹은 그러한 것을 달성하는 것이 최고의 가치로 알고 살아가게 한다. 그러나 나이가 좀 더 들어갈수록 반드시 그것만이 인생을 살아가는 데 전부가 아니라는 것을 안다.

21세기 인생을 사는 최고의 목적이 무엇인가라고 물으면 '행복과 의미'가 될 것이다. 내가 하는 일에 어떤 일이든 행복을 느끼는 것이 필요하다. 직업이 좋다거나 불편하다를 떠나서 그 직업을 수행하는 데 내가 행복을 느끼는 것과 그것을 함으로써 내 존재의 의미를 갖는 것이 필요하다. 이 행복을 위해 획일적으로 사람들을 보려고 하거나 나 자신을 평가하는 오류를 탈피해야 한다. 봄에 꽃이 핀다고 모든 꽃이 봄에 필 것을 기대하는 것이 오산이다. 한 여름에 피는 꽃이 있고, 가을에 피는 꽃이 있으며, 심지어 겨울에 피는 꽃도 있다. 중요한 것은 꽃들의 다양성이 있는 것과 같이 사람들의 다양성을 인정해 주고 그 잠재성들이 피는 날들을 기다려 주는 것이다. 모든 꽃들로 하여금 봄에 반드시 피우라 한다면 얼마나 모순이겠는가? 그리고 내가 선호하는 색의 꽃만 피우는 것도 문제다. 오히려 다양한 색이 세상을 보기 좋게 한다.

사람도 인생의 초반에 잠재력을 꽃 피우는 사람이 있다. 이런 사람들은 분명히 사람들의 주목과 기대감을 받고 성장할 것이다. 그러나 조금 더 늦게 잠재력이 발휘되는 사람도 있다. 어쩌면 일찍 핀 꽃은 일찍 시들 수 있고, 늦게 핀 꽃은 그만큼 오랫동안 피어 있을 수 있다. 우리 시대에서 행복의 의미를 가져야 살아가는 맛을 느낄 수 있는데 이것을 위해서 우리는 다양한 성장과 잠재력에 눈을 뜨고, 그것을 개발할 수 있도록 도와주는 개인과 사회적 분위기가 필요하다.

최근 '강남 스타일'로 전 세계 주목을 받고 있는 가수 싸이의 기사가 사뭇 인상적이다. 기존 노래와 춤은 매우 세련되고 정렬된 느낌과 한치의 오차도 없는 멋있음이 대세였다면, 싸이의 노래와 춤은 그야말로 B급이다.

오랫동안 계속되었던, 가수는 이래야 한다는 고정관념에서 보면 그의 가창력이나 춤 동작은 부족해 보일 수도 있다. 기존 가수들의 조각 같은 몸과 잘생긴 얼굴과 비교해서도 그는 떨어진다. 그러나 그가 가진 최고의 잠재성은 그 모습 그대로를 수용하고 그것을 노래하고 춤추는 것이다. 그야말로 B급 수준의 노래와 몸짓이지만 있는 그대로를 꾸미지 않고 그것을 자연스럽게 소화해 낸 것이 세계인의 관심을 끈 것이다. 만일 싸이가 매우 세련된 노래와 춤 동작을 보여 주었다면 그것이 그가 풍기는 잠재성과 맞아들어가지는 않았을 것이다. 왜냐하면 내가 보기에는 그가 가진 천부성과는 어울리지 않을 것 같은 느낌이기 때문이다.

발달 속도가 일정하지 않기 때문에 부모나 사회가 할 수 있는 것은 최대한 무한한 신뢰를 보내는 것이다. 그리고 참고 기다려 주는 것이다. 그리고 너무 빨리 자신의 잠재성이 발휘가 되어 이목을 집중받은 사람에게는 우월적 감정에 대한 자제력이 필요하고, 잠재성을 늦게 발휘하는 사람에게는 언젠가는 뒷심이 발휘되리라는 확신 속에 정진하는 것이 좋다.

다시 가수 싸이로 돌아가서 필자는 싸이가 가수로서 뒷심을 발휘할 수 있었던 것은 어쩌면 그가 겪은 여러 가지 어려움에 대한 결과일 수도 있다고 생각한다. 가수 데뷔 12년차인 그가 실제로 가수 활동이 3년이라고 말하는 것을 보았다. 그 안에 그는 병역 문제 등 여러 가지 문제가 있었다. 남자들은 다 알겠지만 군대를 두 번 갔다 온다는 것은 상상불허다. 나는 간혹 어려운 일을 만날 때 두 가지의 꿈을 꾼다. 하나는 군대를 다시 가는 꿈이다. 똑같은 부대에 당시 입영을 같이 했던 전우들이 모두 나타나 같이 재입대를 한다. 정말 들어가기 싫은데 국방부 기록이 무엇이 잘못되어서 또다시 들어가야 하냐고 불평을 하면서 재입대를 한다. 다른 하나는 대입 입시를 다시 치르는 꿈이다. 그것도 내가 10대 후반의 나이가 되어 치르는 것이 아니라, 지금 현재의 나이를 가지고 치르는 꿈이다. 난 꿈에서 한탄을 한다. 꿈속에서 빠르게 계산을 해 본다. 학부 4년, 대학원 2~3년, 박사과정 6~7년. 이 계산을 하면서 나는 완전 좌절에 빠졌다. 다 마치면 내 나이가 도대체 몇 살이 되는가? 은퇴할 나이다.

개인적 생각으로 싸이가 겪은 이러한 모진 세월들은 그가 다시 한 번 도약할 수 있는 어떤 거름이 되었으리라 생각한다. 남이 하지 못하는 깊은 고민, 같은 공간과 시간을 보내고 있지만 자기만의 좌절과 어쩌면 불행 속에서 보는 남다른 관점이 있었을 것이다. 나는 그것이 오늘의 그를 만드는 밑거름이 되었을 것이라 보고 있다. 늦게 발달하고, 뒤늦게 꽃이 핀다는 것은 속전속결로 빠른 결과 보기를 기대하는 현대인에게는 답답하게 여겨질 수 있고, 스스로도 그렇게 여길 수 있을 것이다. 우리가 늦게 잠재성의 발달을 경험하는 데에는 다양한 요인들이 있을 것이다. 유전적 요인 그리고 환경적 요인들이다. 가정형편이 여의치 않아서, 때로는 건강상의 문제로 뒤늦은 출발을 할 수밖에 없는 상황들이다. 이러한 상황에서 우리가 미래의 꿈을 생각하는 것은 사치스러운 것이라서 생존을 위해 여러 가지 일을 한다. 특별한 재주와 잠재력이 발휘된 것이 없으니 어쩌면 닥치는 대로 이런 저런 일을 하면서 호구지책으로 살아갈 수 있다.

살기 위해 움직이고, 일하고, 고민하는 다양한 환경과 요소들은 우리가 꿈을 가지고, 그것을 점진적으로 이루려고 노력하면 이 모든 현재의 상황들, 그리고 우리가 힘들었다고 여겼던 과거의 조건들이 어떤 누구도 흉내 낼 수 없는 나만의 독특한 거름이 되고, 이 거름 위에 나의 꽃이 핀다. 그래서 우리는 과거에 불우했던 환경들이 있지만 꿈을 잃지 않고 키우려는 사람들에게는 과거의 경험이 반드시 거름이 될 것이라는 생각을 가져야 하고, 그 거름으로부터 나만이 할 수 있는 고유의 '강남 스타일'이 나올 것이다.

발달심리학자 로버트 콜스(Roberts Coles)는 음악의 높낮이로 인생을 비유했다. 좋은 음악, 사람을 감동시킬 수 있는 음악은 때로는 높게, 어떨 때는 낮은 음을 표현하여 사람들에게 영향을 주는 것이다. 음이 항상 높은 음을 추구하거나 낮은 음만을 추구한다면 그것은 청중에게 감동을 줄 수 없다. 그래서 좋은 음악은 높은 음과 낮은 음의 조화가 있을 때 가능하다는 것이다. 인생의 경험도 마찬가지다. 높은 음이 좋은 것이라 생각하고 높은 음만을 추구하고 소유한다면 그것은 인생의 반쪽도 가지지 못한 것이다. 반대로 낮은 음만을 가지고 이것이 인생이라고 말을 한다면 그것도 모순이다. 그래서 높낮이를 골고루 가질 수 있다면 그것이야말로 인생을 바라보는 좋은 관점이다. 그래서 좋은 것이 반드시 좋은 것만은 아니고, 어려운 것이 반드시 나쁜 것만은 아니다.

발달심리학자 에릭슨의 부인인 조앤 에릭슨(Joan Erikson)도 비슷한 내용을 지적했다. 그녀는 색상에 대해 언급했다. 밝은 색이 돋보이기 위해서는 어두운 색이 필요하다는 것이다. 밝은 색만 있는 것 또는 어두운 색만 있는 것은 그 자체가 조화가 되지 않는다는 점이다. 우리가 사회 지도자를 볼 때도 성향이 한쪽으로 치우친 사람보다는 양쪽을 보는 사람들을 원하는 이유도 세상과 사람을 좀 더 공정하게 볼 수 있다고 믿기 때문이다. 우리가 어려울 때 가지는 어두운 색상이 반드시 나쁜 것은 아니다. 이 시련을 이겨 내려고 열심히 살아갈 때, 그것은 순전히 생존을 위한 발버둥일 수 있다. 그러나 이러한 발버둥도 인생을 보는 데 도움을 준다. 우리가 가지는 어두운 색상도, 삶의 낮은 음도 내가 세상과 사람을 이해하는 데 도움이 될 것이다.

같은 것이라도 그 안에서 차이가 있다. 사람은 말할 것도 없다. 이 차이는 곧 다양성이다. 문제는 박탈과 상실이 우리로 하여금 다양성을 추구하기보다는 획일성, 고정관념, 사고의 왜곡과 같은 흑백논리에 살게 한다. 그래서 상담자나 부모나 성인은 어린아이의 가능성을 다양한 시각에서 볼 수 있도록 도와주어야 한다. 그래서 사람이 잘되고, 가정이 잘되고, 나라가 잘되는 것이다. 획일성이나 흑백논리는 열정이라는 에너지를 받지만 다양성을 수용하지 못하기에 얼마 가지 못한다.

3) 연관되어 있는 발달과정

인생발달의 모든 과정은 전 단계와 연관되어 있다. 가령 어떤 사춘기 소년이 비행을 저질렀다면 그 전 단계들의 성장과정과 상관이 있다는 것이다. 전후 단계들이 사슬처럼 엮여 있어서 전 단계가 긍정적 방향으로 갔다고 하면 그 탄력을 받아 현재의 단계도 긍정적으로 발전할 가능성을 가지는 것이다.

상호 연관성은 단계의 발달만이 아니라 부모와 자녀 간에서도 극명하게 드러난다. 우리는 이것에 세대의 순환이라는 표현을 쓴다. 세대의 순환이란 부모가 가진 가치관, 생활습관이 거의 자녀에게 물려진다는 것이다. 특별히 어린 시절의 성장과정에서 아동이 자신의 주관적 가치관을 가지기 전에 부모의 생각과 행동은 모방할 수밖에 없는 환경이다. 아이는 자신의 생존을 위해, 때로는 부모의 비위를 맞추기 위해 부모를 모방하고 그것이 마침내는 자신이 성인이 되어 행동하는 데 결정적 역할을 한다.

부모가 자녀에게 영향을 미치는 것만이 아니라 한 국가의 문화사회적 요인(Ethos)들이 구성원들에게 미치는 영향 또한 매우 중요한 사항이다. 한 국가에 5년 정도 살면 대략 그 국가와 국민의 가치관을 알 수 있다고 한다. 우리는 오랫동안 한국이라는 나라에서 태어나 성장하면서 이 나라가 가진 법, 가치관 그리고 사회제도 등을 통해서 조형되어 오고 있다. 각 국민은 그 국가가 가진 틀에 의해서 조형이 되어 국민성의 특징을 나타낸다.

> 우리는 사회질서가 유아에게 생존을 보장해 주고 특정한 방법으로 그들의 요구를 조정해 줌으로써 사회의 문화적 양식을 가르친다는 점을 명확히 하고 싶다. ……우리는 사회적인 형식과 규범이 가족의 형태를 결정하는 요인이라는 점을 연구해야 한다(Erikson, 1980, p. 47).

아프리카의 한 부족은 오랫동안 범죄 없이 지냈다. 그렇게 범죄 없는 부족이 되는 데에는 독특한 방법이 있었다. 보통의 부족은 부족의 규율을 어겼을 때 정도에 따른 법의 대가를 받기 마련이다. 그런데 이 부족은 죄를 범한 사람을 가운데 세워 놓고 부족원 한 사람씩 나와서 그 사람이 자신에게 행한 좋은 것을 이야기한다고 한다. 이렇게 부족원의 말을 듣다가 보면 죄를 지은 부족원은 어느새 눈물을 흘리면서 자신이 저지른 범죄를 더 깊이 알게 되어 더 이상 범죄를 하지 않는다는 것이다. 이는 우리에게 시사하는 바가 크다.

필자는 선천적으로 상체가 뒤로 젖혀진 체형을 가지고 있다. 내 체형이 이렇다는 것을 결혼한 후 아들이 태어나 몇 년이 지난 후에 알게 되었다. 그런데 어느 날 어린 아들이 방 안에서 상의를 벗고 노는데 상체를 뒤로 젖히고 다니는 모습을 보고 약간 충격이었다. 아들은 곧은 체형인데 왜 저렇게 다닐까? 나는 체형을 바꾸기 위해 길을 걸을 때나, 사람을 만날 때 주머니에 손을 넣는 습관을 익혔다. 주머니에 손을 넣으면 뒤로 젖혀진 체형을 보완할 수 있었기 때문이다. 그러던 어느 날 아들을 보니 주머니 안에 손을 넣고 다니고 있었다. 바지 주머니가 옆으로 되어 있으면 손을 옆으로 집어넣고, 앞으로 있으면 앞으로 집어넣은 것이었다. 나는 그렇게 하라고 가르치고 교육한 적이 한 번도 없는데 아들이 나의 모습을 그대로 답습하는 것이었다.

나는 부모의 여러 모습을 닮았다. 외관도 그렇지만 성격과 말투, 식습관에도 몇 가지 닮은 점이 있다. 보통 아들은 아버지를 닮는다고 하지만 내 경험으로는 부모 양쪽을 다 닮아 간다고 생각한다. 오랫동안 내가 가진 습관 중에는 특이한 젓가락 사용법이 있다. 젓가락을 엄지와 검지 사이에 거의 틈새도 없이 낀 채 나란히 평행으로 집고 반찬을 먹는다. 이렇게 젓가락을 집고 식사를 하는 데에는 큰 애로점이 없다. 다만 묵과 콩이 반찬으로 나오면 이것들을 집는 데 어려움을 겪는다. 아무리 묵을 집으려 해도 묵을 집을 수 없다. 그래서 최후의 수단으로 젓가락을 포크처럼 사용하여 묵을 찍어서 먹는다. 더 어려울 때는 작은 콩을 먹을 때다. 아무리 집으려 해도 젓가락을 이상하게 잡기 때문에 좀처럼 콩이 잡히지 않는다. 20대 후반에 나의 젓가락질이 이상하다는 것을 알고 가족을 살폈을 때 내가 어머니와 같은 방법을 쓰고 있다는 것을 알았다. 어머니는 아직도 이 방법을 고수하고 계신다. 나는 그때 불편함을 안 이후에 바꾸어 나갔다.

심리학자 아들러는 자녀가 부모의 모습을 닮아 가는 것이 부모의 평상시 감정상태, 행동 그리고 대인관계가 영향을 주는 것이라고 했다. 아주 단순하면서도 명료한 정의라고 생각한다. 가족의 눈에 가장 많이 노출되는 부모의 유형 · 무형의 동작과 행동이 자녀에게 영향을 주는 것이다. 부모의 생활모습이 영향을 준 것이다. 내가 아는 어떤 사람은 더 많은 영향을 부모로부터 받았다. 그는 생선을 좋아하지만 생선이 반찬으로 나와도 먹지 않는 버릇이 있다. 주변의 사람이 생선을 왜 먹지 않느냐고 물어보지만 웃을 뿐이다. 먹고 싶지만 손이 가지 않는 것이다. 그것은 이 사람의 어머니가 어린 시절부터 생선의 가시를 다 제거하고 주는 습관이 있었기 때문이다. 그는 성인이 된 후에도 옆에 있는 동료나 배우자가 이것을 해 주지 않으면 혼자서는 생선을 먹지 않는 습관을 가진 것이다. 지금도 배우자가 생선가시를 발라 준 후에야 생선을 먹을 수 있는 웃지 못할 습관을 가지고 있다.

부모의 습관이 자녀에게 전수되는 것은 매우 당연한 것이지만, 한편으로는 무서운 것이라는 생각이 든다. 부모가 바른 가치관과 생활을 자녀에게 평상시에 보여 줄 수만 있다면 좋겠지만, 그렇지 못할 경우 잘못된 가치관과 생활이 자녀에게 습관이 되어 서서히 자녀를 조형해 나간다. 가족이나 개인적인 차원에서만이 아니라, 어린아이나 청소년은 성인이 하는 행동과 가치에 의해 움직인다. 이것은 매우 방대한 사항이기 때문에 일일이 사실을 증명하기는 어렵지만, 성인이 가지고 있는 집단 가치는 우리 사회의 청소년의 집단 가치를 움직인다. 청소년기에는 어른을 늘 동경하고, 어른이 되길 고대하면서 부지불식간에 어른의 가치와 행동을 모방하는 것이다. 그래서 우리 사회가 가진 청소년의 많은 문제들은 어른의 세계와 연관이 있다. 모든 성장단계는 긍정적으로나 부정적으로 연관되어 있다. 애착 관점에서 상담하는 상담자는 발달단계를 볼 때 각 단계가 서로 연관이 되어 있다는 점을 생각하면서 상담을 해야 할 것이다. 현재의 문제는 과거와 연결되어 있고, 현재는 내담자가 어떠한 방향으로 갈 것이라는 예측을 할 수 있도록 만든다.

4) 인생 초기 발달단계의 중요성

사람의 성장단계는 다 중요하지만, 특히 생의 초기 단계인 0~6세는 가장 중요한 기간으로 보고 있다. 이유는 앞서 우리가 살펴본 바와 같이 삶의 시작은 불안에서 시작하기 때문이다. 출생의 과정은 모태의 안전한 환경으로부터 새로운 세계로 내던져지는 것과 같기에 그 불안으로 인해 삶의 첫 마디가 울음이 된다. 그래서 0~6세의 기간은 부모나 부모를 대신할 사람들을 통해서 아동의 '안전'감을 형성하고, 자신과 외부 사람 그리고 환경에 대한 신뢰관계를 구축해야 하는 시기다. 그리고 이렇게 형성된 신뢰 또는 불신은 사람의 뇌리에 오랫동안 자리 잡고 있기에 이 시기를 다른 어떤 기간보다 중요한 기간으로 보고 있다.

이 시기에 해당하는 각자의 어린 시절을 상기해 보자. 우리는 개인의 이야기를 할 때 그 시기의 감정을 색상으로 표현할 수도 있다. 어떤 사람은 자기 감정의 바탕색을 회색으로 표현하는 사람도 있고, 초록색과 같이 밝은 색으로 표현하는 사람도 있다. 회색이나 검은색 계통으로 색감이 정해진다면 어린 시절의 분위기가 어두웠다고 추측할 수 있고, 밝은 색으로 표현되면 긍정적인 돌봄을 받았다고 생각할 수 있다.

신생아에서 6세에 이르기까지는 거의 모든 것이 첫 경험이기에 그 경험이 좋은 것이든 나쁜 것이든 아이의 두뇌에는 매우 강렬하게 그 흔적들이 남는다. 사람은 마치 자신만의 흰 도화지를 가지고 태어나는데, 어리면 어릴수록 아무런 그림이 없는 백지의 도화지다. 그리고 성장하면서 경험하는 모든 것이 그 도화지에 그려지는 것이다. 긍정적인 경험들은 밝고 맑은 색으로 입혀질 것이고, 부정적 경험들은 어두운 색으로 배경색을 그리게 될 것이다.

의료 시설이 열악했던 시절에 백일 잔치라는 것이 있었다. 물론 지금도 백일 잔치라는 것이 있다. 이 백일 잔치는 어쩌면 환갑 잔치와 같은 맥락에 있다고 본다. 태어나서 전혀 다른 환경에서 적응했다는 것은, 생사를 오가면서 현실에 적응할 수 있다는 의미다. 환갑은 장수가 어려운 시대에 오래 산 것에 대한 축하다. 백일 잔치의 의미는 이렇게 무섭고 낯선 환경에서 생존할 수 있음을 확신하고 축하하는 잔치다. 그만큼 인생 초기에 환경 적응의 어려움을 직간접적 경험으로 말해 주는 것이다.

이 시기는 아동이 어떠한 돌봄을 사람과 주변으로부터 제공받는가 하는 매우 중요한 시기다. 이 돌봄을 통해서 자아가 서서히 긍정적 또는 부정적으로 형성되기 때문이다. 영아기 '자아' 형성에 대한 실험에서 영아의 코에 붉은 색을 칠해서 거울을 보여 주었다. 아이들은 12개월이 되기 전에는 거울에 비친 빨간 코의 자기를 만지려 하지 않았다. 이것은 12개월 전까지 자아라는 것이 형성되어 있지 않다는 것을 말한다. 12개월이 되기 전까지 자아가 형성되지 않기에 유아는 부모와 자기를 동일시한다. 아동 발달을 심도 있게 연구한 마가렛 말러(Magaret Mahler, 1975)는 이러한 동일시 현상을 '공생'(symbiosis)으로 표현했고, 이것의 최고 목적은 유아가 어머니 안에 자신의 모든 것을 집어넣음으로써 생존을 선택하는 것으로 보고 있다.

이 시기가 중요하기 때문에 과거에 어떤 기관에서는 0~6세 유아를 자신들에게 맡기면 이들의 미래를 책임지겠다는 말도 했다. 그만큼 중요성을 인식한 발언이다. 그러므로 이 초기단계에 대한 부모의 돌봄과 배려는 유아가 세상의 모험에 긍정적 색상을 마음에 칠할 수 있도록 해 주는 것이다. 그래서 일을 하는 직장과 사회, 나라의 법적 구조에서도 이러한 것을 제공해 줄 수 있도록 제도적 뒷받침이 되어야 한다. 어린 시절의 정신적 안정은 장기적으로 한 나라 국민의 정신적 안녕과도 직결되어 있기 때문이다. 이러한 점에서 부모도 이 시기에는 진지한 고민을 해 보아야 한다. 우리 사회의 대부분이 맞벌이 부부인데 우리의 아이를 위해 부모 중 1명이 선택을 해야 하는 시기다. 가급적 육아에 정성을 다할 수 있는 부모가 있으면 좋지만, 사정이 여의치 않을 때는 아이를 대신 돌볼 수 있는 바른 기관이나 사람을 찾는 것도 좋은 방법이다. 미국의 통계이지만, 좋은 기관이나 부모를 대신할 수 있는 사람이 있다면 그것도 부모가 같이 있는 효과를 줄 수 있다고 한다.

그런데 무조건 이 시기에 아이들과 함께한다고 해서 그것이 이들에게 정신적으로 건강하다는 의미는 아니다. 양적인 시간을 많이 한다는 점이 중요한 것이 아니라 함께하는 시간에 아동과 정서적으로 교감할 수 있는 질적인 시간이 중요하다. 과거에 아버지들에게 휴일에 가족과 함께 있을 것을 부탁하면 아버지들이 집안에서 자녀와의 대화 없이 신문이나 TV를 보는 것으로 함께했다는 표현을 하고 했다. 이것은 양적인 시간이 되지만 질적으로는 빵점에 가까운 수준이다. 짧은 시간이지만 부모의 오감을 통해서 아이들이 진정 이 외로운 세상에서 홀로가 아니라는 사실에 눈을 뜨고, 누군가 나를 적극적으로 보호해 주는 사람이 있다는 사실을 알고, 그것을 기초로 밝은 자아상과 세상에 대한 희망과 도전을 할 수 있도록 해 주는 것이 적극적으로 요청된다.

5) 개인과 사회적 환경의 상관성

사람들은 모두 자기를 실현하려는 경향을 가지고 태어난다. 자기를 실현하려는 경향은 자기가 가진 가장 선호하고 잘할 수 있는 핵심적인 에너지를 발휘하려는 것이다. 물론 이것을 사회문화 환경이 자극해서 극대화시킬 수도 있고 때론 환경이 오히려 잠재성을 최소화시킬 수도 있다. 환경은 중요한 요소이지만, 선천적으로 인간은 긍정적이며, 신뢰할 수 있는 존재이며, 알 수 없는 어떤 것에 수동적으로 끌려 사는 피동적인 존재가 아니고, 미래와 자기실현을 하려는 활동적인 존재다. 물론 사람에 대하여 이러한 긍정적인 평가만 있는 것은 아니다. 예를 들어, 전 세계적으로 1년에 200만 건 이상이 되는 인신매매가 행해지고 있다는 것을 볼 때 과연 인간이 자기실현을 하려 한다는 긍정적인 평가를 할 수 있을까? 이러한 질문에 대하여 칼 로저스는 다음과 같이 말했다.

> 나는 인간에 대해 낙관적인 생각을 가지고 있지 않다. 인간이 방어적 목적이나 내적인 공포가 없음에도 믿을 수 없을 정도로 잔인하고, 소름

> 끼치도록 파괴적이고, 미성숙하며, 퇴행적이고, 반사회적이며, 위험한 방법으로 행동할 수 있다는 것을 안다. 그러나 내가 그러한 사람들과 같이 얘기한 결과 얻게 된 신선하고 활력을 주는 경험은 그러한 사람들도 우리와 마찬가지로 그들의 가장 깊은 곳에 강한 긍정 지향적 경향이 존재한다는 것이다(Rogers, 1980, p. 8.).

그는 인간이 가진 이러한 긍정적 경향만이 아니라, 모든 생명체가 가지는 긍정적 경향에 대하여 언급하였다. 그래서 생명체가 살아간다는 것은 단순히 생명을 보존하는 것이 아니라 자신을 연속적으로 확장시키는 것으로 보았다. 그래서 살아 있는 것은 모두 수동적이지 않으며 능동성을 가지고 있고, 환경이 우호적이든 비우호적이든 생명을 지속, 발전, 재생산하려는 법칙을 가지고 있다고 본다. 이러한 자연생명체에 비해서 인간은 더 복잡하고 완성된 발달을 추구하는데 이것을 자기실현 경향이라고 한다(Rogers, 1980, p. 118).

그러나 사람이 가진 이러한 천부적인 실현 경향이 있지만 개인의 정신적 · 신체적 성장은 개인의 선천성과 가정을 포함한 사회환경과의 상호작용의 결과다. 사람이 독자적으로 성장 혹은 성숙한다고 생각하기도 하지만, 엄밀한 의미에서 사회와의 관계성 속에서의 상호성을 부정할 수는 없다. 개인이 선천적으로 좋은 유전자를 가지고 태어났지만 사회문화적 환경이 이것을 뒷받침하지 못한다면 성장과 성숙의 한계성을 가지게 된다. 역으로 선천적으로 부족한 역량을 가지고 태어났지만 사회문화적 환경이 우호적이라면 이 사람의 성장과 성숙은 예상보다는 높아질 것이다.

심리학자 칼 로저스는 어린 시절 자신의 농가에 있는 곡식 저장소의 일화를 소개하였다. 곡식 저장소에는 감자를 캐서 많이 갖다 놓았는데, 추운 겨울날 그 곡간을 방문해서 보니 감자에 싹이 나기 시작한 것을 보았다.

그런데 어떤 것에는 싹이 나고 어떤 것에는 싹이 나지 않았다. 싹이 난 감자들은 곡간의 깨어진 나무 벽의 틈새로 하루에 일정량의 햇볕을 받는 것을 파악했다. 싹이 나지 않은 것은 햇볕을 받을 기회가 적었다. 천부적 기질에 대한 다양한 연구가 있었고, 우리는 기질이라는 자체가 변화하지 않은 것으로 과거에는 생각을 했다. 그러나 기질이라는 것도 후천적 환경에 의해서 변화할 수 있다는 실험결과가 있다. 예를 들어, 선천적으로 부정적 감정을 가진 아동이라도 돌봄을 제공하는 환경이 책임감을 가지고 적극적으로 대처하면 아동은 안전감을 느끼게 되며, 천부적인 긍정적 감정을 가지고 태어났지만 환경이 침입적(aggressive)이고, 자극적이고 민감하지 않은 환경에 있으면 아동은 불안정 회피형이 된다(Steinberg & Beslky, 1991). 그래서 환경이라는 것은 제2의 인격체를 조성할 수 있는 중요한 요소이기 때문에 이 환경을 관용과 용기를 줄 수 있는 것으로 만들 필요가 있다.

결국 개인이 가진 능력을 극대화하고, 자기실현의 경향이 긍정적 결과가 되기 위해서 한 개인을 둘러싸고 있고, 부모를 포함한 사회문화적 환경은 몇 가지 중요한 요소들을 개인에게 사회와 기성세대가 진실성(genuineness)을 제공하고, 다시 할 수 있고, 용서와 같은 무조건적 수용 그리고 공감(empathy)이 제공될 때 그러한 구조 안에 있는 개인은 자기실현의 필요충분조건을 가질 수 있다(Rogers, 1980).

필자의 개인적 생각으로는 이러한 구조를 위해서 세 가지가 필요하다고 본다. 첫째, 진실성이란 악과 선에 대하여 사회문화 그리고 정치가 가지는 바르고 공정한 법적인 진실성이 편만하게, 신분의 고하에 관계없이 적용되는 것이라고 생각한다. 사회 · 문화 · 정치는 마치 한 가정의 부모 가치관과 행동의 모델과 같은 것이다. 이 세 가지가 진실성을 가지고 일관되게 나가면 그 국민의 정신구조와 가치체계에 영향을 주는 것이다. 우리 사회의 청소년이 성인의 가치체계와 행동에 의해 영향을 받는 것과 같이, 상부 구조는 그 구성원들에게 반드시 영향을 준다.

우리 사회가 가진 진실성은 사회 · 경제 · 문화에 대한 입법(立法)의 합리성과 법시행의 공정성이다. 이 합리성과 공정성이 사회 전반에 실행되면, 그 사회는 보통 사람들이 행복과 의미를 추구할 수 있는 장소가 되며, 그 가운데서 국가의 인재를 양성하게 된다. 우리 사회에는 너무나 관대한 요소들이 있다. 예를 들어, 초등학교 학생이나 미성년자에 대한 성폭행 사건이다. 최근 이러한 사건들은 하루 건너 한 번씩 보도되고 있다. 우리는 특히 딸을 가지고 있는 부모 입장에서는 너무나 무서운 사회환경에 살고 있다. 이러한 현상에 대한 여러 가지 분석이 있을 수 있지만, 필자의 입장에서는 한 가지가 문제다. 성폭행 피의자들은 너무나 가벼운 형벌로 처리되는데, 피해자와 그 가족은 평생 아픈 외상을 가지고 살아간다는 점이다. 보다 못해 딸들을 가진 어머니들이 피켓을 들고 거리로 나와 엄격한 법을 만들어 안심하며 살 수 있도록 목소리를 내자 이제야 법을 조금씩 고치려 하고 있다. 이와 비슷한 우리 사회의 문제는 경제사범에 대한 관대함이다. 경제사범의 공소시효가 5년이라고 한다. 남이 평생 땀 흘리고 피를 흘릴 만큼 열심히 모아 예금한 금액을 정치경제계에서 한 노릇하는 이상한 사람들에 의해 하루아침에 다 날려 버린 일들이 한두 번인가? 개인이 평생 벌어도 못 버는 천문학적인 돈을 마음대로 유용하고 나서, 교도소에서 몇 년 살면 이게 다 끝이 날 문제인가? 사기를 치고 국외로 도피해서 몇 년 피해 있다가 공소시효가 끝나면 모든 기록이 사라지게 되니, 누구든 돈을 만지는 위치에 있으면 이런 소아적 욕심에 사로잡힌다. 두말할 것 없이 이러한 경제사범은 평생 교도소에 살게 하고, 그 손해액을 재산 환수의 강제집행과 같은 엄격한 법을 시행하여 국민에게 강한 인식을 심어 주어야 한다. 그리고 이러한 공소시효를 없애 버리고 죽을 때까지 추적하도록 만드는 것이 이 사회의 진실성을 확보하는 길이다.

둘째, 무조건적인 수용이란 어쩌면 용서와 관용의 사회적 분위기다. 엄격한 가부장적 사회 속에서 용서와 관용의 분위기는 적다. 필자는 가부장적인 사회를 현대의 용어로 달리 사용하면 출세와 자본을 중심으로 하는 사회라고 보며, 이러한 가치관을 가진 사회는 늘 이 논리 속에 개인을 평가하고 서열을 매긴다. 이러한 사회와 개인은 인생의 전반이 성공과 성취의 길을 걸을 수도 있을 것이다. 그러나 인생은 늘 두 가지 면에서 평형을 이루는 것이 좋다. 인생의 후반에 과연 출세, 성공 그리고 자본이라는 것이 모든 것이라고 정의할 수 있겠는가? 재수, 삼수 또는 그 이상의 기간을 대입을 위해 노력하는 학생들이 자괴감에 빠지지 않을 수 있게 사회환경이 이들의 목표 설정에 대해 관용과 위로를 보내는 것도 좋은 것이다. 초혼이 잘못되어 재혼을 하는 이들에게도 마찬가지의 관용과 위로가 필요한 것이다. 필자는 군대를 다녀와서 대학을 다녔다. 우리 나이로 26세에 뒤늦게 대학준비를 했다. 당시로서 나의 마음에 늦었다는 생각을 했고, 실제로 늦었다. 그때 아버지께 장래 계획에 대한 말씀을 드렸다. 반대하실 것이라고 생각을 했지만 나의 생각에 공감과 관용을 보여 주시는 아버지를 느꼈다. 그것이 발단이 되어 공부에 대한 계획을 조금씩 수정해 가면서 도전했다.

셋째, 공감(empathy)에 대한 것이다. 공감은 남의 입장에 들어가는 것을 말한다. 다양한 사람이 살기에 이 다양성에 대한 생각을 수용키 위해 우리의 상상력을 넓히고, 모호성에 도전을 하여 벽을 넘는 연습들이 필요하다. 공감은 인종, 언어, 종교 등을 초월하여 모든 사람이 하나라는 관점을 가지고 볼 수 있도록 하는 힘이다. 공감의 어원은 '남의 신을 신고 걸어 본다.'는 의미를 가지고 있다. 남의 신을 신기 위해서 해야 할 첫 번째 사항은 내가 신고 있는 신을 벗는 작업이다. 내 신을 벗지 않고는 남의 신을 신을 수 없고, 이는 곧 남의 입장을 이해하기는 어렵다는 뜻이다. 그러나 사회 구성원인 우리 대다수는 내 신을 신을 채로 남의 신을 신으려는 무리한 시도를 하고 있다.

기독교인 중에는 공감에 대한 가장 근본적인 입장을 성서에서 찾는 이들도 있다. 성육신(incarnation)의 교리, 즉 하나님이 인간 예수로 왔다는 이 교리는 핵심을 '공감'으로 보면서 하나님의 가장 보편적 특성이 공감이라는 점을 강조한다. 그래서 인간애를 보이는 휴먼 드라마를 보면, 그것이 외국 것이든 국내 것이든 감동과 눈물을 흘리는 것은 바로 우리 마음에 있는 공감대가 형성되었기 때문이다. 그래서 바른 신앙을 가진 사람은 곧 공감 정신을 가지고 살아가는 사람이라고 보는 것이다.

우리가 무심히 지나치기 쉬운 사회의 구석진 곳에 대한 공감을 하면서 타인의 입장에서 생각을 한다면 이 세상에 눈물겨운 일들이 참으로 많을 것이다. 사회가 성숙하다는 것은 그 사회의 다양한 구성원들의 숨겨진 이야기들이 구성원들에게 들릴 수 있도록 제도적으로 구성해 나가는 것이다. 그리고 우리 개인이 일일이 할 수 없는 일을 사회가 대신하여 문화, 교육, 사회복지, 법 등을 통해서 제공하게 될 때 우리 구성원들이 좀 더 바람직한 인생을 살 수가 있는 것이다.

6) 비례하지 않는 나이와 정신의 발달관계

성숙은 정신적인 것이고, 성장은 신체적인 것을 의미한다. 사람은 성장하면서 청소년기를 거쳐 청년, 중년 그리고 노년의 시간을 걷게 된다. 그런데 신체 성장에 따라 정신적으로도 성숙되리라는 보장은 없다는 것이다. 근래에 우리는 흔히 '성인아이'(adult child)라는 용어를 자주 사용하고 듣는 편이다. 성인아이란 몸은 성인이지만 어린 시절 불만족스럽게 해결하지 못하고 쌓여 있는 과제로 인해 정신은 아이라는 것이다. 완벽한 사람이 없듯이, 우리 개인은 어느 정도의 성인아이를 가지고 있다. 다만 그 비율이 어느 정도 되는가가 문제다.

우리 모두는 한때 아이였다. 그러나 어린 시절에 가진 욕구와 욕망 그리고 그것을 억압시키는 여러 가지 요인들을 만나면서 성숙했다. 우리가 아이였다는 사실을 성인이 되어 망각하고 살면 우리 자신을 이해하는 데 있어 핵심을 상실하는 것이다. 그리고 이 상실이 우리를 불행하게 만들 수 있다. 이 비성숙한 아이의 행동과 생각이 성인이 된 나에게 있기 때문에 그것은 친구관계, 회사, 배우자, 가족 등의 인간관계에 영향을 주며, 홀로 있을 때에는 불안, 짜증 그리고 몸의 이상과도 연관된 현상으로 나타나기도 한다. 우리는 흔히 결혼을 이야기할 때 두 사람이 결혼을 한다고 하지만, 성인아이 입장에서 보면 네 명이 결혼을 하는 것이다. 각각의 배우자에게 작든지 크든지 있는 성인아이 한 명이 더 있기 때문이다.

사람의 몸은 필요한 영양분과 수면 등이 제공되면 성장을 하게 되지만, 인생의 각 단계에서의 위기를 어느 정도 돌파해야 그다음 단계의 정신적 성숙을 향해 갈 수 있는 것이다. 현대 사회에 많이 사용되는 '마마보이' '신데렐라 신드롬' 같은 것도 이 범주 안에 속하는 성인아이의 현상으로 볼 수 있다. 몸이 성인이 되었다고 성숙이 이루어지는 것은 아니다. 과도한 정서불안과 상처, 해결되지 않은 과제들이 남아 있다면 성숙의 발목을 잡을 것이다. 이 정신적 과제들이 우리를 다시 당시의 미성숙한 불안과 불만의 상처로 인도하고, 그때의 기분과 감정을 재연함으로써 그곳에 갇혀 살려고 한다. 그래서 이러한 것을 경험할 때마다 우리 자신의 성인아이를 경험하게 되는 것이다.

사람의 몸은 필요한 음식을 섭취함에 따라 성장할 수 있다. 그러나 음식을 너무 과도하게 섭취하면 몸에 문제가 발생하고, 음식을 너무 부족하게 섭취하면 성인임에도 불구하고 신체 성장이 잘 이루어지지 않아 약하거나 작을 수밖에 없다. 우리는 음식을 섭취함으로써 성장할 것이라는 생각을 가지고 있지만, 정신적 영역은 성숙과정에 필요한 정신적 교육과 훈련이 공급되어야 한다. 그리고 단계에 따른 성숙과정을 거쳐야 정신도 성숙될 수 있다. 먹는 문제가 해결된 지 불과 100년의 세월도 지나지 않았다. 그 이전의 시대에 대부분의 사람들은 먹는 문제로 생존과 싸워야 하는 시대에 있었다. 먹는 문제가 해결되고, 과거에 신비로 여겨진 모든 자연현상들은 오늘날의 현대인에게는 먹통과 같은 것이 되었다. 아이패드, 휴대전화 등의 전자제품이 자연 현상보다 더 신비감을 더해 주는 것이 되었다. 터치스크린에 익숙한 아이들은 태어나면서부터 화면이 보이면 무조건 터치해 본다고 한다. 그리고 그것이 되지 않으면 짜증도 낸다고 하니, 편리한 시설과 음식은 우리의 정신을 방만하게 하고, 무엇이 우선이고 어떤 것이 차선인지를 구분하기보다는 본능과 욕구에 충실한 일차적이고 원초적인 자극에 민감하게만 될 확률이 많다.

우리가 많이 기르는 애완견은 본래 들개였다. 수천 년 또는 수만 년의 세월을 거치면서 들개를 집안의 개로 길들이는 과정을 통해 비로소 인간과 가까운 동물이 되었다. 절제와 교육과 훈련을 통해서 우리에게 필요한 애완견이 된 것이다. 인간은 본래 원초적 욕구를 쫓는 동물이다. 과정마다 훈련과 절제 그리고 배려와 같은 것이 되지 않고서는 도덕적인 인간, 배려하는 인간의 기본이 되는 양심과 도덕의 형성은 불가하다. 풍족한 환경들이 인간의 몸은 살찌우게 하지만, 인간의 정신은 성숙하지 못하게 할 수 있기에 성장과 성숙이 비례치 않음을 유의하고, 이 양자에 대한 민감한 주의가 요구된다. 그리고 한 사람이 되어 간다는 것은 이 두 가지가 균형을 맞추어 가면서 형성되는 것이지, 저절로 또는 우연히 되는 것은 없다.

3. 애착이론 관점에서 본 발달심리

볼비가 가진 애착이론이 좀 더 보완되어야 할 점은 연령별 발달단계에 대한 고찰이다. 물론 볼비는 애착과 상실에 대한 매우 중요한 틀을 제공하였다. 그러나 인간의 각 발달단계에서의 특성에 대한 고찰은 매우 미약하다. 그래서 여기서는 에릭슨의 발달심리이론 각 단계가 어떤 특징을 가지고 있으며, 그것이 애착이론과 어떠한 상관성이 있는지를 살펴보기로 한다.

발달심리학자 에릭 에릭슨은 인간발달에 있어서 중요한 세 가지 원칙이 있다고 보고 있다. 첫째는 세대의 순환(cycle of generation)이다. 부모 세대의 것이 자녀 세대로 전수가 된다는 것이다. 부모나 성인이 가진 막강한 힘과 위치에 의해 자아가 형성되어 가기 전에 있는 아동이 부모의 것들을 그대로 수용하기 때문이다. 애착이론에서 아동이 생존하기 위해서 부모의 것들을 모방하여 애착을 가지려는 것과 비슷하다. 중요한 점은 아동이 스스로 할 수 있는 힘이 아직은 부족하기 때문에 부모가 돌리는 방향과 속도에 의해서 아동이 영향을 받는다는 점이다. 둘째는 연대기적 질서(chronological order)다. 모든 발달단계는 아동기부터 성인기까지 서로 관련이 있다는 것이다. 그것이 부정적이든 긍정적이든 서로 연관되어 있기 때문에 현재의 나는 과거 질서의 결과이고, 현재의 내 상태를 보면서 미래에 어떻게 될 것인가를 가늠할 수 있다. 셋째는 양극성의 위기다. 에릭슨은 인생의 단계를 8단계로 나누고 매 단계마다 긍정적으로 될 가능성과 부정적으로 될 가능성이 있으며, 이것은 살아가는 동안에 모든 사람들이 건너야 하고 맞닥뜨려야 할 과제라고 보았다. 이 세 가지의 원칙을 가지고 에릭슨의 인생 8단계의 심리적 과업과 위기를 설명한다.

에릭슨의 사회발달심리학은 애착이론 관점에서 각 단계에 어떠한 긍정적 발달이 있으며, 부정적 발달의 결과는 무엇인지를 양극성을 통해 살펴본다. 그래서 애착심리학은 애착의 과정에서 발생하는 상실과 박탈에 대한 내용을 볼 수 있고, 발달심리학은 각 발달단계의 특성이 무엇이고 부모의 민감성이나 잘못으로 인해 개인이 어떻게 발달에 도움을 얻거나 실패할 수 있는가를 보여 준다.

볼비의 애착이론은 부모와의 애착관계가, 특히 0~6세의 기간에 가진 애착의 긴밀성과 민감성이 얼마나 중요한지를 보여 주었다. 여기에 에릭슨의 발달심리학은 애착의 긍정적 형성과 부정적 형성이 성장하면서 인

각 단계	심리사회적 단계 위기	중요한 사람들	긍정 결과	부정 결과	사회 질서의 연관된 규칙	결속 의식	의식 주의
유아기	기본 신뢰 vs 기본 불신	어머니	희망	움츠림	우주적 규칙	신비적	우상주의
초기 아동기	자율성 vs 수치, 의심	부모	의지	충동	법과 규칙	판단적	율법주의
놀이기	주도성 vs 죄의식	기본 가족	목적	억제	이상적 원형	드라마적	도덕주의
학령기	근면성 vs 열등감	이웃, 학교	자신감	무력증	기술적 규칙	형식적 (기술적)	형식주의
청소년기	정체성 vs 정체성 혼란	동료와 외집단: 리더십 모델	충성심	거부	이상적 세계관	이상적	전체주의
청년기	친밀감 vs 고립감	우정, 남녀, 경쟁, 협력 속의 사람들	사랑	배타성	협동과 경재의 양식	관계	엘리트주의
중년기	관대성 vs 침체성	분배된 노력과 나누는 가족	돌봄	거부성	교육과 전통의 영향	관대적	권위주의
노년기	통합 vs 절망	인류, 나의종족	지혜	경멸	지혜	철학적	독단주의

출처: Erik Erikson, E. (1994). *The Life Cycle Completed*, pp. 32-33.

생의 각 단계에서 어떻게 긍정 · 부정의 발달로 갈 수 있는가에 대한 예측을 상담자나 내담자가 생각할 수 있는 일종의 도표를 제공한다. 더구나 각 발달단계에서 사람이 본질적으로 성장하고자 하는 방향이 어떤 것이고 여기에 외부적 환경 요인이 어떻게 영향을 미치는지를 상세하게 제공하고 있다.

1) 유아발달 초기의 과업과 문제

(1) 양육의 긍정적 결과: 신뢰 형성 결과-희망

애완견에 대한 자료를 보면 애완견도 애착형성 기간이 있다고 본다. 사람에게도 마찬가지다. 에릭슨은 인간발달에 있어서 0~1세 기간에 가장 중요한 과업을 '기본 신뢰' 형성에 두고 있다. 신뢰를 볼비의 용어로 해석하면 애착이다. 이 기간은 갓 태어난 아이가 생소한 외부 환경에 적응하면서 세상에 대한 자기 적응을 시작하는 때이며, 이때 가장 중요한 사람이 어머니다.

외부 환경에 아이가 적응한다는 것은 아이에게 세상에 버려진 것과 같은 느낌을 들게 한다. 그래서 우리 조상이 말하는 백일잔치의 의미가 있다. 오래전에는 백일을 기점으로 아이가 세상에 적응하여 살 수 있는지 아니면 사망하는지를 판단했다. 그래서 백일되는 시점까지 생존하면 백일잔치를 해 주는 것이다.

태어난 아이가 어머니의 우호적 돌봄을 지속적으로 받게 되면 애착이 긍정적 발달로 이어지게 되는데, 결국 외부세계 대상인 돌봄을 제공하는 어머니에 대한 신뢰가 발생한다. 이 시기에는 아이나 부모를 통해서 자기에 대한 신뢰가 아니라, 그거보다 더 기초적인 부모에 대한 기본적인 신뢰를 형성함으로써 이제는 자기 맘 속에 희미한 희망을 갖게 된다. 어머니가 아이에게 감싸 주는 환경(holding environment)이 되면 아이가 가진 외부 환경에 대한 두려움은 없어지게 된다. 이제 공포스러운 모든 환경이 조금씩 우호적인 환경이라는 것을 인식한다. 그래서 에릭슨은 이 일련의 과정이 마치 우주의 법칙과 같은 신비로운 현상 속에 있다는 것을 말하였다(Erikson, 1994).

대상관계학자 위니컷은 어머니의 돌봄의 내용과 상징적으로 나타나는 모습이 유아발달의 질을 결정한다고 보았다. "언제나 어린아이를 보면 사람은 어머니 돌봄을 보게 된다. 어머니 돌봄 없이 유아란 있을 수 없어 유아와 어머니 돌봄이 하나의 유닛을 만든다." (Winnicott) 어머니의 바른 돌봄은 아이에게 진실된 자기(true self)를 형성하게 되는데, 위니컷은 이 진실된 자기를 정신실체(psychic reality)와 동일한 것으로 보았다. 진실된 자기를 무대의 배우로 비유했는데, 배우는 무대와 영화에서 자신의 역할을 하지만 자신의 역할이 없을 때 실의에 빠지고 의욕도 없어지는 배우는 진정한 배우가 아니다. 이들이 실의에 빠지는 것은 연기하는 자신과 실제의 자신이 다르다고 생각하기 때문이다. 진실된 자기는 이러한 실의에 빠지지 않는다. 왜냐하면 자기 자신의 존재성을 이미 가지고 있기 때문이다.

우리 인생은 진실된 자기를 형성해 나가는 과정이다. 어떤 내부 · 외부 환경에 의해서 왜곡되지 않는 나를 가지고 건강하게 살아가는 것이 우리에게 필요하다. 이 진실된 자기의 가장 기본적인 형성은 인생의 기간 중 0~1세에 이루어진다. 그리고 이러한 기본적인 형성은 후에 성장하면서 자신이 이 세상의 환경으로부터 홀로서기를 할 수 있게 한다. 이렇게 홀로 설 수 있는 것은 어머니의 질적인 돌봄이 아이에게 내사(introject)되어야 하고 아이의 개인적 성격에 쌓여 갈 때 가능하다.

기본 신뢰를 형성한 아이는 이제 밖의 것들과 보이는 사람들이 공포와 두려움의 대상이 아니라 모험, 공동체 형성, 그리고 호기심 어린 눈을 가지고 탐색해야 할 대상이라는 생각 속에 희망을 가지게 된다. 어머니의 우호적 환경이 한 아이에게 공포를 희망으로 변하게 한 것이다. 즉, 신뢰 형성은 주변의 모든 것들이 아이의 눈에는 신비감에 차 있게 만들게 된다는 점이다.

(2) 양육의 부정적 결과: 불신 형성 결과-폭식과 폭식적 가치관

폭식은 매우 상징적인 의미를 가지고 있다. 유아가 이 시기에 부모로부터 정신적인 것과 함께 먹는 것에 대한 부적절한 공급을 받게 되면 음식에 대한 강한 집착을 보일 수 있다는 의미다. 음식이 아이의 요구에 의해서 적절하게 공급되면 아이가 음식에 집착하는 증상을 보이지 않지만 매우 불규칙적으로 음식이 공급되면 자기에게 온 음식은 절대 놓치지 않으려는 심리가 곧 폭식이고 집착이 되는 것이다.

유아는 자신이 요청하는 대로 부모가 움직일 때 자신에 대해 긍정적으로 되고 부모에 대한 신뢰를 통해서 외부 세계에 대한 탐험과 호기심을 가진다. 그러나 요청을 해도 부모가 불규칙하고 예측불허의 반응을 보인다면 아이는 자신의 마음을 서서히 닫아 버릴 것이다. 음식이나 장난감이나 부모를 나만 가지겠다는 것은 그만큼 박탈을 많이 당했기 때문에 뺏기지 않으려는 경향이 부정적으로 발전한 것이다.

자아가 형성되고 있는 아이에게 음식을 절제시키고 훈련을 시킨다는 것은 인생 초반의 유아에게는 매우 불합리한 것이다. 배고픈 아이는 먹어야 하고, 졸음이 오는 아이는 재워야 하고, 아픈 아이는 돌봄을 받아야 하고, 배변을 하여 불편한 아이는 부모가 무조건 치워 줘야 한다. 아이는 이것을 통해서 자아의 긍정성이 발달하는 것이다. 이런 돌봄을 제공받은 아이는 타인에 대한 넉넉함을 가지게 되고, 음식이나 물건에 대해 집요하게 애착하지도 않는다.

IMF 차관을 얻은 아르헨티나에 대하여 경제학자들이 IMF 기간이 늘어나면 일반인도 잠재적인 도둑이 될 수 있다는 경고를 했다. 우리 몸에는 약해질 가능성도 강해질 가능성도 있다. 이 가능성이 어느 쪽으로 가느냐는 평상시 자기관리를 어떻게 하느냐에 대한 것과 외부 환경이 어떤 가능성으로 이끌어 주느냐에 의해 결정된다. 중요한 것은 어떠한 방향이든 어린 시기에는 아이의 요구에 대하여 민감한 반응을 해 주는 아이가 되어야 한다.

배고파 우는 아이에게 불규칙적으로 공급되는 우유는 우유에 대한 미련을 접게 하기보다는 한 번 우유가 공급되면 집요하게 입에 넣고 배가 터지도록 먹고 입에서 놓지 않게 할 것이다. 입에서 이것을 놓는 것, 그리고 배가 터질 만큼 먹지 않는 것은 이미 풍족함과 정기적으로 공급되는 경험이 있기 때문이다. 이런 관점을 성인의 세계에 적용해 보자. 사람이 좀 더 나은 가치관으로 살거나, 자기의 것을 포기할 수 있는 것은 이미 전에 자기실현에 대한 어느 정도의 만족감을 가졌어야 가능하다는 논리가 발생한다. 예를 들어, 필자는 기독교인인데 기독교는 개인이 하나님의 종의 모습으로 살거나 희생적인 삶을 살기를 우선하도록 한다. 그러나 심리학적 관점에서 보면 자기가 사랑받지 못하고 존중받지 못하고, 자기실현에 대한 맛을 보지 못한 사람이 종의 모습으로 사는 것은 매우 불가능하다. 자기의 정신적 결핍 때문에 희생과 섬기는 종의 인생을 살 만큼 넉넉하지 않기 때문이다. 오히려 개인으로 하여금 하나님이 각 개인에게 준 독특한 특성을 잘 살려 자기실현의 맛을 보도록 하고, 그 자기실현을 기초로 하여 섬기는 종으로 사는 것을 추구하는 것이 맞을 것이다.

폭식 증상은 기본적으로 신체적 · 정신적으로 돌봄을 받지 못한 사람이 보이는 증상이다(Capps, 1983). 폭식은 눈에 보이는 것을 당장 입에 넣고 채우는 과욕인데, 이것은 기다리지 못하는 것, 즉 인내라는 사회성 결여와 연관이 된다. 배고픔의 기다림은 불쾌한 고문의 기억과 같은 것이기에 미래와 기다리는 것, 한 단계씩 단계를 기다린다는 것은 쉽지 않기에 눈에 보이는 것과 만족이 될 만한 것에 온통 집중하고 있다.

> 폭식은 어떤 것에 대해서도 특별한 가치를 부여하지 않는다. 다만 먹고 소화시켜 버리는 것이다. 맛을 보지 않고 다만 삼켜 버린다(Capps, 1983, pp. 44-45).

폭식적 인간관과 가치관을 가지면 삶의 의미와 미에 대한 무관심을 가지는 것이고, 질적인 것보다는 양적인 것에 관심이 많고, 방법과 수단을 가리지 않고 자기가 추구하는 것을 성취하려는 경향을 가진다. 건강한 사람은 과거를 회상하기도 하고 미래를 기대하고 기다릴 수 있는 사람이다. 현실은 과거로 인해 거리를 두고, 또한 미래와 거리를 두고 긴장을 가지게 될 때 인간이 정신적으로 건강하게 된다. 그러나 폭식적 인간관은 인간에게 의미와 의미를 뛰어넘는 것을 표현한 상징(symbols)을 모두 파괴해 버린다(Poling, 1991). 눈으로 보고 만질 수 있고, 먹을 것을 제공하는 물질만이 모든 것이라는 집착에 빠질 수도 있다. 그리고 그것을 무차별적으로 신뢰한다.

2) 초기 아동기 발달의 과업과 문제

(1) 양육의 긍정적 결과: 자율성 확보–의지

자신의 손과 발을 비롯해서 몸을 조금씩 움직일 수 있는 초기 아동기(2~3세) 아이는 새로운 세계에 대한 경험 속으로 들어간다. 이 시기에 중요한 것은 대소변을 가리는 것이다. 자율적으로 자신의 괄약근을 사용하여 처음으로 방출하는 용변의 중요성이다. 그런데 부모가 이 시기에 아이의 용변 태도나 과정에 대하여 이해와 수용을 함으로써 자율성의 초석이 된다.

인생은 의존할 수밖에 없는 초기단계에서 이제는 자율적 단계를 위한 첫 단추를 끼우는 것이다. 아이의 움직이려는 자율성에 대하여 민감성을 가진 양육자는 아이가 하는 것에 대하여 지지와 격려 때로는 인내를 가지고 참고 기다려 주는 것이 이 시기에 필요하다. 아직 어른과 같은 시간개념도 형성되어 있지 않고, 모든 것이 신비롭고 탐험과 호기심의 대상이 될 수 있는 이 시기에 용변도 같은 맥락이다. 자기 몸의 현상을 통해 배출된 용변은 그러한 의미에서 하나의 창작물이다. 이 창작물을 만드는 과정에서 부모로부터 지지를 받는 것이 곧 아이가 허락을 받았는지 불허를 받았는지의 느낌을 가지는 중요한 결과를 초래한다. 허락을 받은 아이는 자신의 창작물과 과정에 대한 긍정적인 반응을 가지는 것이고 허락을 받지 않은 아이는 부정적인 반응을 가지는 것이다. 아이의 용변이 더럽다는 시각은 어른의 시각이다. 용변은 깨끗한 것이 아니지만 우리 몸의 과정에서 배출된 것이기에 아이는 부모가 용변의 과정에 대하여 비판을 하게 되면 그것이 곧 불허라고 생각하고 자신에 대한 비난으로 들릴 수도 있다.

> 의심할 것 없이 (이 단계에 있는 아동은 부모가) 허락하거나 불허하는 목소리의 음색과 말에 이미 나타난 것과 같이 무엇이 잘못된 것인지 잘한 것인지 혹은 깨끗한 것인지 더러운 것인지를 이미 파악하고 이러한 반응을 자기 내부의 양심과 외부적 규칙에 연관시키려고 준비한다 (Erikson, 1977, p. 92).

부모의 허락과 불허락이 무엇이지, 왜 부모가 이러한 것을 했는지에 대하여 나름대로 생각을 하면서 자기를 부모에게 맞추어 나가는 시기이기도 하다. 불허락의 코드와 허락의 코드를 조금씩 파악하여 내면화시켜 행동의 지침으로 가지는 것이다. 부모로부터 인정과 허락을 받은 아이는 자기의 의지(will)가 발생한다. 이것은 최초로 나도 무엇을 할 수 있는 것을 부모를 통해 인정받은 순간이다. 결국 여기서도 부모의 인내와 민감성이 아이의 의지력을 키울 수 있다.

(2) 양육의 부정적 결과: 수치심, 의심, 충동-미숙한 부모의 자기우월

부모가 자녀에게 주는 수치심은 뿌리 근간이 흔들리는 것을 의미한다. 남들이 지적하여 부족함을 느끼는 것은 수치심이란 표현을 쓰지 않는다. 뿌리 근간이 흔들리는 것은 부모가 자녀에게 말하는 내용이나 속에 있는 정서적 감정이 그만큼 중요한 영향을 미친다는 것이다.

아이가 자신이 한 일로 인해 부모로부터 수치심을 느끼고 자신이 하는 일에 대하여 무시를 당하게 되면 분노와 화를 가질 수 있고, 후에는 복수의 감정을 가지게 될 수 있다. 그리고 이 수치심은 외부 세계로부터 자신을 단절시켜 통제한다. 이런 도식으로 보면 모든 분노와 폭력의 기원은 수치심에서 시작된다. 수치심은 힘이 없는 어린아이나 나약한 심성을 가지고 있는 사람이 느끼기 쉽다. 그러나 자아가 발달하면 자신에게 비합리적으로, 강요적으로 또는 폭력적으로 수치심을 느끼게 하는 사람에게 분노를 가지게 되고, 언젠가 힘을 가지게 된다면 그 사람에게 복수하겠다는 생각을 가지게 된다.

부모는 왜 자녀에게 수치심을 주는가? 이 질문에 대한 답은 부모가 가진 법과 사랑의 딜레마에 대한 것이라고 본다. 유아는 언어를 이해하지 못하지만 부모의 정서적 표현과 얼굴, 감정 그리고 목소리의 톤을 통해서 부모가 자신을 수용하는지, 사랑하는지, 싫어하는지를 안다. 앞서 우리가 살펴본 바와 같이 애착유형의 대부분은 부모로부터 대물림된 것들이다. 아이가 신체적으로 움직이면서 활동량이 늘어나는 이 시기에 아이의 감정을 읽을 줄 모르는 부모는 자신이 생각하는 법과 사랑에 대한 혼란 가운데서 자녀를 양육한다.

일단 모든 법이나 인간관계에서 우선이 되어야 하는 것은 '사람'이다. 이것은 종교도 예외가 없다. 우리는 마치 절대자나 신을 위한다고 말을 하면서 종교의식과 법에 치중을 하는 경우도 있지만 대부분 이런 경우에는 사람이 다치게 된다. 사람을 희생해서라도 종교와 절대자를 위한다고 생각하는 사람의 경우는 그들이 믿는 것이 신앙이 아니라 개인적인 강박신경증에 시달리는 증세라고 볼 수 있다. 프로이트는 신앙 행위와 강박신경증에는 상당히 유사한 점이 많다고 보았는데, 그중의 하나는 자신이 어떤 일을 완벽하게 함으로써 마음속에 있는 양심의 가책을 없애는 것이다. 즉, 어떤 일을 행동으로 옮김으로써 자신 내면에 가진 마음의 짐을 없애 버릴 수 있다고 믿는 것이다. 이래서 완벽과 완전을 추구하게 된다. 그리고 이 완벽과 완전을 추구하면서 도구로 쓰는 것이 '법' '교리'와 같은 것이다. 실은 이들은 매우 아픈 사람이다. 무엇을 함으로써 자신을 곤경에서 구해 보려는 것이다.

부모는 이 시기 전에 무조건적인 민감성을 가지고 유아의 본능적 욕구에 부응함으로써 유아에게 세상이 살아볼 수 있는 가치와 여건을 가진 곳이라는 '희망'을 심어 준다. 이후 조금은 성장한 아이에게 할 수 있는 것은 이제는 서서히 법과 사랑이라는 것이 있다는 것을 알게 해 주는 것이다. 세상에서 아이를 망치려면 아이가 요구하는 모든 것을 들어주거나, 부모가 알아서 챙겨 주면 된다. 조금은 자아가 형성되려는 이 시기에 아이가 내 본능대로, 내 욕구대로 살 수만 없다는 것을 알아 가는 것은 매우 현명한 사회적응 방법과 대인관계를 배우는 것이다. 내가 원하는 대로 살아가는 것만이 아니라, 내가 살아가기 위해서는 법과 규칙을 지켜야 한다는 것을 알아 가는 것이다. 그리고 이 법과 규칙을 지키는 것은 나와 이웃 그리고 공동체와의 건전한 공생관계를 형성하는 것이다. 이것을 위해 때론 내가 양보하고, 내가 하고 싶은 것을 포기하고 타인을 배려하고, 그 배려를 통해서 타인과 공동체가 더 잘되어 가는 것을 배우는 과정이다.

법과 사랑은 항상 어디서든지 견제하면서 공존해야 하는 것이 원칙이지만, 잘못된 양육은 둘 중의 하나만을 추구한다. 중요한 것은 법과 규칙은 필요하지만 모든 것은 사람이 우선이기 때문에 사랑에 기초한 법과 규칙이 이루어져야 법의 규제와 벌을 받는 아이가 마음의 상처를 받지 않는다는 점이다. 어린 시절 우리가 교사나 부모를 통해 벌을 받을 때를 기억해보자. 필자는 중학생 시절에 기억이 간혹 떠오른다. 좋은 선생님들이 너무나 많이 있었지만 좋지 않은 기억도 있다. 한 선생님이 옆의 친구를 슬리퍼로 머리를 친 적이 있다. 어린 시절 무어라 표현할 수는 없었지만 우리는 모두 수치심을 느꼈다. 선생님으로부터 모멸감을 느낀 것이 아직도 마음에 남아 있다. 아이가 잘못이나 실수를 해서 부모가 훈계나 벌을 줄 때 사람을 먼저 생각하지 않으면 그것은 아이들에게 수치심을 준다.

"뜻을 알면 문자를 버린다."라는 말이 있다. 문자는 성문률인 법이고, 뜻은 사람에게 집중되어 있는 것이다. 그래서 모든 법은 사람을 살리는 것이 우선이 되어야 사람들에게 감동을 준다. 그러나 부모로서 자녀를 양육할 때 우리는 뜻보다는 문자에 급급하여 양육의 초점을 빗겨 나가는 경우가 있다. 아이를 먼저 생각하지 못하고 사람을 먼저 생각하지 못하는 것은 일종의 인간이 가진 도덕적 사디즘(moralistic sadism)으로 본다(Capps, 1983). 사디즘은 상대방에게 성적으로 고통을 줌으로써 그 고통 가운데 있는 피해자를 보면서 희열을 느끼는 정신질환이다. 도덕적 사디즘은 자신이 도덕적으로 살고 있고, 법을 지키고 있다고 생각하고 법과 규칙을 지키지 않는 사람을 학대하면서 그 피해자의 고통을 즐기는 것이다. 사실은 이 도덕적 사디즘은 종교적 사디즘(religious sadism)과도 같은 맥락이다. 같은 종교생활을 하는 사람이 자기보다 종교생활을 하지 못하는 사람을 비난하면서 느끼는 희열을 말한다. 도덕이나 종교의 최고 목표 중의 하나는 자신에 대한 수련인데 이것보다는 타인을 판단하는 것에 익숙해짐으로써 도덕과 종교가 타인을 비난하는 도구가 된다. 기독교 역사에 길이 남을 성자 어거스틴(St. Augustine)은 4세기의 인물인데 비슷한 의견을 피력했다. 그는 매우 경건한 노선을 걷는 사람이었지만 생각에 있어서는 여러 가지로 앞서갔다. 그가 한 말 중 획기적인 것은 "사람이 하나님의 뜻을 바로 알면 성경을 버릴 수 있다."는 말이다. 성경은 하나님 뜻을 알기 위해 신자들이 읽는 도구이지 목적이 아니라는 의미다.

필자의 아들이 중학생 무렵이었다. 지나고 보니 이른바 '중2병'을 앓고 있었던 것 같다. 그 시절에는 저녁시간에 맞추어 예배를 드리곤 했는데 중학생이 되면서 아이는 부정적인 반응을 보이기 시작했다. 학교에서 무슨 일이 있었는지, 하루 일과가 어땠는지 물어보았지만 모르쇠로 일관했다. "아무 일 없었어요."라고 대답할 뿐이었다. 답답한 하루하루가 지났는데 어느 이른 봄날 토요일 저녁시간에 눈이 많이 내렸다. 집 뒤편 운동장에 하얀 눈이 가득 쌓였고, 필자는 아들에게 나가서 축구를 하자고 제안을 했다. 30여 분간 운동장에서 눈을 밟으면서 운동을 했다. 그러고 나서 집안에 들어왔는데 쌀쌀한 날씨지만 몸에 땀이 흘러 거실에 앉아 있는데 아들이 나에게 학교에서 어떤 일이 그동안 있었는지 30분 정도 상세하게 설명을 했다. 나는 그때 깨달은 것이 있다. 예배는 중요한 것인데 이 예배 중에도 자신의 경험을 말하지 않던 아이가 함께 운동을 한 후 말을 했다는 것은 내가 착각하고 있던 것을 무너뜨리기 시작했다.

예배는 일종의 법이다. 어떤 경우에는 예배가 사람을 보지 못하면 법만을 이야기하고 끝날 수 있다. 무엇을 하든지 사람을 볼 수 있는 마음이 없으면 법으로써 사람을 조이게 된다. 부모가 아이를 양육하면서 실수하는 것도 같은 맥락이다. 마치 부모는 완전한 것처럼 위장하기도 하면서 아이들을 학교공부라는 법, 숙제라는 법 등으로 조인다. 그리고 그 안에는 사람을 느낄 수 있는 한 치의 공간도 없는 것 같다. 법과 규칙이 부모로부터 자녀에게 언급되지만 정작 이 말을 듣는 자녀는 부모로부터 어떤 사랑이나 관심을 받지 못하는 것이다. 결국 미숙한 부모는 자녀에게 사랑이 없는 법과 규칙만을 강조함으로써 자신이 가진 가학성이나 콤플렉스를 자녀에게 비추어 불안을 해소하는 것이다.

법과 규칙만을 강조하는 것은 부모가 그것을 지키기 위한 것이기보다는 경직성이 있기 때문이다. 법을 전공하는 한 교수가 기고한 글에 재미있는 내용이 있었다. 법을 업으로 해서 살아가는 사람들, 즉 검사나 판사 그리고 그 과정을 수학을 하는 사람들이 반드시 병행해야 할 것은 '시(時)'와 친밀하게 지내는 것이다. 법은 원칙만을 강조하기에 사람이 경직되기 쉽지만 시는 원칙을 넘고 함축된 언어로 정서적 영역을 표현하는 것이기 때문이다. 이 두 가지는 대립하지 않고 서로가 보완해 줄 수 있는 역할을 하기 때문이다.

가정에서 법과 규칙이 필요 없다는 말은 아니다. 그러나 법과 규칙 이전에 자녀에 대한 사랑이 바탕이 되지 아니하면 모든 것은 부모가 가진 강박증, 경직성 그리고 콤플렉스에서 기원해서 아이에게 투사되는 것이다. 다른 한편에서는 이러한 투사를 통해서 부모는 자기의(自己義)를 보이는 이기성에 기초한 것이다. 엄격한 의미에서 부모가 성장과정에서 배려와 사랑을 받지 못함으로써 맺혀 있는 감정의 덩어리가 자녀에게 교묘하게 투사되어 자기는 바르고 아이는 그렇지 않다는 이분법적 구조를 가지는 것이다. 그리고 자신의 지적과 비난을 통해서 괴로워하는 자녀를 보면서 어린 시절에 자신이 경험한 불유쾌한 경험들을 재현하는 것이다.

어떻게 이러한 투사와 콤플렉스를 완화시킬 수 있을까? 자녀가 가진 생명의 존엄성(dignity)을 부모가 볼 수 있도록 개선의 노력을 해야 한다. 존엄성은 사람이 만드는 것이 아니라 창조자로부터 부여되는 것이다. 생명을 존중하는 마음을 우리가 수련한다면 법과 규칙을 넘어설 수 있는 유연성을 가지게 된다. 앞서 안정애착 부모 유형과 아이 유형을 본 것과 같이 이들이 공통적으로 가진 것은 자신이 있으면서도 자기가 완벽하다는 것을 인정하고, 유연성을 가지고 사람들과 관계성을 가진다는 점이다.

곰을 사육하는 한 사람이 있었는데, 그는 곰과 친밀감을 유지하면서 곰을 방송이나 영화에 출연시켜 생활하는 사람이었다. 그는 농장에서 곰과 같이 장난하는 모습을 카메라에 담았는데, 마치 부자간에 같이 놀이를 하는 것과 같이 씨름을 하고 뒹구는 모습이다. 사육사가 일어서니 곰도 일어나서 서로의 팔을 상대방의 어깨 위에 걸치고 곰은 자신의 입을 열어 사육사의 머리가 들어가도록 벌리고 있다. 이 일이 끝이 나면 사육사는 얼굴을 곰에게 가까이 하고 곰은 손바닥 크기의 혀를 내밀어 얼굴 전체를 쓰다듬어 주는 광경이 보였다. 취재하던 기자가 곰과 사람이 이렇게 사이가 좋게 된 이유를 물어보자 사육자는 자신은 곰의 존엄성을 우선 인정했다는 말을 했다.

동물과 사람은 언어와 문자로 교류할 수 없지만 사람이 동물을 향해 존엄성을 인정한다는 정서적 코드는 곰의 마음을 움직이면서 공생하는 관계로 발전한 것이다. 부모가 가진 법과 규칙에 대한 경직성이 자녀의 존엄성을 얼마나 해치게 되는지 엄밀하게 생각하여야 할 것이다. 존엄성을 가지지 않으면 후에 아이는 부모에게 분노를 표시하게 될 수도 있을 것이다.

3) 놀이기의 과업과 문제

(1) 양육의 긍정적 결과: 주도성-목적

놀이기(4~6세)에 아이에게 영향을 미치는 범위는 부모에서 가족으로 넓어진다. 그리고 아이는 활동 반경이 넓어져 또래 집단과 어울리게 된다. 이 놀이기에 또래 집단과 함께 놀이생활을 하면서 아이는 전 단계보다 능동적이고 적극적으로 될 가능성이 있다. 놀이를 하면서 아이는 자신의 영역과 자기 것만을 가지려고 함으로써 남의 것에 간섭하고 침입하려는 특성을 가질 수 있다. 이것은 자신만이 많은 공간을 확보하려는 의도성을 가지고 있다고 할 수 있다.

> 놀이기에 아동은 자신의 미세한 현실(micro-reality) 안에서 과거 경험으로부터 안도시키고, 정정하고, 재창조하고, 모든 창의적인 의식(ritualization)을 형성시키는 자발성과 수용성을 가지고 미래의 사건과 역할을 기대하도록 하기 위하여 장난감을 사용한다(Erikson, 1977, pp. 99-100).

이 시기에 아동은 심신이 건강하게 성장하려면 놀이를 즐길 수 있는 것이 필요하다. 개인적으로 하는 놀이이든 집단적으로 하는 놀이이든 놀이는 아동에게 여러 가지로 공헌을 한다. 놀이를 통해서 아동 자신이 그 놀이 주인공이 되는 세계를 만들어 나간다. 그리고 그 놀이 안에서 온갖 구상(plot)을 하여 역할을 배분하고 자신의 역할을 찾거나 만들어 나간다. 일종의 상상력을 동원한 놀이이지만 이런 것을 통해서 아동은 자신이 처음 가지는 주도성을 가지게 되고, 여기에 자신의 의지(will)를 가진다. 비로소 자신이 무엇을 할 수 있다는 자립적인 생각들을 키워 나가는 시기다.

사람들이 여유가 없는 것은 놀이라는 정서적 영역에 익숙하지 않는 것도 있고, 이것이 얼마나 사람이 가진 불안 정서를 상쇄시키는지 무지하기 때문이다. 에릭슨은 놀이가 아이가 가진 과거의 불안경험에서 오는 고통에서 아이를 조금 떼어 놓아 공간을 가지게 하는 효과가 있음을 말하였다. 문제가 발생하면 사람은 그 사건에 오히려 더 집중하여 고민을 하게 됨으로써 문제를 더 악화시킬 수가 있고 자신에게도 좋지 않다. 문제의 해결은 그 문제에서 거리를 두고 공간을 가짐으로써 해결의 실마리를 가질 수 있다. 그래서 문제를 객관적으로 볼 수 있도록 하고 재창조적인 작업을 할 수 있도록 만든다. 더구나 좋은 것은 이러한 놀이가 미래 세계에 대하여 자발성과 수용성을 가지고 기대하게 하는 역할을 한다는 점이다.

경비행기를 운전하는 사람들은 비행기가 바람이나 외부적 여건에 의해 요동을 칠 때 운전대를 더 견고하게 잡으면 비행기가 추락할 가능성이 있다고 본다. 이때 살 길은 꼭 잡은 운전대에서 손을 떼는 것이다. 그러면 오히려 비행기가 자연스럽게 평형을 유지할 수 있다고 한다. 자동차 운전도 같은 맥락이다. 눈길이나 얼음길에 미끄러졌을 때 급하게 브레이크를 밟거나 핸들을 틀면 사고가 날 가능성이 있다. 조금은 여유를 가지고 천천히 운전하는 것이 사고를 방지할 수 있는 길이다.

자기가 가진 이상을 장난감 놀이에 표현하도록 하여 이것이 긍정적으로 되면 자발성을 가지는 것이다. 건강한 아이는 자발성이 강하고 무엇인가를 해 보려고 한다. 정신적으로 아프거나 병이 들면 아이는 움직이지 않고 구석에 앉아 있는데, 병든 병아리가 구석에 박혀 있는 것과 같다. 건강한 아이가 움직이면서 발생하는 자잘한 사고는 긍정적이다.

아이를 마음껏 놀게 하라. 이것은 가장 심리적으로 건강한 아이를 키우는 방법이다. 공부하는 것이 적당한 놀이를 못하게 한다면 공부를 버려야 할 것이다. 놀이는 아이로 하여금 자신의 세계에서 온갖 상상을 하며 자신이 그 상상 안에서 해야 할 역할을 만든다. 비록 이런 일이 공부하는 것보다 눈에 보이는 결과들은 적지만 장기적으로 보면 이 아이들이 세상을 긍정적으로 살 수 있는 활력을 갖추게 된다.

> (놀이라는 것은) 신성한 초월성의 신호다. 왜냐하면 놀이를 통해서 사람들은 일상생활에서 다른 곳으로 옮겨지는 것 같이 느낄 수 있을 뿐만 아니라 평범한 시간에서 영원 속으로 가는 것처럼 느끼게 된다(Berger, 1970, p. 189).

놀이가 현세에서 초월성을 느끼게 한다는 것은 아이의 경우에는 상상 세계에 살도록 하는 것이다. 영화감독 스티븐 스필버그(Steven Spilberg)는 자신의 머리에 하늘의 별들이 쏟아진다는 말을 하곤 했다. 자신의 상상력이 하늘의 별과 같이 많이 있다는 표현이다. 되풀이되는 일상은 죽음과 같은 것이다. 당장은 되풀이되는 것이 업적과 결과를 좋게 하는 것 같지만 장기적으로 보면 매우 일방적인 삶이다.

철학자 마틴 부버(1979)는 인간에게는 두 가지의 삶이 있다고 보았다. ① 업적과 결과를 중심으로 살아가는 삶과 ② 사람과 자연을 중심으로 살아가는 삶이다. 첫 번째 삶을 살아가는 사람들은 그들이 하는 일이 인생 초반에 두각을 나타내고 관심의 대상이 될 수 있지만 인생 중반을 넘어가면 황폐해진다고 보았다. 왜냐하면 이들은 일 중심이고 업적 중심이기 때문에 그 안에 사람이나 자연에 대한 생각이 없이 결과만을 바라보면서 살아가는 사람이다. 이들이 하는 일들은 매우 일방적이고 직설적이고 상대를 고려하지 않으며, 모든 결과는 자신으로 인해 만들어진다고 생각한다. 그리고 이러한 사람들의 경향은 보이는 것과 외관에 대한 관심이 많다는 점이며, 이런 이들이 많은 사회는 수직적 사회라고 보았다.

두 번째 삶을 살아가는 사람들은 사람과 자연을 중심으로 살아가는데 이들의 인생은 인생 초반이 힘들다. 그러나 이들은 인생 중반에 자신의 잠재성이 나와 비로소 꽃을 피우게 된다고 여긴다. 매우 수평적 사회를 지향하고, 서로의 노력을 통해서 일이 이루어진다고 보는 사람들이다. 놀이는 어쩌면 수평성을 지향하는 사람들을 만들어 내는 것이다. 매일 되풀이되는 일상은 득보다는 독이다. 일상을 떠나 공간과 시간을 갖게 되는 것이 현세에서 초월성을 생각할 수 있는 기회라고 본다. 물론 사람이 초월적이 된다는 것은 아니지만 일상에서 잠깐이나마 숨을 돌릴 수 있는 기회는 초월성을 향한 신호라는 의미다. 이런 놀이시간은 평범한 시간을 보내는 것 같지만 영원 속에 있는 것과 같은 시간을 가지게 한다는 것이다.

놀이, 정서적 해결을 할 수 있는 방법을 모색하지 않으면 아이도 어른도 경색된다. 어쩌면 우리 사회에서 발생하는 많은 싸움, 자살, 정신질환, 심지어 종교기관들의 문제에도 정서적으로 너무 경직된 사회가 놓여 있기 때문일 것이다. 정서적으로 자신을 풀 수 있는 기회가 없는 사람은 문제가 발생하면 남과 다투기가 쉽다. 이 문제는 아이가 놀이기에 들어갈 때 아직 자기중심적이어서 자기 영역에 대한 관심에 몰두하게 되는데 이때 부모는 자녀에게 자기 영역을 확대시킴으로써 타인 영역을 침해하는 것에 대한 의미를 교육해야 한다.

놀이기 때 아동은 자기 영역과 타인 영역에 대한 명백한 구분이 없을 수 있다. 그러나 놀이를 하면서 타인의 영역에 들어갈 때는 이해를 구해야 한다는 것과 협상을 통해서 놀이가 진척될 수 있다는 것들이 교육되어야 한다. 자기중심적인 본능이 있기 때문에 교육과 사회의 분위기에 의해 남을 배려해야 한다는 사회성이 교육되어야 한다. 그럴 때 아이는 자기 것에 대한 양보나 협상을 통해 서로를 배려하는 사회성 기술을 조금씩 습득하게 된다. 사실, 이러한 교육은 미래에 리더로 활동해야 하는 중요한 과정이다. 이렇게 남과 나의 관계성을 배우고 협력과 대화를 통해서 수평성과 수직성을 골고루 갖춘 인재가 양성되는 것이다.

(2) 양육의 부정적 결과–탐욕/죄의식

에릭슨의 발달단계이론에서 각 단계는 전 단계와 후 단계와 면밀하게 연관되어 있다. 즉, 전 단계가 부정적으로 발달하면 현 단계도 부정적 출발을 할 수 있다는 의미다. 이 시기에 아이가 부모와 사회를 통해 이웃과 타인에 대한 배려 없이 방치나 방관된다면 아이는 본성에 따라서 자기의 것만을 고집하고 주장하는 사람으로 성장할 것이다. 이러한 교육은 항상 두 가지 차원에서 상호 보완되어야 한다. 첫째는 가정에서 부모를 통한 교육과 행동의 모델이다. 둘째는 사회가 가진 양식, 규범 그리고 건전한 양식들이 깃들어 있는 문화다. 사회는 만일 가정에서의 이러한 교육이 부족하거나 실패하게 될 때 이것을 보완해 주는 역할을 한다. 사회가 실패하게 된다면 그것은 상담자와 같은 인생의 멘토들이 우리가 사는 주변에 자리 잡고 있어 미흡한 과거를 보완 및 수정해 주는 역할을 해야 한다.

인간도 동물이다. 살아 있는 생명이라는 차원에서는 인간이 동물과 같지만 다른 점이 있다. 약육강식의 패턴이다. 하등동물일수록 약육강식의 패턴에 익숙하고 이러한 것을 행동에 옮기고 나서도 동물은 어떠한 양심의 가책도 느끼지 않는다. 동물적 본능에 익숙했던 것이기에 약육강식이 생활이고 일상이다. 그러나 고등동물일수록 약육강식의 패턴에서 벗어나 있다. 남을 침입하고, 허락 없이 남의 것이 탈취하거나 먹어 버리는 것은 인간이지만 동물적 본성만 가지고 있음을 말하는 것이다. 인간이 문명을 만들고 그 안에 문화를 만드는 것은 본능에 대한 조절과 승화를 통해서 사회성을 가지기 때문이다.

내 목적과 내 욕심을 위해 타인에 대한 고려함 없이 내 것으로 하려는 것은 인생의 출발부터 모든 대상은 탈취와 탐욕의 대상이 되는 것이다.

> 목적은 타인을 무례하게 대하지 않게 하는 것이다. 그리고 그들이 가진 고유성을 인정하게 하며, 반대로 공동의 목표를 향해 일하는 사람들에게 협력 정신을 가지도록 촉진한다. 목적이 제시될 때 탐욕에 대한 추구는 탐구의 정신으로 바뀐다. 탐욕은 "나는 이것을 반드시 가져야 해. 나에게 줘." 라고 말하는 반면, 목적은 "이것 재미있는데 어디에 쓰이지? 어떻게 작동하는 거지?" 라고 한다(Capps, 1983, p. 42).

인생의 분명한 목적이 약육강식이나 탐욕은 분명히 아니다. 이것을 위해 아이를 교육하거나 공교육을 구성하지는 않는다. 약육강식, 탐욕은 내 욕구의 분출이고, 내가 빼앗기거나 상실했다고 느끼고 생각하는 것으로 인해 지금 당장 눈에 보이는 것에 대한 욕심이다. 에릭슨의 발달단계의 부정적 결과의 도식으로 보면 '불신 → 수치심/분노 → 탐욕/죄의식' 의 순서가 되는 것이다. 결국 유아의 짧은 0~6세 기간에서의 잘못된 발달은 이제는 자신을 넘어서 남의 영역을 침입하고 탐욕이라는 함정에 빠지게 한다는 것이다.

살아가고 생존해야 하는 인생의 초반에 조금은 그럴듯한 목적이 있어 주변과 사람에 대한 호기심 어린 눈으로 동경과 물음 속에 사는 것이 아니라, 자신 내면의 세계가 너무나 혼란스럽고 궁핍하니까 모든 것이 탐욕의 대상이 되는 것이다. 탐욕을 가지고 소유함으로써 누리는 행복도 있지만, 만일 모든 것을 탐욕의 대상으로 생각하고 소유함으로써만 내가 존재한다는 것을 느끼는 사람이라면 얼마나 인생을 소유에 집중함으로써 소비하는가를 짐작할 수 있다. 에리히 프롬(Erich Fromm)의 말과 같이 탐욕과 소유가 중심이 된다면 정말 우리 사회 구성원은 소유함으로써 존재함을 느끼려는 매우 불안한 사회로 치닫고 있다.

소유를 부정하는 것은 아니다. 그러나 소유만을 생각하고 소유하기 위해 생존을 한다면, 우리는 더 큰 목적을 상실하는 것이고, 약육강식의 논리와 같이 동물적인 본성만으로 이 세상을 살아가는 사람이 되는 것이다. 소유보다 더 중요한 것은 자기 마음의 중심을 세우는 것이다. 이것을 통해 많이 가지지 않아도 자족할 수 있는 내면세계를 견실히 하는 것이 더 중요하다. 소유가 우리에게 가져다주는 즐거움은 분명히 있다. 그러나 소유에 대한 분명한 가치관이 성립되지 않으면 우리는 더 많이 소유함으로써 더 존재감을 느끼지 못하는 사람이 될 수 있다.

『어느 샐러리맨의 죽음』의 내용은 다음과 같다. 대학 졸업 후에 외판원을 시작한 한 남성의 이야기다. 그는 외판원 생활을 하는 도중에 결혼을 했다. 결혼 후 딸을 낳았고 몇 년간을 행복하게 지냈다. 그러다가 TV가 처음 출시되는 시기에 아내와 딸이 TV를 구입하자는 요구에 자신의 봉급과는 적합하지 않는 고가였지만 이것을 무릅쓰고 구입했다. 한동안 아내와 딸이 자신을 칭찬하는 맛에 직장생활을 할 만했다. 여름이 다가오는 어느 시기에 아내와 딸은 옆집에서 냉장고를 구입하여 사용하는 것을 보고 또다시 냉장고를 구입하자고 남편에게 애원을 했다. TV보다 더 고가인 냉장고를 구입하기란 자신의 생활에 너무 벅찬 것을 알았지만 못하겠다는 말을 하지도 못하고 구입할 수 있는 길을 알아보기 위해 나간 그는 5일간 집에 들어오지 않았고, 급기야 아내는 남편의 실종을 경찰서에 신고했다. 며칠이 지난 후 딸은 엄마에게 자신이 며칠 전에 문 밖에서 자신을 부르는 아버지의 목소리를 들었는데 밖으로 나가 보니 자신이 보는 앞에서 아버지가 조금씩 형체가 없어지더니 마침내 모습이 사라졌다고 말했다. 사실, 이 이야기는 물질세계에서 탐욕이 인간의 목적을 상실시키는 비극을 풍자한 소설이다. 탐욕은 남을 배려하지 않는 결핍과 상실에서 오는 것이며,

이것이 결국 타인과 자신에게 많은 피해를 초래하게 된다.

10년 전 필자는 한 대학교의 초청을 받고 호젓한 오후 시간에 새마을호 기차를 타고 천안으로 향하고 있었다. 넓은 기차와 드문드문 앉은 자리의 공간 속에서 풍경을 감상하면서 즐길 수 있는 시간이었다. 한 정거장에 기차가 정착한 후 5~6세로 보이는 형제와 한 어머니가 기차에 오르자 문제가 발생했다. 기차에 탄 아이들은 신이 나서 넓은 기차 통로를 뛰어다니면서 놀았다. 30대 중반쯤 보이는 이 어머니는 기차 한쪽에 앉아 정신없이 자신 일에 열중하고 있었고, 아이들이 지금 공중생활에서 어떠한 피해를 끼치는지에 대해 전혀 관여하지 않았다. 그때 한 노신사가 소리를 쳤다. 아이들이 기차칸에서 뛰어다니지 못하게 해야지 어떻게 그냥 방치하고 있느냐는 호통이었다. 이 소리에 정신 차린 여성이 아이들을 부르면서 하는 말이 아직도 인상적이다. "할아버지가 뛰지 말라고 하니까 뛰면 안 돼."라고 하였다.

놀이를 할 때 상대방에게 침입하는 것이 있으면 안 된다는 상식, 남을 배려해야 한다는 마음이 그 여성에게는 전혀 없어 보였다. 그러기에 아이들은 자신들이 뛰지 말아야 하는 이유는 단지 할아버지가 하지 말라고 했기 때문이라고 생각할 것이고, 공중생활에서 자신들이 남을 배려해야 하는 이유에 대해서는 알지 못하는 것이다. 사실, 우리 사회는 내 주장을 말하기 위해 남의 영역에 침입하는 것이 생활 속에 많이 녹아 있다. 과거보다 많이 좋아졌지만 여전히 많은 것이 남아 있는 상태다. 예를 들면, 상점을 개장할 때마다 요란한 음악과 함께 무희들이 나와서 춤추며 홍보하는 것도 실은 남의 영역을 침입하는 것이고, 국민은 부지불식간에 이러한 것을 수용하는 분위기에 산다. 선거철에 요란하게 선거 홍보를 하는 마이크와 떠들썩한 음악은 최악이라고 본다. 이것은 국민과 나라를 대표하는 정치인을 세우는 것인데 이 정치인을 선출하기 위해서 요란한 음악과 소리를 국민이 들어야 한다는 것은 무의식중에 정치인이 국민의 영역을 침입하는 것에 무감각하다는 대중적 분위기가 조성되어 있다는 것을 말한다.

인생은 탐욕과 쟁취의 대상이 아니다. 이런 교육과 모델이 놀이기에 부모와 사회를 통해 아동에게 전해져야 할 필요가 있다. 남을 배려하고 대화를 통해 협상함으로써 삶은 소유보다 더 진한 의미가 있고, 우리의 모든 자연과 환경은 경외심과 탐구의 대상임을 알아 가는 것이 더 견고하게 오래 갈 수 있는 인생의 맛이다. 당장은 이러한 교육과 부모의 철학이 조금 뒤처져 보일지라도 이 길을 가는 사람들이 더 가치 있고 잘된 길을 간다는 것을 후에 알게 될 것이다.

4) 학령기의 과업과 문제

(1) 양육의 긍정적 결과: 근면성-자신감과 능력

아동이 이제는 집을 떠나 학교생활을 통해 자신의 활동 영역을 넓혀 나가면서 자연스럽게 부모가 가진 권위에서 교사의 권위를 따르려는 움직임이 학령기(7~12세)에 발생한다. 그래서 이 시기에는 교사가 학생에 대한 다면적 평가를 할 수 있는 통찰과 안목을 가지는 것이 중요하다. 개인이나 사회에서 정신적인 문제가 많이 발생하여 그것의 여파로 사회가 혼란스러운 것은 획일성을 가지고 사람을 평가하는 구조이기 때문이다.

문화의 후진국일수록 생각하는 것이 불안하고 불안이 가득한 사람일수록 획일성에 집착한다. 불안하면 여러 가지가 답이 될 수 있다는 사실을 깨닫지 못하고 자신이 불안해서 단 하나의 획일적인 것만을 추구한다. 이 획일성은 개인에게 자신의 생각에 확고한 에너지를 불어넣을 수 있기 때문이다.

교사에게는 각 학생이 무엇을 잘할 수 있는지에 대한 오랜 기간에 걸친 관찰과 민감성이 필요하다. 물론 가정에서 부모도 민감성을 가지고 자녀가 가장 잘할 수 있는 것, 흥미를 가질 수 있는 것이 무엇인가를 유심히 관찰하고 여러 가지 기회를 제공해야 한다. 인간이 살아가는 동안에 해야 할 중요한 과업 중의 하나는 자기가 좋아하는 것, 잘할 수 있는 것을 평생 업으로 가지고 살아가는 것이다. 일은 힘들 수 있지만 자기가 좋아하는 것을 하는 것과 싫어하는 것을 하는 것은 많은 차이가 있다. 그래서 교사와 부모의 역할은 이것을 발견할 수 있도록 도와주는 것이다. 이때 아주 중요한 것 중의 하나는 현재 가장 잘 나가는 직업이 무엇인가를 생각하는 것과는 거리를 두어야 한다.

필자는 초등학교 시절 미술시간에 선생님으로부터 우연히 그린 그림에 대하여 칭찬을 받고 어느 겨울방학에 과제로 나온 풍경화를 어떻게 하면 잘 그릴 수 있을까 하는 고민을 하면서 심혈을 다해 그린 적이 있다. 방학이 끝이 나고 개학 때 그림을 학교에 가져와서 친구들에게 보여 주었을 때 어느 누구 하나 내가 그림을 그렸다고 믿어 주는 친구들이 없어 당황하고 슬펐던 기억이 난다. 칭찬은 에너지를 불어넣어 주고 아동이 하는 일에 몰두할 수 있는 에너지를 준다.

공식적으로 학교생활을 시작하면서 학교교육을 통해 도구와 기술을 익히는 아동에게 가장 필요한 것은 교사의 격려와 칭찬이다. 그래서 이때 교사는 학생의 다양한 특성을 통합적 시각에서 볼 수 있는 민감성을 가져야 한다. 교사의 칭찬에 민감한 아동은 칭찬을 통해 자신이 인정받은 것을 알게 되고 이것이 학업에 대한 근면성을 가지게 한다(Erikson, 1980). 이렇게 인정을 받은 아동은 자신감을 가지게 되고 자신에게 능력이 있다는 사실을 알게 된다. 학교의 공교육을 통해서 아동은 자신이 하는 것을 통해서 자기를 교사나 또래집단에 보이기 시작하는데 이것이 인정받는 것은 아동에게 많은 자신감을 가져다준다.

우리 사회에서 근면성을 심어 주는 데 가장 장애가 되는 것은 성적에 대한 관심과 조기교육이다. 필자의 생각으로는 아마 이러한 교육에 대한 관심은 두 가지 차원에서 이루어진다. 첫째는 교육이 유교에 있어 인간을 개발하는 데 중요한 수단이었기 때문에 유교와 깊은 연관이 있는 우리나라에서는 자연스럽게 지금까지 공부가 중요한 역할을 차지했다고 본다. 둘째는 한국전쟁 이후 자원 빈약과 가난에 몸살을 앓던 우리나라에서 이를 극복할 수 있는 유일한 방법은 공부를 통한 인재를 양성하는 일이었기 때문에 그 여파가 지금까지 계속되고 있다고 본다. 이러한 관점에서 보면 우리 사회에서 '공부'(우등생, 대학, 학력 등)라는 것은 마치 우리 국민의 무의식 안에 '원형'(archetype)이 되어 있는 것과 같은 느낌을 받는다. 그러나 유교에서 공부의 가장 큰 목적은 자신 안에 있는 잠재성의 씨앗을 개발하여 이타성을 가진 인간을 양성하는 것이고, 이러한 이타성을 가진 유교 국가를 개발하는 데 있어 가장 장애가 되는 것을 공자는 혈연, 지연, 학연으로 꼽고 있다. 정작 유교 정신이 가장 강한 우리나라의 경우는 배움의 본래 목적과 취지는 없어지고 오히려 가장 방해되는 요소가 개인과 나라의 질적 발전을 막고 있는 상황에서 모든 것은 반대로 되고 있는 느낌이다.

학교 가서 좋은 성적을 받아 교사로부터 칭찬과 주목의 대상이 되는 것은 좋다. 그러나 이러한 것이 공부만이 아니라 다양한 분야에서 평가가 되어야 학생들 서로 간에 상처가 없다. 에릭슨은 이러한 관점에서 공부라는 기술과 방법을 익히기 전에 공부를 하는 가장 큰 목적인 인간애(人間愛)에 대한 것이 교육되지 않는 상태에서 단순히 기술과 방법만을 평가하는 것은 아동들로 하여금 마치 자신들이 진리의 중앙에 있는 것과 같은 착각을 가지게 하고, 이러한 평가에 들어가지 못하는 학생들은 마치 무능력자요 부적격자로 느낄 수 있다고 했다(Capps, 1983).

(2) 양육의 부정적 결과: 열등감/무능력자, 부적격자-기술백치

다면적 평가로서 아동이 가진 다양성을 볼 수 있는 부모가 되어야 하고, 그런 교사가 있어야 하고, 이 다양성을 조직적으로 후원해 주는 문화가 형성되어야 건강한 사회가 된다. 앞서 지적한 바와 같이, 우리가 획일성을 가지고 보려는 것에는 우리 개인이 가진 불안과 사회가 가진 불안이 함께 공존해서 획일성에 빠져들도록 한 것이다.

획일성에 빠져들어 가면서 가장 문제가 되는 것은 학교에서 배우는 기술과 방법만이 가장 주된 목적이 되어 가고, 마치 자신이 배운 기술과 방법이 가장 사람을 인간되게 한다고 생각하여 이것의 완벽주의에 파묻히게 되는 것이다. 기술백치(craftidiocy)란 시간이 흘러 기술과 방법에 대한 회의와 한계에 부딪히면서 인간성이 소외되고 이탈되는 현상을 말한다. 그리고 배운 기술과 방법으로 사람들을 유린하고 타인과 자신을 파멸시키는 것을 통틀어 기술백치라고 한다.

> 기술과 방법을 익히는 것이 과도하게 강조되어 교육될 때 사람은 기술과 방법을 마치 진리로 여기고 곡해한다. 이러한 경향은 사람을 공허한 허례허식에 빠지게 하는데, 그것은 진리가 아닌 것을 마치 진정한 진리인 것처럼 여기고 그것에 집중하여 학습시키고 그것에 뛰어난 사람을 진리에 가장 가까운 사람인 양 여길 수 있다는 것이다(임경수, 2013, p. 248).

가정에서 애착의 실패로 멍든 아동은 어쩌면 다시 학교에서 기술과 방법만으로 평가되는 획일성의 평가에 또 한 번 멍이 든다. 아동에게는 더 많은 잠재성과 효율성이 있는데, 사회와 교육제도는 획일성으로 내몰아 버리니 우리의 아이들이 쉴 곳도, 숨을 돌릴 수 있는 공간과 시간도 없는 것 같다.

건물이 높이 올라가려면 기초공사가 분명하게 되어야 한다. 필자가 사는 곳에 30층짜리의 건물을 짓는 데 1년 반이나 기초공사를 하고 있는 것을 보았다. 100세 시대에 학교교육을 통해, 가정교육을 통해 가장 필요한 것은 기술과 방법만이 아니라, 기술과 방법을 배우는 이유에 목적인 인간애에 대한 것들이 지속적으로 질문되고 회의되는 것이다. 이것이 기초공사다. 흔히 예능교육이나 일반적인 교육도 인간애에 대한 고민 없이 기술과 방법만을 강조되면 그것은 직능공은 될 수 있지만 창의적인 인간은 되지 못한다. 첼로리스트 요요마와 같은 사람들이 음악전공임에도 불구하고 학부에서 철학을 공부한 이유도 결국 음악이라는 것이 인간을 위한 것이라면 당연히 인간의 고민을 알고 나름대로의 답을 줄 수 있는 공부를 해야 한다는 입장 때문이었을 것이다.

늦은 저녁에 인근 고등학교 근처를 지난 적이 있었는데 건물 전체가 불이 밝혀 있었다. 그런데 그날 저녁 그 하얀 형광등 불빛이 세어 나오는 건물 전체를 보는 순간 갑자기 그 학교가 정신병동과 같다는 생각을 하였다. 새벽같이 일어나게 하고 늦은 밤까지 수백 명이 건물 안에 갇혀 있어 일괄적으로 대학 입학을 위한 수업을 해야 하고, 상위 대학을 몇 명 보냈다는 것으로 학교 서열이 정해지고, 부모는 그 서열에 희비가 엇갈리고 하니 이것이야말로 기술백치의 대국(大國)이 아닌가 하는 상념에 우울했다.

쉴 곳 없는 학생들은 좁아지고 획일적인 사회에 반항을 한다. 종교심리학자 피터 버거(Peter Berger, 1974)는 청소년기의 현상을 현대화되어 가면서 자신의 정체성을 잃어 가는 것에 대한 반발로 보았다. 획일적 · 조직적으로 강요 비슷한 환경 속의 기술과 방법을 익히는 구조는 여기에 대한 반항 심리도 매우 위험스럽게 나타난다. 자살, 왕따, 폭력, 성관계, 중독 등 가히 어린 학생들에게 일어날 것이라고는 상상도 할 수 없는 일들은 바로 교육 구조가 우리의 아이들을 죽이는 구조에서 발생하는 현상이라고 보면 된다. 가축이 구제역이나 AI와 같은 질병에 걸리는 가장 큰 이유는 틀안에 집어넣고 활동도 못하게 하고 집단적으로 사육하기 때문에 병원체에 대항할 항체가 약해져서 발생하는 것이다. 결국 초등학교 때부터 발생하는 여러 가지 사회적 문제도 같은 시각으로 보면 간단할 것 같다.

기술과 방법만을 생각하는 사회나 학교의 구조는 마치 얼굴이 예뻐야 하고, 이것을 위해 성형을 너무나 당연시하게 생각하는 사회구조와 같다고 생각한다. 젊은 여성들 중 70%에 가까운 사람들이 돈이 생기면 성형을 하겠다고 생각하는 것은 필자의 의견으로는 기술과 방법만을 강조하는 것과 같다. 예뻐지고자 하는 것을 비난하는 것은 아니다. 그러나 사회 전체가 예쁜 것만을 중요시한다면 그 사회와 개인은 병들어 있는 것이다. 왜냐하면 다양성을 추구하지 않고 예쁘다는 획일성을 추구하기 때문이다. 이런 분위기가 사회에 형성되면, 성형이 전반적인 사회 분위기가 되어 얼굴에 대한 표준화가 시작되고, 얼굴이 선천적으로 따르지 못하거나 사고로 인해 얼굴의 상처가 있지만 경제적 여건이 되지 못하여 성형을 할 수 없는 사람들은 이 사회에서 살아가는 것이 힘이 들게 된다. 사람이 조금 더 살면 얼굴보다는 마음이 더 중요하다는 것을 알게 된다. 내면의 세계를 쾌활하게 하고 자신에 대한 긍정이 오히려 다양한 얼굴을 보게 하여 사람을 외모나 학력, 기술과 방법으로 판단하는 것이 아니라, 그 내면의 가치관을 더 중하게 여기는 사회와 교육이 우리에게는 시급하다.

이러한 기술백치로부터 벗어날 수 있는 길이 없을까? 결국 부모와 학교 그리고 사회의 가치관인데, 기술과 방법을 배우면서 사람이 살아가는 인간 장(human contexts)에 대하여 관심을 가지도록 하는 교육과 이러한 인간의 현실에 대하여 말하고, 행동하고, 배우고, 훈련하는 것들이 병행되어야 한다. 사람은 기술과 방법이 필요하지만 이것을 가짐으로써 자신이 진리의 중앙에 있다는 생각을 하기도 하고, 기술과 방법을 서투르게 함으로써 나는 부적격자라는 열등감에 빠지는 악순환이 정지되어야 한다. 무엇이 바른 것이고 어떤 것이 진리인가라는 질문은 인간이 살아가는 현재에 대하여 말하고 행동하고 배우고 훈련하는 과정을 통해서 조금은 더 진리에 가깝게 다가서는 것이다.

5) 청소년기의 과업과 문제

(1) 양육의 긍정적 결과: 정체성 형성

발달심리학 관점에서 보면 일생의 단계에서 혼란을 가장 많이 느끼는 시기는 청소년기와 중년기다. 청소년기(12~18세)는 부모에게 의존해서 성장을 했던 아이들이 이제 자신의 의견과 행동들이 나오면서 어른 세계로 들어가는 호르몬의 분비 등으로 혼란을 겪고, 중년기는 이제는 젊지도 않지만 늙지도 않은 모호성 속에 세월이 흐르는 것에 대한 생체학적 반항이 나타나는 시기이기 때문이다.

우리나라에는 중2병이라는 병이 있다. 중학교 2학년이 되면 부모와의 의견 충돌 등으로 발생하는 사춘기 병이다. 부모로서는 부모의 의견에 반대하고 자녀의 의견만을 고집해서 행동하는 것에 대한 충동이지만, 엄격한 의미에서 부모는 이 시기에 대한 대가를 지불하면서 나가야 한다. 어차피 지나야 할 통과의례라는 말이다. 부모가 이 시기에 왜 내 자녀만 이럴까 하는 생각을 할 수 있겠지만 대부분의 아이들이 개인에 따라 차이는 있겠지만 이 시기를 거친다. 필자의 경험으로는 이 시기를 거치지 않는 아이들은 언젠가는 반드시 거치게 된다. 대학생이 되어서 경험할 수도 있고, 그 이후에도 경험할 수가 있다.

정체성(identity) 형성이라는 것은 무엇을 해야 하는 것인가? 에릭슨에 따르면, 이 시기에 정체성이란 미래의 나의 목적과 직업에 대한 관심이 형성된 것을 의미한다. 피터 버거의 지적과 같이, 집단사회나 신분사회에서는 개인이 미래에 대한 정체성으로 고민할 필요가 없는 사회였다. 모든 것은 집단 내에서 이뤄지고 개인은 그것에 따르면 되었기 때문이다. 때로는 정체성에 대하여 전혀 생각할 필요도 없는 사회였다. 부모의 직업에 의해 개인의 미래가 정해지는 것이기 때문이다. 그러나 근대화가 되고 후기산업시대로 가면서 이제는 집단이 내게 어떤 것을 하라고 하는 것이 없다. 국가라는 집단은 다만 어떤 규칙과 안내만을 제공한다. 내 미래에 대한 것은 내가 결정해야 하고 내가 노력해야 한다. 내가 하지 않으면 어떤 누구도 나를 대신해 줄 사람이 없는 사회다. 그래서 집단사회에 익숙해 있던 인간의 의식들이 현대사회에서 개인으로 적응해야 하는 어려움과 혼란 속에서 돌출되는 것이 바로 이 시대의 청소년의 문제라고 본다.

산업혁명 이전의 그림이나 책을 통해서 보면 청소년에 대한 기록은 없다. 즉, 그 시대에는 청소년기라는 것이 없었다는 것이다. 아이는 태어나면 초등학교 정도까지는 아동의 취급을 받다가 지금의 중학생 나이가 되면 자동적으로 부모의 일을 돕는 견습공으로서의 의무를 다해야 했다. 청소년기가 학문적으로 불거지기 시작한 것은 산업혁명 때문이다. 인력이 필요한 산업혁명으로 인해 아이들이 도심으로 진출하고, 도심의 생활을 즐기게 되었다. 그러나 시간이 지나면서 일에 익숙하지 않는 아이들과 기계의 발달로 인해 인력을 줄여야 하는 형편이 되자 아이들은 공장에서 해고되고, 도심에 길들여진 아이들은 자신의 고향으로 가지 않고 도심에 모여 집단생활을 하면서 돈과 직업이 없이 그 장소가 게토(ghetto)화되어 범죄화가 되었다는 이론이다.

현대에 와서는 어떻게 청소년 문제가 커지는 것일까? 첫째는 산업 구조 때문이다. 최소한 중 · 고등학교를 졸업해야 산업현장에서 일을 할 수 있는 사회가 되다 보니 청소년이 공공기관에서 교육을 받아야 한다. 그래서 이들이 학교를 통해 집단생활을 하고, 그 안에서 또래집단을 형성하면서 자기들만의 문화 공간과 살 수 있는 공간을 만들어 내기 때문이다. 둘째는 부모가 직업을 가지고 있어서 청소년이 혼자 있는 시간이 많아지기 때문이다. 누구에게나 부모는 그리움의 대상이다. 집안에 들어갔을 때 부모 중 한쪽이 자신을 반겨 준다는 것은 정겨운 일이지만, 현대화 속에서 생존에 바쁜 부모가 집안에 없어 아이들이 자신만의 시간을 규칙 없이 가지는 일이 너무 많다는 점이다. 셋째는 핵가족화로 인해 가족이 파괴되기 쉬운 구조에 있기 때문이다. 대가족제도가 가진 장점은 어른들이 있으니 말과 행동을 조금 걸러서 하기 때문에 감정과 행동이 자재될 수 있기에 문제들이 직접적으로 나타나지 않을 수 있다. 물론 대가족이 가진 번거로움도 있다. 오늘날과 같이 개인의 발전과 실현이 중요한 사회에 대가족제도는 대부분의 현대인을 힘들게 할 요소가 많이 있다. 그러나 핵가족은 개인 실현이나 자유라는 면에서는 좋지만 감정이 여과 없이 부부와 가족 사이에 오가기 때문에 가족이 쉽게 해체될 경향이 있다는 점이다. 실제로 아이들이 가장 아파한 사연들 중의 공통점은 부모들이 자주 싸우는 것이나 감정적 대립 그리고 이혼으로 이어지는 것들이다. 넷째는 청소년이 아르바이트를 통해 자신이 사용할 수 있는 용돈을 스스로 버는 사회가 되어서 부모의 간섭으로부터 점점 멀어지기 때문이다.

청소년기의 정체성을 가지도록 하는 것은 다음 단계인 청년기에서 어떤 직업을 구체적으로 정하고 준비하는 것과 직결되어 있다. 이제는 어린 아이가 아니기 때문에 확연하지는 않지만 큰 밑그림이라도 가지고 미래를 준비하는 것이 좋다. 그래서 미래에 대한 이러한 밑그림을 가지고 있는 청소년을 우리는 정체성을 가지고 있는 청소년으로 본다.

> 청소년에 대해서 비판적인 태도를 취하면서 청소년의 정체성 형성이 세대 간의 문제(generational issues)인 것을 쉽게 잊는 것 같다. 성인은 다음 세대의 정체성 형성에 도움을 줄 수 있는 바른 가치를 전수해야 하는 기성세대의 책임을 잊어서는 안 된다. 그렇지 않으면 청소년은 기성세대가 정착시킨 가치관에 대하여 반란을 일으킬 수 있다(Erikson, 1980, p. 80).

청소년기의 정체성 형성은 부모와 기성세대와의 대화와 협력을 통해서 형성되는 것이 바람직하다. 자녀가 청소년기가 되면 부모는 대부분 중년기에 들어 있다. 그래서 중년기와 청소년기는 밀접하게 연관이 있다. 중년기의 핵심은 자녀에게 유형 · 무형의 가치를 전수해 주려는 관대성이 발현될 수 있는 시기라는 것이고, 이 영향을 청소년 자녀가 받을 수 있는 환경이 되면 좋다. 그러나 중년기의 관대성에 반대가 되는 침체성을 가지게 되면 부모는 지극히 이기주의적 발상의 유아적 욕구에서 벗어나지 못한 상태이기 때문에 자녀에게 악영향을 줄 수가 있다.

이 시기는 청소년이 바른 생각을 할 수 있도록 하기 위해서 두 가지 차원에서 지원이 되면 좋다. 첫째는 또래집단에 대한 관심이다. 어른 세계에 들어가지도 않고, 그러나 정신과 신체는 아동 세계에서 벗어나 있는 청소년은 자신만의 공간과 시간을 함께할 수 있는 또래집단에 대한 애착이 상당히 많이 있다. 주로 취미나 성향을 따라 5~10명 정도가 함께 모이게 되는데, 이 집단들과 좋은 관계를 형성할 수 있도록 도와주는 것도 중요한 일이다. 둘째는 자기가치(self-worth)를 부모, 교사 또는 사회가 인정하는 사람들을 통해서 받을 수 있는 기회를 만들어 주는 것이 필요하다. 이러한 존중이나 자기가치를 주변인이나 중요한 사람들을 통해 인정받으면 청소년은 자기 세계를 확대해 나가고 다양성을 바라봄으로써 자기정체성에 대한 그림을 그리기 시작한다.

(2) 양육의 부정적 결과: 전체주의 열정-이분법을 넘어

경험이 적은 청소년기의 학생들이 흔히 몰입하기 쉬운 것이 전체주의(totalism)다. 인생발달단계에서 어쩌면 처음으로 자신만의 의견을 피력하기 시작하는 청소년기는 직간접적인 경험이 미흡한 시기이기 때문에 자기만의 세계에 갇혀 있기 쉬운 시기다. 우리는 이기적 유전자가 있기 때문에 이기적인 것이 자연스러울 수 있다. 그러나 이기적으로만 산다면 개인과 국가의 문화가 없는 것이고 개인에게는 공간과 시간이 막혀 있는 것이기에 심리적으로는 살아가는 것이 아니라 생존하는 것이다. 그리고 이렇게 할수록 편협성과 획일성을 강조하는 구조 속에 살아가게 된다.

청소년이 또래집단과 어울리는 것은 어른이나 부모가 자신이 가진 생각과 의견에 대하여 경청해 주지 않기 때문이다. 어린아이가 말을 하는데 어머니가 딴 곳을 보고 있으면 몇 분 안에 말을 그치는 것과 마찬가지다. 청소년이 가진 경험의 미숙함과 불완전함을 충분히 수용하면서 이해 차원에서 대화가 필요하고, 이러한 과정을 통해서 청소년도 자기 세계의 지평을 조금씩 확대해 나갈 수 있다.

전체주의란 이분법적 논리인데 자신의 의견과 같이하지 않는 것은 적이라는 생각으로 살아가는 것을 말한다. 전체주의적 발상은 확실히 경험의 미숙이나 심리적 닫힘으로 발생한다. 왜 자신의 의견만이 맞다고 생각을 하는가? 그리고 이러한 전체주의는 대단히 획일적인 열정을 가지고 있는 매력이 있다. 생각해 보면 전 세계의 테러에서 희생물로 사용하는 연령층이 거의 청소년층이다. 생각이 여리고 약하다 보니 쉽게 세뇌되어 앞뒤를 가리지 않고 충동적인 행위를 하는 것이다. 몇 해 전 한 신문에는 이슬람계 극단주의 운동에 있는 한 소녀와의 인터뷰 기사를 실었는데, 당시 그

소녀는 5학년이었는데 자신의 소원은 빨리 6학년이 되는 것이었다. 이유는 6학년이 되면 버스를 몰 수 있고, 이 버스에 폭약을 가득 실고 미군 막사를 향해 돌진하여 순교자의 이름으로 남는 것이라고 했다.

전체주의는 확실히 답을 보여 주는 것 같고 열정적인 것을 추구한다. 그래서 조용히 이야기하거나, 순리대로 전개해 나가는 방식에 대하여 수용할 수가 없다. 왜냐하면 거기는 열정도 없고 답도 없다고 느끼기 때문이다. 청소년이 이 전체주의에 빠지면 자기만 불행하고 또는 내 가족만 불행하다는 이분법적 사고에 깊게 빠질 수도 있다.

사람과 세상을 이분법적으로 보면서 흑과 백을 명백하게 가르고, 내 편이면 아군이고 저쪽 편이면 적군이라는 생각은 자기 내면세계의 황폐함과 분열에서 오는 구조다. 애착의 과도한 불안이 부모에게 과도한 집착을 하는 원리와 같이 개인이 가지는 불안구조가 이 세상에는 어차피 완전한 것이 없고, 다만 완전을 향해 가는 과정이 중요한 것이라는 과정에 중심을 두기보다는 결과에 중심을 두고 있으니 매우 결과론적인 것을 추구하는 사람들이다. 신경증적 불안구조를 가진 사람이 이 세상에서 두 가지의 양립적 진실을 볼 수 있는 여유는 없다. 결국 전체주의나 열광주의에 빠지는 것은 개인이 가지고 있는 불안구조가 한 가지에만 집착하도록 만드는 것이다. 그래서 전체주의 심리는 이념과 사상에 대한 배타적이고 광적인 몰입이며, 결국 자기에 대한 과신과 애착에서 비롯된 자기중심성이다(Capps, 1983).

열정이나 획일성이 가지는 매력은 그곳에 에너지가 있다는 점이다. 다른 사람들은 별로 힘이 없는데, 이 열정을 가진 사람은 타인보다 몇 배 더 강한 힘들이 내재해 있다. 그래서 이들이 말하고 행동하는 것은 충분히 매력이 있다. 그러나 이 열정 속에 지속적으로 있어야 한다면 그것은 바른 열정이 아니다. 이 열정을 계속해야 하는 것은 자신 안에 있는 불안을 달래 줄 수 있는 방법이 이 열정밖에 없기 때문이다.

과도한 열정과 주장은 자신의 내적 결핍인 콤플렉스에서 오는 것이다. 콤플렉스를 버리기 위해, 그리고 잊어버리기 위해 개인은 부단히도 자신이 가진 열정의 가면을 쓰고 다닌다. 인간의 삶이나 가정 그리고 사회생활에서 우리가 유지해야 할 것은 평상심이지 어느 한쪽으로 치우치는 것이 아니다. 종교는 인간에게 평상심을 갖추고 세상과 인생을 바로보도록 도와주는 것이 목표가 되어야 할 것이다. 그런데 종교인들 중에는 잘못된 신앙이나 사이비 종교에 빠져서 평생을 힘들게 살아가는 사람들이 있다. 종교인들이 사이비 종교에 빠지는 가장 결정적인 이유는 심리적 결핍에서 오는 불안이다. 그리고 이러한 불안은 차분히 이야기하는 곳에는 적응하지 못한다. 당장 내일이라도 어떤 답이 나오거나 말세가 온다는 식의 열정이 들어가 있는 내용들이 있어야 그들이 가진 불안을 잠시나마 잠재워 줄 수 있다. 그래서 전체주의적 신앙에 빠지는 것은 우상숭배(idolism)로 가는 심리적 퇴행으로 본다(Capps, 1983).

우리가 상담이나 심리에 대하여 관심을 가지는 가장 큰 이유는 일상생활을 위한 것이다. 그래서 균형 잡힌 생활을 하는 것은 상담심리를 비롯해서 모든 종교가 기여해야 할 중요한 목표다. 그러나 불안이 너무나 강하면 우리는 상담심리로 인해 생활이 더 어려워지고, 종교가 가정을 파괴하는 주범이 될 수도 있다. 그래서 우리는 자기만의 열정에 빠져 세상을 자기 눈만으로 보는 잘못으로부터 탈피해야 한다.

이 시기에 닥친 열정으로 인한 이분법적 사고를 어떻게 탈피할 수 있을까? 우리는 흔히 개인이 어려운 일을 맞이했을 때 우리 편한 식으로, 즉 아전인수(我田引水)식으로 생각하는 구조를 가지고 있다. 불안은 우리를 획일적으로 만든다. 사람이 만든 획일적 구조가 열정을 가지고 단기간 내에 눈에 보이는 업적이나 현상들을 만들어 낼 수는 있을 것이다. 이 획일적 구조는 한 사회가 가지는 구조와도 밀접하게 연관되어 있다.

이 시기가 자기만의 세계에서 탈피할 수 있게 해 주는 길은 일단 다양한 의견과 다양한 사람들이 이 세상을 살아가고 있다는 사실을 경험해야 한다. 2002년 월드컵 때 사건이다. 우리나라가 4강까지 갈 것이라고 어떤 사람도 예측하지 못했을 것이다. 당시 학교와 회사는 경기가 있을 때마다 휴강이나 일을 중지하고 TV를 시청했다. 더구나 붉은악마 응원단의 붉은색 티셔츠를 입고 응원하는 사람들이 많이 있었다. 국민이 응원을 하려고 시청 앞 광장으로 모였는데 그때 한 사람이 하얀색 티셔츠를 입고 온 것을 보고 다른 한 사람이 응원하러 왔는 데 왜 붉은색을 입지 않았느냐고 질문하는 것을 외국인 기자가 듣고 칼럼을 쓴 것이다. 실은 붉은악마에 묻혀 거의 온 국민이 응원을 하는 것은 굉장한 에너지가 있고 몰입도가 상상초월이다. 그러나 그 외국인 기자는 한국 사회가 열정의 이면에 획일성을 추구하려는 심리적인 패쇄성이 강하게 있음을 감지한 것이다. 열정이 강하나 패쇄적이고 획일성을 추구하는 것은 나쁜 결과를 초래할 수도 있는 것이다.

예를 더 들어 보자. 두 차례의 세계대전을 일으킨 전범 국가 중에는 이탈리아와 독일이 있다. 이탈리아는 가톨릭이 중심이 되는 로마가 있는 나라이고, 독일은 개신교의 종주국이다. 세계대전은 인류 역사상 가장 많은 사람이 죽고 피해를 당한 피비린내 나는 비참한 전쟁이다. 아이러니한 것은 기독교 정신을 기초로 하고 있는 두 국가가 어떻게 이런 비참한 전쟁을 일으킨 범죄국가가 되었느냐 하는 것이다. 필자는 이것을 통제가 되지 않는 '열정'의 문제였다고 본다.

20세기 걸출한 신학자 중에 폴 틸리히(Paul Tillich)라는 학자가 있다. 그는 구소련이 붕괴하기 전에 자신의 저서를 통해 '수직적 차원'(vertical dimension)을 인정하지 않는 개인과 국가는 붕괴할 수밖에 없다라고 표현했다. 개인, 단체 혹은 국가가 가진 이념이나 가치가 어느 누구도 손댈 수 없는 절대성을 가지고 있다고 생각하면 이것은 자신의 완벽성을 추구하는 것이기 때문에 그 동기가 아무리 성스럽다 할지라도 급기야는 마성(魔性)으로 변질될 수밖에 없는 한계성을 가지고 있다. 그래서 개인과 단체 그리고 국가는 자신의 가치관이나 이념이 어떤 조건에서도 완벽한 것이 아니라 창조자 앞에서는 항상 허물이 있다는 것을 인정하는 것이 필요하고, 이것을 인정하면서 계속적으로 더 바른 가치관을 향하여 변모해 나가는 것이 건전한 개인과 국가가 될 수 있다고 보는 것이다.

현재 독일은 과거와 다르게 자신들의 과거사를 인정하고 잘못된 것을 바로잡고, 또 그것을 후손들에게 교육을 통해서 가르치고 있다. 가장 큰 이유는 독일이 가진 여러 가지 능력들이 가히 세계적이기 때문이다. 예를 들어, 철학, 신학, 예술 분야 및 세계에 영향을 미치는 요소가 너무나 많다. 이렇게 절대적 우위를 차지하고 있는 나라가 스스로에게 자갈을 물려서 수직적 차원을 인정하려는 모습은 향후 독일이 세계에서 더 중요한 역할을 할 수 있으리라는 기대를 하게 한다.

중세기 신학에서 중요한 역할을 했던 신학자 토마스 아퀴나스(Thomas Aquinas)의 유명한 일화가 있다. 중세기 신학자들이 가진 사회적 위상과 그들의 지적 능력은 당대 최고였기 때문에 아리스토텔레스 계열의 아퀴나스는 합리적이면서 이성적인 입장에서 중요한 서적을 많이 남겼다. 하루는 그가 꿈을 꾸었는데, 바닷가 해변에 한 소년이 흙구덩이를 파는 것을 목격하고 무엇을 하는지 물어보았다. 그 소년이 대답하길, 파놓은 구덩이에 바닷물을 다 담으려고 한다는 말을 했다. 아퀴나스는 바닷물을 어떻게 거기에 다 담을 수 있냐고 말하면서 깨어났다. 아퀴나스는 구덩이를 파는 소년이 바로 자기 자신이란 것을 알았고, 사람 중에는 지적 능력이 있지만 자신의 능력을 마치 절대화시키려는 우둔한 모습을 보았다.

수직적 차원을 개인이 인정한다는 것은 내가 가진 생각이나 의견이 완전한 것이 아니라는 것이다. 우리는 완전을 향한 여정에 있는 것이지 내 것이나 우리 것이 완전하다고 하면 그것은 편협주의에 빠지는 것이다. 개인이나 사회가 불안할수록 획일적이고 나만 아는 인간과 사회로 변한다. 그러나 이러한 개인이나 사회는 언젠가는 망한다.

나 혼자만의 의견이 아니라 더불어 사는 사회에서 다양성을 수용하고 그 가운데서 공통성과 일치성을 추구해 나가는 협상정신이 필요하다. 결국 모든 사람과 나라가 인류라는 한 공동체 의식을 갖는 것이 중요하다. 그럼에도 불구하고 협상과 대화가 타협이고 배반이라는 생각은 부정적 발달에서 나타나기 쉽다. 그래서 이 시기의 청소년에게 다양한 시대에 다양한 사람과 문화를 체험케 함으로써 세상에는 다양한 사람들이 존재하고 있기에, 획일적 생각이 얼마나 사람들에게 해로움을 끼치고 있는지를 보게 해야 한다. 그래서 오늘 우리는 다양성을 향해 마음의 문을 열어 놓고, 좋은 것들을 다양하게 수용케 하고, 그 안에서 통일성을 추구해야 할 것이 무엇인지를 교육해야 할 것이다. 미국 사회를 과거에 끓는 항아리(melting pot)라고 표현한 것은 수백 년의 세월에 걸쳐 다양한 인종과 문화를 수용하고 그들의 장점을 받아들이면서 미국의 가치성과 공동체성 그리고 법을 준수했기 때문이다. 우리는 이 교훈을 잊지 말아야 할 것이다.

6) 청년기의 과업과 문제

(1) 양육의 긍정적 결과: 친밀감-엘리트주의

처음부터 시작된 긍정적 애착의 결과는 청년기(18~39세)에 이르러 친밀감(intimacy)으로 표현된다. 이 친밀감은 일, 사랑, 우정에 대한 것에서 표현된다. 비로소 부모로부터 완전히 자율적인 존재가 되어 한 개인이 사회생활을 할 수 있도록 필요한 것들을 취한다. 인간이 살아가는 목적이 무엇일까 하고 물어보면 다양한 의견이 나올 수 있지만, 사실 일, 사랑, 우정을 제외하고 말하기란 쉽지 않다. 어쩌면 인간이 일, 사랑, 우정 없이 살아간다는 것은 쉽지 않을 것 같다.

친밀감이란 일, 사랑 그리고 우정을 좋아하는 것이다(Erikson, 1977). 이것을 좋아하는 사람이 심리적으로 건강한 사람이라고 볼 수 있다. 그런데 이 세 가지에 대한 친밀감은 개인의 헌신이나 희생을 기초로 하여 성립될 수 있다는 비밀이 있다. 비로소 청년이 되어 이제는 성인의 세계에 들어왔는데 이 세 가지 요소가 바로 정립되려고 하면 자신의 헌신이 이뤄져야 성사될 수 있다는 것이다. 애착형성이 긍정적으로 된 사람이라면, 성장과정에서 적절한 양육을 받은 사람이라면 이제는 나의 것만을 찾지 않고 자신의 것을 희생하면서까지 상대를 배려하는 사회성이 나온다는 것이다. 적합한 사랑과 관심을 받은 사람은 자기 것을 강조하지 않고 남을 배려하는 마음에서 상대가 필요로 하는 것이 무엇인가를 먼저 헤아려서 그 필요성에 따라 자신을 헌신한다는 것이다.

적합한 관심과 애착을 받고 긍정적 단계를 거친 사람이 청소년기의 친밀감으로 일, 사랑, 우정을 대한다는 것은 비로소 사람의 관계가 받는 것만이 아니라 자신의 희생을 통해서 이루어진다는 인간관계에 대한 교훈을 얻게 되는 것이다. 그래서 사람의 중요한 돌봄 중의 하나는 자신을 대의(大義)에 헌신할 수 있는 인간으로 성숙시키는 것이다.

일, 사랑 그리고 우정은 헌신 없이 완성되지 않는다. 일 또는 학업은 개인이 거기에 헌신하지 않은 상태에서 회사나 학교로부터 환영을 받을 수 없다. 사랑은 더구나 말할 필요도 없다. 나의 필요성을 채우기 위해 헌신하는 거짓 친밀감도 있을 수 있지만 사랑도 역시 서로의 헌신이 없이는 성립되지 않는다. 우정도 서로에 대한 헌신 없이는 존재할 수 없다.

청년기에 가장 화두가 될 수 있는 이 세 가지는 어느 하나를 빼고 나머지를 생각할 수 없을 정도로 긴밀한 관계이고, 이제 성인으로서 반드시 해결하고 가야 할 사항들이다. 특별히 사랑과 일의 관계는 더 그러하다. 사랑 없는 일이라는 것은 무미건조할 수 있고, 일 없이 진행되는 사랑은 너무 비현실적이라 현실적인 벽이 가로 놓인다.

청년기에 사랑은 '빠지는 것'이 아니라는 점을 확실히 해야 한다. 상대를 배려하고 헤아려서 헌신하려는 의도가 없는 사랑은 정욕(lust)만이 있는 사랑이 되고 만다. 속히 섹스만을 이루려는 사랑은 상대에 대한 희생적인 정신이 부재하기 때문에 사랑한다고 말을 해도 내면적 언어는 자신의 결핍을 채우려는 것이기에 결국 적대적 상태를 나타내는 것이다(Capps, 1983). 성적 관계만을 추구하는 사랑은 상대의 필요성을 따라 개인을 헌신하려는 의도가 아니라, 자신의 필요성을 상대를 통해 채우려는 의도이기 때문에 이러한 관계는 오히려 남녀를 소외시키는 결과를 낳는다. 정욕은 외적으로 친밀감처럼 포장되어 있지만 이것에 빠지면 심각한 소외를 낳는다(Capps, 1983).

> 친밀감을 포장하여 표면적으로 사랑으로 나타날 수 있는 정욕은 이미 그 자체로 피해를 본다. 무엇을 희생한다는 의미가 있지 않기 때문에 이러한 관계는 소외만 증폭시킬 뿐이다. 정욕은 사랑의 어두운 면인 사디즘(sadism)적인 것에 불을 붙이기 때문에 결국 폭력적 정욕으로 인한 심한 소외만이 있을 뿐이다. 사랑이라는 것이 상호 헌신과 책임감에 기초한 것과는 대조적으로 정욕은 결과에 대한 책임감과 헌신이 없다(임경수, 2013, p. 277).

자신의 결핍에서 나오는 필요성으로 인해 관계성을 가지는 모든 일, 사랑, 우정은 결말이 좋지 않다. 연애 시절에는 온갖 구애와 정성을 다하다가 상대가 절교를 선언하면 대부분의 사람이 슬픔을 겪고 한동안 힘든 시간을 보내게 되는데, 이것은 건강한 마음을 가진 사람이다. 그러나 자기애에 빠져 구애를 한 사람은 상대의 거부가 자기에게 필요한 것을 송두리째 파멸시켰다고 생각하기 때문에 여기에 대한 복수를 한다. 이것은 자기결핍에서 나온 사랑의 표현이다.

일, 사랑 그리고 우정을 잘 수행하는 청년이 집중하는 것은 엘리트주의를 찾는 것이다. 더구나 현재 우리나라와 같은 상황에서는 과거에 비해 인프라가 잘 구축되어 있고 선진국의 문물이 우리 사회에 퍼져 있기 때문에 이 세 가지 사항에 대하여 자신이 있는 청년은 자신의 우수함과 사회적 탁월성을 보이려는 욕구가 개인과 사회에 많이 퍼져 있다. 그런데 우린 참신하게 자란 청년이 지향해야 할 엘리트의 중요한 개념이 있다. 엘리트란 사회에서 나름대로의 목적을 성취한 청년이지만, 성인은 엘리트의 의미를 반드시 사회적 맥락에서 생각해야 건전한 성공관을 가질 수 있다.

아들러는 성공은 반드시 사회적 맥락에서 생각되어야 한다고 보았다. 만일 성공을 개인적인 영역에서 해석하고 자축만 한다면 그것은 매우 병리적 성공이라고 보았다. 사실은 우리 개인의 모든 일이 사회의 틀 내에서 발생하기 때문이다. 1등을 하는 사람은 자신보다 못한 사람 99명이 있다는 사실을 알고 우수성에 대한 생각을 하는 것이 건전하다는 것이다. 99명을 생각하지 않는 1등은 병리적일 수밖에 없다. 그래서 성공이라는 것은 남들과 함께(with others)와 남들을 위해(for others)라는 생각을 가지고 있어야 한다. 옛적에도 성군(聖君), 성왕(聖王)의 개념은 구조자, 구원자 그리고 변형자의 의미를 가지고 있었다. 힘이 있는 사람은 자신의 힘으로 사회의 구조를 선하게 만들고, 어려운 개인을 구원하고, 조직의 악한 것을 선하게 만든다는 의미를 가지고 있다.

인류학자 데이빗 길모어(David Gilmore)는 다양한 원시부족을 방문하고 나서 각 부족에서 진정한 힘을 가진 사람이란 보호자(protector), 제공자(provider) 그리고 생산자(procreator)라는 의미를 가지고 있다고 보았다. 힘을 가지고 있기에 약한 사람을 보호해 줄 수 있고, 법과 제도로서 방어막이 되어 준다는 것이다. 먹을 것과 누릴 것에 대한 여유가 있기 때문에 그보다 못한 사람에 대하여 제공해 줄 수 있는 능력이 있다는 것이며, 자손을 보호하고 양육할 수 있는 생산자가 될 수 있다는 의미다. 그래서 이 보호자, 제공자 그리고 생산자는 현대의 엘리트 의미와 같은 맥락에 있다. 청년기에 친밀감을 가지는 청년은 동시에 자신들이 추구하는 엘리트가 반드시 사회적인 맥락에서 같이 생각하고 고민하는 사람이 되어야 그것이 진정한 친밀감을 가진 청년이라고 할 수 있다.

(2) 양육의 부정적 결과: 고립감과 병리적 퇴행

청소년기에 자신의 정체성을 가지기 어려운 청소년은 청년이 되면 청년의 과업이 일, 사랑 그리고 우정이 될 수 있는데 여기에 적응하는 것이 쉽지 않다. 에릭슨은 그 이유를 청소년기에는 자신에 대한 정체성 형성에 확신을 가질 수 없었기 때문에 이 세 가지로부터 자신을 피하는 것으로 보았다(Erikson, 1980).

청년기에는 나 개인이 주체가 되어 이제는 한 성인으로서의 역할을 담당하기 위해 일, 사랑 그리고 우정에 대한 것을 맞을 준비가 되어 있어야 하지만, 자신을 희생하거나 헌신할 수 있는 자신이 없기 때문에 이것들로부터 자신을 회피한다. 설혹 관계를 유지한다 할지라도 의지나 자발적인 마음이 결여되어 있기에 편파적이거나 형식적으로 관계만을 유지하는 것이다.

사랑은 일, 우정과 관계를 가짐으로써 인간답게 살아갈 수 있는 것을 만들어 주는데 이것들로부터 고립이 되는 것이 병리적 성인이 되는 데 핵심적인 역할을 할 수 있다(Erikson, 1994). 이러한 고립은 한순간의 결과가 아닌 성장과정에서 부모와의 관계에서 생긴 심화된 갈등에 기초를 두고 있어 청년기에 친밀감을 발생하는 데 문제를 일으킨다는 것이다. 에릭슨이 말하는 병리적 성인이 된다는 의미는 무엇일까? 이것은 물론 중년기에 발생할 가능성에 대한 본격적인 중독 성향에 대한 언급이다. 그러나 현대는 결혼 연령도 늦어지는 상황에서 수명이 긴 시대에 살고 있기 때문에 과거 중년기에서 볼 수 있는 중독적인 현상들이 청년 후반기(30대 중반 · 후반)에 발생할 수 있다.

인간은 출생부터 관계성이 필요했고 평생 살면서 관계성 없이 살 수가 없다. 그래서 긍정적인 관계성이 형성되지 않는다면 우리는 다른 은닉되고 거짓된 관계성을 맺으면서 생존을 유지한다. 그것이 바로 중독이다. 중독의 절정은 중년에 심하게 나타나지만 오늘날은 그 나이가 점점 빨라져 청년기에서 많이 발생한다.

왜 거짓 친밀감을 가지고 살아가는가? 마치 청소년이 공부로 인정을 받지 못한다면 몸을 만들어 인정을 받고 싶어 하는 심리와 비슷하다. 우리는 관계성의 동물이고, 이것 없이 생존한다는 것은 힘들다. 그래서 부정적인 거짓 친밀감을 가지고 살아간다. 자신이 사람들과 일을 통해서 관계성 을 맺는 것이 어렵다면 다른 대상을 통해서 관계성을 가진다는 것이다.

몇 해 전 한 30대 중반의 청년이 5일간 회사에 출근을 하지 않아서 찾아나던 사건이 있었다. 그를 발견한 곳은 게임방이었다. 5일간 게임을 하면서 거의 한 자리에 앉아서 음식을 먹고 게임에 몰두하다가 혈관계에 문제가 발생하여 사망한 사건이다. 적절한 게임이 좋을 수도 있겠지만 몰입을 함으로써 고립되는 것은 성장과정에서 축적된 갈등으로의 퇴행이다. 여기에 애완동물도 포함이 될까? 매우 조심스러운 질문이지만 두 가지 관점에서 통찰하면 정확할 것이다. 애완동물은 사람에게 친밀감, 생명 그리고 관계성에 대한 것을 회복할 수 있는 좋은 생명체가 된다. 그래서 선진국에서는 재소자를 교육시키고 순화시키기 위하여 애완동물과 함께 있는 시간을 할애하는 경우도 있다. 우리나라 애완동물 시장이 3조 원이라고 하는데, 이것도 두 가지 의미다. 사람의 정서적 영역을 보완해 주기 위한 것이 주목적일 것이다. 그리고 애완동물을 통해 인간이 좀 더 친밀감을 느낄 수 있다. 그러나 반대로 사람에 대한 미움이 애완동물을 통해서 보상받으려는 심리를 가진다면 그것은 오히려 위험할 수 있다. 문제는 보상받으려는 태도와 사람의 요구대로 움직이는 애완동물이 말을 듣지 않는 사람보다 더 좋다는 평가를 하면 사람과의 관계가 더 소외될 가능성이 있기 때문이다. 중요한 것은 애완동물이나 반려견을 통해 사람의 관계성이 더 회복되는 것이 의의가 있는 것이지, 애완동물에 더 집착하고 사람과의 관계가 퇴행이 된다면 더 자기만의 세계로 고립될 수 있다.

7) 중년기의 과업과 문제

(1) 양육의 긍정적 결과: 관대성-돌봄

중년기(40~65세)는 청소년기와 비슷한 양상을 가지고 있다. 더 이상 청년이 아니지만 더 이상 노인도 아니다. 청년기를 벗어나기 시작했지만 대부분의 중년 초기에 있는 사람은 자신이 중년이라는 것을 인정하지 않는다. 청소년기의 수줍음이나 청년기 이상성이 현실에서 점차 정착하지만 그렇게 커 보이던 세상, 많은 차이가 날 것 같은 세상이 모두가 평범한 진실이고, 신비스럽게 여기던 많은 것들이 일상의 한 부분이라는 사실도 느끼게 된다.

중년기에는 거의 모든 중년이 느끼는 보편적 진실 네 가지가 가장 근접

되게 중년에게 작용한다. 첫째, 질병과 노화에 대한 체험이나 느낌을 가지게 된다. 늙지 않고 시간이 가지 않을 줄 알았던 청년의 시기는 중년기로 들어가는 전환점을 맞이하게 된다. 겉은 노화되고 있지만 속마음은 여전히 청년의 마음을 가지고 있는 중년은 그래서 더 혼란스럽다. 세월이 더 많고 기력이 더 있다는 생각을 가지고 있다.

> 30대 후반이나 40대 초반의 중년은 자신이 예전에 느꼈던 최절정의 신체적 · 심리적 건강상태 이하로 떨어진다. 예전과 같이 빨리 뛸 수도 없고, 무거운 것을 들 수도 없다. 시각과 청각은 부정확해지고, 기억력도 감퇴하며, 학습을 하는 데에도 어려움을 느끼게 된다. 그리고 아픔과 통증 등에 민감해지고, 성인병이나 만성질환에 걸리고, 더 나아가서는 죽음에 대한 걱정을 초래하게 된다(Levinson, 1978, p. 213).

레빈슨(Levinson, 1978)에 따르면, 지구상 인간의 역사에서 인간 수명이 40세를 넘긴다는 것은 혁명적인 사건이다. 인류조상 대부분의 사람들이 40세 이전에 사망을 했기 때문에 40세를 넘기는 것, 그리고 중년기에 대한 관심이 많아진 것은 수명의 연장과 매우 밀접한 연관이 있다. 어떤 면에서 40세 이전에 죽음을 준비해야 했던 인류의 조상은 수십 세기 이상의 세월을 살아왔지만 의식주의 발달과 의료 혜택으로 평균수명이 70세 이상을 넘어가는 사회에 들어오면서 중년의 고뇌가 발생한다. 그만큼 늘어난 수명에 대한 대처 방법이 익숙하지 않고, 중년기라는 것에 대처하는 것도 쉽지 않다.

중년이 되면서 서서히 발생하는 질병과 노화는 청각, 시각, 탈모, 새치 등과 같은 사소한 것에서 시작되지만 이것은 중년이 자신이 예전과는 다른 신체적 쇠퇴에 있다는 불길한 신호를 가지게 한다. 동시에 중년을 더 압박하는 것은 노화나 노인이 되어 간다는 것을 수용하지 않으려는 사회적 분위기다. 다양한 사회 구성원을 포용하는 문화적 분위기와 남녀노소를 불문하고 환대하는 문화가 그 사회의 구성원을 건전하게 만든다. 엄격한 의미에서 우리 사회는 노화를 너무나 거부하는 사회다. 그래서 노인이 되는 것은 두려운 것이고 때로는 숨기고 싶은 것이라고 생각하게 만든다. 이런 현상을 부추기는 사회적 분위기는 젊어지려고만 노력하는 사회적 현상이다. 성형이라는 것이 때로는 필요하지만 실은 성형보다 더 가치가 있는 것은 사람의 내면 가치다. 내면의 가치가 바르면 외적인 문제점을 극복해 나갈 수 있다. 그러나 내면 가치가 정립되어 있지 않으면 우리는 외적 가치에 중심을 두고 자신과 타인을 평가한다. 젊어지려고 노력하는 것은 좋지만, 한편에서는 노화라는 자연스러움을 수용하는 문화가 형성되어야 양극이 균형을 이룰 수 있다.

노화를 부정하고 외적인 것에 중심을 두는 사회가 되면 자연히 중년기를 환영할 수도 없는 것이고, 더구나 노년기는 말할 것도 없다. 그래서 노화와 질병이라는 것이 두려움의 대상이고 생각하기도 싫은 것들이다. 그러나 노화는 매우 자연스러운 것이라고 생각하며 수용하면서 살아가는 사람이 그나마 건전하게 살 수 있다. 왜냐하면 인간은 각 발달의 단계가 있고, 그 발달단계마다 마쳐야 할 과업들이 있기 때문이다. 이 과업들을 수행할 것인가 이것을 반역하며 나갈 것인가는 중년기에 맞이하는 또 다른 과제다.

둘째, 죽음에 대한 위협이다. 중년은 이 시기에 부모의 사망이나 친척 그리고 지인의 죽음을 직간접적으로 경험한다. 그런데 이 죽음에 대한 위협을 수용하여 승화를 시킬 수 있는가 아니면 부정하는 사람으로 살아갈 것인가라는 무의식적인 문제에 놓이게 된다. 310명의 서양 예술가들의 삶을 조사한 엘리엇 자크(Elliott Jaques)는 조사의 결론을 다음과 같이 말한다.

> (예술가들의) 중년의 위기는 다음과 같이 세 가지 현상으로 발생한다. ① 창의적인 작업이 단순하게 무미건조하게 되어 더 이상 작업이 되지 않거나, ② 이들이 죽음을 맞이하게 되어 끝이 나거나, ③ 또는 이 시기에 창의적인 작업이 나타나기 시작하고, 처음으로 이러한 창의성이 이 시기에 발생할 수 있다. 혹은 작품 내용들의 결정적인 변화가 발생하고 창의적인 내용들이 나타난다(Jaques, 1981, p. 4).

중년기에 죽음을 수용하여 긍정적으로 승화한 사람은 자신의 작품 세계에 창의성이 나타나게 되며, 동시에 주제가 좀 더 성숙한 주제로 바뀌게 된다. 그러나 죽음을 수용하지 못한 작가들의 경우는 사망하거나 작품 세계가 발전되지 않았다는 것을 말한다. 이와 같은 관점에서 중년기는 우리가 죽음을 생각하고 수용하는 시기인데, 죽음을 인간 삶의 한 면으로 수용하며 살아가는 사람이 오히려 삶을 긍정적으로 살 수 있다는 의미다. 이러한 관점에서 보면, 노화와 죽음에 대한 것을 수용하고 발달의 단계로 수용하는 개인과 사회가 건강한 개인과 공동체가 된다는 것을 짐작할 수 있다.

중년기에 죽음에 대한 무의식적 수용이나 거부는 중년 이후의 삶에 많은 영향을 미친다. 노화를 거부하는 개인이나 사회가 가진 문제 중의 하나는 영원히 청춘이 가지는 자유의 양지에 자신을 노출시키고자 하는 것이 각 연령층에서 담당해야 할 무게를 지지 않거나, 지기를 회피한다는 것이다. 이것은 마치 모태에 있는 태아가 만 9개월이 다 되어 가지만 모태 밖으로 태어나지 않으려는 발버둥이며, 만일 세상에 태어나지 않았을 때 태아와 산모에게는 죽음만이 기다리고 있는 것과 같다.

중년으로 접어들면서 신체적 · 정신적 노화 그리고 죽음의 직간접적인 체험은 우리가 무엇을 어떻게 하고 살아야 하는지에 대한 길로 인도하는 환경이기도 하다. 이것에 대한 회피나 저항을 함으로써 우리의 의식세계에서 떨쳐 내려는 몸부림도 있을 것이고, 이것을 서서히 수용하는 중년도 있을 것이다.

레빈슨은 40명의 중년 남성과 50명의 중년 여성을 인터뷰하였는데, 이들이 가지고 있는 공통적인 물음은 자신이 이제껏 한 것이 나, 가족 그리고 이웃에게 어떤 유익이 있으며, 또 나는 앞으로 어떻게 살아야 하는가였다. 그리고 유형 · 무형의 가치를 자녀에게 물려주고 싶다는 생각을 하였다(Levinson, 1978). 이러한 공통적인 생각을 많이 하는 사람들이 중년기에 귀를 기울여야 하는 대목은 '소홀히 한 영역에 대한 관심'을 가지는 것이다. 레빈슨은 이 영역에 대한 대표적인 것을 '젊음과 나이 듦' 혹은 '삶과 죽음'이라는 도식을 가지고 설명하였다. 우리는 중년에 이르도록 한 영역에 치우쳐 살아왔다. 자신이 살아온 어려운 세월 때문에 우리는 성공하려고 어쩌면 외골수 인생을 살았을 수도 있다. 또 한편에서는 우리의 부모를 통하여 인생관과 가치관을 받았고 그것을 바탕으로 해서 세상을 보는, 어쩌면 나의 것이 없는 부모의 투사만을 살아왔을 수도 있다. 그러기에 중년에 이르러서는 사람과 세상을 가급적이면 균등하게 보고 균형을 유지하여 살아가는 것이 지혜롭다는 것이다. 그래서 이제껏 산다는 것만을, 성공이라는 것만을 생각했다면 중년기에는 사는 것의 반대인 죽음이라는 것이 막연한 추측이 아니라 절대적인 현실이 되고, 남의 이야기가 아니라 내 이야기가 된다는 것을 수용하고, 그러면 나는 이제 무엇을 어떻게 하며 살 것인가에 대한 물음에 대하여 진지하게 답을 찾아가야 이후에 삶이 의미가 있을 수 있다는 것이다.

한 가지 더 예를 들어 보자. 우리 사회는 지금 상담심리에 대한 열풍이 불고 있다. 여러 가지 개인적 · 가정적 · 사회적 문제가 동시다발적으로 발생하니 상담에 대한 사람들의 관심이 많아지고, 경쟁적이고 개인적인 사회에서 우리 개인에 대한 관심도 많아지기 때문이다. 그러나 상담심리를 학습하고 실습을 배우는 가장 큰 이유는 생활로 돌아가고, 가정과 사회로 돌아가기 위함이다. 만일 상담심리를 배우면서 오히려 가정, 이웃 그리고 사회와 더 분리되어 상담심리에 도착된다면 이것은 균형을 잃어버린 결과가 되어 나를 예전보다 더 어렵게 만들 수도 있다.

셋째, 꿈의 실현 여부와 좌절이다. 우리는 중년을 '샌드위치 세대'(sandwich generation)이라고 한다. 중년이 되어 가면서 부모세대에 대한 책임과 이제 성장하여 학교에 다니기 시작하는 자녀에 대한 양육을 책임지고 있기 때문이다. 스스로에 대한 관리는 차치하고서라도 최소 두 가지의 의무를 다하여야 하는 세대가 중년이다. 그러나 중년은 이 근본적인 의무를 다함으로써 부모와 자녀에게 자신의 존재를 알리고, 그렇게 살아감으로써 중년의 무게를 더하며 살아가고 있다.

자신이 꿈꾸고 있는 자기실현이나 희망에 대한 것들이 현 시점에서 얼마나 성취되어 살아가고 있는가는 매우 중요한 요인 중 하나다. 분석심리학자 칼 융은 자기실현 혹은 개성화(individuation)의 최종적인 결과는 이타성이라고 생각하였다. 그러나 이러한 이타성을 발휘할 수 있는 개성화에 들어가기 위해서 사람은 자신이 설정한 성공이라는 목표에 대해 어느 정도의 만족해야 자기실현이라는 이타성의 과정에 들어갈 수 있다고 보았다. 이유는 자기실현에 대한 불만족이 있으면 대부분의 사람이 여기에 집착하여 이타성을 바라볼 만큼의 정신적이거나 물질적인 여유가 없기 때문이다.

중요한 것은 자기실현이나 꿈의 실현에 대하여 사회만 보는 시각이 아니라 주관적인 성공의 개념도 함께 합쳐서 자기실현에 대한 판단이 되어야 한다. 획일적이거나 일방적이고 고정적인 자기실현에 대한 것만 아니라 개인이 선호하는 분야에서의 의미를 가지고 일하면서 자기실현을 할 수 있는 가치를 가지는 것 또한 중요하다. 그렇게 함으로써 중년이 또 다른 차원의 자기실현을 위해 자신을 헌신하면서 살아갈 수 있기 때문이다.

너무나 많은 꿈을 실현하였지만 그것을 지탱할 수 있는 정신적 추가 약하면 문제가 발생한다. 흔히 현대사회에서 중년은 전문적 직업을 가지고 고소득 업종에 종사한다. 이런 경우에는 항상 자기가 다룰 수 있는 범위를 벗어나기 때문에 과장되고 확대된 자기가 돌출된다. 사실, 중년의 문제의 대다수는 이러한 것에서 발생한다. 미국의 경우 전문직 직업, 예컨대 의사, 변호사 혹은 자영업 중 물질적 여유로움을 가지는 직업군에서 문제가 발행한다고 본다.

넷째, 결혼의 갈등이다. 청년기에 설렘으로 만난 이성과의 교제가 결혼으로 이어지고 10여 년의 세월이 훌쩍 지나 버리면, 신혼의 설렘은 오래전에 없어져 버리고 결혼이라는 현실이 매일 우리 눈앞에 놓이게 된다. 사실, 사춘기나 청년기에 가진 막연한 성에 대한 신비함이 어쩌면 진부한 일상생활의 한 부분이 되었을 수도 있고, 배우자에 대한 신비감은 사라질 수도 있다. 특별히 오늘날과 같이 청년기는 점점 늘어나고, 수명은 연장되고 주변에 즐김과 쾌락이라는 부대 환경들이 많은 시대에 구태여 억압된 생활과 가부장적 권위에 눌려서 살고 싶은 사람들은 많이 있지 않을 것이다.

대화가 없고 배려가 없는 결혼생활은 중년기에 많은 도전과 위기를 초래할 수 있다. 자유와 자기실현에 대한 문제가 가장 중요한 시대에 살기 때문에 주부라 하더라도 이 맥락의 문화적 흐름을 역행하기란 쉽지 않다. 더구나 여성은 중년기에 접어들수록 남성성의 경향이 두드러지게 발생한다. 마치 남성이 성을 더 이상 신비로운 것으로 여기지 않는 것 같이, 중년의 여성은 남성이 더 이상 무서운 존재이거나 강한 존재가 아니라는 것을 안다. 여기에 남성은 중년기가 깊어질수록 정적이고 고요함과 홀로 됨에 익숙해져 버리거나, 여성에게 의존도가 높아진다. 그래서 충분한 대화와 상대에 대한 배려와 이해가 생활처럼 연결이 되어야 할 필요성이 이 시기에는 더 강조된다.

지금까지 중년기에 느낄 수 있는 외부적인 주요한 원인 네 가지를 살펴보았다. 다음으로 발달심리 관점에서 에릭슨이 말하는 중년기는 어떤 것인가 살펴보고, 그 과업과 문제가 무엇인지를 살펴보고자 한다.

에릭슨은 긍정적 발달을 관대성(generativity)이라고 했다. 이 관대성의 핵심은 '돌봄'인데, 이 돌봄은 긍정적 발달의 결과이지만 그 내면에는 두 가지 문제에 대한 해결과 방향이 완성되어 나온 결과다. 첫째는 불사성(immortality) 욕구의 한계를 알게 된다. 사실, 중년이 되기 전까지 개인이 특별한 병에 대한 경험이 없는 한 자신의 운명이 죽음 존재라는 것을 깨닫는 것은 어렵다. 언제까지나 청년처럼 살아갈 수 있고, 불사조처럼 영원하게 젊음을 유지하면 살 수 있을 것 같은 인생은 중년의 시기에 인간이 죽음이라는 운명을 피할 수 없다는 사실을 수용하기 시작한다. 사실은 죽음을 수용하는 자세는 공포가 아니라 우리에게 남겨진 인생을 좀 더 긍정적으로 살 수 있는 기회를 제공한다. 예를 들어, 만일 우리가 지금부터 일주일만 살 수 있다면 어떤 행동을 하고 살아갈 것인가? 이 질문에 우리 대부분은 부수적인 요소를 다 없애 버리고 본질적으로 반드시 해야 할 일에 대하여 집중하면서 일주일을 살 것이다. 이와 같이 죽음을 직면하는 것은 저주가 아니라 복이다. 그러나 중년에 자신이 나이 들어가고 유한성상에 놓여 있다는 불안은 사람에게 주로 두 가지 반응을 가져다준다. 소위 우리는 이것을 젊음에 대한 향수(nostalgia)라고 한다. 젊은 시절에 대한 향수에 빠져 그 시절로의 회귀를 생각한다는 것이다. 이러한 점에서 사람들은 크게 두 가지 부류로 분류된다. ① 젊음을 회복하고자 하는 움직임이다. 정력이나 외모에 대한 근심과 불안 속에서 회복을 꿈꾼다. 그러나 이것은 심리적으로 매우 불균형적인 모습이다. 이런 부류의 사람이 소위 중년에 침체기에 놓이기 쉬운 사람들이다. ② 젊음으로의 복귀가 아니라 현재의 시간과 자신의 위치를 수용하면서 이제 후로는 어떠한 자세로 인생을 살아갈 것인가에 대한 진지한 고민과 행동으로 나가는 사람이다. 이런 사람들은 관대성에 놓여 있는 사람이다.

둘째는 '필요로 하는 사람'(need to be needed)으로 살아가는 것이다. 한평생을 살아가면서 신 앞에 어떻게 서는지는 알 수 없지만 목숨이 있어 살아가는 동안 사람들로부터 필요한 사람이라는 평가를 받으며 살아가는 사람이 되고 싶다는 것이다. 가족이 나를 필요로 하고 이웃과 사회 공동체에 공익을 끼칠 수 있는 사람이 되고 싶다는 것은 어떤 의미에서 자신의 이름을 후대나 사회에 남기고 싶다는 욕구일 수 있고, 자신의 이름이 후대에 언급됨으로써 자기가 다시 '기억'되는 것을 원한다는 인간 깊은 곳의 욕구가 있는 것이다.

관대성 또는 성숙성은 불사성과 필요로 하는 사람으로 살아가고 싶다는 욕구를 가지고 있기 때문에 그 내부에는 생식성(procreativity), 생산성(productivity) 그리고 창의성(creativity)의 의미를 가지고 있다(Erikson, 1994). 먼저, 생식성은 후손을 낳고 후손을 돌보는 행위다. 바르게 성장할 수 있도록 돕는 것이다. 사람을 낳고 돌보고 그들이 잘 지내수 있도록 배려하는 생식성 역시 자손을 통해 자신의 불사성이 실현되는 것이다. 중년에 인간의 죽음을 수용하고 운명을 받아들이지만 '나'라는 사람이 자녀를 통해 다시 기억되고 회자되어 영원히 그들과 교류하면서 살고 싶다는 인간의 욕망이 들어 있는 것이다.

다음으로, 생산성은 자신이 종사하는 직업의 분야를 통해서 어떤 물건이나 작품 등 완성도가 높은 것을 만들어 사람을 이롭게 하는 것이다. 심리적으로 건강한 중년은 이 나이가 되면 누구나 자신의 분야에서 자신이 가장 잘할 수 있는 것을 남기고 싶어 한다. 그리고 남긴 것을 사용하는 사람들에게 좋은 결과를 주길 원한다. 좋은 건물, 책, 작품, 노래 등등 이런 것을 통해 공헌하고자 하는 생각 역시 그런 것을 통해 자신이 다시 한 번 기억되고 회자되는 순간을 통해, 자신은 죽음을 통해 이 땅에 없지만 자신의 창작품을 사용하는 사람을 통해 기억되고 싶은 욕구가 있는 것이다.

마지막으로, 창의성은 자신의 사상, 신앙, 가치관 등을 후세에 남기는 것이다. 일종의 문화적 작업이다. 중년까지 살아가면서 나름대로 생각하는 보편적인 인생관과 진실에 대하여 후세들에게 말이나 글로 통하여 남기려는 것이다. 사실, 무엇을 남기려는 것이나, 사진을 찍는 것이나, 그림을 그리는 것은 모든 것이 사라지기 때문이다. 모든 것이 영원하지 못하고 다 기억 속에서, 그리고 공간과 시간의 한계 속에서 사멸하기 때문에 그것을 애타게 남기고 기억되게 하려는 몸부림이다. 중년은 이런 행위를 통해서 조금이나마 불사성의 한계를 극복하려는 시도다.

생식적인 것은 출생을 말하는 것이고, 다음 세대의 필요에 대해 반응하는 것이다. 생산적인 것은 정치와 기술적인 구조(사회)안에서 가족의 생활과 함께 일하는 생활을 조화롭게 하는 것이다. 그리고 창의적인 것은 떠오른 세계상 속에서 문화적 잠재성을 만들어 가는 것이다(Erikson, 1981, p. 269).

생식성, 생산성 그리고 창의성에 대한 중년기의 관심은 추상적인 영역의 매우 현실적인 문제에서 언급되는 것이다. 어린 시절에 민감성을 가지고 돌봄을 받은 아이, 그리고 그들이 긍정적인 성장을 해서 중년에 이르면 이제는 그 받은 것에 대한 의미를 기초로 다른 사람과 사회에 돌려주려는 돌봄에 대한 생각을 가지게 된다. 이 시기 전에 있던 사람과 사물을 파악하는 것이 다소 주관적이고 편협적이며 때로는 추상적인 일들에 파묻힐 수 있으나 중년이 되면 사람의 현실세계에서 동떨어진 생각보다는 현재나 지역적 진실(local truth)에 관심을 가지게 된다(MacAdams, 1993). 이 세 가지에 대하여 중년기에 관심을 가지는 것은 긍정적 발달을 경험한 중년이 사상과 이념, 종교와 민족을 초월하여 느끼는 것이며, 이것은 인간이 느끼는 본능의 힘이기 때문이다(Browning, 1975).

에릭슨은 중년기의 긍정적 결과를 생산성, 생식성 그리고 창의성으로 보면서 생활현장에서 나타나는 관대성을 가진 중년의 모습을 다음과 같이 그리고 있다.

> (중년) 성인은 다음 세대의 눈에 누미너스 모델(numinous model), 악에 대한 구별자, 그리고 가치 있는 생각에 대한 전수자가 될 준비를 해야 한다. 그러므로 성인은 의식자(ritualizers)가 되는 것을 의식화(ritualize)하여야 하며, 고대로부터 이러한 의식에 참여하고 그러한 역할을 강요하는 의식적 확신이라는 필요성과 관습이 있었다. 의식화 가운데 있는 이러한 전체적인 성인의 요소를 우리는 관대성의 인간이라고 한다(Erikson, 1994, p. 70).

중년기에 긍정적 발달의 결과는 누미너스 모델이 되는 것이라고 했는데, 누미너스란 종교체험의 순간을 의미한다. 형용할 수 있는 초인적 신비감에 사로잡혀 사람의 가치관이 바뀌게 되는 것이 종교적 체험인데, 중년기는 그러한 모습으로 성장세대와 노인세대의 사이에서 가교(架橋) 역할을 한다. 악에 대한 구별과 판단은 어느 정도 세상을 살아본 사람, 그리고 가급적 바른 것을 택하려고 노력한 사람들 중 중년층을 중심으로 해서 영향을 받는다. 왜냐하면 중년층은 현실에서 가장 많이 영향을 받는 사람이기 때문이다. 동시에 중년들은 인생의 허상과 실상, 어떤 것이 참된 가치인지를 구별할 수 있는 시기이기 때문에 후세에 대한 가치의 전수자가 될 수 있다. 시카고 대학의 교수였던 돈 브라우닝(Don Browning)은 "관대성을 가진 사람이란 종교적인 인간(Homo Religious)" 이라고 정의하며 종교적 인간과 중년기의 관대성을 가진 인간과의 불가분의 관계가 있음을 지적하였다(Browning, 1975). 후대를 생각하며 돌보고, 남기는 것이 보이지 않는 인간 심연에서 발생하는 종교성이라는 의미다.

(2) 양육의 부정적 결정: 침체성-무관심과 이기주의

성장발달의 긍정적인 결과가 관대성이고 이것이 생활에서는 돌봄에 대한 것을 나오지만, 부정적 결과는 침체성(stagnation)이고 그 결과는 무관심과 이기주의다. 침체성은 발달단계에서 겪지 않으면 좋지만, 이 역시 과거 부정적 결과물의 누적으로 나타난 결과라고 할 수 있다. 어쩌면 침체성에 빠지는 것도 쉽지 않은 결과일 수도 있다. 우리는 성장과정에서 개인에 따라 정도는 달리하지만 어느 정도 선천적인 환경이나 몸과 정신에 대한 부족한 부분을 가지고 태어난다. 그러나 그 과정에서 이러한 결핍은 환경과 가정 그리고 사회의 도움으로 회복될 수 있는 가능성도 가지고 있다. 그런데 연속적으로 중년기에 침체성에 빠지는 것은 이러한 주변의 도움이나 바른 사람을 만나지 못한 결과일 수도 있다.

침체성이란 더 이상 나가지 못하고 그 자리에 주저앉아 버리게 된다는 의미다. 그리고 침체성의 심리적 상태는 냉담(apathy)이다. 관대성이 '돌봄'이라면, 정반대로 냉담에 빠지는 것이다. 돌봄을 받은 만큼 돌봄을 돌려줄 수 있지만, 냉담에 빠지면 이 돌봄을 제공할 능력이 없고 아예 무관심으로 일관해 버리는 것이다. 스스로를 관리할 힘조차 없고, 어쩌면 지금껏 조형된 사고의 구조가 돌봄에 관심을 가지게 할 만큼 여유가 없었던 경험의 연속이었다. 때로는 사람을 잘못 만나 그렇게 된 경우도 있지만, 자신의 결심들이 자기 위주로 갈 수밖에 없는 주변 환경의 냉혹함도 있다. 주는 것이 더 복이 있다는 의미가 이 침체성에 빠진 중년의 마음을 감동시키기에도 너무나 거리가 멀다. 곳간에서 인심이 난다고 했지만 곳간에 어떤 여유로움도 부재된 상태다.

중년기는 샌드위치 세대이기에 가족과 부모에 대한 의무성을 가지고 있음에도 불구하고 이러한 것을 돌볼 수 있는 정신적 여력이 남아 있지 않다. 그래서 이들의 마음은 '냉담'하다. 냉담은 가장 먼저 자신의 가족에 대하여 나타난다. 가정에서 부모로서의 최소한의 의무에 대하여 냉담하다. 경제적으로나 정신적으로 책임을 질 마음이 없는 것이다. 사실, 가족이나 남을 사랑하는 것은 자기 자신에 대한 존엄성이나 존중감을 가지고 있는 만큼 가능하다. 자기 자신이 고갈된 상태에서 가족을 돌볼 수 있는 정신적 여유는 없다. 그래서 이 냉담은 현실적으로 가족을 정신적으로 돌볼 수 있는 마음의 준비가 되어 있지 않다.

필자가 만난 한 내담자는 방송 중에 상담을 한 사람이었다. 내담자는 오랜 세월 종교생활을 해 왔는데, 그녀의 남편은 결혼생활을 시작하면서부터 여성문제로 복잡한 생활을 25년 정도 해 왔다. 남편은 직장생활을 하는데 집안에 월급을 가져온 적이 없었다. 그래서 그녀는 자신이 생활전선에 뛰어들어 생업에 종사했고, 그것을 통해 가정을 돌보고 자녀교육을 했다. 남편은 자신의 월급으로 자기가 하고 싶은 일들을 다했다. 좋은 것은 혼자 다 누렸고, 매번 여성이 바뀌었고, 거기에 들어가는 유흥비로 다 써 버렸다. 남편으로서 그리고 아버지로서 가정과 자녀 그리고 후대를 위한 돌봄은 제공하지 않고 오히려 이것들에 무관심과 냉담으로 일관하고 자신이 과거부터 하는 유흥에 몰두하며 보냈다. 필자는 이 내담자의 남편의 이러한 생활이 결혼한 후 갑자기 발생한 것이 아니라 젊어서부터 가지고 있던 생활습관의 연속이라고 본다.

냉담에 빠져 자기이기주의에 몰두한 사람은 여전히 자기 자신에 대한 목마름으로 주변을 돌아볼 정서적 여유가 없다. 필히 성장과정에서 애착의 문제가 있었고, 상실과 박탈을 수없이 경험하면서 자신이 이상화하여 살아가야 할 부모의 모델이 상실된 채 살아간 세월이 많이 되풀이되었기에 여전히 자기 자신에 대한 분노와 몰두로 나타난다. 이 냉담은 수동적인 의미에서는 중년기에 의미와 희망에 대한 상실이다. 무엇을 위해 살아가야 하는지, 우리가 동물보다 좀 더 나은 존재라는 것을 어떻게 나타내며 살 수 있을 것인지에 대한 희망도 없는 것이고, 자신을 자손에게 내어놓음으로써 나타날 수 있는 희망도 없는 것이다. 그런데 이 냉담은 수동적 의미에서 더 악화되면 적극적 냉담구조를 가지는데 이것은 가치를 왜곡하고 살아간다는 점이다. 즉, 객관적 가치성을 가지지 못하고 가치를 왜곡시키고 자신에게 합리화시켜 자신이 살아가면서 변호할 틀을 가지면서 살아간다는 점이다. 결국 나르시시즘인 자기애에 빠져 살아간다는 의미다.

이상하지만, 이 침체성은 자기 자신만이 아니라 타인에게 독소적인 요소가 되며 다음 세대로 쉽게 전수된다는 점이다. 마치 성을 쌓는 것에는 오랜 시간이 걸리지만 성을 허무는 것은 그에 비해 너무 쉽게 되는 것과 같다. 물질을 모으는 것은 어렵지만 돈을 짧은 기간 내 사용하는 것과 같은 구조다. 이것은 갖은 고생을 통하여 어떤 결과를 얻었을 때 그 고생과 결과를 감사할 수 있는 통찰을 가지게 되기 때문일 것이다.

침체성의 근원은 여러 요소가 많이 있다. 첫째는 성장과정에서 겪은 거짓된 자기의 형성이다. 이 책의 전반부에서 다루었듯이, 출생과 성장과정에서, 특별히 힘없이 부모를 의존할 수밖에 없는 환경에서 부모로부터 박탈과 상실의 오랜 경험을 했고 그것이 회복되지 않는 상태에서 중년기까지 왔다는 점이다. 둘째는 앞서 살펴본 부모의 양육유형과 관련하여 부모가 이기성에 기초한 과다한 사랑을 한 것이다. 사실, 사람은 너무 환경이 좋거나 너무 나쁘거나 하는 것이 어쩌면 같은 악조건이라고 본다. 적절하게 고생과 고난을 경험하고, 되는 것도 있고 안 되는 것도 있다는 사실을 알아 가면서 살아가는 개인이 건강한 정신과 가치관을 가질 수 있다. 그런데 자녀의 필요와 요구에 부모가 무조건적으로 반응을 해 주면 아이는 성장을 하면서 타인에 대한 배려가 없고, 책임감보다는 자신이 누려야 할 권리나 자유에 민감성을 가질 뿐이다. 그래서 이러한 사람들이 결혼을 하게 되면 가족과 구성원에 대한 관심은 없고 자연스럽게 성장과정에서 부모가 자기 위주로 모든 것을 해결해 준 것과 같은 기대를 가지고 살아간다는 점이다. 셋째는 침체성에 빠진 개인은 자기 위주의 결정을 하는 데 익숙하게 살았기 때문에 중년기가 되어서도 배려나 타협 또는 타인의 입장에 서서 일과 세상을 생각하는 공간이 없다.

사실, 모든 중년은 종교적인 인간이 되어야 하며, 세상에서 가교 역할을 하며 살아갈 필요가 있다. 중년의 관대성은 어느 특출한 사람만이 가지는 것은 아니다. 이것은 외부적인 조건이 한 사람을 중년기의 관대성을 가진 사람으로 형성시켜 주는 것이 아니라, 얼마나 심리적으로 건강한 구조 속에서 성장했는가가 관대성의 사람을 만드는 것이다. 직업이나 남녀에 관계없이 관대성은 우리 사람 안에 있는 가장 깊은 근원적 본능을 표현하는 일이다. 동시에 침체성에서 벗어나 관대성에 대한 관심을 가지기 위해서는 사회문화적으로 이러한 관대성에 대한 요구들이 있는 환경이 조성이 되어야 한다.

8) 노년기의 과업과 문제

(1) 양육의 긍정적 결과: 통합-지혜, 철학

인생발달단계의 끝은 노년기(65세 이후)다. 긍정적 발달은 통합을 하는 시기다. 미웠던 것, 싫어했던 것 등 모든 것을 수용하고, 이해하고, 화해하고, 통합을 이루려는 것이 이 시기의 긍정적 발달의 결과다. 따라서 이러한 자세를 가지면 인생을 보는 통찰과 지혜가 주어지기에 노인에게는 세상과 사람을 보는 지혜가 있게 된다.

사회적으로 보면 이 시기 대부분의 노인은 이제는 생산활동을 내려놓아야 할 형편이다. 그러나 생산활동을 할 수만 있다면 오히려 노인의 정신건강을 좋게 하는 결과를 가져올 것이다. 더 이상의 신체적 발달은 없고, 사회에서 역할 축소는 확실히 노인의 삶을 위축시키지만 한편으로는 숙명처럼 받아들여야 하는 과정이다.

우리는 잘 죽기 위해 잘 살아야 한다. 잘 살아야 한다는 것은 물질적 풍요가 중심이 아니라, 세상을 살아가면서 적어도 중년기 때부터 노년에 대한 준비를 해야 한다. 그래서 정말 정도에 맞는 삶을 살아가야 노년이 되어서도 개인에게 다가오는 여러 가지 제약들을 수용할 수 있는 준비가 되는 것이다. 내려놓아야 할 것은 내려놓고, 더 해야 하는 요소들은 조금은 더 할 수 있는 것을 마련해 두는 것이다.

> 통합은 유아부터 지금까지의 세월을 되돌아보면서 통합적인 관점에서 인생을 관조하고 회상해 보는 것이다. 예를 들어, 인생의 출발이 남들과 비교하여 어려웠고, 여러 가지 고통스러운 사건들로 얽혀 있다 할지라도 통합적인 관점에서 그 모든 과거의 이야기를 수용하고 통합하는 것이다. 열악한 조건임에는 틀림없으나 그러한 환경으로 인해 오늘의 내가 있다고 고백할 수 있다는 것이다. 다른 말로 인생은 결국 자신의 책임이라는 사실을 수용하는 것이다(임경수, 2013).

노년기에 긍정적 발달의 결과인 지혜는 또 다른 심리학적인 의미를 함유하고 있다. 에릭슨은 이 지혜를 죽음의 면전에서도 두려워하지 않고 초연한 관심을 보이는 것이라고 했다(Erikson, 1994). 초연하다는 것은 젊은 시절에 가졌던 모든 관심으로부터 마음을 내려놓는 것이다. 그러나 세상을 등진다는 의미가 아니다. 세상과 격리되지는 않지만 그것에 대한 집착을 내려놓은 것이다. 그럼으로써 자신이 가지고 있는 삶에 대한 지혜를 후세에 삶으로써 남기는 일이다.

(2) 양육의 부정적 결과: 절망-경멸, 독단주의

> (노년기에) 가벼운 회상을 통하여 생을 뒤돌아보면서 회상에 묻혀서 가벼운 향수에 빠지거나 약한 후회를 하기도 한다. 심한 경우에는 불안, 죄의식, 절망 그리고 우울증에 놓이게 된다(Hltsch & Dutisch, 1980, p. 317).

노년기에 더 이상의 발달단계가 없고 죽음이라는 끝만 기다리고 있다는 사실과 개인 삶에 대한 회고에서 절망만이 느껴진다고 하면 개인은 죄의식, 불안, 절망 그리고 우울증에 놓이게 되기 쉽다. 끝이 없을 것 같던 인생살이에 마지막 장이 남겨져 있지만 신체적으로나 사회적으로 활동하는 것이 제약받는 것이다. 그리고 오늘날 인간 생명의 연장과 장수는 노인으로 하여금 더 많은 시간을 회상하도록 만든다. 물론 통합적인 관점에서 보는 노년기는 좋지만 지난 세월 동안 거짓된 자기의 늪에서 벗어날 수 없었다면 노년기에 이르러서는 스스로에 대한 경멸에 빠질 수도 있다.

정신적 여유에서 풍요로움이 생길 수 있지만 절망에 빠지게 되면 노년들로부터 지혜를 배우는 것이 아니라, 거짓된 자기로 인해 몸부림치는 독단주의(dogmatism)에 빠지게 된다. 자신의 의견과 뜻을 굽히지 않고 서 있는 고자세로 인해 주변 사람은 역시 어려워할 수밖에 없다.

심리상담치료와 과제

6 장

애착이론과 역기능 발달 상담

사람의 발달과정에서, 특별히 어렸을 때 부모와의 애착관계는 인생의 방향을 틀 수 있는 중요한 순간이다. 그러나 어떤 면에서 인생은 왜 태어났는지, 무엇을 위해 살아가는지, 그리고 왜 살아야 하는지에 대한 대답을 찾을 수 있는 뾰족한 길이 없다. 무엇이든 선천적으로 정해져 있고, 사회도 환경도 그리고 부모도 우리의 선택 전에 이미 우리를 선택하여 이 자리에 놓이게 하였다. 그리고 부모와 사회환경을 통해서 애착구조는 형성되어 있다.

애착구조가 상실과 박탈로 이루어져 상처만이 남았다면 어떻게 이것을 치료하고 회복할 수 있을까? 상담치료는 두 가지 관점에서 이루어져야 한다. 첫째는 애착 부족이나 실패에 대한 것을 보완할 수 있는 상담자나 좋은 사람들을 통한 애착의 재형성 과정이 필요하다. 둘째는 사회문화가 보완해 줄 수 있는 관리와 조직이 필요하다. 그리고 개인상담과 집단상담을 할 때 부모유형에 대한 참조를 하면서 성인애착 면접(AAI)의 질문 내용을 상담에 적용하는 것이 필요하다. 다음은 매리 메인(Mary Main)이 성인애착 면접에 필요한 질문 내용의 핵심을 정리한 것이다.[1]

1) 매리 메인이 제공한 AAI의 자세한 내용은 www.psychology.sunysb.edu/attachment/measures/content/aai-interview.pdf.를 참조

1. 당신의 어린 시절 이야기를 해 주기 바랍니다. 어디서 살았는지, 어디서 태어났는지, 이사를 얼마나 다녔는지, 가족이 살기 위해 어떤 직업을 가지고 있었는지에 대하여.

2. 어린아이였을 때 부모님과의 관계가 어떠했는지에 관하여 듣고 싶습니다. 가능한 한 가장 오래된 기억부터 이야기해 주실 수 있습니까?

3. 어머니와의 관계를 말해 주는 형용사나 단어들을 다섯 개만 선택해 보십시오. 가능한 한 가장 어린 시절의 기억으로 거슬러 올라가 말해 주십시오. 단, 5세에서 12세까지의 기억이 좋습니다. 이 질문에 대한 답변에는 다소 시간이 걸릴 수 있기에 생각할 수 있는 시간을 드리겠습니다. 그런 후에 왜 당신이 그 단어나 형용사를 선택하셨는지에 관해 여쭤 보겠습니다. 나는 당신이 말하는 단어들을 받아 적을 것입니다.

4. 어린 시절 아버지와 관계를 반영해주는 형용사나 단어들을 다섯 개 만 선택해 보십시오. 가능한 한 가장 어린 시절의 기억으로 올라가 시작해 주십시오. 단 5세에서 12세까지의 기억이 좋습니다. 이 질문에 대한 답변에는 다소 시간이 걸릴 수 있으므로 잠시 생각할 수 있는 시간을 드리겠습니다. 그런 후에 왜 당신이 그 단어나 형용사를 선택하셨는지에 관해 여쭤보겠습니다. 저는 당신이 말씀해주시는 단어들을 받아 적을 것입니다.

5. 혹시 당신이 어머니와 아버지 두 분 중 가장 친밀하게 느꼈던 분이 누구였는지 말해 줄 수 있습니까? 그 이유는 무엇입니까? 이런 동일한 친밀감을 다른 쪽 부모에게서는 느끼지 못했던 이유는 무엇입니까?

6. 아이였을 때 화가 났던 적은 언제였습니까? 당신은 화가 나면 주로 어떻게 했습니까?

(이 질문은 다음과 같이 더 세분화하여 물어볼 수 있다)

① 당신이 어렸을 때 감정적으로 당황하면 어떻게 했습니까?

② 당신이 신체적으로 다쳤을 때 어떻게 하는지 기억할 수 있습니까? 떠오르는 특별한 사건이 있습니까?

③ 당신이 다치거나, 아프거나, 당황하였을 때 부모님으로부터 도움받을 것이 있는지 궁금합 니다.

7. 부모님으로부터 분리되었던 최초의 기억은 무엇입니까?

8. 어렸을 때 거절감을 느껴 본 경험이 있습니까? 물론 현재 시점에서 되돌아보면 그 일이 실제로는 거절의 경험이 아니었음을 알 수 있을지도 모릅니다. 그러나 저는 과연 당신이 어렸을 적에 거절을 당한 기억으로 남아 있는 경험이 있는지의 여부를 묻고 싶습니다.

① 이 경험을 했을 때 몇 살이었는지, 그리고 그때 당신은 무엇을 했습니까?

② 왜 부모님이 거절했다고 생각합니까? 당신은 그때 부모님이 당신을 거절하는 것을 알고 있었다고 생각합니까?

9. 당신의 부모님이 어떤 방식으로든 당신을 위협 한 적이 있습니까? 훈육의 일환으로서든 농담 삼아서든 말입니다.

① 이 경험이 어른이 된 당신에게 어떻게 영향을 미치고 있습니까?

② 이 경험이 당신의 자녀에게 영향을 미치고 있습니까?

10. 일반적으로 당신은 부모님과 함께했던 전반적인 경험들이 당신의 인격에 어

떻게 영향을 주고 있었다고 생각합니까?

11. 당신은 어렸을 때 부모님이 왜 그렇게 행동하셨다고 생각하십니까?(이 질문은 만일 참여자가 부모에 대해 긍정적 경험을 했더라도 관련이 있는 질문이다. 참여자가 부정적인 경험을 했으면 특별히 이 질문은 중요하다.)

12. 어렸을 때 부모님처럼 친하게 지냈던 다른 어른들이 있었습니까?

13. 어렸을 때 부모나 다른 가까운 사랑하는 사람, 예를 들면 형제자매나 가까운 친척을 잃은 경험이 있습니까?
    ① 당신의 어린 시절에 중요한 사람을 잃은 경험이 있습니까?
    ② 성인이 되어서 중요한 사람을 잃은 적이 있습니까?

14. 지금까지 이야기해 주신 힘든 경험들 이외에도 혹시 잠재적으로 트라우마 가능성이 있을 것이라고 여기는 다른 경험들이 있습니까?

15. 당신과 부모님과의 관계에 관해 몇 가지만 더 물어보고 싶습니다. 아동기 이후로 당신과 부모님(혹은 현재까지 살아계신 부모님)과의 관계에 많은 변화들이 일어났습니까? 잠시 후에 우리는 현재에 관해서도 다룰 것이지만, 지금 당장은 당신의 아동기와 성인기 사이에 일어난 변화들에 관하여 대략적으로 말씀해 주겠습니까?

16. 현재 성인인 당신의 삶에서 당신과 부모님(혹은 현재까지 살아계시는 부모님)과의 관계는 어떠한지에 관해 물어보고 싶습니다. 현재 당신과 부모님의 관계는 어떻습니까?

17. 이제까지와는 다른 종류의 질문을 하겠습니다. 이번 질문은 당신과 부모님과의 관계에 관한 것이 아니라 현재 당신이 조사자(상담자)가 특별히 관심을 가지는 구체적인 자녀 혹은 참여자의 모든 자녀들과 더불어 영위하고 있는 관계의 측면과 관련됩니다. 감정적인 측면에 있어서 당신 자녀들과 분리될 때 지금 어떤 반응을 보이겠습니까?

18. 지금으로부터 이십 년 후에 당신의 자녀에게 세 가지 원하는 것이 있다면 그것은 무엇이겠습니까? 이 질문은 부분적으로는 당신이 미래에 보기 원하는 자녀의 모습에 관한 것이기도 합니다. 생각할 수 있도록 약 1~2분 정도의 시간을 드리겠습니다.

19. 지금까지 모든 질문들을 통해 당신이 어렸을 때의 경험들로부터 특별히 배웠다고 느끼는 것들이 있습니까? 여기서 당신이 아동기에 관한 일들을 통해 얻었다고 할 수도 있다고 느끼는 무언가가 있는지에 관해서 물어보고 싶습니다.

20. 이 인터뷰에서 과거의 많은 것들에 초점을 맞추어 왔습니다. 그러나 이제는 먼 미래를 내다보면서 인터뷰를 마무리했으면 합니다. 방금 전에 우리는 당신이 아동기의 경험들을 통해 당신이 얻을 수도 있었던 것에 관해 이야기하였습니다. 이제 마지막 질문입니다. 당신은 당신의 자녀가(혹은 당신이 상상하는 자녀가) 당신에 의해 양육되는 경험을 통해서 이루어지는 경험들을 통해 무엇을 배웠으면 하고 바랍니까?

1. 애착사에 대한 상담

모든 건물에는 기초가 있다. 기초를 잘 닦아야지 건물이 제대로 올라갈 수 있다. 우리는 개인상담, 집단상담 또는 축어록 분석작업을 통해서 다양한 상담의 기술과 방법론을 사용한다. 그리고 상담자에 따라서 구조화, 반구조화, 비구조화를 시켜 가며 상담을 진행하고 있다. 그러나 이것보다 더 중요하게 선행되어야 하는 것은 내담자의 애착사에 대한 상담과 탐색이다. 앞서 애착이론을 통해 부모의 애착유형은 자녀에게 그대로 전달된다는 것이 알려져 있기 때문에 이 애착사에 대한 면밀한 상담과 통찰이 선행되어야 기본이 갖추어진 상담을 진행할 수 있다. 그래서 애착사에 대한 탐색을 기초로 하는 상담은 일단 반구조화 상담이 될 것이다.

개인상담이나 집단상담에 있어 애착사가 중요한데, 이 애착사에 대한 물음 과정과 통찰 과정에서 상담자가 반드시 살펴보아야 할 것은 내담자의 콤플렉스와 그것이 누구에게 투사되고 있는가에 대한 파악이다. 칼 융에 따르면, 콤플렉스와 투사의 원인을 알게 되면 상담의 대다수는 쉽게 문제가 풀릴 수 있다. 그러면 이 콤플렉스와 투사로 인해 내담자의 감정 세계를 과잉 활성화시키거나 비활성화시키는 부분에 대한 탐색을 시작해야 한다.

지금껏 애착유형을 탐색해 보면서 개인상담을 할 때 내담자의 애착유형을 다음의 표에서 확인할 수 있을 것이다. 물론 이러한 애착유형은 특성만을 나타내는 것이고 이전에 전적으로 의존하라는 말은 아니다. 밝힌 바와 같이 안정애착을 제외한 나머지 세 가지 애착유형은 과도한 불안이 내외적으로 있어서 정상적인 불안을 가지고 살아가는 것이 아니라, 비정상적인 불안에 의해 현재 생활을 위협받는 것이 가장 큰 문제다. 그래서 개

□ 상담을 통한 애착유형 특성 탐색

애착유형	특성
안전 애착형	• 대화의 연관성과 분명함을 유지하고 간결하게 소통한다. • 희로애락에 대한 표현을 할 수 있다(자신이 가진 희망이나 좌절이 섞여 있는 표현을 할 수 있다). • 자신의 장단점, 그림자, 페르소나(persona)에 대해 솔직하게 말할 수 있다.
불안정 회피	• 자신의 감정을 솔직하게 말하지 못한다. • 마치 모든 것이 문제없는 듯 말한다. 그래서 자신이 말하는 바와 감정은 서로 모순된다. • 애착과 연관된 경험에 대해 거의 말하지 않거나 기억이 잘 나지 않는다고 말한다.
불안정 저항	• 감정에 솔직하게 말할 수 있지만 말들이 연관성이 없거나 간결하지 않다. • 감정의 문제가 있기에 대화의 본론에서 벗어나기가 쉽고 말이 모호할 수 있다. • 상담의 본론과 핵심에 도달하기 전 내담자가 상담을 끝낼 수 있다.
불안 혼돈형	• 애착과 상실의 문제를 다룰 때 원인과 결과에 대한 것에서 부분적으로 벗어날 수 있다. • 애착과 상실의 문제를 다룰 때 당시의 공간과 시간에 대한 일시적 혼돈이나 일탈이 발생할 수 있다. • 해리가 발생한다(갑자기 혼자 말을 한다, 혼란스러운 경험을 말을 한 후 치료자를 마주 보거나 옆으로 누워 버리기도 한다).

인상담에서도 상담자가 주된 관심을 가져야 할 것은 불안의 근원에 대한 탐색과 통찰이다.

1) 현 가족구조에 대한 콤플렉스와 투사 통찰하기

볼비의 중요 이론은 '애착과 불안'이고, 여기에 따른 부모의 양육 형태나 아동에게 전수가 된다고 보았지만, 구체적으로 '애착과 불안'을 어떻게 상담자가 볼 수 있고, 그것들을 탐색하여 상담할 수 있는지에 대한 방법론을 제안하는 경우는 그 수가 적은 편이다. 필자는 '애착과 불안'을 칼 융의 콤플렉스, 페르소나 그리고 투사의 이론을 접맥한다면 상담현장에서 가장 효율성을 가지고 상담할 수 있다고 생각하기에 그동안 상담현장에서 사용한 내용들을 소개하려 한다.

모든 문제는 현 가족에서 발생한다. 부부간의 문제나, 자녀와의 문제는 가족 구성원 가운데 부부 중 한 사람이 가지고 있는 콤플렉스와 투사로 인해 발생하기가 매우 쉽다. 물론 배우자에게서 발생하는 이 두 가지를 잘 수용하고 이해할 수 있을 정도의 성품을 가진 사람이라면 투사나 콤플렉스로 인한 많은 문제가 잦아들겠지만, 그렇지 않으면 이 문제는 연속적으로 되풀이될 수밖에 없는 구조다.

우리의 개인무의식에 앉아 있는 콤플렉스는 우리를 건드리는 아킬레스건과 같은 요소다. 그런데 무의식의 영역에 내려앉아 있는 콤플렉스와 이것들의 집합체인 그림자(shadow)는 좀처럼 어떤 것인지, 현상은 나타날 수 있지만 그 원인에 대한 이해는 절제되거나 확장된 감정의 영역에 대해 접근하지 않으면 알기가 어렵다. 그래서 이것은 두 가지 입장에서 조명하는 것이 좋다.

첫째는 무의식적 욕구가 가려 있기 때문에 이것은 내담자의 콤플렉스 원인이 되는 요소와 연관이 되어 있어 내담자가 특별히 강조하는 생각, 사람 그리고 경향과 긴밀한 관계가 있음을 상담자가 통찰해야 한다. 즉, 내담자는 자신이 특별히 강조하는 내용으로 자신이 가진 콤플렉스를 감추는 것이다. 콤플렉스는 무의식의 내면에서 역동을 하고, 그 결과는 의식의 정점에 와 있는 페르소나를 통해 발생하는 것이기에, 페르소나가 강조하는 것의 반대적인 성향을 내담자는 관찰하고, 그 반대 성향에 내담자가 갖은 콤플렉스가 있다는 것을 알아야 한다.

> 페르소나라는 것은 가면에 충족시킬 수 있도록 하고, 한편으로는 다른 사람들에게 절대적 감명을 만들어 주도록 고안된 것이다. 다른 한편으로는 자신의 진정한 본성을 숨기는 것으로서 개인의 의식과 사회관계의 복잡한 시스템이다(Jung, 1977, p. 203).

자신을 변장하는 가면인 페르소나의 특성은 대외적으로나 사회적으로 나타내려고 하는 특성인데 이것은 자신이 아니라 타인에게 영향을 미치기 위한 것이다. 그런데 문제는 콤플렉스로 인해 발생하는 페르소나는 균형을 상실한다는 점이다. 그래서 과도하게 강조하거나 과도하게 외적인 것을 추구하거나 과도하게 남을 인식한다는 점이다. 이러한 것 때문에 과도한 강조를 하는 개인이나 내담자가 보이는 것은 자연스러움이 상실되는 것이다.

상담의 최고 목적은 자연스러운 생활로 돌아가는 것이다. 어쩌면 자연인이 되는 것이다. 외적인 것이나 내적인 것에 장애가 있지만 나의 나됨으로 돌아가 자연스럽게 살아가는 것이다. 그런데 콤플렉스가 기원이 된 페로소나에 의해 조정되는 사람은 자신이 특별히 어떤 것을 강조하지만 그것은 자연스러움을 상실한 것이다. 타인이 보기에도 너무 어색함이 묻어나오고, 추상성에 빠져 있거나, 교리적 완고함에 놓여 있어 가족이나 주변 사람에게 생활의 지겨움을 느끼게 한다. 그러나 정작 본인은 그것을 모르고 있다.

상담자는 콤플렉스에 빠져서 자신의 가면을 장황하게 늘어놓는 내담자에게 현혹되는 것을 주의해야 한다. 주로 이런 내담자는 자신과, 자신과 연관된 주변의 페르소나에 대한 장황스러움을 강조한다. 다시 말해 자신이 가진 '특별함'(specialness)을 강조한다. 개인 자신을 특별하게 생각하는 것은 어떤 의미에서 긍정적일 수 있다. 자신에 대한 존중감이나 자긍심이 누구보다 더 크다는 점이 긍정적이다. 그러나 우리가 안정애착 유형에서 그 부모와 자녀의 특성을 살펴본 것과 같이 심리적으로 안정애착을 가진 사람, 즉 자연인으로 살아가는 사람은 자신이 가진 한계성과 동시에 자신이 가진 긍정성을 가진 사람이다. 이 양자에 대한 입장을 수용하는 사람이기에 자신의 한계와 장점을 알고 있는 사람이다. 그러나 콤플렉스에서 나온 페르소나를 가진 사람은 매우 자기중심적이고, 자신의 의견이나 생각에 대하여 철저하게 맞다고 생각하는 사람이다.

내담자가 자신의 '특별함'을 나타내는 것은 주로 '민감성'을 가지고 있고, 이 민감성을 가족관계에서 또는 대인관계에서 가지고 있다는 식으로 자신을 방어한다. 내담자가 가진 콤플렉스는 상담자를 통해 콤플렉스의 근원과 원인에 대한 이해와 수용이 되기 전까지 이 콤플렉스는 민감성으로 위장되어 내담자 스스로의 에너지를 저하시키거나 과부하상태로 만들기도 한다.

애착이론을 중심으로 한 개인상담과 집단상담에서 상담자가 중요시해야 하는 부분은 두 군데가 있다고 생각을 한다. 첫째는 내담자가 가진 가치관/좌우명에 대한 것이 가면(persona)이라는 입장으로 보기 전에 내담자가 이러한 가치관이나 목표를 가질 수밖에 없었던 과장되거나 빈약했던 애착사에 대한 과정을 공감해 주는 것이다. 애착사를 중심으로 하는 상담이 잘못하면 분석과 평가 위주로 될 수 있는 가능성이 있기 때문이다. 그래서 내담자가 이러한 가치관과 목표를 가질 수밖에 없는 애착환경에 대한 수용과 공감 때로는 지지가 필요하다.

안전애착 환경을 가진 내담자는 부모 환경을 통해서 긍정적인 안전애착의 기저를 마련한다. 여기서 긍정적인 것이란 자녀가 부모의 그늘에서 성장을 하는데 안전애착을 가진 부모는 생활을 통해 자녀에게 애착을 자연스럽게 보여 주고 들려주고 피부에 닿는 것이기에 매우 자연스럽게 자녀의 감정과 인식에 자리를 잡게 된다. 자연스럽다는 것은 강요되지 않는 것이며 생활에서 묻어나오는 것이다. 그러기에 이러한 애착환경을 가진 자녀는 부모가 가진 자연스러운 강점들을 자신의 생활 속에 가져온다. 그러나 부정적인 애착환경을 가진 자녀는 대부분 분노와 좌절의 감정을 가지고 자신의 가치관을 가지면서 성장을 하게 되기에 성인이 되어서 이 문제들이 해결되지 않으면 이들이 가진 가치관은 왜곡된다.

내담자 A는 자신이 가진 가치관은 성실과 정직이라고 했다. 그런데 이 정직과 성실 때문에 대인관계에서 여러 좋지 않은 일들이 발생했다. 가정에서는 배우자와의 관계가 좋지 못했고, 자녀에게는 정직하지 않다는 이유 때문에 갈등이 속출하게 되었다. 왜 A는 자신이 가진 가치관이 성실과 정직이 되었을까? 상담을 하면서 A의 가정과 애착사를 탐색하게 되었다. A가 성장과정에서 가진 문제는 부모와의 문제, 특히 아버지와의 문제였다. 가정에서의 애착사 문제는 거의 집안에서 모든 것을 통제하는 권력자를 중심으로 발생한다. 아버지는 가정에 대한 책임을 소홀히하는 사람이었다. 경제적인 책임을 지지 않아 경제적으로 집안이 어려웠으며, 술과 유흥으로 집안 경제를 어렵게 만들었다. 그리고 이러한 것이 계속되자 어머니와 늘 싸움이 있었다. 아버지를 향한 어머니의 분노와 한이 매일 귀에 맴돌았다. 아버지가 정신을 차리면 집안이 이렇게 되지 않았을 텐데. 어머니의 억울함과 한은 A가 매우 민감한 시기에 귓가에 울렸다. 이러한 과정을 겪으면서 A는 아버지처럼 살지 말자는 말을 되새긴곤 하였다. A의 아버지는 정직하지 않았고 성실하지 않았기에 A는 성실하고 정직하게 살아야 한다고 생각을 했다. 그리고 그것을 자신의 가치관이라고 생각하고 자신의 현 가정에서 배우자와 자녀에게 누누이 강조했다.

융의 이론에서 보듯이 진리는 강조되는 것이 아니다. 자녀가 부모를 통해서 배우는 것은 평상시 부모가 보여 주는 행동과 감정이 있는 일상을 통해서 배우는 것이다. 진리라는 것이 간혹 강조될 수는 있을 것이다. 그것은 우리가 불안전하기 때문에 그렇게 될 수가 있다. 그러나 너무나 자주 강조되는 것은 우리 내면에 그 진리나 가치관에 엮인 심리적 문제 혹은 가족의 애착사적인 풀리지 않은 문제가 있다는 점이다. A는 가족에게 매번 이야기 할 기회가 있을 때마다 성실과 정직을 이야기했다. 그러다가 가족 구성원이 성실과 정직에 위반되는 행동이나 말을 했을 때는 분노가 생겨 가족과 문제가 생겼다. 자녀를 힘들게 했고, 배우자를 혹사시켰다. 자녀가 거짓말을 하거나 성실하지 않을 때는 분노가 하늘을 찌르는 것 같았다. 그래서 그 분노를 자녀에게 쏟아부었다. 그때마다 자녀와의 거리는 점점 멀어져 갔다. 정직과 성실은 인간이 살아가는 데 가장 중요한 기초가 되는 것은 사실이지만 이 세상에 살았던 어떤 사람이나 정직과 성실을 위배하지 않은 사람이 어디 있을까? 죽은 사람만이 정직과 성실을 범주에서 벗어나 자유로울 수 있다.

A의 정직과 성실은 가족에게서만 문제되는 것이 아니라, 대인관계에서도 문제되었다. A가 대인관계에서 정직하지 않거나 성실하지 않다고 느끼게 되면 가차없이 그 분노가 직간접적으로 발생하게 된다. 사람들에게 왜 그렇게 정직하지 않느냐 혹은 성실하지 않느냐는 식으로 문제를 삼는다. 그리고 이러한 일이 해결이 되어야 직성이 풀렸다. A의 애착사는 부모에게서 시작된다. A의 가치관이 맞는 것이지만 부모를 통해서 형성된 이 가치관은 긍정적으로 형성된 것이 아니라, 아버지에 대한 역반응으로 형성된 것이기에 자연스럽게 되지 않았다. 부정적으로 형성된 것이다. 그래서 그 가치관에서 벗어난다고 여기는 것들에게는 마치 A가 부모에 대하여 분노하는 것과 같은 감정으로 대하는 것이다.

내담자는 자신이 가족관계에서 가족 구성원에게나 자신과 문제를 발생시키는 사람에게 민감성을 가지고 상대방의 입장에서 서려고 노력한 특별한 이야기를 늘어놓는다. 때로는 눈물을 흘리면서 말하기도 하고, 자신이 이렇게 노력하는 것을 상대방이 전혀 이해를 못하는 것 때문에 스스로 비참하다고 생각하기도 한다. 그리고 가족 구성원이 자신의 마음에 한 차례씩 폭풍을 일으키고 가기에 너무 힘들다는 말을 하곤 한다. 상담자는 이 민감성이 어디서 발생하는 것인지 구별해 주어야 한다.

민감성은 크게 두 가지 입장에서 발생한다. 첫째, 가장 바람직한 민감성은 상대방의 필요를 보고 거기에 반응해 주는 것이다. 필요한 것이나, 도움이나, 물품이 있으면 그것을 마련해 주는 것이다. 이것은 철저히 상대방의 감정이나 필요성에 의해 내가 움직이는 것이다. 이것을 진정한 민감성이라고 한다. 둘째, 민감성은 상대방의 필요에 의해 내가 적극적으로 움직이는 것이 아니라, 나의 필요에 의해서 내가 상대방을 움직이게 하는 것이다. 그러나 이러한 민감성은 개인의 콤플렉스에서 비롯되어 개인이 필요로 하는 것을 가족 구성원이나 상대방에게 요구하기 때문에 상대방은 전혀 이해할 수 없고 수용하기 힘든 것이다. 그러나 콤플렉스에 기인한 민감성을 알지 못하는 한, 이것을 수행하는 당사자는 많은 노력과 땀을 흘리면서 상대를 위해 노력하고 있는데 가족 구성원이 수용하지 않는다는 불만을 늘어놓는다.

필자가 아들과 경험한 오랜전 이야기가 있다. 필자는 아들이 초등학교에 들어갈 무렵에 아이의 책상을 구입해야겠다고 생각을 했다. 당시 한 달 생활비가 100달러 정도 들었는데 이 책상의 가격이 거의 100달러였다. 아들과 상의 없이 상점에 가서 유치원생들이 사용할 만한 책상을 구입했다. 큰 돈을 들여 구입한 것이기 때문에 아들이 당연히 좋아할 것이라는 기대를 했지만, 책상을 개봉 후 아들의 반응은 뜻밖이었다. 책상이 마음에 들지 않는다는 것이었다. 그래도 여러 차례 책상의 장점을 설명했지만 받아들이지 않았다. 급기야 내가 화를 냈다. 오랜 세월이 지나 왜 이런 현상이 발생했을까에 대한 자가진단을 해 보았다. 필자가 몇 가지 좋아하는 물품이 있는데 펜과 책상이 그 물품에 속한다. 그래서 지금도 가끔 신기한 펜이나 책상이 있으면 구입하고 싶은 생각을 가지고 있다. 당시 필자가 책상을 구입한 것은 내 마음에 있는 어떤 것이 투사가 된 것이었고, 아들의 필요성이 무엇인지 전혀 고려하지 않고 내가 필요하고 내가 좋아하는 물품을 구입하고 나서는 아들에게 최선을 다한 것처럼 같이 나의 마음을 위장하였다. 자기 콤플렉스에서 나온 것으로 구입하고, 그곳에 민감성의 에너지를 투입하고 나서는 아들이 듣지 않자 서운해하고 화를 낸 것이었다. 이것은 내 욕구와 콤플렉스에서 나온 민감성이기에 가족 구성원에게는 전혀 감동을 줄 수 없는 것이었다.

이와 반대되는 경험도 있었다. 어린이 프로그램을 좋아하는 아들은 어느 날 TV에서 광고하는 아이스 스케이트 쇼에 가고 싶다고 했다. 한 사람당 25달러여서 3명의 가족이 함께 가기는 부담스러워 아무 소리도 안 하고 넘어갔다. 며칠이 지난 후 다시 그 광고를 보자 두 번째 애원을 했다. 그때도 나는 아무 대답도 하지 않고 넘어갔다. 그리고 다시 며칠이 지난 후 또 나오는 광고를 보고 아들이 세 번째 애원을 했다. 그런 애원을 이번에는 뿌리칠 용기가 없어 가기로 약속을 하고 표를 예약했다. 12월 하순경 시카고의 날씨는 몹시도 춥고 바람도 많이 불었다. 차를 타고 주차장에 주차를 하고 입구까지는 100m나 걸어가야 했다. 차 문을 먼저 열고 내린 아들은 추위를 별로 개의치 않고 관람한다는 즐거움에 빠져 있는 것 같았다. 먼저 내린 후 몇 미터를 앞으로 달리더니 다시 돌아와서 우리를 보고 "아빠, 엄마 감사합니다."라고 인사를 하고 다시 앞으로 뛰어갔다. 그러고는 다시 돌아와서 우리를 보고 "아빠, 엄마 감사합니다."라고 인사를 했다. 가슴이 뭉클했다. 우리의 경제적 처지를 잘 모르는 아이였지만 자기가 소원하는 것을 들어준 것에 대한 마음 깊숙함에서 오는 진실한 감사의 인사였다.

아마 우리가 살아가면서 가족과의 문제, 대인과의 문제가 발생할 때 가족을 원망하거나 타인을 원망하는 가장 큰 이유 중의 하나는 나의 콤플렉스에서 발생한 민감성을 가지고 노력했고 희생했다고 생각하지만 가족 구성원이나 상대방이 전혀 다른 방향으로 반응을 하기 때문일 것이다.

B는 평상시 매우 철저한 사람이다. 빈틈이 없는 것 같고, 종교인으로서의 생활도 매우 철두철미하다. 겉으로 B의 행동을 보면 너무나 빈틈 없는 완벽주의적인 성향을 가지고 있다. 그러나 B는 나에게 늘 부담스러운 대상이다. 말의 내용이나 톤이 인위적으로 만들어 낸 것과 같은 부자연스러움 때문이다. 본인은 완벽하다고 생각하는데 생각과 종교가 너무 구조화되어 있다. 그 사상과 종교의 구조로부터 양보나 물러날 생각을 전혀 고려하고 있지 않은 것 같다. 이런 구조 속에서 생활하면서 자신이 한 일, 결정한 것에 대하여는 매우 정확한 답을 가지고 있다고 생각한다. 그러나 정작 주변의 가족들, 특히 아이들은 B가 가진 생각과 행동이 너무 경직되어 있어 숨이 막힐 것 같다고 생각하고 있다는 점이다. B 역시 자신의 콤플렉스에서 발생하는 민감성에 에너지를 쏟고 이것을 가족 구성원들에게 적용을 하고 있다. B가 가진 콤플렉스는 학력에 대한 것과 보수적인 종교를 가짐으로써 타인과의 차별성을 가지려는 특수성의 방어다. 콤플렉스를 수용하거나, 자신이 가진 것의 한계성을 수용하는 사람이 가족원 간의 대화나 대인 간의 관계성은 가능한 자연스러움을 가진다. 그러나 여기에 얽매여 있는 사람은 늘 부자연스러움이 외관, 말, 표정 그리고 행위에 묻어난다.

C도 같은 맥락에 서 있는 내담자다. 늘 문제가 자신의 자녀로 인한 것이

라고 고민을 하지만, C의 고민의 내용, 그리고 지금도 C가 추구하는 것은 자기 신분의 상승과 자녀도 그 수준을 겸한 사람이 되기를 간절히 바라는 것이다. 엄격히 말해 자녀에게 많은 것을 투자하고 민감성을 다해 양육했다고 했지만, C의 내부에는 자신의 콤플렉스에서 기인된 민감성이 많은 부분을 차지하기 때문에 자녀와의 대화가 어려웠다. C가 가진 가장 큰 문제는 성장과정에서 다른 형제들에게 비해 지적 능력이나 집중성에서 뒤처지는 것이었다. 다른 형제들이 학교 적응이나 대인관계에서 여러 가지로 평가를 잘 받는 반면, 자신은 늘 부족한 사람이라고 생각했다. 그리고 부모 역시 그렇게 생각을 했다. 결혼을 한 후 이 내담자의 문제는 자녀와의 사이에서 발생했다. C는 열성을 다해서 자녀들을 후원했다. 그런데 매번 자신이 열정을 다해 자녀들을 후원함에도 불구하고 자녀들이 자신의 기대치에 들지 못할 때 느꼈던 C의 좌절은 어린 시절 자신이 받은 열등감에 불을 붙이는 것과 같았다. 끊임없이 자녀들을 후원하고 있고, 자녀들이 잘되기를 바라고 있는데, 자녀들은 자신의 마음을 몰라 준다는 것이 C의 고민이다. 자녀들과 미래에 대한 이야기가 나올 때마다 충돌을 한다. 왜냐하면 C의 콤플렉스를 자녀에게 투사하기 때문에 자녀는 늘 강요하는 듯한 부모와 충돌을 일으키는 것이다. 실상은 C가 자신의 열등감을 풀기 위해 자녀들에게 열심을 다한 것이다. 민감성을 가졌지만 그 민감성에 대한 C의 필요성에서 발동한 민감성이지 자녀의 입장에서 나온 것이 아니었다. 그러기에 자녀들이 자신의 기대에 미치지 못했을 때 갈등을 표출하는 것이다.

2) 애착사에 얽힌 감정을 밝히기

애착이 한 사람에게 연관된 중요한 심리적 상황이기 때문에 성장과정에서 특히 부모와 어떻게 형성되었는가를 상담자가 탐색하고 공감하고 직시하도록 하는 것은 상담과정에서 매우 중요한 과정이다. 이 애착사를 보기 위해 다음과 같은 순서로 진행하는 것이 바람직하다. 여기에 나온 질문의 종류는 성인애착 면접(AAI)에 기초한 것이지만 부가적으로 더 관심을 가져야 할 부분을 첨부하였다(Marrone, 2000). 질문은 가능하면 성장과정별로 (유아에서 현재까지) 일관성 있는 방향으로 하면 좋다.

(1) 0~3세의 가족사 탐색

출생한 직후부터 약 3세까지의 가족관계와 가족환경에 대한 질문을 통해 부모의 관계, 자녀와 부모와의 관계 그리고 형제들과의 관계를 탐색하는 것이 필요하다. 가장 기억에 남는 좋은 추억과 반대로 슬픈 추억에 대한 것을 말할 수 있도록 도와주는 것이 필요하다. 우리는 3세까지의 성장정보를 얻는 이유는 이 나이에 형성된 부모와의 애착 정도가 매우 중요한 시기이기 때문이다. 많은 내담자들이 이 시기를 기억하는 것은 쉽지 않을 것이다. 그런 경우에는 부모나 형제를 통해서 이 시기에 겪은 관계성에 대한 이야기를 들을 수 있도록 해 주어야 한다.

(2) 학령기 전까지의 가족사 탐색

학령기 전까지의 질문을 통해서 부모, 형제간의 기억나는 사건에 대한 이야기를 할 수 있도록 돕는다. 이 시기는 보편적으로 3세까지의 기억보다 더 많은 기억들이 내담자에게 발생할 수 있기 때문에 내담자의 표현에 상담자가 집중을 할 필요가 있다. 특별히 내담자가 자주 반복적으로 표현하는 부사, 형용사 또는 동사나 명사 등의 표현에 대하여 민감하게 경청을 하고 반응을 함으로써 내담자가 가지고 있는 감정의 세계가 잘 표현될 수 있도록 도와야 한다.

- 부모와의 관계는 어떠했으면 어느 쪽 부모와 친근하게 지냈는지
- 왜 그 부모와 친밀하게 또는 불편하게 지냈는지
- 어려운 시기에 부모가 자신을 얼마나 공감해 주었는지
- 부모로부터의 거절 경험
- 부모로부터의 수용 경험
- 부모로부터의 위험이나 상실과 박탈의 경험
- 부모로부터의 격리된 경험
- 이러한 경험들이 현재 자신에게 어떠한 영향을 주고 있다고 생각하는지
- 자신이 겪는 이러한 경험에 대하여 가족 구성원이 어떤 시각으로 바라보았는지
- 자신의 감정을 부모에게 표현해 본 적이 있는지

기억은 내담자가 가지고 있는 주관성이 많이 있기 때문에, 기억에 대한 애착사를 풀어 가는 과정에서 상담자는 내담자가 가지고 있는 기억에 대하여 객관성을 가지고 볼 수 있도록 도와야 한다. 그러나 너무나 오래된 기억이기 때문에, 이 기억의 고착화는 내담자를 좀처럼 다른 시각에서 과거를 조형할 수 있게 하는 데는 시간이 많이 걸린다.

(3) 학령기 및 청소년기의 경험 탐색

학령기에서도 앞서 제시한 질문들과 비슷한 질문들이 내담자에게 전해질 수 있다. 그러나 중요한 점은 이 시기가, 특히 우리 사회에서도 공식적인 학업 기간이 시작된다는 점에서 중요한 시기다. 필자의 경험으로는 많은 내담자들이 우리 사회가 부여한 사회적 틀, 학업 성적에 대한 스트레스가 이 시기부터 대학생 시절까지 지속되어 마치 이것에 불만이나 충족함

을 가지지 못한 사람들에게는 콤플렉스로 자리 잡고 있으며, 이것 역시 자신의 자녀와 밀접하게 연관되어 있다. 이 시기에 내담자의 기억 속에, 볼비의 지적과 같이 '영적 자양분'(spiritual nourishment)이라는 '즐거움과 행복'이 있는지에 대한 질문으로도 내담자의 감정을 볼 수 있는 것이다.

현대 사회는 사람들이 영적 자양분보다는 공부나 성취 또는 다른 것에 더 관심을 많이 가지는 시대이기 때문에 영적 자양분에 대한 것은 자연히 뒷전에 있을 것이다. 에릭슨의 지적과 같이 이 시기에 공부나 학교를 통해 자신의 무능함을 받았을 가능성도 있고, 혹자는 그 범주 안에 들어감에 따라 매우 우수한 사람이라는 생각을 가지고 살았을 수도 있다. 이러한 상황에서 본격적으로 시작되는 열등감이나 우월감에 사로잡혀 청년의 시기와 그 이후의 시기까지 연결될 수도 있다.

전쟁하듯이 시작되는 학령기에서 청소년기에 이어지는 이 시기를 경험한 내담자들의 마음은 자신에 대한 열등감, 무능감 혹은 우월의식 속에 빠짐으로써 자신을 객관적으로 판단하지 못한 여파로 지낼 수 있다. 필자가 만난 많은 내담자들은 실은 공부나 학력에 대한 콤플렉스로 자기 자신에 대한 긍정적인 평가를 가지기 어려웠다. 이것은 이 내담자들의 부모가 어떠한 가치와 인생관을 중요시하여 이들에게 영향을 주었는가를 파악할 수 있는 중요한 근거가 된다. 부모가 자녀로 하여금 학업에 대한 가치관을 가지고 살아가도록 어린 시절부터 중·고등학교까지 분위기를 만들어 주었다면 그 범주에서 객관적으로 볼 수 있는 능력은 없다. 그래서 또다시 자신의 자녀가 이 시기가 되면 강요와 억압된 환경으로 자녀에게 투사를 한다.

(4) 개인이 중요시하는 가치관 탐색

개인이 가장 중요하게 생각하는 가치관 세 가지 정도를 듣는 시간을 가진다. 보통 가치관은 개인이 가장 중요시하는 것을 말하는데, 여기에는 비밀이 있다. 가장 중요시하는 가치관을 말하지만, 개인과 연관된 콤플렉스와 밀접한 연관이 되어 있다. 그래서 이 가치관은 개인이 바라는 희망이자 현실은 아니라는 점이다. 오히려 그 가치관과 정반대되는 요인들이 개인을 괴롭히고 있기 때문이다. 우리는 이 그림자를 알지 못하고 끊임없이 우리의 가치관을 강조하는 페르소나를 쓰고 있다. 그래서 과도한 강조는 가족관계와 그림자의 원인은 대인관계를 깨뜨려 버린다. 왜냐하면 그림자를 인지하지 않은 페르소나는 남에게 상처를 주는 무기와 같기 때문이다.

애착사에 얼룩진 그림자가 치료상담을 통해 없어지는 것이 아니라 그림자가 있다는 사실을 인정하는 것이다. 그림자의 원인은 애착사를 통해 알아 가는 그것이 자신을 어떻게 조정하고 있는가를 알아 가는 과정을 통해서 우리는 좀 더 나은 사람으로 살아가는 것이다.

2. 가족 애착사 통찰하기

부모와 내담자와의 애착관계를 규명하기 위해서 앞서 지적한 면접 방법을 사용할 수도 있지만, 여기서 한두 가지의 방법을 더하는 것이 효과적이라고 생각한다. 상담자와의 공감을 하지 못하는 내담자라면 자신이 가진 가족 애착사를 상담자에게 내어놓기는 쉽지 않다. 더구나 그 상담자 자신이 자원해서 온 것이 아니라, 자격증 취득과정에서 반드시 해야 하는 개인상담이나 집단상담의 경우에는 자신의 것을 말하려 하지 않는 것이 보통 현상이다.

내담자의 감정을 잘 드러낼 수 있는 방법은 무엇이 있을까? 필자는 크게 세 가지의 기술적인 방법이 있다고 생각한다. 개인상담의 경우에는 빈 의자 기법을 사용하거나 인형을 사용한 방법이고, 집단상담의 경우는 가족재구성의 방법을 사용하는 것이 가장 효율성이 있다고 본다. 빈 의자 기법은 우리가 자주 사용하는 기법이기에 여기서는 생략하고, 가족 재구성을 위한 인형 사용과 집단상담을 이용한 내담자 감정 보기를 소개하고자 한다.

1) 인형을 통한 애착사 통찰

개인상담에서 중요한 것 중의 하나는 내담자가 자신의 가족 애착사에 대한 희로애락을 드러낼 수 있도록 상담자가 돕는 것이다. 희로애락은 감정 덩어리이기에 내담자가 가지고 있는 다양한 경험을 통하여 자신에게 얽혀 있는 감정을 표현하도록 해야 한다. 여기서 중요한 것은 상담자가 내담자의 상황이나 가족 구도에 대한 아주 민감한 통찰력을 가지고 있어야 인형 구도를 통한 내담자의 감정을 잘 파악할 수 있다는 것이다.

보통 표현하는 데 어려움을 겪거나, 감정이 너무 절제된 내담자의 경우에는 인형을 통하여 자신의 가족에 대한 것을 재구성하도록 하는 것이 필요하다. 실은 개인상담이 상담자와 내담자의 일대일 관계에서 말만을 통하여 상담의 효과를 가질 수도 있지만, 충분한 감정적 표현이 얽매이지 않고 표현되기 위해서는 인형을 통한 가족의 재구성을 해 보는 것이 매우 효과적이라고 본다.

일단 현재의 가족을 구성할 수 있는 인형과 원가족을 구성할 수 있는 인형들이 있어야 한다. 그리고 내담자로 하여금 현 가족의 상황을 구성하도록 한다. 자신과 배우자 그리고 자녀가 있다면 그들이 각각 어떠한 자리에서 있으며 어디를 향해 보고 있고, 옆 사람들 간의 간격을 구분해 보도록 요청한다. 눈이 어디를 응시하는가, 가족 구성원과의 간격이 있는가, 거리는 어느 정도를 두고 있는가 등에 대하여 상담자가 가지는 통찰과 민감성이 발휘되어야 하는 것이다. 사실, 내담자는 자신이 위치해 놓은 인형에 인격과 감정을 불어넣는 것이고, 그 인격과 감정을 통하여 인형과 인형과의 공간과 응시 그리고 거리 위치를 의식적으로나 무의식적으로 표현한다. 그렇기 때문에 상담자는 내담자가 위치한 인형에 대한 전체적인 그림을 읽을 수 있는 통찰이 있어야 하고 민감성을 가져야 한다.

내담자는 인형을 통해 자신의 감정을 의식적으로나 무의식적으로 위치함으로써 자신을 표현한다. 그러기에 거기에는 언어가 없을 수 있다. 다만 감정만이 묻어 있을 뿐이다. 또는 내담자는 자신이 인형을 위치함으로써 볼 수 없는 영역이 있기 때문에 이러한 것을 상담자가 통찰해 줘야 한다. 예를 들면, "배우자와 내담자의 위치가 너무 등지고 있어 감정적으로 힘든 상황인 것처럼 내 눈에는 들어옵니다." 또는 "자녀에게 너무 밀착되어 있어 자녀에게 감정적으로 너무 의존하는 것 같습니다."라는 통찰 또는 표현을 통해 내담자가 숨기고 싶은, 또는 말하고 싶으나 지금은 하지 않는 내용의 것을 건드려 줌으로써 내담자는 상담자가 자신의 상황에 대하여 통찰하고 있다는 생각을 하게 된다. 때로는 인형의 구조화를 보면서 상담자의 상상력이 필요하기도 하다. 현실을 뛰어넘어 내담자가 은닉하고 싶은 것이 있을 것이다. 이것을 봐줄 수 있는 상담자라면 내담자가 상담자의 전문성에 대한 것을 인정할 수 있는 한 단계가 될 것이다.

상담자는 현 가족에서 내담자가 가진 문제, 감정적으로 얽혀 있는 것이 어떤 것인지 볼 수 있도록 하고, 이 구성이 끝나면 원 가족에 대한 재구성을 해 보도록 요구한다. 상담자가 원가족에 대한 것을 요구하는 가장 큰 이유는, 애착이론에서 언급한 바와 같이, 애착은 대물림을 하기 때문이다. 우리는 성장과정에서 아버지상이나 어머니상을 가지고 있고, 이런 상들이 결혼을 하거나 대인관계에서 그 투사가 현실로 이어지기 때문이다.

인형을 이용하여 원가족을 구성하고, 가급적이면 어린 시절 가장 기억에 남는 것을 중심으로 하면 좋을 것이다. 이 역시 내담자는 자신을 중심으로 인형을 구성할 것이다. 그리고 이 구성에서도 부모와 자신의 관계 그리고 형제들의 관계가 공간, 위치, 눈높이 등을 통하여 그대로 표현될 것이다. 애착은 잘된 것도 있지만 잘못된 애착은 성장과정에서 어린아이인 우리가 환경과 사회에 인위적으로 만들어 적응하려는 노력들이 있었기 때문에 그 애착의 여파가 현 가족에게 미치는 것임을 알아야 한다.

한 여성 내담자는 자신이 성장하면서 가진 남성에 대한 애착들이 집안 환경을 통해 전적으로 형성되어 있었다. 집안에서 사람들은 과묵해야 했으며, 입이 가볍거나 해서는 안 되는 것을 철칙으로 여기면서 남자나 여자가 그러한 가치관을 가지고 살았다. 그래서 내담자는 어디를 가거나 과묵해야 했고, 그 과묵함이 자신의 자연스러움까지 지배해 버렸다. 그리고 어느 날 결혼을 하게 되었는데, 문제는 남편이 자신이 애착관계에서 형성한 남성이 아니었다는 것이다. 남편은 말을 자주 해야 하는 사람이었고, 대화를 통해서 문제를 풀어 나가는 사람이었다. 집안에 즐거움을 가져다주려고 가끔 광대 같은 행동과 말을 하기도 했다. 그러나 내담자의 눈에는 자신의 남편이 비정상적인 사람으로 보였고, 어릴 때 이러한 남자는 남자로 여기는 풍토가 아니었기 때문에 결혼해서 상담을 받기 전까지 남편을 혐오하고 거리를 두었다. 그러나 문제는 내담자 자신이 성장한 집안 분위기에서 남자상이나 여자상을 가지고 현재 결혼생활을 하지만 자기에게는 어떠한 즐거움이나 행복이라는 것은 없었다. 결국 문제는 자신이 가진 성장과정에서 조형된 애착이 너무 편협하고 일방적이었기 때문이라는 사실을 파악한 후에는 남편과의 자연스러운 애착관계로 환원을 한 것이다.

상담자가 원가족의 인형 구성을 보면서 염두해 두어야 하는 것은 원가족에서, 특히 부모와 내담자의 관계가 어떠했는지를 잘 살펴보는 것이다. 그때 내담자가 부모를 어떠한 가치관과 애착의 구조 속에서 생각했는지에 대한 것을 물어보아야 하고, 당시 어린아이로서 부모와의 관계 그리고 부모에게 표현해지 못한 과정 그리고 서운함 등을 말할 수 있도록 기회를 제공해야 한다. 그리고 내담자가 가진 부모에 대한 애착관계가 어떻게 현 가족에게 형성되고 구성되어 영향을 미치는지를 볼 수 있도록 제공해 줘야 한다. 여기에 내담자 개인이 가진 콤플렉스가 어떻게 배우자나 자녀에게 투사되었는지를 볼 수 있도록 이해를 도와야 할 것이다. 그리고 이러한 투사를 내담자의 민감성이고 열심이라고 생각하고 있는 착각을 현실로 돌아오도록 하게 하고, 내담자의 열등감이나 콤플렉스가 내담자를 비롯한 가족 구성원에게 미치고 있는 현실을 보게 만드는 것이 필요하다.

원가족을 인형으로 재구조화한 것을 통해서 상담자가 제시하는 통찰, 특히 내담자가 가질 수 있는 감정적 공간과 위치에 민감하게 반응할 필요가 있다. 그리고 여기에서 상담자가 가지는 합리적인 통찰이 제공되어야 한다. 원가족의 구성화를 통해서 내담자가 당시에 겪은 잊혀지지 않는 사건과 감정에 대한 질문을 해야 한다. 당시 느낀 감정이 어떠했는지, 그 감정을 부모나 형제에게 말했는지, 아니면 왜 말을 안 했는지에 대한 질문이다. 주로 애착문제를 가지고 있는 내담자는 상담자를 통해서 당시에 표출하지 못한 감정을 표현하도록 유도를 해야 한다. 부모에 대한 원망, 왜 자신만이 모든 짐을 지고 가야 하는지에 대한 억울함 등이다. 그리고 인형을 통해서 부모와 형제에게 말하고 싶은 내용, 또는 감정적으로 표현하고 싶은 내용을 보도록 한다.

한 내담자는 결혼을 한 지 10년도 되지 않는 사람이다. 이 내담자가 가진 문제는 집안에 장애를 가진 자녀로 인해 자신의 행복이나 자유로운 시간이 다 없어지는 것에 대한 좌절을 경험하고 있는 것이었다. 그래서 자신의 것을 빼앗아 가는 아이의 행동과 말을 너무나 싫어하게 되었다. 당연히 남편과의 사이도 좋지 않는 상태였다. 남편은 무심하고 자신의 고충을 함께 나누지 않으려는 사람이었다. 남편을 미워하게 되었고, 남편의 행동에 대해서도 못마땅하게 생각하였기에 아직 젊은 나이에 집안은 냉전 상태가 되었고 아이들은 부모의 갈등 속에서 지내게 되었다. 왜 이러한 구조와 감정적 상태가 되었을까? 원가족에 대한 이해를 함으로써 내담자의 현 가족상태를 더 잘 이해할 수 있었다. 내담자는 어려서부터 신체적 장애를 가지고 있는 어머니에게 보살핌을 제공했어야 했다. 어린 나이에 자신이 돌봄을 받아야 함에도 불구하고 집안에 대한 책임과 어머니를 지켜줘야 하는 상황은 어린아이의 희로애락을 받아줄 대상이 부재된 상태이기 때문에 자신의 감정을 적절하게 표현할 가정이나 구성원의 부재로 인해 감정표현에 문제가 있었다. 보통 이런 상태이면 아이는 다른 또래에 비해 일찍 성숙하게 된다. 어른이 해야 할 일들을 집안 환경 때문에 자신이 해야 할 입장이니 너무 일찍 어른이 되어 버린 것이다. 그러나 마음 한 구석에서는 어린아이로서 표현하고 받아야 할 감정적 돌봄을 상실한 채, 채우지 못하고 버려져 있었던 것이다. 그리고 한편으로는 어린아이를 감정적으로 억압하면서 어른이 해야 할 의무를 자신이 책임을 지는 것이다. 그래서 이 내담자에게는 감정을 억압하는 요소, 그리고 자신의 어려움을 돌봐주는 대상이 없다는 것에 대한 분노를 늘 가지고 있었다. 더구나 어머니의 신체적 불편함을 학대하는 아버지에 대한 분노도 이루 말할 수 없었다. 자신의 힘으로 대항할 수도 없고, 말릴 수도 없는 아버지의 폭력은 어린 시절 아버지, 남성이라는 부성에 대한 고정관념을 고착화시켜 버린 것이다.

결혼을 해서 아이가 태어났을 때 이 내담자는 정말 행복한 가정, 자신의 원 가족과 다른 정상적인 가정을 가지고 살아야 하겠다는 생각에 부풀어 올랐지만, 막상 현실은 장애를 가진 아이가 태어난 것이다. 어린 시절 자신의 감정을 억누르고, 어쩌면 억울하게 부모를 돌보거나 싸움을 말려야만 했던 내담자의 감정을 전혀 승화하거나 해결되지 못한 채 현실의 결혼과 장애 자녀라는 상황이 왔을 때 이 내담자는 어린 시절의 자신이 장애를 가진 어머니와 아버지 사이의 어려움이 또다시 재현되는 것 같은 상황에 맞닥뜨린 것이다. 그래서 어린 시절 어머니에 대한 원망은 현재 또다시 자신의 결혼생활을 방해하고 자신의 처지를 비참하게 만드는 장애를 가진 아이에게 투사되는 것이었다. 어린 시절 어머니에 대한 원망과 분노는 쉽게 다룰 수 있고 말할 수 있는 아이가 공격성의 대상이 되었기에 아이에게 고스란히 넘어갔다. 그리고 이러한 화와 분노를 표출하고 나서는 또다시 자신에 대한 좌절에 빠져 버리는 것이다.

분노와 감정의 극대화는 장애 자녀를 공포 속에 몰아넣었고, 남편은 내담자와 거리를 두기 시작했다. 자녀의 문제가 자신으로 인해 더 악화된다는 사실을 인지 못하는 내담자는 모든 해결의 기대를 남편에게 했지만 어린 시절 아버지상에 대한 인식은 매우 부정적이었기에, 남편은 폭력적이지는 않았지만 아버지가 가정에 무심한 것과 같이 남편이 자신의 형편을 살펴보지 않는다는 확대된 민감성으로 인해 분노가 남편에게 향하는 것이었다. 가정을 돌보지 않는 아버지와, 자신과 자녀의 처지를 수용하고 돌봄을 제공하지 않는 남편은 아버지와 동일시되는 인물이었다.

가족과 원가족의 재구성화를 통해서 내담자가 이런 상황에서 좌절과 분노를 할 수밖에 없는 어린 시절의 상황을 재현하고 어린 시절로 돌아가 그 풀리지 않은 감정의 응어리를 아버지와 어머니에게 표현하도록 하였다. 그리고 성장과정에 대한 감정적 문제와 어린 시절 자신을 숨기고 어른의 일을 도맡아야 했던 내담자의 상황을 가족 구성을 통해서 이해하게 된 남편은 아내를 더 이해하게 되었고, 내담자 역시 자신의 어린 시절과 연관된 현 가족의 구도를 수용함으로써 조금씩 변화가 시작되었다.

2) 가족 재구성을 통한 가족 애착사 탐색하기

사실, 인형을 통한 애착사의 탐구는 약간의 한계가 있다. 즉, 사람을 통한 감정이입보다는 비효과적이라는 의미다. 그러나 어떤 내담자의 경우는 자신 내면에서 언급하기 싫은 것을 인형을 통해 표현함으로써 상담자가 그 감정을 이해할 수 있는 통로를 제공하기도 한다. 인형을 통한 가족의 재구성화는 개인상담 현장에서 집중적으로 하면 내담자로 하여금 그 당시 어린 시절로 돌아가게 하는 상황을 만들게 한다.

한편, 대리극을 통한 개인의 애착사를 탐색하는 것은 필자의 경험으로는 인형극보다는 훨씬 역동을 불러일으키는 요소가 많다. 이것은 크게 두 가지 면에서 사용할 수 있다. 첫째, 개인상담을 하면서 상담소 내에 내담자의 현 가족과 원 가족의 주요 인물을 구성할 수 있는 사람들이 있을 경우다. 둘째, 집단상담을 애착이론에 근거하여 반구조화시키면서 진행할 수 있는 경우다. 집단상담의 경우 집단은 최소 8~12명의 인원이 되기 때문에 가족구성을 하는 데 큰 어려움 없이 진행될 수 있다. 집단상담에 대한 내용은 후에 더 자세하게 구조화의 회기를 통해 설명하도록 하고, 여기서는 우선 개인상담에서 대리극을 통한 애착사 탐색을 하는 과정을 살펴보고자 한다.

상담소 내에 많은 인력이 없을 수 있기 때문에 대리극을 통한 애착사 탐색은 애착형성 과정에 가장 중요한 부모와 내담자의 관계에 대해서만 할 수 있는 한계가 있다. 그러나 대리극에 참여할 수 있는 넉넉한 구성원이 상담소에 있다면 내용을 한층 더 심화시킬 수 있다. 이 경우 만약 부부 또는 가족 상담을 한다면 가족 구성원이 이 대리극을 하는 광경을 볼 수 있도록 해야 한다.

우선 상담소 내에서 내담자의 부모와 형제와 인상착의가 가까운 사람들을 선정하도록 한다. 선정을 할 때 상담자는 간혹 왜 특정 인물을 자신의 부모 역할이나 형제 역할을 하는지에 대한 것을 질문할 수도 있다. 그러나 구성원들이 서로 익숙한 사람이라면 대리 역할을 하는 사람들의 평소 특성과 인상착의를 통해서 내담자의 원가족에 대한 통찰을 초반에 감지할 수 있다. 왜 내담자는 특정 인물을 아버지나 어머니로 선택을 했는지에 대한 질문, 형제 선택에 대한 질문에서 어떤 면이 부모나 형제들과 유사한 점이 있어서 선택되었는지에 대한 설명을 듣는 것도 상담 진행에 도움이 된다.

내담자는 선택한 대리인들을 부모나 형제 역할로 해서 자리에 세우도록 한다. 이때 상담자는 내담자에게 부모를 비롯한 형제들의 위치를 정해 보도록 부탁한다. 부모는 어떻게 서 있으며, 시선은 어디로 향하고 있는지 그리고 거리는 어느 정도에 두고 있는지를 내담자에게 구성해 보라고 부탁한다. 부모가 서로 등을 돌리고 있거나, 가까이 있지만 서로를 보지 않고 있는 장면도 나올 수 있다. 부모의 위치는 배우자 대신 어느 특정 자녀에게 밀착되게 표현될 수도 있다. 상담자는 내담자가 가족 구성화를 한 구조를 통해서 이 구조가 주는 공간과 위치에 대하여 최대한의 민감성을 발휘하여 통찰해야 한다. 예를 들면, 부부가 가까이 있으면서 시선 및 위치가 등을 약간 돌리고 있다면 이것은 내담자 부모의 관계가 모호하다는 것을 의미하며, 실제 결혼이라는 제도하에 있지만 결혼의 행복이 부재된 상태를 의미한다. 어떤 내담자는 자신의 위치를 가족의 제일 구석이나 동 떨어진 데 위치하게 자신의 감정을 표현하는데, 이는 내담자가 가족과 화합을 하지 못하거나 가족으로부터 소외되고 있다는 것을 표현한 것이므로 상담자는 내담자가 말을 하지 않는 상황이지만 이 상황을 이해하고 공감하는 표현을 해 주어야 한다.

원가족에 대한 구성을 마치고 내담자는 상담자와 대리극을 하는 사람들에게 각 구성원들의 위치가 왜 이런지에 대한 설명을 해 주어야 한다. 예를 들어, 아버지와 어머니는 가까이 있지만 감정적으로 거리가 있었다. 또는 동생만을 좋아했기 때문에 부모님의 눈길은 늘 막내를 향하고 있었다는 등의 설명을 해 주어야 한다. 이것을 들은 후에 각 역할을 맡은 대리인들은 가족 구조안에 들어가 30초 정도 이 상황이 어떤 것인지 묵상을 한다. 이 묵상 시간에 각 구성원들은 이 구도에 대해 집중해야 한다. 아니 원가족의 구도 안으로 들어가 이 구도가 무엇을 말하는지에 대하여 최대한의 공감을 느껴야 한다. 그러고 나서 이 느낌이 무엇인지를 말한다. 이때 내담자는 자신의 대역을 맡고 있는 사람의 뒷자리에 서서 같이 그 세계로 들어가야 한다.

내담자는 각 구성원들이 말하고 있는 내용에 대하여 귀를 기울이면서 과거 시간을 거슬러 올라간다. 그리고 그때의 감정을 잠시나마 대역을 하는 사람들의 말을 통해서 느끼게 된다. 대리역을 맡은 사람들은 민감성을 집중하여 내담자의 원가족 역할을 맡고 있는 자신의 느낌을 가급적 진솔하게 전달해 준다. 사실, 이러한 느낌에 대한 말들은 내담자로 하여금 당시의 원가족 상태로 돌아가는 느낌을 가지게 하며, 그때의 감정과 상황으로 들어갈 수 있도록 하는 효과를 가져온다.

가장 핵심적인 것은 내담자의 역할을 하고 있는 사람의 느낌이다. 내담자는 그 사람 뒤에 한 발자국 정도 물러서서 자신을 보도록 한다. 그리고 내담자의 역할을 하는 사람이 말하는 내용에 대하여 민감성을 가지고 경청한다. 예를 들어, 그 대리인은 내담자의 고충이나 말할 수 없는 상황, 갑갑한 심리적인 아픔들을 비교적 진솔하게 표현을 하며, 내담자는 그 대리인의 뒤에서 그것을 경청한다.

다음은 관찰자인 상담가의 통찰과 분석이다. 대부분의 내담자는 자기 주관적으로 상황을 판단하는 경우가 있기 때문에 객관적 통찰을 제공하는 것은 상담자가 가진 중요한 역할 중의 하나다. 특히 성장과정에서 부모와의 애착문제가 많은 내담자일수록 자신이 가진 주관성이 강하고, 이 강함 때문에 왜곡된 시각을 가지고 있을 확률이 많이 있다. 필자의 경험으로는 애착사의 혼란을 겪은 내담자일수록 자신이 겪은 부모와 형제간의 관계를 매우 삐뚤어진 시각을 가지고 보는 경우가 많다.

아버지와 관계가 좋지 않았던 한 내담자가 있었다. 많은 기대를 가지고 살았고 어린 시절에 행복이라는 것을 알고 살았지만, 사춘기 무렵에 아버지의 실직으로 가정 경제가 무너지게 되었고, 내담자는 가장 많은 것을 필요로 하는 시절에 원망으로 가득 찼다. 더구나 아버지는 경제적으로 무능해지자 알코올중독에 빠지게 되어 평생을 그렇게 살다가 사망했다. 무능하고 가족을 돌보지 않은 아버지에 대한 원망이 가득했지만, 내담자는 아버지가 자신을 위해 주었다는 생각없이 살아갔지만 구성원과 상담자가 제시하는 어린 시절 아버지가 자신에 대한 관심과 돌봄을 제공한 '인형' 사건이 통찰로 내담자에게 제시되었고, 아버지로서 하고 싶지만 할 수 없었던 현실의 좌절과 병, 그리고 알코올중독에 빠질 수밖에 없었던 현실 상황에 대한 통찰은 내담자의 주관적 생각에 많은 변화를 가져왔다.

상담자가 가진 통찰이 정확하고 민감성을 가진 것이 되기 위해서 상담자가 가족 구도를 바르게 분석하고 특별히 내담자의 마음속으로 들어가려는 자세가 필요하고, 이러한 가족 구도에 대한 여러 차례의 임상실습이 필요하다.

내담자의 대부분의 문제는 애착사에서 오는 부모와의 관계에서 시작되기 때문이다. 우리는 부모와 자식의 관계로 살아가며, 이 과정에서 애착이 형성되고, 때론 너무나 많은 상실과 박탈로 인해 집착으로 바뀌기도 하고, 이 애증의 관계를 가지고 살아가다가 자신을 가족으로부터 독립적인 존재로 서게 하는 데 대한 어려움, 즉 단독성을 가지는 것이 어려워 또다시 성장과정의 애착사를 현 가족에 재현하면서 구습(舊習)의 옛 구조로 들어가 불편하고 어렵지만 익숙했던 구조와 습관으로 재진입하는 것이다.

상담자는 자신과의 애착사에 가장 문제가 있었던 구성원 앞에 서게 한다. 주로 이것은 부모가 된다. 어린 시절 대부분의 아이는 부모에게 의존할 수밖에 없었기 때문에 자신의 감정을 숨기거나 억압해 왔고, 때론 살아가기 위해 부모가 선호하거나 싫어하는 것을 여과 없이 자신의 것으로 가지고 왔다. 잠시 볼비의 말을 다시 상기시켜 보자. 볼비는 아이가 3세 무렵이 되었을 때 만일 부모가 자신들과 떨어지려고 하면 아이는 애착을 유지하기 위해 부모한테 애원하고, 어리광을 부리기도 하고, 부모에게 환심을 살 수 있는 물건을 주기도 한다고 했다(Holmes, 2005, p. 115 재인용).

내담자의 대리역을 하고 구성원과 타 구성원과 상담자로부터 가족 구성원에 대한 통찰을 받은 내담자를 부모 앞에 세워 그동안 자신이 억누르거나, 회피하거나, 말하지 않는 내용을 말하도록 한다. 이 순간은 내담자의 성향에 따라서 많은 차이가 날 수가 있다. 어떤 내담자는 말하기가 매우 곤란해서 당황하는 기색이 역력하기도 하다. 그러나 이러한 것에 직면시킴으로써 내담자는 자신이 예전에 억압하거나 회피해 버린 감정을 직면하는 순간이기 때문에 매우 중요하게 받아들이게 되기도 한다. 자신의 감정과 부모에게 하고 싶은 말도 가족 재구성을 통해 절제하던 한 내담자는 필자가 보기에 너무도 괴로워하고 말을 하지 않았다. 그러나 상담을 다 끝내고 나서 후에 필자를 찾아와서 한 말은 자신이 상담을 본격적으로 공부하고 싶다는 포부를 밝힌 것이었다. 주변 사람에게는 자신이 숨겨 놓은 비밀을 상담을 통해서 토설했다고 했고, 심지어 정신과를 찾아가 해결하지 못한 문제를 해결했다는 말을 하기도 했다.

감수성이 예민한 내담자는 부모와의 직면에서 감정에 복받쳐 울음을 터뜨리는 경우가 많다. 하고 싶은 말을 부모에게 다 하도록 하고, 자신이 억누른 마음의 상처들을 하나 둘씩 토로 하게 하는 이 과정은 비록 실제가 아니더라도 내담자에게 감정적 정화와 새로운 마음을 가져다준다. 말을 하지 않고 살아가는 것보다 말을 해서 표현하는 것은 내담자에게 많은 변화를 가져다줄 수 있다. 이렇게 상담은 내담자가 자신의 닫혀 있는 마음을 부모에게 털어놓음으로써 마지막을 향한다. 상담이 종결되어 갈 무렵, 상담자를 비롯한 대리인 역을 한 구성원들이 맡은 역할에 대하여 피드백을 하도록 한다. 대리역을 하지 않았지만 주변에 관찰자로 있었던 사람들도 자신이 느낀 것을 구성원이나 내담자에게 말을 하도록 한다.

상담자는 상담을 종결하면서 성장과정에서 가진 내담자의 콤플렉스(그림자)의 근원이 가족 구성원의 구조에서 시작되었다는 것과 내담자가 이 그림자를 지우기 위해 얼마나 많은 에너지를 소비함으로써 자신을 때로는 과장되게 혹은 축소 지향적으로 숨기면서 살아왔는가를 알도록 한다. 그리고 내담자의 자신이 어떻게 조형되었는가를 알게 한다. 그리고 조형된 내가 원래 나인지 아니면 환경과 부모에 대한 적응에 충실하기 위해서 이렇게 된 것인지 알아 가게 한다. 그리고 자신이 가진 콤플렉스는 이것을 이겨 내기 위해서 확대된 자기(가면)가 문제를 일으키기 때문에 콤플렉스에 대한 근원과 이유를 아는 것으로부터 내담자는 조금씩 해방될 수 있다. 대부분의 사람은 마치 가면인 강화된 자기를 가지고 살아가기 때문에 원래 자기와 혼돈된 상태로 살아간다.

톨스토이(Tolstoy)가 쓴 소설 『이반 일리치의 죽음』은 콤플렉스와 가면의 상관관계를 잘 보여 주는 소설이다. 톨스토이는 이 소설을 자신의 나이 50대에 경험한 것을 기초로 하여 썼다. 자신의 친지 중에 아주 젊고 유능한 사람이 있었는데 그가 불치병으로 직장을 떠나고 투병하면서 자신의 지인과 가족을 보는 관점에서 썼다. 이반 일리치는 좋은 직업을 가진 사람이었다. 그런데 어느 날 병으로 인해 직장을 더 이상 못 가게 되고 집에서

투병을 하게 된다. 부인과 큰 딸 그리고 그를 알던 직장동료들이 돌봄과 위문을 하지만, 병이 길어질수록 사람들은 오지 않고 부인과 딸도 관심을 두지 않는다. 그의 병이 더 악화될수록 가족도 멀어지지만 자신이 건강할 때 사람으로 취급하지 않았던 하인 게라심과 막내아들이 자신을 돌보고 있는 진정한 사람이란 것을 알게 된다.

게라심은 이반 일리치가 건강할 때 '불학무식한 놈'이라고 했을 정도로 사람으로 보지 않았다. 신분과 배움이 없는 사람이고 하인은 하인일 뿐이었다. 엉금엉금 기는 막내아들은 사람 노릇을 하지 못하는 어린아이였다. 그러나 이반 일리치의 가면/확대된 자기를 포기하게 만든 것은 '죽음'의 기로에 서는 상황이었다. 가면을 가진 사람에게는 가면을 더 많이 낀 사람이 좋아 보이고 멋있어 보일 수 있고, 가면이 없는 사람은 초라해 보일 수밖에 없다. 사람이 살아가는 사회 그리고 경쟁적인 사회일수록 그 사회는 구성원들에게 그리고 가족들에게 경쟁 속에서 가면을 더 챙기고 적응하기를 부추기고 있고, 이것으로 인해 많은 사람이 허위로 가득 찬 성공과 가면에 익숙해지면서 고된 인생길을 가고 있거나, 이 가면을 가지지 못해 평생 원망과 자책 속에 살아갈 수 있다. 이 책의 후반부에서는 이 사회적 가면을 상담자 관점에서 어떻게 이해하고 상담해야 할지에 대한 것을 논의할 것이다.

3. 애착이론에 근거한 개인상담

실존주의 심리학을 학문적인 틀로 성장시킨 어빈 얄롬(Irvin Yalom)은 무신론자이지만 미국 종교학회가 주는 상을 수상한 적이 있다. 그의 소감문을 살펴보면, 그는 자신이 비록 무신론자이지만 상담자의 역할이 성직자의 역할과 같다고 표현했다. 상담은 단순히 고객과 주인의 만남이 아니다. 심지어 고객과 주인의 만남이라 할지라도 주인이나 스태프들의 말과 행동을 통해서 감동이 없으면 더 이상 고객은 그 상담소 방문을 그칠 것이다.

필자는 병원에 있는 의사들과 스태프들을 통해 감동을 받기도 하고 때론 실망을 하기도 한다. 한 번은 독감으로 병원에 갔는데 의사가 주사를 맞아야 한다고 해 주사실로 갔다. 정말 십여 년 만에 처음 맞는 주사인지라 어디에 어떻게 맞는지 몰라 주사실 안에서 배회를 한 적이 있다. 낯선 곳, 생소한 주사 그리고 여성인 간호사 앞에 남성 고객인 나는 어떻게 행동을 해야 할지 몰라 당황을 했다. 그런데 의례 모든 절차가 익숙한 간호사는 주춤거리는 내 모습이 이상했던지 빨리 바지 내리라고 말을 해 엉거주춤한 적이 있다. 반대로 지인 중의 한 명은 자신의 동생이 한 종합병원에서 그 달에 가장 친절한 간호사로 환자들에 의해 선정이 되었는데 정작 당사자는 그 이유를 알지 못했다. 그런데 환자들이 그 사람을 친절한 간호사로 추천을 한 가장 큰 이유는 주사 시 이 주사가 어디에 유용하고 증상이 어떤 것이 나타날 수 있다는 간단한 멘트를 해 준 것에 대한 감사함 때문이었다.

상담은 성직자와 같이 할 수 있다는 것은 '소명(召命)'에 대한 것이 있어야 한다. 내가 이웃을 도울 수 있고, 이 도움을 제공함으로써 자부심과 개인 안에 가득한 행복감을 가질 수 있다면 필자는 그것을 소명이라고 보고 싶다. 그런데 이 소명을 더 바르게 완수하기 위해 기본적으로 가져야 하는 요소가 있다.

1) 공감의 정신

사실, 공감(empathy)은 경청과 분리할 수 없는 영역이다. 이 양자는 늘 함께 있으면서 동시적으로 일어날 수도 있고 전후가 바뀌어서 연속적으로 일어날 수도 있는 영역이다. 앞서도 언급했지만, 공감의 본래적 의미는 '남의 신을 신고 걸어본다'는 뜻이다. 남의 신발을 신는다고 하지만 때로는 자신의 신발을 그대로 신고 남의 신발을 신는 경우가 있다면 이 경우가 가장 꼴불견이다. 남의 신발에 들어갈 수도 없지만 너무 어색해서 걷기도 민망하고, 자신의 신발이나 남의 신발이 엉망이 될 수 있는 것이다. 신발이 아니라 안경으로 비교하면 더 쉽게 다가온다. 내가 끼고 있는 안경의 색으로 상대방을 보면 내 안경의 색상으로밖에 볼 수 없다. 내 안경의 색상을 가지고 내담자나 상대방을 본다는 것은 이미 편견과 내 각도를 가지고 사람을 본다는 것이기 때문에 상담자가 의도하는 방향으로 흘러갈 확률이 매우 높다. 그리고 이러한 과정에서 내담자는 상담자가 자신의 마음을 위로하거나 공감하려는 것이 아니라 교육하거나 지시하려는 인상을 받게 된다.

상담을 할 때 상담자는 크게 두 부류의 관심을 가지고 진행한다. 하나는 사건 중심의 상담자이고, 다른 하나는 사람을 중심으로 보는 상담자다. 이것은 상담자만이 아니라 인생 가치관도 크게 이 두 종류로 구분해서 살아가는 사람이 있다. 사건 중심의 상담자는 일 중심이 되다 보니 내담자에 대해 사건 중심으로 상담을 진행하는 사람이다. 이들은 분석적이고 논리적일 수는 있지만 내담자에게 따스함과 돌봄을 받고 있다는 느낌을 주는 데는 한계가 있다. 사람 중심의 상담자는 사람을 우선 생각하고, 그 내담자가 경험한 아픔과 즐거움에 우선을 두는 상담자다.

IMF의 차관을 받았을 당시 우리나라에는 많은 사람들이 실직을 한 상태였다. 병에서 회복한 한 중년이 노숙자를 위한 쉼터를 만들어 그곳에서 숙식을 하면서 사회에 적응할 수 있도록 돕는 일을 했다. 그런데 이 쉼터를 마련한 사람과 노숙자 생활을 하는 사람들과는 보이지 않는 장벽이 늘 있었다. 어쩌면 주인과 쉼터를 사용하는 사람, 갑과 을의 관계였다. 왜 이러한 장벽은 늘 존재하였고, 노숙인이 자신을 받아들이지 않는 것에 대하여 의아심을 가지고 있었다. 어느 날 공동체 밥상에 둘러앉아 식사를 하게 되었는데 이때 사람들이 큰 대접에 물을 담아 돌려 마시게 되었다. 그 물그릇이 어느 덧 이 중년에게 왔는데, 막상 마시려고 보니 노숙인들이 물을 마시면서 나온 음식물 찌꺼기가 있었다. 차마 마시지 못하고 망설이고 있는데, 모든 노숙인들이 자신을 응시하는 것을 보고 용기를 내어 이 물을 다 마셨다. 그에 따르면, 이 일 후에 갑과 을의 관계는 청산되고 많은 노숙인들이 쉼터를 마련하여 운영하는 그 중년의 마음을 이해하고 서로 좋은 관계가 되었다. 이 중년이 노숙인들의 마음속으로 들어가듯이 자신의 신발을 벗고 남의 신발을 신어 본 것이기 때문에 이러한 변화가 온 것이다.

한 병원에서 종사하는 원목(院牧)은 매일 아침 정기적으로 강당에서 예배를 드리는 모임이 있었다고 한다. 그런데 어느 날 아침에 환자 가족 중의 한 명이 예배 중에 들어와 소리를 지르기 시작했다. 예배가 진행이 될 수 없을 정도였기에 간호원들이 그 사람에게 가서 예배실에서 조용히 해 달라고 부탁을 했다. 그러나 말릴수록 소리와 소란은 더 커졌다. 그대로 진행할 수가 없어 원목이 그 사람을 찾아가 한마디를 했다. "얼마나 아프시기에 이러세요?" 라는 동정 어리고 공감에 서는 말이었다. 이 말을 듣고 그렇게 소리를 외치며 방해하던 환자의 가족은 그 자리에 풀썩 주저앉아 버리면서 조용해졌다. 원목은 그 사람을 부축하여 밖으로 나갈 수가 있었다.

강압적이고 큰 소리가 사람의 마음을 움직이는 것이 아니고 상대방의 마음을 정확히 알고 공감하려는 마음의 언어가 상대를 움직이는 것이다. 이런 일들은 특별히 병원 현장에서도 수없이 많이 발생한다. 한 환자가 약 복용을 거부하는 반항을 하였다. 그러나 이 약은 반드시 복용을 해야 환자가 치료받는 데 효과를 나타낼 수가 있는 것이었다. 간호사들이 찾아가

“안 먹으면 어떻게 해요?” “안 먹으면 죽어요?” “할머니 왜 이렇게 고집이 쎄요?”라는 말을 해 보았지만 할머니의 변화는 없었다. 그런데 담당 의사가 찾아가 한마디를 했더니 약을 먹더란다. “할머니 죽도록 아프지요?”라는 말을 하자 할머니의 긴장이 모두 풀리게 되어 의사와 대화를 하고 나서 약을 복용하기 시작했다.

왜 남의 입장에 선다는 것이 사람들의 닫힌 마음과 입을 열어 움직이게 할 수 있을까? 이 공감이라는 것에는 도대체 무엇이, 어떤 것이 있기에 폐쇄된 사람을 개방적으로 만들고, 자아가 약한 사람을 강하게 만들 수 있는 것이며, 실망하고 있는 사람에게 희망을 줄 수 있을까? 그것은 공감은 인간의 근본 된 심리적 코드에 들어가는 것이고, 이 땅의 현실에서 초월적인 신의 영역에 참여하는 것이기 때문이다.

> 윤리적이고 종교적인 면에서 우리는 신의 형상에 의해 창조되었기에 공감적으로 연관을 지어야 하며 인간이 공감적으로 행동하는 책임성과 능력을 가진 것은 신의 형상으로 지음을 받은 것이다. 돌봄의 스타일로써 공감이라는 것은 신의 형상에 대한 표현이다(Schilauch, 1990, p. 3).

2) 경청의 정신

남의 이야기를 잘 들어주는 사람이 필요하다. 그러나 보편적으로 현대문화 속에 사는 사람들은 남의 말을 잘 들어주는 훈련을 받은 적이 별로 없다. 이유가 무엇일까? 일단은 자기를 표현하고 발표하라는 사회적 구조가 강하기 때문이다. 웅변 학원은 있지만 경청을 가르치는 곳은 거의 없다. 우리가 상담에 실패하는 가장 큰 이유 중의 하나는 잘 듣지 않기 때문이다. 노화나 질병으로 인해 귀가 잘 들리지 않는 사람은 상대에게 자기

소리만 크게 한다. 잘 듣지 않기에 상담자의 이야기와 주장만 하는 것이다. 경청(holy listening)은 남에 대한 배려에서 나오는 가장 기본적인 태도다. 그래서 남을 배려한다는 정신이 없이는 결코 경청을 할 수 없다.

상담이 진행되기 위해서 상담자는 상담현장에서의 효과성을 높이기 위해 생활에서 경청하는 연습을 해야 한다. 상담현장에서의 상담은 생활의 연속이기 때문에 상담현장에서 좋은 상담자로 갑자기 변한다는 것은 상상할 수 없는 것이다. 그래서 생활에서 가족이나 이웃의 이야기를 경청하는 자세를 가져야 한다.

경청은 나의 관심을 꺼 버리고 내담자가 하는 말이 무엇인지를 유심하게 듣는 것이다. 나의 관심을 끈다는 것은 내가 가진 주장이나 철학 또는 가치관을 묻어 버리고 오직 상대방에게 관심을 가지는 것이다. 그래서 내담자나 가족이나 이웃이 우리가 비로소 듣고 있다는 느낌을 받게 되면 자신 안에 있는 것들을 드러내기 시작한다. 내 입장을 말하는 것이 아니라, 상대가 무엇을 말하려는지 주의해서 듣는다는 것은 나를 떠나 상대편에서려는 이타적인 자세이기 때문에 사람들은 그러한 자세에 감동을 받는다.

인간은 이기적인 유전자를 가지고 있어 이기적으로만 사고하거나 행동을 할 때 감동을 받지 못한다. 그것은 누구나 다 그렇게 해서 일반화된 것이기 때문이다. 이기성은 사람을 포함한 모든 살아 있는 생명체의 기본 특성이다. 그러나 이기성, 즉 나만을 중심으로 하는 행동이나 사고에는 타인과 내가 융화되어 창의적인 제3차원의 것을 만들어 내는 감동은 없다. 이러한 점에서 경청은 철저하게 이기성을 떠나 이타성에 서 있는 것이다. 이기성을 벗어나 이타성으로 살아간다는 것은 사람들에게 감동을 준다. 같은 맥락에서 나의 입장만을 이야기하는 것은 자신의 이기성이나 주관성만이 드러날 뿐이지 사람들에게 감동을 주지 못하는 것과 같다. 그러나 경청이라는 것이 내담자에게 확인되면 내담자는 상담자가 보이는 경청의 마음과 행동을 이타성으로 이해하기 때문에 과정을 지나면서 감동을 받게 된다.

> 내 말에 누군가가 귀 기울여 주거나 내 이야기를 들어줄 때 나는 나의 세계를 새로운 방법으로 재지각하여 계속적으로 나아갈 수 있었다. 누군가가 나의 이야기를 들어줄 때 풀 수 없었던 문제가 풀리고 치료될 수 없는 수많은 혼돈이 맑게 흐르는 것으로 변하는 것은 놀라운 일이다. 나는 이러한 민감하고 공감적이고 집중된 경청의 시간에 대하여 마음 깊이 감사한다(Rogers, 1980, p. 10).

사람은 하등동물의 본능에 감동을 잘 받지 못한다. 약육강식이나 적자생존의 법칙이 동물세계나 인간세계에 있지만 그것을 보고 감동을 느끼지 못한다. 그것은 프로이트의 선언처럼 본능을 이드(Id)와 같은 것으로 느끼기 때문이다. 그러나 그 본능에서 벗어나 자신의 희생하려는 이타성의 움직임은 우리에게 감동을 가져다준다. 잘 들어주는 것은 이타성의 표현이기에 자신의 이기성을 벗어난 사람만이 타인의 이야기를 경청할 수 있다. 상담을 하다 보면 대부분의 가족문제는 이 단순한 들어줌의 실패에서 시작하는 경우가 많다. 다들 자신의 입장만을 배우자나 자녀에게 호소할 뿐이고, 자신이 이야기한 것을 왜 이리 잘 들어주지 않느냐고 불만을 토로하지만, 중요한 것은 자신의 입장에서 말한 이기성만이 배우자나 자녀에게 들렸기 때문에 아무런 감동이 없는 것이다. 그리고 듣는 사람 입장에서 이기성의 발언이기 때문에 강요와 강압으로 느낄 수밖에 없는 것이다.

로저스는 타인이 자신의 이야기를 잘 들어주었을 때 자신이 가진 문제의 세계를 새 방법으로 재지각할 수 있는 힘이 발생하였다고 본다. 그리고 이것은 자신이 풀 수 없었던 문제들이 비교적 선명하게 길을 제시하는 것을 느꼈다고 보고 있다. 왜? 그리고 어떻게 이런 일이 발생할 수 있을까? 기독교상담학자인 도널드 캡스(Donald Capps, 1983)는 가장 중요한 핵심적인 이야기가 나오려고 하면 나의 이야기와 상대방의 이야기가 함께 들려야 한다고 했다. 공식을 만들면 "Master's Story = One's story + Other's story"다. 즉, 개인이나 집단에서 진정한 이야기의 핵심이 나오려고 하면 나만의 이야기가 되어서는 안 되고 배우자나 자녀의 이야기 혹은 이웃의 이야기가 들려야지 그것이 진정한 이야기가 된다는 것이다.

마치 아들러가 지적한 것과 같이 사회적인 관심이 없이 개인적 성공만을 가지는 것은 병리적 성공과 같다는 공식인 것 같다. 그래서 상담자가 내담자의 이야기를 정말 경청해서 들을 때 그것을 통해서 핵심적인, 내담자가 말하고자 하는 중심이 나타날 수 있는 것이다.

경청은 내담자의 마음을 감동시킬 뿐만 아니라 상담자의 마음을 움직이기도 한다. 그것을 다른 말로 하면, 진정한 경청은 상담자의 삶을 풍요롭고 만드는 것이다. 내담자의 이야기를 경청함으로써 내담자의 세계로 들어가서 그 세계에 대한 고뇌와 감정 그리고 기쁨 등에 동참하게 되어 상담자의 세계를 심오하게 만든다. 마치 우리가 책을 통해 우리의 지식 세계와 경험을 넓혀 나가는 것과 같이 내담자의 이야기를 통해 사람을 더 이해하는 세계로 진입하는 것이다. 로저스는 자신이 경청함을 보여 줄 때마다 내담자의 눈에 눈물이 가득 고인 순간들을 경험했다고 고백한다(Rogers, 1980, p. 8).

조각가를 친구로 둔 사람이 있었다. 어느 날 친구가 어떤 조각의 세계에 몰입을 하고 있는지 궁금해서 찾아갔는데 조각은 하지 않고 자신을 찾아온 사람들과 이야기를 나누거나 상담을 하고 있었다. 그런데 이런 모습을 한두 번 본 것이 아니라 방문할 때마다 이런 광경을 목도한 것이다. 하루는 근심 어린 눈으로 친구에게 조언을 해 주었다. 이렇게 사람들을 자주 만나게 되면 작품은 만들 수 없을 것이라는 충고를 해 주었다. 그런데 이 조각

가는 친구에게 자신은 자신을 찾아와 근심과 문제를 내놓는 사람들과 이야기함으로써 거기서 자신의 작품세계에 대한 주제와 내용을 만든다고 하였다. 정말 좋은 상담가는 잘 경청함으로써 내담자의 세계를 만나고 사람과 세상에 대한 광의적인 의미를 더 심화할 수 있는 것이다.

> 내가 진정으로 남의 이야기를 들을 때 나와 그 사람이 공감을 한다. 진정한 들음은 나의 삶을 풍요롭게 한다. 남의 이야기를 듣는 것을 통해 나는 사람, 성격, 그리고 사람들의 상호 관계성에 대하여 알고 있는 모든 것을 배웠다(Rogers, 1980, p. 8).

상담가는 태어나는 것이 아니라 연습을 통해 만들어지며, 성장해 가는 것이다. 이것의 적절한 예가 있다. 우리나라 양궁대표팀을 맡았던 감독이 미국의 초청을 받아 양궁선수를 훈련시키면서 깨달은 이야기다. 스포츠의 최고 목표는 올림픽 금메달인데 양궁선수 중 어떤 사람이 금메달을 딸 수 있을 것인가에 대한 통찰이다. 그에 따르면 양궁에 천부적인 소질을 가지고 태어난 사람들이 있다. 이들은 보통 사람들과 달리 처음이지만 확연하게 천부적으로 가진 재능이 돋보이는 사람이다. 그런데 이 사람들보다 더 뛰어난 선수가 되는 사람은 노력하는 선수라고 한다. 그에 따르면, 천부성만을 가진 선수는 노력하는 사람을 넘어설 수 없다는 것이다. 그런데 이 노력형보다 더 뛰어난 선수가 있는데 바로 양궁을 즐기는 선수라고 했다.

상담의 경청은 매우 힘이 든 예술의 가장 기본적인 분야와 같고, 건축물의 기초공사와 같은 것인데, 이것 역시 노력을 통해서 그리고 상담자의 길을 즐길 수만 있다면 경청의 세계를 맛볼 수 있을 것이다. 그래서 상담자의 경청은 일상생활에서 연습이 되어야 실전에 적절하게나 부분적으로 사용될 수 있다. 그래서 필자는 다음과 같은 경청의 연습이 생활에서 시행되길 권면한다.

- 우리가 가장 많이 생활을 하는 곳에서(가정이나 직장) 가족 구성원이 우리에게 말을 할 때 집중해서 5분간 들어 주는 연습을 매일 적어도 2~3회 정도를 생활화하라. 경청의 자세는 상대방에게 부담을 주지 않는 범위에서 몸, 자세 그리고 눈을 상대방에게 집중하여 들어야 한다. 이것 중 어느 하나라도 부실하면 경청의 효과는 적어진다. 그래서 경청은 마음과 몸의 행동이 같이 움직여야 하는 것이다. 아이가 학교 갔다 와서, 혹은 배우자가 퇴근 후 우리에게 말을 할 때 몸과 마음을 같이 움직여서 경청해 주는 연습을 실행해야 한다. 그런데 이 5분간 들어 준다는 것이 얼마나 힘든 일인지를 경험하게 될 것이다. 그리고 잘 경청함으로써 상대가 어떻게 변화하며 말을 하는지, 후에 우리 자신이 상대방을 얼마나 깊게 이해할 수 있는지를 평가해 볼 필요가 있다.
- 하루에 일정 시간을 걸으면서 우리의 관심사를 내려놓고 외부 세계에 대한 관심을 가지는 연습을 해라. 하늘, 자연, 사람을 보면서 그것을 느끼는 것이다. 현대인이 생활의 분주함으로 인해 외부 세계가 우리에게 주는 것을 받아들이는 연습이 없이 수없이 우리 생각에 잠겨 있기 때문에 경청하는 습관이 없다. 자연이 우리에게 무엇을 말하고자 하는 유심히 들어 보라. 소우주의 세계가, 미세한 자연의 구조들이 숲과 거기에 서식하는 새들이, 숲 속 넝쿨 안에 자리하고 있는 곤충의 세계가 무엇을 말하고 있는지 들어보는 연습이다. 그리고 창의적 의미에서 신비에 가득 찬 우주 자연이 우리에게 무엇을 말하는지 귀를 기울여 보는 연습이다.
- 사람을 상대해서 들어주는 기회가 없다면 애완동물이 주인인 우리에게 무엇을 요구하는지를 들어보고 관찰하라. 때로는 집안에 있는 화

초들을 보면서 그 느낌을 연습하는 것도 좋은 경청의 연습이다.

3) 상담자의 진실성, 무조건적 수용 정신

상담자는 상담 시 내담자로 하여금 진실성과 진정성이 느껴지도록 해야 한다. 사실, 상담자나 내담자는 대화나 상담을 하면서 매우 부자연스러운 자기를 표출할 수 있다. 인위적으로 만들어지고, 억지로 하려는 조작된 자기 표현으로 인해 상담자는 내담자에게 피해를 줄 수 있고, 내담자는 상담자에게 가면으로 자신을 철저하게 포장하는 경우다. 사실, 이러한 경우는 대화의 억양, 음색, 몸짓과 눈짓 그리고 자세 등을 통해서 관찰을 할 수가 있다. 그렇기 때문에 상담자는 상담 시 가장 자연스러운 나를 내담자에게 보여 줘야 한다. 보여 줘야 한다는 말이 자신을 내담자에게 나타내기 위해서 어떤 말이나 행동에 표준을 가져야 한다는 의미가 아니라, 가장 자연스러운 자신이 되어야 할 필요가 있다는 것이다.

가장 자연스러운 자신이 되어야 한다는 의미는 무엇일까? 필자는 그 예를 칼 융의 상담경험으로 들고 싶다. 스위스에서 상담을 하고 있던 칼 융에게 많은 중년기 내담자들이 와서 상담을 하게 되었다. 그런데 이 상담자들이 와서 나누는 상담의 내용들이 중년에 느끼는 '무의미'(meaninglessness)에 대한 것이었다. 이러한 임상을 기초로 그는 중년에 가지는 불안신경증과 무의미의 관계에 대하여 관심을 가지기 시작했고, 이러한 임상이 그로 하여금 중년 심리에 대하여 관심을 많이 갖도록 했다. 그런데 그는 이 무의미에 대한 해결은 궁극적으로 당시 종교가 해결해야 할 문제라고 생각을 했다. 그러나 많은 내담자들이 성직자를 찾아가 자신들이 중년에 겪는 경험을 나누기보다는 심리상담가인 자신을 더 선호하는 것에 대하여 의아하게 생각을 했다. 왜 그들은 자신을 찾아오고, 오히려 관계된 성직자를 찾아

가지 않을까라는 질문에 대한 답은 당시 성직자들이 너무 틀엔 짜인 답, 교리적인 답만을 해 주었다는 것이다. 필자는 이러한 대화와 답이 모두 진실하지 않은 것이고, 자연스럽지 않은 것이라고 생각한다.

> 내가 나 자신에게 솔직하고 진실하게 할 수 있을 때 다른 사람들을 자주 도와줄 수 있다. 다른 사람이 투명하고, 진실하고, 솔직할 때 그 사람은 나를 자주 도울 수 있다. 좀처럼 보기 드문 이러한 순간에서 사람 안에 있는 깊은 진실성이 다른 사람 안의 진실성과 만나게 될 때 마틴 부버(Martin Buber)가 말한 '나-너 관계성'은 발생한다. 이러한 깊고 상호적인 인간만남은 자주 발생하지 않지만 그것이 때때로 발생하지 않는다면 우리는 인간으로서 사는 것이 아니라고 말할 수 있다(Torne, 2007, pp. 100-101).

마틴 부버가 말하는 '나-너 관계성'이란 무엇인가? 이것이 깊은 상호적인 인간만남을 가지게 한다고 했다. 부버는 사람이 관계를 하는 데는 두 부류의 사람이 있다고 보았다. 첫째는 '나-그것'의 관계를 지향하는 사람이고, 둘째는 '나-너' 관계성을 추구하는 사람이다. '나-그것'의 관계성을 가지는 사람은 항상 나라는 사람이 모든 것의 주인공이 되어야 하고 주체가 되어야 한다. 그래서 이 사람과 관계를 맺으면서 살아가는 사람은 모두 '그것'이 되는 것이다. 부버가 말하는 '그것'은 곧 하나의 인격체가 아니라 '물건'이다. 마치 공동체 안에서 사람과 사람으로서 만나서 살아가면서 일을 하지만 상대를 사람으로서, 하나의 인격체로서 보는 것이 아니라 물건으로 생각하기에 개인의 취향과 기분 그리고 상태에 따라 상대를 얼마든지 움직일 수 있는 것이다.

이런 사람들은 무척 자신 있어 보이기도 하고, 절도 있고 추진력 있어 보이기도 한다. 이러한 관계성을 가지는 사람의 최종 목표는 업적, 실적, 보이는 결과물들이다. 물론 결과물이 중요한 것은 사실이지만, 구성원들의 관계성을 간과한 이런 관계성은 오래 지속되기는 어렵다. 그러나 이들의 최종 관심사는 결과물을 사람들에게 보이기 위한 것이기 때문에 자신이 가지고 있는 욕심과 탐욕에 대한 것을 인지하기 어렵다. 사람을 업적과 결과물을 위한 것으로 봄에 따라 이들이 초기에 추진하는 것은 많은 결과물들을 보이게 됨으로써 사람들에게 드러나 보이게 된다. 결과물이라 하면 자본주의 사회에서는 돈이고 이익이 우선된다는 점이다. 업적이나 결과가 중요치 않은 것은 아니다. 그러나 무슨 일을 하든지 우선이 되어야 하는 것은 '사람'을 중요시하게 여기는 것이다. 일을 하더라도 이익은 동반되어야 할 필요가 있다. 그러나 이 이익이 사람을 살리려는 것이 아니고 개인이나 집단의 이익만을 추구하는 것이라는 그것 역시 나와 그것의 관계에 그치고 마는 것이다. 경제학자 애덤 스미스(Adam Smith)의 경우도 물질은 인간이 살아가는 데 필수적인 것이지만 그것이 인간가치의 중심이라면 모든 기초가 무너진다고 했다.

우리는 지난 4월에 뼈 아픈 해상사고로 인해 수많은 청소년과 아동 그리고 평범한 시민이 사망한 일로 전 국민이 공황상태에 빠져 있다. 개인이나 기업이나 '나-그것'의 관계로 가치관을 가지고 있다면 그 최고의 목적은 물질적 이익이다. 수년이 지나도 우리에게 잊혀지질 않을 이 사건의 큰 핵심은 책임질 사람들이 평소에 가지고 있는 가치관이나 기업이 가진 가치관이 '나-그것'의 가치관이라는 점이다. 수백 명의 승객은 사람으로 보이지 않고 돈으로 보였고, 돈이 큰 가치였기에 수많은 화물을 과적한 것이다. 종교적인 관점에서 '나-그것'의 관계가 추구하는 이기성은 '죄'다. 이 죄는 수많은 피해자와 사망자를 낳고, 사람과 사람 사이에서 분리와 소외를 시키고, 나라를 혼돈 속에 빠지게 하는 것이다. 동시에 우리는 기업과 해상사고에 대한 부적절한 대처 방식도 '나-그것'에 익숙한 사회제도가 낳은 결과물이라고 생각한다.

상담자가 '나-그것' 관계성에 익숙한 사람이라면, 어쩌면 좋은 실적과 효과성이 있을 수도 있다. 분명한 주관성과 가치성이 있기 때문이다. 이들은 매우 일방적으로 내담자를 고려하지 않을 수도 있다. 효과와 업적 결과물을 중요시하기에 그들은 사람이 얼마나 중요한지 모른다. 그래서 이들의 인간관계는 수직적이고 일방적이다. 자기가 하는 말은 있는데, 상대가 무엇을 말하려 하는지 잘 들을 수가 없다. 이 수직적이고 일방성이 강한 상담자나 개인의 특징은 외적인 요인을 중요시한다는 점이다(Buber, 1979). 이렇게 생각해도 좋은 것이다. 만일 우리 사회가 외적인 조건, 외적인 모습이나 인간이 후천적으로 습득한 어떤 것에 대하여 관심을 지나치게 가지고 있다면 우리 사회의 내용은 이미 '나-그것'에 익숙한 사회구조라고 보아도 무방하다. 이러한 관계성을 가지는 사람들의 문제는 인생 중반 이후에 황폐해지는 삶을 살기가 쉽다는 점이다. 보이고 만져지는 이익을 추구했기에 젊은 시절에 누구보다는 잘될 수가 있고, 그렇게 보일 수 있지만 인생 중반 이후에는 우리가 그렇게만 살 수 없기에 황폐해지는 결과를 가질 수 있다는 점이다.

둘째는 '나-너' 관계성을 추구하면서 살아가는 사람들이다. 부버에 따르면, 이러한 가치관으로 살아가는 사람은 인생의 초반이 드러나는 것이 없기 때문에 힘들게 살 수 있다. 이들의 최대 관심사는 사람과 자연에 대한 관심이다. 이익에 대한 관심은 후차적인 것이고 사람과 자연에 대한 관계성을 중요시하는 사람들인데, 이들은 자신의 인생의 중후반에 개인들이 가진 잠재적 가능성을 만나는 체험을 할 수 있다고 본다(LeFevre, 1977).

이 관계성을 가진 사람들의 특징은 모든 결과물이 자신의 힘에 의하여 생긴 것이 아니라 서로의 관계에서 온 것이라는 점을 인정하는 점이다. 한 기업이 이윤을 창출했다면 이것은 노사관계의 결실에서 발생한 것이라는 것을 아는 사람이다. 그래서 이들은 지극히 수평적인 관계성을 가지고 살아간다. 이익을 위해서 사람을 이용하지 않으며, 이익과 사람의 관계성 중에 택일을 하라고 하면 관계성을 택하는 사람들이다(LeFevre, 1977).

사실, 마틴 부버는 이스라엘의 민족운동가이고, 사상가이며 종교인이다. 이러한 나-너의 관점에서 그는 하나님과 인간의 관계도 설명했다. 그는 하나님이 인간을 창조한 목적은 '대화'라고 했다. 즉, 하나님이 인간을 대화의 파트너로 창조를 했다는 것이다. 그래서 그는 성서를 빗대어서 태초에 대화가 있었다고 하였다. 태초에 대화가 있었고, 하나님이 인간을 창조한 가장 큰 목적이 대화라고 보면서 하나님과 인간의 관계가 수직적인 관계성이 아니라 수평적인 관계성을 가졌다는 것이다. 그래서 인간을 하나님과의 주종관계로 보는 것이 아니라 인간은 하나님의 일에 동참하도록, 협업(協業)하도록 부름받은 존재라고 한다.

상담자는 자신을 지금껏 조형한 사상, 종교, 문화로부터 객관적으로 볼 수 있는 기회를 자주 가져야 한다. 그리고 이러한 요소들에게 대하여 깊게 스스로 묵상하고 고민을 하는 흔적을 가져야 한다. 사실, 사상, 종교 그리고 문화만이 아니라 가장 영향력이 많은 부모와의 애착사의 관계를 분석받고 우리를 둘러싸고 있는 수많은 껍데기로부터 솔직하고 진실해질 때 우리는 정말 자유인으로서 도와줄 수 있다. 그리고 이러한 것이 우리를 좀 더 투명하고 진실하고 스스로에 대하여 솔직할 수 있는 사람이 되도록 한다. 우리가 스스로에 대하여 솔직해지지 않는 이상, 상담현장은 우리가 가진 콤플렉스, 페르소나, 투사가 끊임없이 난무하는 말과 대화는 있으나 진실성을 느낄 수 없는 영혼 없는 껍데기만 남게 된다.

진실성 또는 내담자를 향한 무조건적 수용이라는 것은 어떨 때 가능한 것인가? 사실, 우리는 자신이 아는 만큼 보이고, 사랑한 만큼 남을 사랑할 수 있고, 이해받은 만큼 상대를 이해할 수 있는 범주를 가지고 있다. 그래서 나에 대한 수용을 하는 만큼 남을 수용할 수 있고, 내가 사랑을 받은 만큼 남을 그만큼 사랑할 수 있다. 그 이상의 것은 불가능하다고 생각한다. 특히 어떤 초월적인 체험이 아닌 이상은 이 상관관계를 벗어나기 어렵다. 그래서 이 무조건적 수용을 내담자에게 보이는 것은 상담자가 가지고 있는 마음의 자세와 깊이를 말하는 것이다. 상담자는 자신의 깊이만큼 내담자에게 전달되기 때문에 무조건적 수용은 상담자가 수행하고 정진해야 할 마음의 도이기도 하다.

내담자가 무조건적 수용을 받아야 하는 것은 인간의 근원적인 심리가 그것에 기초하고 있기 때문이다. 우리는 겉으로 드러난 사실에 기초하여 남을 판단하는 데 익숙한 문화구조에 살고 있다. 그래서 그 내면에 있는 근원적 감정에 대해 수용하기보다는 겉으로 나타난 결과에 대한 관심이 너무 많기 때문에 사람들을 실족시키기도 한다. 원시부족을 방문한 한 인류학자는 이 부족 안에 범죄 없는 공동체라는 것을 발견하고 그 이유에 대하여 관찰을 하기 시작했다. 이 부족이 가진 특이성은 부족 공동체에서 어떤 특정인이 잘못을 했을 때 그 사람을 벌하거나 따돌림을 하지 않고, 그 피의자를 앞에 세워 놓고 부족원들이 한 명씩 그 피의자 앞에 나와서 그가 평소에 잘한 것에 대한 칭찬과 고마움을 말을 한다는 것이었다. 피의자는 분명 잘못을 했지만 부족원들이 비난을 하지 않고 그 사람 앞에서 서서 그동안 감사했던 것, 고마운 점에 대하여 진심으로 말을 하면, 중간 정도가 지나면 그 피의자는 마음속으로 자신의 잘못을 깊이 뉘우치면서 눈물을 흘린다는 것이다. 인류학자의 발견은 이러한 의식을 정례적으로 하기에 그 부족에는 범죄가 없이 평화스러운 공동체로서 성장한다는 것이었다.

4. 애착이론에 근거한 집단상담의 구조화

1) 집단상담: 이론적 배경

애착이론에 근거한 집단상담은 구조화를 기반으로 시작한다. 집단상담이 가진 장점이 있고, 개인상담이 가진 장점이 있지만 필자의 생각으로 집단상담은 개인을 통찰할 수 있는 폭이 개인상담에 비해 월등하게 많이 제공된다고 본다. 개인상담은 상담자를 통해 주는 상담과 통찰만 주어지지만 여기에 비해 집단상담은 많은 구성원과 상담자를 통해 더 실존적이고 사실적이다(Yalom, 2012).

애착이론에 근거한 구조화된 집단상담의 목표는 ① 자기이해에 대한 바른 이해를 통한 개인성장에 자신감을 가지게 하는 것, ② 사회생활에서 대인관계의 효율성을 증진시키는 것, ③ 타인의 생활과 입장에서 대한 공감성을 향상시키는 것, 그리고 ④ 동료들 간의 조언과 평가를 통해서 개인의 문제를 많이 회복하게 된다.

(1) 개인과 집단원의 관계성

집단상담에서 가장 중요한 개인의 자기이해와 대인관계성을 회복할 수 있도록 해 주는 데는 집단이 가진 수용적인 분위기가 중요한 역할을 한다. 개인이나 집단이나 혹은 어느 사회에서 구성원들이 자신의 잠재성을 일깨우고 미래에 대한 긍정적 빛을 보는 중요한 계기는 그 환경이 구성해주는 긍정적 분위기다. 일반적으로 사회심리학자들이 개인이 집단과 사회로부터 힘을 얻을 수 있는 원리를 다음과 같이 보고 있다.

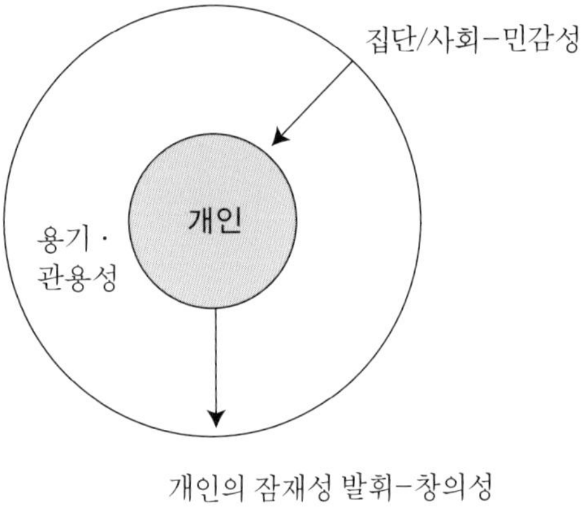

개인은 집단과 사회 안에 있기 때문에 반드시 유형 · 무형의 관계를 가지고 있고, 집단 및 사회가 더 큰 조직이기 때문에 그 집단이 가진 긍정 · 부정의 영향을 받을 수밖에 없는 구조다. 우리는 그것을 큰 범주에서는 문화라고도 한다. 이 보이지 않는 문화는 개인의 사고와 행동에 영향을 많이 준다.

사람은 두 사람 이상이 모이면 그 안에 '힘'과 '관계'라는 것이 형성된다. 이것은 어느 집단이든 예외가 없다. 종교집단도 예외가 없다. 이 집단이 긍정적인 영향을 미치려면 어떤 규칙이 필요하다. 그리고 이 규칙에 의해서 '힘'이 부정적인 에너지로 될 수도 있고, 긍정적인 에너지로 될 수도 있다. 만일 우리는 집단이 긍정적인 에너지로 되도록 하려면 개인을 둘러싸고 있는 집단이 개인에게 베푸는 '용기'와 '관용성'(benevolence)이 필요하다. 관용성은 개인의 허물과 실수 그리고 부족함에 대한 수용, 사랑, 이해이고, 용기는 더 도전하고 희망과 비전을 가질 수 있는 말과 시스템을 가지는 것이다.

용기와 관용성은 구성원이 속해 있는 집단의 정신적 시스템이다. 이렇게 되면 개별 구성원들은 그것이 집단이든 한 국가이든 이것들로 인해 큰 혜택을 입는다. 한 개인이 곤란에 처해 있을 때, 한 구성원이 자신을 이해하는 데 있어 부족함이나 특수함을 표출할 때, 구성원이 그러한 상황에 민감성을 가지고 도와주려는 관심을 받게 되면 그 구성원은 자신이 가진 잠재성인 창의성을 발휘하게 된다.

집단원들은 늘 살아왔던 똑같은 대인관계로 집단 안에서 행동을 한다. 그래서 집단은 축소된 사회 안에 있는 것과 같다. 그리고 이 안에서 개인이 가진 주요 문제들이 재현되는 것이다. 그런데 이 집단 안에서 자신이 누군가에 의해 돌봄과 공감을 받는다는 자체는 늘 우리 안에 콤플렉스로 존재하는 것들의 긍정적인 이면성을 발휘하도록 만들 수 있는데, 우리는 그것을 '창의성'이라고 한다. 마치 이것은 칼 로저스가 그의 집 곳간에 쌓여 있는 감자에 일정하게 내리쬐는 햇빛이 감자의 싹이 나게 할 수 있었던 환경과 같다고 생각한 것이다. 어떤 다른 감자보다 싹이 먼저 나고 성장하는 것은 결국 환경인 빛과 온도의 민감성 때문이었다. 한 마디로 환자를 좀 더 나은 우호적인 환경에 있도록 하는 것이다(Yalom, 2001).

민감성을 느낀 구성원은 집단과 사회에 자신이 가진 창의성을 되돌려주게 된다. 이것이 어쩌면 상부상조인지도 모른다. 그는 자신의 창의성을 집단에 돌려주면서 자신이 가진 창의적 잠재성이 이렇게 많이 있는지에 대한 놀람과 자신의 창의성 발휘로 인해 점점 넓어지는 활동 반경과 그 활동반경으로 인해 자신이 만나는 사람들에게 긍정적 에너지를 발휘할 수 있는 사람이 된다.

(2) 정상적인 불안과 신경증적 불안: 불안과 콤플렉스

우리는 모두 불안을 안고 산다. 불안이 없어서도 문제가 되지만, 불안이 너무 많은 것도 문제다. 이 불안에 대한 문제는 이 책의 앞에서 상세히 다루었으므로, 여기서는 집단상담에서 불안에 대한 문제들이 다루어져야 하는 이유에 대하여 간단히 살펴보고자 한다.

집단상담이나 개인상담에 참여하는 내담자들은 자신들이 가진 문제와 감정에 대하여 좀 더 알아보고 해결하고자 하는 마음으로 오게 된다. 그런데 참여하는 내담자뿐만 아니라 이 세상을 살아가는 모든 사람들이 이 불안에 대한 문제로 인해 대인관계나 가족에서 문제가 발생한다.

어린 시절에는 불안을 없애 주는 대상인 부모가 우리 곁에 있어 줌으로 불안이 없어지지만, 성장해서는 불안이라는 것이 숱한 경쟁, 불안한 미래 그리고 책임져야 하는 사회에 대한 부담으로 발생하기 쉽다. 정상적인 불안은 우리로 하여금 사회생활을 좀 더 책임감 있게 해 나가도록 하지만, 신경증적 불안은 우리로 하여금 이 불안에 대한 에너지를 다 쓰게 함으로써 현실생활을 하지 못하도록 한다. 현대 사회에서 이 신경증적 불안에 대한 해소는 사회적 영웅이나 엘리트, 주목받는 인물로 성공하는 통로를 제시함으로써 피해 간다. 그래서 현대 사회 속의 경쟁과 물질이 우리 개인생활에 엄습할수록 우리 개인은 이 영웅주의와 부각받는 존재로 살아가는 것이 삶의 목표가 되어 버릴 수 있다.

실존주의 상담 관점에서 이 신경증적 불안의 근원은 죽음에 대한 위협에서 온다. 마치 어떤 일을 안 하면, 그리고 그것을 달성하지 못하면 사회에서 개인이 매장될 것 같고 사회에서 아무 역할을 할 수 없는 무용지물의 존재가 될 것 같은 분위기를 형성하는 것은 우리 사회가 가지고 있는 신경증적 불안 때문이다. 그래서 사람들은 이것을 해소하기 위해 초일류가 되는 것을 인생의 목표로 해서 살아갈 수도 있다. 그러나 이 신경증적 불안으로 인해 우리에게는 과도한 페르소나(가면)가 형성되어 있다. 이 페르소나는 우리를 가정에서 사회에서 자연스럽게 만들지 않고, 지겹고, 피상적이고, 완고하게 만드는 역할을 한다. 마치 이 페르소나가 자신의 정체성을 대변하는 것처럼 살아간다. 최근 모 대기업 사원들이 자신의 배우자와 자녀들이 자신들과 대화하기를 거부한다고 말한 뉴스도 같은 맥락에 있다.

반대인 경우도 있다. 페르소나를 가지지 못해서 부모, 동료 그리고 사회로부터 받은 콤플렉스에 대한 경우도, 페르소나를 갖춘 사람은 더 크고 견고한 페르소나를 가지기 위해 불안하고, 그리고 그 페르소나가 진정성이 없는 것이기에 자신 안에 남는 공허함이 있다. 그러나 반대로 이 페르소나를 가지지 못한 경우는 자신을 오랫동안 부적격자, 무능력자, 때로는 소용이 별로 없는 사람이라는 콤플렉스를 가지고 평생 살아간다. 그리고 이것을 해소하기 위해서 스스로에게나 또는 배우자나 자녀에게 투사하면서 살아간다. 대리만족을 추구하려는 경향이다.

집단상담은 집단원과 지도자의 관계 속에서 자신이 가진 가치관 속에 숨어 있는 신경증적 불안의 요인이 무엇이고 그것이 어떻게 페르소나, 콤플렉스의 이름으로 평생 동안 우리를 조정하면서 살아왔는지에 대한 것을 보게 하는 것이다.

(3) 원가족 경험의 재현

원가족의 관계성은 현 가족이나, 결혼을 하지 않았다면 사회 속의 인간관계 안에서 그대로 재현된다. 그 안에는 나와 연관된 부모 그리고 형제들과 유사한 특성을 가진 사람들이 있고, 이들에게 원가족의 경험이 그대로 재현이 된다. 그래서 자신에 대한 이해를 하기 위해서 현 가족에서 발생하는 문제와 원가족과의 관계성은 반드시 고찰되어야 개인의 문제를 이해하고 개선해 가는 데 중요한 역할을 한다.

집단상담을 하면서 특정 집단원은 원가족 부모의 모습을 가진 사람, 또는 자신이 성장과정에서 겪는 경험의 구조들이 그대로 재현되는 구조가 될 수도 있다. 때로는 원가족은 아니지만 최근 몇 년 안의 아픈 경험들은 집단 안에서 특정인에게 그대로 투사가 될 수 있는 상황이다. 원가족의 문제를 볼 수 있고 그 구조를 인지할 수만 있다면 집단상담은 아주 중요한 역할을 한다고 생각한다. 그래서 이 원가족이나 현 가족의 문제를 재현하는 데 있어서는 앞서 개인상담에서 소개한 가족 재구성의 방법을 사용하여 한 사람씩의 문제를 볼 수 있으면 매우 효율적인 상담이 될 것이다.

가족 재구성을 통해서 집단원들은 자신들이 가진 불안, 콤플렉스의 문제들이 끊임없이 탐색되고 도전받아야 한다. 자신들이 현 가족이나 대인관계에서 만족치 못한 원인이 어디에 있을까에 대한 질문을 제기해야 하고, 그러한 문제들이 원가족의 경험에 많은 원인이 있다는 사실도 보도록 도와줘야 한다.

(4) 보편성과 특별함의 갈등

개인마다 약간의 차이는 있을 수 있지만 개인의 본능과 초자아 사이에 갈등이 없는 사람은 없다고 생각한다. 만일 갈등이 없는 사람이라면 그 사람은 더 이상 이미 이 세상에 속한 사람이 아니다. 그럼에도 불구하고 우리는 초자아가 자신을 장악하며 본능을 밀어내어 매우 훌륭하게 살아가는 것이 현실에 없음에도 불구하고 추구한다.

상담현장에서 개인상담이나 집단상담에서 구성원들이 힘들어하는 것은 보편성과 특별성의 갈등이다. 얄롬은 자신이 집단을 인도하면서 구성원들에게 자신의 비밀이 알려지기 가장 싫어하는 내용을 한 가지씩 말해보라고 했는데, 그 결과는 공통된 사실이 세 가지가 있었다. 첫째는 자신이 기본적으로 부적절한 사람이라는 인식을 하고 있다는 점이다. 둘째는 자신들이 남을 배려하지 않는 이기성을 가지고 있고, 실제로 그렇게 할 수도 없음으로 인해 대인관계에서 소외감을 가진다는 것이다. 셋째는 성적인 비밀을 가지고 있다는 점이다. 물론 이 성적인 비밀은 중독과 같이 전문적인 도움을 받아야 하는 것과는 다른 이야기다(Yalom, 2012). 자신이 부적절한 사람이고, 이기적이며, 성적인 고민을 안고 있다는 점은 얄롬의 관점에서 보면 집단에 참여하는 모든 사람들이 느끼는 공통적인 고민이라는 사실이다.

한 인간이 가지는 자신에 대한 보편성을 대인관계에서 펼쳐 나가는 것과 스스로에게 여기는 특별함 사이에서 균형을 이루는 사람이 건강하다. 그러나 우리 대부분은 이 균형을 깨뜨리고 살아간다. 나에 대한 존중성에 기초한 특별함이 없기 때문에 내가 가진 특별함을 집단 안에서 그리고 대인관계에서 표출한다. 이 특별함을 표출함으로써 자신이 인정받으려는 욕구를 나타낸다. 집단 내에서는 지도자에게 인정을 받으려는 시도를 하고, 지도자를 자신의 편으로 만들거나 독차지하려는 욕구를 가지고 집단에 참여를 하는 경우다.

나만이 특별하다는 것은 너무 과장되거나 과소된 자신에 대한 평가로 균형을 무너뜨리는 경우다. 자신에 대한 긍정성은 좋지만 나만이 소유하려거나 나를 저평가하는 것은 항상 보편성의 원리에서 재조명되어 제자리로 돌아와야 한다. 그래서 집단원들은 수시로 자신이 가진 특별함에 대한 재조명을 집단을 통해 통찰하고, 자신에게 없는 보편성을 회복시켜야 한다.

(5) 이타주의와 이기주의

모든 문제는 인간이 가진 이기성에서 출발한다. 그리고 이 이기성으로 말미암아 개인의 불안이 더 증폭되고 대인관계에 문제를 발생하게 된다. 이런 점에서 대부분의 사람들이 자신을 이기적이라고 생각하고, 특히 집단상담에 참석하는 사람의 경우는 자신이 타인에게 부담을 주는 사람이라고 생각을 하고 있다. 이런 점에서 집단은 참여를 통해서 개인이 자신이 무엇인가 도움을 줄 수 있고, 할 수 있다는 것을 발견할 때 큰 힘이 될 수 있다.

융은 개성화의 완성을 이타성으로 생각하였을 만큼, 모든 심리치료의 완성과 인간의 종극점은 이타적인 인간이 되는 것이라고 했다. 그것을 종교에서는 종교적인 인간으로 표현하기도 했다. 그러나 개성화는 완성이 있을 수 없고, 과정을 밟아 가는 것이 큰 의미인 것과 같이 집단원 안에서 자신의 이타성을 발견할 수 있도록 하는 것이다.

2) 집단상담의 구조화의 예: 애착이론에 근거한 자기성찰과 성장 집단상담

(1) 1회기: 집단의 희망제시와 구성원 소개-별칭 짓기

① 교육 내용

집단은 개인을 치료한다는 의미가 아니라 개인의 자기이해와 대인관계에 긍정적 영향을 갖도록 도와주는 과정이어야 한다(Yalom, 2012). 그래서 집단이 첫 모임을 시작하면서 구성원들에게 긍정적 기대를 주어야 할 필요가 있다. 이 첫 모임에서 제일 중요한 것은 집단 리더의 중요성인데, 리더는 집단원에 대하여 일관되고 긍정적인 관계를 가져야 한다. 그리고 대화를 할 때 집단원들을 향한 관심, 수용성, 공감 그리고 진실성에 대한 기본적인 자세를 가지고 있어야 한다. 처음 모임이기 때문에 어색한 분위기가 될 수 있지만, 구성원들이 집단 리더와 함께 구성원들을 서로 알아 갈 수 있는 시간이 되도록 한다.

사람이 사람을 알아 간다는 것은 자기의 폭을 넓혀 가는 것뿐만 아니라, 신의 성품에 참여하는 것이다. 한 국가의 국민이 자신과 국가에 대해 좀 더 알려면 주관적 생각과 경험만이 아니라 다른 국가와 국민을 만나 보고 살아보는 것을 통해서 자신의 생각에 변화를 가져올 수 있다. 미국을 흔히 '끓는 항아리'(melting pot)이라고 말하는 것은 전 세계 모든 인종이 이민와서 세운 국가이기 때문이다. 짧은 역사에도 불구하고 강대국으로 성장할 수 있었던 것은 전 세계 문화와 인종을 수용하는 자세를 가지고 있었기 때문이다. 배울 만한 것은 수용해서 자신의 국가에 적용하는 것이다.

② 활동 사항

집단원들이 서로 처음 보는 사람일 수도 있다. 물론 학교에서 모인 집단들이면 처음은 아니겠지만 서로에 대해서는 잘 모를 수 있기 때문에 서로를 소개하는 시간을 가지도록 한다. 리더는 집단원들에게 가급적 서로가 잘 모르는 사람끼리 한 조를 이루도록 하고, 이들에게 15분의 시간을 주어 편한 곳에서 서로에 대한 소개를 하도록 한다. 예를 들면, 상담공부를 하게 된 이유부터, 가족사항, 특기 및 취미활동, 최근의 관심사, 좋아하는 음식 등 자신을 소개할 수 있는 것, 자신을 가장 잘 나타낼 수 있는 것을 말하도록 한다. 파트너는 말하는 사람의 내용을 잘 들어서 메모를 하도록 한다. 시간이 되면 말하는 사람과 듣는 사람이 각기 다른 역할을 하면서 같은 내용을 하도록 한다. 이때 별칭에 대하여 이름은 소개하되 별칭에 대한 의미는 말하지 않는다. 이후로 상대를 별칭으로 부른다.

제자리로 돌아온 집단원들은 자신을 집단원 전체에게 소개를 해야 한다. 이때 자신이 스스로 소개하는 것이 아니라 자신의 파트너가 자신을 소개하는 것이다. 집단원들은 소개되는 내용을 잘 듣는다. 그리고 마지막에 소개할 때는 자신이 듣고 보면서 파트너에게 느낀 장점 두 가지 정도를 말하도록 한다. 그리고 이 장점은 자신의 파트너가 희망을 느낄 수 있는 내용이어야 한다. 집단원들의 발표가 다 끝나면 구성원들에 대해 알게 되었거나 느낀 점에 대하여 의견을 나누도록 한다.

(2) 2회기: 신뢰성 형성 모임

① 교육 내용

여기서는 앞서 언급한 '개인과 집단원의 관계성'에 대한 내용을 말하도록 한다. 사람이 두 명 이상 모이면 그 안에 힘과 관계성이라는 것이 발생하게 된다. 이 관계성이 긍정적으로 되기 위해서는 그 내용에 용기와 관용성이 있어야 한다. 그리고 집단원은 개인이 느끼는 희로애락에 대한 감정과 순간에 대하여 민감성을 가지고 반응을 해 줘야 한다. 이런 것을 느낀 사람은 자신 안에 숨어 있는 긍정적인 잠재성, 즉 창의성을 집단원에게 돌려주게 된다.

미국의 헤드 스타트(Head Start)라는 사회복지 프로그램이 있다. 이것은 경제적으로 어려움을 겪는 가정의 자녀들이 유치원에 들어가기 전에 하루 5달러의 비용을 사용하여 반나절 동안 공공기관에서 음식, 교육 그리고 놀이를 제공해 주는 것이다. 이것을 하는 가장 큰 이유는 부모의 경제적 어려움 때문에 이 아이들을 방치하면 결국 사회에 피해를 미치는 사람이 될 가능성이 있기 때문이다. 이렇게 5달러를 투자했더니 정부예산이 15~20달러 정도 줄어들게 되었다. 어려울 때 누군가 도움의 손길을 주고, 그것을 잡으면 사람은 자신이 생각하는 그 이상의 사람이 될 수 있다.

② 활동 사항

두 번째 만남에서도 서먹함이 있기 때문에 공동체 활동을 통하여 한 개인이 공동체에 어떻게 속해 있으며, 공동체는 개인에게 안심을 느끼면서 활동을 하도록 분위기를 만들어야 한다. 동시에 가능하면 지도자가 참여하여도 무방하다. 이것은 공동체와 지도자와의 관계성 형성을 위하여 필요하다.

집단원을 세 명씩 한 조를 이루도록 한다. 만일 숫자가 맞지 않을 경우에는 네 명이 한 조가 되어도 무방하다. 이 중에 한 명을 택하여 나머지 구성원은 그 사람의 뒤에 선다. 준비가 되면 앞에 있는 사람이 뒤에 서 있는 구성원에게 넘어지는 것이다. 이때 구성원들은 그가 넘어지지 않도록 받쳐 주어야 한다. 이렇게 한 명씩 돌아가면서 다 해 보도록 한다.

집단원 전체가 참여할 때는 다음과 같이 한다. 한 구성원을 가운데 세우고 집단원들은 그 사람의 주위를 둘러싼다. 물론 그 사람이 쓰러질 때 손과 몸으로 받쳐 줄 수 있는 거리를 유지해야 한다. 가운데 선 사람은 왼쪽으로 한 번, 오른쪽으로 한 번, 뒤로 한 번, 앞으로 한 번씩 쓰러지고, 이때마다 집단원들은 힘을 합하여 그 사람이 넘어지지 않도록 받쳐 주어야 한다. 집단원이 열 명이라면 이들이 돌아가면서 한 명씩 다 경험하도록 한다. 이 방식을 사용할 때 집단 리더도 이것을 한 번 하게 되면 집단원과의 신뢰 형성에 도움이 될 수 있다.

이 활동이 다 끝이 나면 서너 명이 한 조가 되어 경험한 것을 서로가 나누도록 하고, 전체적으로도 넘어지는 자와 받쳐 주는 자의 경험을 이야기하도록 한다. 이때 중요한 것은 신뢰감을 형성할 수 있도록 집단 리더가 이끌어 나가야 한다는 점이다.

(3) 3회기: 공감과 경청하기

① 교육 내용

공감과 경청에 대한 내용은 이 단원의 앞에서 상세하게 설명했다. 공감과 경청은 불가분의 관계이면서 사람이 사람을 이해하는 가장 필수적인 요소다. 경청은 자신이 움직이지 않으면서 상대가 적극성을 나타내도록 하는 것이며, 공감은 듣는 주체가 적극성을 가지는 것이다. 기독교상담에서는 이 '공감'의 정신을 '하나님의 형상'이라고 말하기도 한다(임경수, 2013). 심지어 개인의 영성을 말하는 데에서 이 공감의 정도가 영성을 척도하는 기준이 되기도 한다.

경청이나 공감에 방해가 되는 요인으로는 네 가지로 본다. ① 타인의 말에 대하여 전혀 들을 뜻이 없는 경우, ② 상대에게 주의를 기울이는 대신에 자기가 말할 때 하고 싶은 말을 생각하고 있는 경우, ③ 자신의 말과 역할이 상대에게 어떻게 보일까에 대한 지나친 관심, 그리고 ④ 자신의 생각대로 상대를 판단하고 편견을 갖는 것이다. 이러한 점에서 제인 오스틴(Jane Austin)은 저서 『오만과 편견』에서 오만은 남으로 하여금 나에게 다가오지 못하게 하고, 편견은 나로 하여금 남에게 접근하지 못하게 한다는 금언을 남겼다.

② 활동 내용

2인 1조가 되어 한 사람은 자신의 이야기를 말하는 내담자가 되고 한 사람은 듣는 사람이 되는 것이다. 이때 듣는 사람은 내담자의 말을 듣지 않는 태도를 취한다. 너무 노골적으로 하지 말고, 시선을 마주치지 않거나 다른 행동을 하거나 주의집중하지 않고 다른 생각에 골몰하게 빠져 있는 것과 같은 행동과 시선을 보여 준다. 다음에는 순서를 바꿔서 하되 내담자가 말을 할 때 상대방이 잘 듣는 모습과 태도를 보여 준다. 시선을 내담자와 정확하게 마주치고, 공감의 표현과 표시를 말과 행동으로 보여 주는 것이다. 이런 활동을 다 한 후에 서로 내담자의 입장에서 상대가 들어주지 않았을 때의 느낌과 잘 들어주었을 때의 느낌을 표현하도록 한다. 물론 이것은 두 가지를 다 해도 되고, 한 가지 경청하는 연습만을 해도 된다. 단, 두 가지를 다 할 경우는 경청하는 것을 나중에 하는 것이 좋다.

3인 1조가 되어 활동을 해 보자. 일단 여기서 두 사람은 내담자와 상담자가 되어 주고, 한 사람은 관찰자로서 있는 것이다. 두 사람이 어떤 특정 주제에 대하여 이야기하도록 한다. 예를 들면, 자신이 생각하는 결혼, 사랑, 우정, 일, 공부 등에 대한 주제를 택해서 말하도록 한다. 이 말을 듣는 상대방이 말을 할 때는 이제껏 한 말에 대하여 자신이 요약해서 말을 해 주는 것이다. 이것은 경청을 얼마나 잘했는가를 나타내는 것이다. 동시에 공감도 표시하면 좋다. 그리고 자기가 말하고자 하는 것을 상대방에게 말하는 것이다. 이때 관찰자는 상대방의 말을 요약해서 말하는 사람이 요약을 하지 않거나 잘못 요약하였을 경우는 개입하여 교정해 주도록 한다. 여기서도 서로가 자신들의 말을 잘 요약했을 때의 느낌, 요약을 하지 않았을 때의 느낌에 대하여 서로가 나누도록 한다.

(4) 4회기: 별칭의 의미 생각하기-자기 생각하기

① 교육 내용

이제껏 별칭을 불렀지만 그 별칭의 의미를 말하지 않았다. 별칭의 의미를 이야기하면서 왜 이러한 별칭을 사용하는 이유와 연관된 이야기를 한다. 사실, 별칭은 내가 가장 바라는 것을 말하는 것이기 때문에 집단원의 내부에는 그 별칭과 같이 되지 못하게 살고 있는 반대적인 내가 있는 것이다. 무엇이 개인으로 하여금 그렇게 살게 하지 못하게 하는지, 그 별칭과 연관된 자신의 열등감, 외로움, 그림자에 대하여 알아야 할 필요가 있다.

별칭을 말하면서 자기 내부에 있는 여러 가지를 말한다는 것은 자기개방이다. 개방은 자신을 알아 가고 이해하는 데 중요한 역할을 한다. 자신을 개방하는 만큼 자연스러움과 치료는 더 많이 가까워진다. 그러나 파괴적인 자기개방은 금물이다. 이것은 오히려 역효과를 낸다. 이런 파괴적인 내용들은 개인상담으로 돌리는 것이 더 바람직하다.

② 활동 사항

3회기까지 공동체 형성, 공감과 경청의 훈련을 받은 구성원은 4회기부터 본격적으로 자기를 개방하는 활동으로 들어가게 된다. 구성원들에게 A4 용지 한 장씩과 펜을 준 후 자기 별칭에 대한 이유, 그 별칭과 연관된 자신의 콤플렉스 그리고 그것을 이겨 내려고 하는 페르소나에 대한 이야기를 적도록 한다. 시간은 20분 정도를 준다. 물론 여기는 별칭만이 아니라 나라는 사람이 어떤 사람인가를 말할 수 있는 내용을 적는다. 가령 내가 불안해하는 것들에는 어떤 것이 있는가? 내가 대인관계에서 가장 좋아하는 사람과 싫어하는 사람, 왜 그렇게 되는지에 대한 설명, 나는 어떠한 성격을 가진 사람이고 어떠한 가치관을 가지고 살아가고 있으며, 그 이유는 무엇인지에 대하여 적도록 한다. 여기에는 자신이 가진 일반적인 모든 것을 쏟아 놓는다. 일종의 집단원을 향한 자기개방이다. 한 명씩 집단원 앞에서 자신이 쓴 것을 기초로 하여 설명한다. 집단원은 이야기를 다 들은 후에 쓰고 읽고 들은 것에 대한 경험을 서로 이야기하는 시간을 가진다.

(5) 5회기: 유년 시절의 부모와의 경험 나누기-콤플렉스와 페르소나[2)]

① 교육 내용

발달과정에 대한 상세한 내용은 이 책에 소개한 발달과정을 참조하면 더 좋다. 사실, 여기서의 교육 내용은 생각날 수 있는 시절부터 유년기 전

2) 기억할 수 있는 유년 시절과 청년 시절에 대한 집단상담에서 가족의 애착사에 대한 상세한 것은 집단과 동시에 선별된 개인에 대한 애착사에 대한 탐색이 이뤄지면 좋다. 개인의 애착사에 대한 탐색이란 이 단원의 앞에서 소개된 '가족 재구성'에 대한 것을 의미한다. 한 개인을 집단에서 다루는 것이 시간이 많이 소요가 될 수 있지만, 집단원들이 자신들의 애착사를 잘 이해할 수 있는 기회가 될 수 있다고 본다.

체다. 초등학교 가기 전까지의 경험에 대한 이야기다. 사실, 이 시기는 자녀가 부모로부터 애착을 받고 애착을 형성하는 중대한 시기다. 볼비의 임상관찰과 같이 3개월부터 5년까지의 기간 동안에 부모와의 관계성이 어떤 것인가에 의해 개인의 성격 형성에 중대한 영향을 미치게 된다.

물론 훌륭한 모델이 될 수 있는 부모를 만나 자기를 형성하는 데 좋은 영향을 받으면 관계가 없겠지만 그렇지 않을 경우 우리는 거대한 부모의 틀 안에서 그들이 원하는 것에 맞추며 살아가기 위해 애를 썼을 것이다. 부모의 칭찬을 받기 위해, 그들이 선호하는 것을 잘하기 위해, 그들이 싫어하는 것은 하지 않았다. 그것을 통해 우리의 어린 시절 자화상이 그려졌을 것이고 그것은 어쩌면 지금까지도 해결되지 않은 나의 성격에 대한 신비로 자리 잡고 있다.

② 활동 내용

A4 용지와 펜을 준비하여 자신의 유년 시절까지의 경험을 기억할 수 있다면 도표로 그리게 한다. 물론 유년 시절이 잘 생각 나지 않기 때문에 때론 초등학교 시절까지의 기간으로 설정해도 무방하다. 도표로 그리도록 하고 가장 즐거웠던 순간이나 가장 비참했고 슬펐던 일들에 대해서 떠올리도록 한다. 그리고 그것을 도표로 표시를 하도록 한다. 이렇게 십여 분의 시간을 준 후에 한 명씩 나와서 자신이 경험한 어린 시절의 이야기를 하도록 한다.

주로 부모에 대한 이야기로 집중이 될 것이다. 자신의 부모는 어떠한 성향을 가진 사람이었고, 어떠한 가치관을 가지고 살았는지, 희로애락을 가장 잘 나타내는 사건들은 어떤 것이고 그것이 자신에게 어떠한 영향을 미쳤는지에 대하여 설명하도록 한다. 이 회기부터는 집단 리더가 관찰자로서 본격적으로 역할을 해야 한다. 가령 구성원의 희로애락에 대한 것에 공감과 경청을 해 주는 것은 기본이고, 내담자가 보지 못하는 통찰도 제공해 줘야 한다. 때론 발표자에게 당시 부모에게 하고 싶은 말은 무엇이었는지, 그때 감정은 어떠했는지에 대한 물어본다. 그리고 발표자에게 이 구성원들 중에 부모와 비슷하게 보이는 인물을 선택하라고 하고 그를 앞으로 나오게 하고 어머니나 아버지의 역할을 하도록 한 후 그들에게 하고 싶은 말을 하라고 한다. 이때 대리 부모를 맡은 사람도 발표자의 어린 시절의 부모로 돌아가 상상 속에서 발표자에게 하고 싶은 말을 하도록 한다.

(6) 6회기: 초등학교/중 · 고등학교 시절의 부모와의 경험 나누기 –콤플렉스와 페르소나

① 교육 내용

초등학교의 교육 내용과 활동 내용은 집단 리더에 따라 합하여 진행될 수도 있다. 유년 시절(놀이기)의 기억은 유아기보다 많은 내용이 있지만 그래도 우리에게는 가장 희미한 기억 중의 하나이기도 하다. 이런 경우에는 부모나 가족 구성원의 이야기를 통해 자신의 어린 시절 이야기를 재구성할 수 있다.

초등학교 시절은 본격적으로 공교육이 시작되기 시기다. 이 시절은 부모가 가진 환상이나 콤플렉스에 대한 보상심리가 무의식적으로 자녀에게 투사되는 시기이며, 아이들이 공교육을 통해서 자신의 잠재성이나 결과들을 공적으로 평가받는 시기다. 경쟁과 최고를 추구하는 사회 환경과 학교의 교사로부터 좋은 평가를 받기 위해 아이들이 몸부림치는 시기이기도 한데, 이 시절 아이들은 교사나 부모의 평가에 의해 열등감을 느끼기도 하고, 때로는 열성을 가지고 학업에 임하기도 한다.

열등감에 빠진 아이는 자신은 부적격한 사람이며 무능력하다는 생각으로 무의식 속에 낙인이 찍혀 생활할 수 있는 가능성도 있으며, 반대로 이 구조에 잘 적응한 아이는 자신이 마치 세상을 다 얻은 것과 같은 우월감에 사로잡혀 살 수도 있다. 교육을 중요시하는 우리 사회에서 공부를 잘한다는 것과 잘 적응하지 못한다는 것은 어린 시절 개인의 자존감에 큰 영향을 주는 요인이기도 하다. 이 요인이 중요하기는 하지만 개인의 인생을 완전히 결정하는 요인은 아니라는 것을 세월이 지나면서 알게 된다.

이 시기에 또 다른 요인들, 경제적인 것이나 질병적인 것들이 우리에게 어떻게 영향을 주었는지를 나누는 것이며, 이것들이 나의 페르소나를 형성하는 데 지금까지 어떻게 영향을 주었는지, 또는 나의 콤플렉스를 형성하는 데 어떻게 영향을 미쳤는지를 알아 간다.

② 활동 내용(1)

A4 용지에 자신이 겪은 초등학교 시절 및 중 · 고등학교 시절의 기억을 적어 본다. 때로는 유년 시절과 마찬가지로 도표를 그리면서 자신의 경험과 감정이 어떠했는가를 표시하도록 한다. 가장 좋았던 기억들과 가장 기억하기 싫은 내용들을 다섯 가지씩 적어 보도록 한다. 다 적은 종이는 상자에 공동으로 다 넣는다. 그러고 나서 한 명씩 나와서 무작위로 종이를 꺼내서 읽는다. 자신의 것을 읽을 때는 조용히 묵상을 해 본다. 그리고 본인이 직접 나가서 자신이 겪은 학창 시절의 이 양자들의 상관관계 대하여 이야기를 하도록 한다. 이 순서가 다 끝이 나면 서로가 느낀 점에 대해서도 이야기를 하도록 한다.

③ 활동 내용(2)

주로 애착과 연관된 많은 상처들은 초기 발달에서 경험되기 쉽기 때문에 중 · 고등학교 시절까지의 경험을 듣고 나서, 집단 리더는 이 중에서

1~2명의 사람을 마음으로 결정하여, 이들이 가족 재구성을 하는 데 참여하도록 부탁을 한다. 대부분의 사람들이 망설임 없이 올 수 있을 것이다. 필자의 사견으로는 만일 집단이 장기간 지속될 수 있다면 개인별로 가족 재구조화에 대한 실험집단을 함으로써 집단원들이 초기 경험에 대한 것을 느낄 수 있도록 하는 것은 중요하다고 생각한다.

(7) 7회기: 청년 시절과 현재의 나를 이해하기-이기성과 이타성의 가치관 -콤플렉스와 페르소나

① 교육 내용

청년기는 이제 성인기다. 어린 시절은 부모나 외부로부터 돌봄을 받아서 생활을 해야 하지만 청년기는 도움받은 것을 자신의 희생을 통해서 외부로 돌려보내기 시작하는 시기다. 그래서 이 시기에 중요한 덕목은 일, 사랑 그리고 우정에 대해 '친밀감'을 가지는 것이다. 그리고 이 친밀감이 잘 형성되기 위해 '희생과 헌신'이 필요하다. 희생과 헌신이 따르지 않으면 일, 사랑, 우정의 관계는 형성되기 어렵다. 그래서 이 시기부터 본격적으로 내가 어떻게 형성되어 어떻게 살아왔고 어떻게 살아가는지를 사회생활을 통해 판단을 받게 된다. 내가 희생을 조금이라도 하면 이타성을 가진 사람인가, 나를 중심으로만 생각하는 이기성을 가진 사람인가를 이 시기부터 가늠할 수 있다.

칼 융의 지적과 같이, 인생의 오전에서 오후로 들어가는 교두보에 있는 이 시기에 우리는 조금은 더 이타적인 보편적 마음을 가짐으로써 인생을 조금은 더 넉넉한 마음으로 살 수가 있다. 내가 가지는 이기성의 원인이 어디서 기원되는지 그리고 이것들이 현재 사회생활과 원가족의 관계에서 분명한 영향을 미치고 있다.

콤플렉스와 페르소나는 각각 우리에게 '불안'을 발생시킨다. 콤플렉스는 우리로 하여금 편견을 가지게 하여 사람들에게 접근을 하지 못하게 하는 불안을 일으키고, 페르소나를 사람들에게 오만을 발생시켜 사람들이 우리에게 근접하는 데 두려움을 느끼게 한다. 이 두 요소는 성장과정에서 겪은 애착사의 불안과 긴밀한 관계가 있다. 그리고 이러한 불안은 우리로 하여금 지나치게 자기중심적인 이기성에 빠지도록 한다.

② 활동 내용

이 시기에 자신이 가진 콤플렉스 다섯 가지를 적어 본다. 그리고 자신이 가진 중요한 가치관 다섯 가지를 적는다. 사실, 콤플렉스와 가치관은 반비례하여 나타나기 쉽다. 여기서 우리가 생각하는 가치관은 때로는 콤플렉스를 극복하기 위한 가치관으로 나타날 수가 있다. 그래서 이 양자가 어떻게 형성되고 어떻게 연결되어 있는지 곰곰이 생각할 수 있는 시간을 준다.

집단리더는 이 구성원 중에는 두 명 정도를 생각하고 있다가 현 가족을 재구성을 하는 데 참여하도록 요청을 한다. 그리고 자신이 가진 콤플렉스와 중요한 가치관 다섯 가지가 무엇인지를 설명하도록 한다. 그 이후에 이것들이 현 가족에서 어떻게 나타나고 있는지 설명을 하고, 현 가족 구조를 만들도록 한다.

이 구조는 원가족 재구조화의 방식과 같은 것인데, 선택된 집단원으로 하여금 현 가족 구성원으로 적합한 인물을 집단원 중에서 선택하도록 한다. 어떤 사람을 배우자, 자녀, 어머니 또는 아버지로 선택을 한 이유에 대하여 설명하도록 한다. 이들을 통해 현 가족의 구조를 짜 보도록 요청을 한다. 자리와 위치, 눈빛, 거리 등이 어느 정도인지 물어보고 구조화를 시키도록 한다. 이 과정에는 리더의 통찰과 직관이 매우 필요하고, 민감성을 가지고 선택된 구성원의 입장에서 구성된 가족을 바라보는 공감성이 발

휘되어야 한다.[3)]

이 구조화에 대한 시연이 진행되는 동안에 구성원들은 구조화에 대한 자신들의 느낌을 피력하여 돕도록 한다. 이 피드백이 다 끝나면 가족 구조화에 참여한 집단원으로 하여금 자신의 느낌과 자신이 가지고 있는 콤플렉스와 현재의 가치관이 어떻게 연관되어 있는지에 대한 느낌을 말한다.

(8) 8회기: 부모, 불가피한 문화의 전달자로 이해와 용서

① 교육 내용

부모와 환경은 우리에게 긍정적·부정적 영향을 미친다. 애착사 관점에서 보면 부모가 우리에게 미치는 영향은 절대적이다. 안정애착, 불안정애착, 불안정저항애착 그리고 혼돈애착의 유형에 따라 우리도 그 유형을 거의 모방이나 보이지 않는 생존의 전략을 위해 수용함으로써 어린 시절을 보냈다. 용서하기 어려운 부분도 있고, 개인에 따라서는 못할 부분도 있을 것이다. 그러나 애착사의 순환 관점에서 보면, 부모의 원가족에 대한 가족구도를 살펴보면 반드시 부모가 가진 슬픈 애착사가 있을 가능성이 많다. 때로는 여성이기 때문에, 부모가 일찍 세상을 떠났기 때문에, 중독과 폭력을 일삼는 부모를 만나 그들의 생활과 가치관이 그렇게 많이 변했을 가능성이 많다는 의미다.

에릭슨은 발달심리학의 최종단계에서 긍정적인 결과는 '통합'(integrity)이라고 했다. 반대는 '절망'이다. 통합은 성장과정에서 가진 모든 경험들에 대하여 수용을 하는 자세다. 우리는 흔히 좋지 않은 사건을 만났을 때 당황하고 분노를 느낄 수 있다. 그러나 이 사건들 때문에 시간과 에너지에

---

3) 여기에 대한 내용은 개인상담에서 나온 가족의 재구조화 매뉴얼을 참조하기 바람

대한 소비만 이뤄지면 긍정적인 결과는 점점 멀어질 수 있다. 다만 이 사건들을 어떻게 해결해 나갈 수 있을까, 어떻게 이 사건으로 인해 조금은 더 긍정적인 결과를 가져올 수 있을까 하는 생각을 가지게 되면 그러한 사건을 통해서 얻는 결과가 많다.

용서가 필요한 이유는 우리 자신을 위해서다. 용서할 수 없다면, 용서되지 않는 부분으로 인해 우린 평생 얽매여 살 수밖에 없을 것이다. 용서할 수 없다면 이해 차원에서 생각을 해 본다. 우리가 만일 어린 시절 우리의 부모였다면 우리는 상황을 어떻게 대처하였을까? 어쩌면 별반 다르지 않는 상황이 재현되었을 것이다. 그래서 부모는 불가피한 문화의 전달자다. 사회와 가정의 구조가 어쩌면 그렇게 할 수밖에 없었던 상황이었을 것이고, 개인도 그러한 주변 상황을 이기고 나갈 수 있을 만큼 좋은 조건을 가지고 있지 않았을 것이다. 그래서 부모 세대에 대한 이해하기 위해, 당시 사회의 구조, 남녀의 성차별, 가정에서의 구조와 역할에 대한 재이해가 필요하다.

이해가 되지만 용서할 수 없는 부분도 있다. 우리는 신 같은 존재가 아니다. 신처럼 용서를 할 수도 없고, 하기도 어렵다. 다만 이해할 수만이라도 있다면 불가피한 문화 전달자이며 동시에 피해자라는 것을 이해한다면 좋은 것이다. 이해하는 만큼 세상이 보일 것이요, 용서하는 만큼 관용이 들어올 것이다. 이해와 용서는 자발성으로 발생하면 더 없이 좋은 것이지만, 애착이 진화론적 관점에서 발생한 생존의 법칙인 것과 같이, 이해와 용서도 우리가 앞으로 세상에서 적응하고, 과거에 의해 더 이상 붙잡히지 않고, 나만의 세계를 만들려 하는 생존의 법칙이기도 하다. 그래서 이 이해와 용서는 우리가 그동안 성장과정에서 받은 모든 콤플렉스들을 통합하는 그릇이 되는 것이고, 그 안에서 서서히 녹아들어 가는 것이다. 아픈 상처와 감정은 다 녹아들어 우리가 앞으로 살아가면서 사용할 나의 고유한 거름으로 남는 것이다. 어느 누구와도 같지 않으면서 동시에 공통점을 가진 나만의 꽃을 피우는 것이다.

② 활동 내용

부모 세대와 부모의 원가족에 대한 이해를 돕기 위한 활동이다. 우선 집단원들이 부모의 원가족에 대한 정보를 가지고 있어야 한다. 조부모와 부모와의 상관관계에 대한 정보와 감정의 흐름에 대한 것이 필요하다. 집단원들은 종이에 이제껏 자신에게 있었던 콤플렉스와 페르소나 그리고 투사가 어떻게 왜 발생하였는지를 작성해 보고, 그 근원이 어디에서 발생되었는지에 대한 사실을 작성한다. 그리고 이 콤플렉스의 근원이 부모와 어떻게 연관이 되어 있었고, 이것을 위장하기 위해 과도하게 집중한 자신의 페르소나가 어떻게 연관되어 있는지를 서술한다. 부모에 대한 이해도 해야 한다. 부모는 불가피한 문화의 전달자였다. 그들 역시 우리에게 상처를 줄 수밖에 없었던 집안 분위기, 사회환경 속에 살았기 때문이다. 그렇게 때문에 애착사의 문제를 어느 한 개인에게만 돌리기에는 모순이 너무 많다.

집단원 개인들이 한 번씩 순서를 가져야 할 것이다. 우선 자신의 애착사와 연관된 부모나 형제들을 집단원 중에서 선발하여 그들을 세워 놓고, 그들 앞에 서서 말을 꺼낸다. 적어 놓은 것을 기초로 하여 부모라고 생각하고 이해할 것을 이해한다고 말을 하고, 부모도 어차피 불가피한 문화의 전달자였다는 것을 스스로 입으로 말한다. 그렇지만 무조건적으로 부모를 용서하는 것은 아니다. 이해는 할 수 있지만 용서를 할 수 없다면 그렇게 앞에서 말을 하도록 한다. 서 있는 부모들은 말하는 것을 수용하고, 때에 따라 "미안하구나." "고맙다." "나를 이해해 줘서 고맙구나." "이렇게 잘 성장해 줘서 고맙구나."라는 멘트를 하도록 한다. 이렇게 구성원들의 활동을 다 마치고 나서 그 느낌을 각자 나누도록 한다.

(9) 9회기: 칭찬과 격려

① 교육 내용

칭찬은 고래도 춤추게 할 수 있다. 사실, 마음속에 우러나오는 말과 격려 그리고 칭찬은 사람의 중심을 움직이게 할 수 있다. 9회기까지 진행하면서 우리는 구성원에 대한 지난 과거와 현재의 이야기를 다 들어 보았다. 과거의 이야기는 개인을 형성하는 데 중요한 역할을 하지만 우리가 과거의 것들에만 집착할 수도 없는 것이고, 애착사의 관계를 다루면서 어려운 세월이 있었지만 그것만을 생각하면서 지금을 보낼 수는 없는 것이다.

인생은 '의미를 만들어 가는 과정'(meaning-making process)이다. 설혹 우리가 겪은 것이 불합리하고 이해하기 힘든 것이라 할지라도 우리는 지금이라는 현재를 살아가기 위해서 의미를 끄집어내야 하는 것이다. 과거에 집착하고 과거 탓으로 돌리는 것은 현재가 불안하기 때문이다. 현재의 의미를 끄집어내기 위해서는 집단원들로부터 민감성을 가지면서 경험한 긍정적인 것과 잠재성에 대한 것, 고마움에 대한 것을 마음속으로부터 표현을 받을 때 조금씩 다른 세계를 경험할 수 있는 것이다.

과거의 경험들이 다 좋을 수만도 없고 다 나쁠 수만도 없지만, 분명한 것은 이러한 경험들이 현재의 나를 만든 요인들이었다는 것이다. 그래서 이것들의 콤플렉스와 페르소나가 어떤 것인지를 이해하고 수용하는 것인데, 이러한 과정을 통하여 그 경험들 속에 나만이 할 수 있는 독특한 영역이 나온다는 것이다. 우리는 그것을 바탕으로 해서 미래의 꿈과 현재의 일들을 생각해 보아야 할 것이다. 그 과거의 경험들은 내가 무엇을 선호하고 어떤 것을 바라고 있는지를 말해 주는 것이기에 나의 노래를 위한 나만의 거름이 되는 것이고 우리는 그 거름에 기초하여 나만의 고유한 특성을 가지고 있는 꽃을 피우는 것이다.

② 활동 내용

이제껏 대부분의 집단원들이 자신을 공개하여 자신의 성장과정을 말했다. 이제는 집단원들이 각 집단원들에 대하여 그동안 이 집단을 통해서 듣고, 느끼고, 생각한 것들을 표현하는 순서다. 종이와 펜을 준비하여 만일 집단이 열명으로 구성되었다면 각 구성원에 대하여 ① 이제껏 살아오면서 인내한 세월에 대한 수고와 격려를 2~3개를 쓴다. ② 자신들이 이 구성원에 대하여 느끼고 경험한 좋은 내용(선에 대한 것)을 2~3개 기록한다. ③ 구성원의 미래 가능성과 잠재성에 대하여 2~3개를 기록한다. 이것을 기록하는 데 30~40분 정도의 시간을 주고 기록 후에 집단으로 돌아온다.

리더는 집단원을 둥그렇게 원을 그려 앉게 하고, 집단원 한 명을 앞에 세우고 각 집단원이 한 명씩 그 구성원 앞에 서서 자신이 그 사람에 대하여 느끼고 쓴 것을 말하도록 한다. 되도록 읽지 말고 자연스럽게 말을 하도록 한다. 이렇게 한 명씩 교대로 하여 말하도록 한다. 잘못하면 시간이 많이 걸릴 수 있기 때문이 가능한 이번 회기에 다 마칠 수 있도록 시간 조정을 잘하도록 하고, 만일 이것이 부족할 때는 한 회기를 더 할 수도 있다.

(10) 10회기: 3일간의 시간만이 주어진다면–가치관의 재정립과 단독자로 서기

① 교육 내용

> 삶과 죽음은 상호 의존적이다. 동시에 존재하는 것이지, 연속선상에 있는 것이 아니다. 죽음은 불안의 가장 근원적 요소이고, 정신병리의 주된 원천이다(Yalom, 2012).

인생에는 끝이 있다. 끝이 있다는 것은 그리스 신화에만 나오는 전설이 아니라, 앞으로 우리가 맞이하여야 할 인생의 과정이다. 이 과정에서 어떤 사람은 부모와 사회환경이 강요하고 만들어진 가치관에 적응하기 위해서 시간을 허비하기도 한다. 칼 융은 인생을 오전과 오후로 나누었는데, 오전의 원칙은 성공과 성취로 보았고, 오후는 이타성(이웃사랑)으로 보았다. 현대화된 산업사회에서 누구에게나 성공과 성취는 매력적이기에 여기에 모든 것을 허비하기 때문에 우리는 때로 무엇을 위해, 왜, 어떻게 사는지에 대한 질문을 해 보지 않았다. 그래서 융은 인생의 오후(중년기)에 가서는 우리가 추구한 인생의 오전 원칙이 거짓이었다는 것을 알 수 있을 것이라고 했다.

우리는 그동안 달려 왔다. 급하고 충동적으로 불안을 안고 달려 왔지만 늘 허무의 끝자락에 서 있는 느낌이다. 그것은 불안 속에서 더 좋은 것과 값진 것이라는 사회적 명성과 부를 위해 싸운 것이다. 그러나 그것으로 인한 우리 가정이나 개인의 불안은 더 가중이 되고, 더구나 우리가 지금 어디로 가는지에 대한 답을 얻을 수가 없다. 거짓되거나 가정과 사회에서 강요된 가치관으로서 나를 가지고 언제까지나 살아갈 수 없다. 우리는 외로움을 달래기 위해 연애도 하고 가정도 이루고 살아간다. 그러나 우리는 언젠가는 홀로 이 세상에 온 것과 같이 홀로 떠나는 작업을 하여야 한다. 그 전에 원가족과 또는 현 가족과 엮인 불안의 구조로부터 우리를 분리시키고 '단독자'로서 나를 세워야 한다. 나는 가족과 이웃에게 도움을 줄 수 있는 존재인 동시에 나 홀로 인생을 맞이할 수 있고, 작별을 할 수 있는 존재로 서야 한다. '따로 또 같이'라는 원칙을 우리는 세워야 한다. 불안을 달래고 극복하기 위해 수없이 많은 것에 집착했다. 그리고 그 집착으로 얻은 소득을 보고 잠시 즐거움을 가졌다. 그러나 이 모든 것이 죽음 앞에 무엇이란 말인가? 과연 그것은 내가 추구해야 할 진정한 목적이요 행복일까? 이 불안에서 나온 신경증적 불안이 영웅과 엘리트와 일류가 되기를 강요하는 사회 구조가 되었는데, 이것들이 나와 가족에게 가져다준 것은 무엇인가?

② 활동 내용

우리 모두는 죽는다. 어쩌면 죽음 앞에 바로 서 있는 그 순간이야말로 인생을 바로 보는 순간이다. 죽음 앞에서 인간은 자신을 바로 보게 된다. 활동 내용(1)에서는 자신의 장례를 치룬다. 집단원 한 명씩 집단을 하는 방 끝에 누워 있고 이것을 시신으로 여기고 하얀 천으로 몸 전체를 덮도록 한다. 그리고 집단원 전체가 하든지, 아니면 가족 구성원(배우자와 자녀)과 친구 몇 명으로 구성하여 하든지 누워 있는 시신을 향하여 살아 생전 한 일과 장단점에 대하여 말을 한다. 친구들은 사회성에 대한 것을 이야기하고, 가족들은 감정적으로 되어 있는 상황을 조사하여 말하는 것이다. 이 친구들과 가족들이 조사를 할 때 솔직 담백하게 말을 함으로써 누워 있는 사람에게 느낌을 주도록 한다. 이렇게 한 명씩 돌아가면서 다 하도록 한다.

이 일을 다 한 후에 집단 리더는 집단원들에게 종이를 한 장씩 주어서 만일 지금부터 3일만의 시간이 살 수 있는 시간이라면 당신은 무엇을 할 것인가에 대해 열 가지씩 버킷리스트를 작성하도록 한다. 이것을 작성할 수 있는 충분한 시간을 준다. 사실, 이 내용들은 우리가 집단을 떠난 후에 당장 해야 할 것들이다. 그리고 이 열 가지 내용은 중요한 순서대로 작성될 것이다. 그리고 이 작성한 것들 중에 1~3번까지는 자세히 구성원에게 설명을 하도록 한다. 나머지는 경우에 따라 약간 설명을 하도록 한다.

5. 불안과 사회조직: 영원한 과제

불안은 인간에게 주어진 큰 과제 중의 하나다. 애착이론 관점에서 불안은 모든 인간문제를 발생시키는 중요한 원인이다. 그러나 불안이 단순히 우리의 적만은 아니다. 서두에서 밝힌 바와 같은 정상적인 불안을 가지는 것은 인생을 조금은 긴장 있게 한다. 문제는 신경증적 불안으로 인해 수많은 사람들이 집착하면서 이 세상을 살아가고, 그 과정에서 우리는 상처를 가지고 콤플렉스와 그것을 위장하기 위한 수많은 페르소나로 미화시키고, 우리에게 콤플렉스와 불안을 경험하게 한 사람들을 무의식 중에 투사하여 서로를 어렵게 한다.

불안을 형성시키는 것은 가족만이 아니라 사회 조직도 중요한 역할을 한다. 사회 구성원들에 의해 형성된 사회 조직은 보이지 않게 제도, 가치관, 성공관 등을 그 사회의 가치로 규정하고 개인과 가정을 거기에 매달려 살도록 한다. 그래서 불안의 위협을 최소화하는 일은 개인 차원에서 끝나면 안 되고 국가가 목숨을 걸고 해야 할 문제다. 적어도 0~3세까지 집안에서 부모 중 한 사람이 아이를 돌봐야 하고, 이런 것이 아이들 정신건강에 얼마나 중요한지에 대한 범국민적인 교육도 반드시 반복되어야 한다. 일을 하는 부모의 경우, 만일 어머니가 직장인이면 휴직을 했다가 직장으로 복귀하는 데 정부가 제도적으로 보장을 해 줘야 한다. 물론 기업도 이것을 충분히 인지해야 한다. 단기적으로는 힘이 들겠지만 애착불안에 대한 투자는 적어도 10년 후를 보는 복지제도와 같은 것이다. 집안에서 아이를 돌보는 부모에 대한 국가의 양육비도 유치원에 보내는 것과 같은 비슷한 혜택이 주어져야 한다.

필자는 이 글을 끝마칠 때쯤 대구에서 2시간 쯤 떨어진 거리에 위치한 곳에 강연차 방문을 했다. 몇 차례 가 본 적이 있었는데, 과거에는 시간을 촉박하게 두어 과속을 하여 그곳에 도착을 했다. 보통 2시간이 걸리는 거리를 속도를 내어 1시간 30분 내에 도착을 했던 것이다. 그런데 이렇게 속도를 내어 왕복을 하면 그 다음날 온몸이 경직되어 쑤시곤 했다. 그런데 이번에는 적정 속도 100km로 여유롭게 주행했다. 가는 동안 내내 음악도 듣고 주변의 산에 아카시아 꽃이 하얗게 피어 온 산에 뒤덮은 광경과 향내에 취했던 것 같다. 돌아올 때도 마찬가지였다. 이렇게 왕복하는 동안에 필자는 피곤한지 내가 과거에 과속을 하면서 알게 모르게 온 신경과 조직이 과속으로 불안했고, 그러기에 경직되었을 것이다.

불안은 우리를 급하게 하고, 성취과 성공에만 급급하게 한다. 이런 것이 한순간에 눈으로 보이는 업적으로 나타날 수 있고, 그것이 조금은 대단할 수 있다. 그러나 이렇게 불안 속에서 속도전과 업적을 추구하는 방식은 반드시 개인과 사회에 문제를 낳게 한다. 최근에 발생한 씻을 수 없는 비극적인 세월호 사건도 같은 맥락이라고 생각한다. 성공과 성취라는 것은 곧 이익과 이기성인데, 그것만을 위해 살아온 회사 그리고 사회가 만든 인재다. 이제는 우리가 불안에서 조금 놓일 수 있는 사회환경을 국가와 시민단체들이 더 적극적인 자세로 합리성을 가지고 만들어 나가야 한다. 그리고 가정에서는 부모가 만들어 가야 한다. 그래야 동시대를 살아가는 사람들이 인생은 행복하고 즐거운 것이며, 불안이 있지만 그것은 때론 사람에게 도전과 인생의 통찰을 제공한다는 생각을 가지고 살 수 있기 때문이다.

참 / 고 / 문 / 헌

임경수(2009). 심리학과 신학에서 본 인간이해. 서울: 학지사.

______(2013). 인간발달 이해와 기독교상담(2판). 서울: 학지사.

Abrams, J. (1990). *Reclaiming the inner child*. Los Angeles: Jeremy P. Tarcher, Inc.

Ainsworth, M., & Eichberg, C. (1991). Effects on infant-mother attachment of mother's unresolved loss of an attachment figure, or other traumatic experience. In C. Parkes (Ed.), *Attachment across the life cycle* (pp. 160-185). New York: Routledge.

Arieti (Ed.). (1967). *American Handbook of Psychiatry*. New York: Basic Books.

Bacal, H., & Newman, K. (1991). *Theories of object relations: Bridges to self psychology*. New York: Columbia University Press.

Bakan, D. (1966). *The duality of human existence: Isolation and communion in western man*. New York: Becon Press.

Balswick, J., & Balswick, J. (1991). *The family: A christian perspective on the contemporary home*. Michigan: Baker Book House.

Becker, E. (1973). *The denial of death*. New York & London: The Free Press.

Berger, P. (1970). *A rumor of angel*. New York: Doubleday Anchor Books.

_________(1974). *Homeless mind: Modernization and consciousness*. New York: Vintage book.

Bowlby, J. (1944). Forty-four juvenile thieves: Their character and home. *International Journal of Psycho-Analysis, 25*, 19-52.

__________(1961). *Child care and the growth of love*. London: Penguin Books.

__________(1969). *Attachment and loss. Vol. 1: Attachment*. London: Hogarth Press.

__________(1973). *Attachment and loss. Vol. 2: Separation.* London: Hogarth Press.

__________(1979). *The Making and Breaking of Affectional Bonds.* London and New York: Routledge.

__________(1980). *Attachment and loss. Vol. 3: Loss, sadness and depression.* London: Hogarth Press.

__________(1988). *A secure base: Clinical applications of attachment theory.* London: Routledge.

Boyd, S. (1977). *The men we long to be: Beyond lonely warriors desperate lovers.* New York: Pilgrim Press.

Bradshow, J. (2004). *Home coming: reclaiming and championing your inner child.* New York: Bantam Books.

Browning, D. (1975). *Generative man: Psychoanalytic perspectives.* New York: Delta Press.

Buber, M. (1979). *I and thou.* New York: Charles Scribner' s Sons.

Capps, D. (1983). *Life cycle theory and pastoral care.* Philadelphia: Fortress Press.

Erikson, E. (1977). *Toys and reasons: Stages in the ritualization of experience.* New York: Norton.

__________(1980). *Identity and the life cycle.* New York: Norton.

__________(1985). *Childhood and society.* New York & London: Norton.

__________(1986). *Vital involvement in old age.* New York & London: Norton.

__________(1994). *The life cycle completed.* New York & London: Norton.

Fraiberg, P., Adelson, E., & Shapiro, V. (1975). Ghosts in the nursery: A psychoanalytic approach to the problem of impaired infant-mother relationship. *Journal of the American of child psychiatry, 14*, 387-422.

________(1980). *Clinical Studies in Infant Mental Health: The First Year of Life.* London Tavistock Pulications.

Gilligan, C. (1996). *In a different voice: Psychological theory and women' s development.* MA: Harvard University Press.

Hamilton, V. (1996). *The analyst's preconscious.* Hillsdale, NJ: The Analytic Press.

Harlow, F., & Zimmerman, R. (1959). Affectional responses in infant monkeys. *Science, 130,* 421-432.

Hesse, E., & Main, M. (2000). Disorganized infant, child and adult attachment: Collapse in behavioral and attentional strategies. *Journal of American Psychoanalytic Association, 49*(4), 1097-1148.

Hltsch, D., & Dutisch, F. (1980). *Adulthood and aging.* San Francisco: Harper Collins College Publishers.

Holmes, J. (2005). *John Bowlby & attachment theory.* New York: Routledge.

Jaques, E. (1965). Death and the midlife crisis. *International Journal of Psychoanalysis, 46,* 502-515.

__________(1981). The midlife crisis. In Greenspan, S. & Pollock, G. (Eds.), *The Course of life* vol.3. Maryland: Mental Health Study Center.

Jung, C. (1977). *Two essays on analytical psychology. Vol. 7.* New Jersey: Princeton University Press.

LeFevre, F. (1977). *Understanding of man.* Philadelphia: The Westminster Press.

Levinson, D. (1978). *The Seasons of a man's life.* New York: Ballantine Books.

MacAdams, D. (1993). *Stories we live by.* New York: William Morrow and Company.

Mahler, M. (1975). *The psychological birth of the human infant.* London: Hutchinson.

Main, M. (2000). The organized categories of infants child and adult attachment: Flexible vs. inflexible attentions under attachment-related stress. *Journal of the American Psychoanalytic Association, 48*(4), 1055-1096.

Main, M., & Goldwyn, R. (1994). *Adult attachment scoring and classifications system.* Unpublished manuscript, University of California at Berkeley.

Marrone, M. (2000). *Attachment and interaction.* 이민희 역(2005). **애착이론과 심**

리치료. 서울: 시그마프레스.

May, R. (1977). *The meaning of Anxiety*. New York: Norton.

Missildine, H. (1961). *Your inner child of the past*. New York: Simon & Schuster.

Moore, R., & Gillette, D. (1990). *King warrior magician lover: rediscovering the archetypes of the mature masculine*. New York: HarperSanFrancisco.

Nelson, J. (1997). *The intimate connection*. Philadelphia: The Westerminster Press.

Parker, M. (1972). *Bereavement*. London: Tavistock.

Peck, S. (2000). *The roadless traveled*. New York: Touchstone.

Poling, J. (1991). *The abuse of power: A theological problem*. Nashiville: Abingdon Press.

Rank, O. (2010). *The trauma of birth*. New York: Martino Books.

Rizzuto, A. (1979). *The birth of living God*. Chicago: The University of Chicago.

Rogers, C. (1980). *A way of being*. Boston: Houghton Mifflin Company.

Schilauch, C. (1990). Empathy as the essence of pastoral psychotherapy. *The journal of pastoral care XLIV*(3).

Seamands, D. (2011). *Healing for Damaged Emotions*. 송헌복 역(2012). **상한 감정의 치유**. 서울: 두란노서원.

Steinberg, L., & Beslky, J. (1991). *Infancy childhood & Adolescence: Development in context*. New York: McGraw-Hill.

Tillich, P. (1955). *The new being*. New York: Charles Scriber' s Son.

_________(1957). *Systematic theology 2*. Chicago: University of Chicago.

_________(1984). *The meaning of health: Essays in existentialism*. Chicago: Chicago Theological Seminary.

_________(2006). *The Courage to be*. 차성구 역(2006). **존재의 용기**. 서울: 예영커뮤니케이션.

Torne, B. (2007). *Carl Rogers*. 이영희, 박외숙, 고향자 역(2007). **칼 로저스**. 서울: 학지사.

Wallin, D. (2010). *Attachment in psychotherapy*. 김진숙, 이지연, 윤숙경 역

(2012). **애착이론과 심리치료**. 서울: 학지사.

Weiss, J., & Sampson, H. (1986). *The psychoanalytic process: Theory, research, and clinical application* (pp. 68-88). New York: Guilford Mifflin.

Winnicott, D. (1975). *The maturational process and the facilitating environment*. London: Penguin.

Yalom, I. (2012). *Existential psychotherapy*. 임경수 역(2007). **실존주의심리치료**. 서울: 학지사.

찾/아/보/기

인명

내용

저자 소개

임경수(Lim Kyungsoo)

계명대학교 인문대학 교수(기독교상담 주임교수). 노스웨스턴 대학교(Northwestern University)와 시카고 대학교(The University of Chicago), 시카고 칼 융 연구소(Carl Jung Institute in Chicago)에서 심리학을 수학하고, 노스웨스턴 대학병원(Northwestern Memorial Hospital)에서 임상실습을 하였다. 이후 시카고 신학대학에서 남성중년기에 관한 논문으로 박사학위(Ph.D.)를 받았다. 한국기독교상담심리학회 감독(supervisor), 한국목회상담학회 감독, 한국가족문화상담협회감독, 정신보건상담사 1급.

〈대표 저서〉

Male Mid-life Crisis: Psychological Dynamics, Theological Issues, and Pastoral Interventions(New York · Oxford: University Press of America, 2000)

중년 리모델링(2002)
인생의 봄과 가을: 중년의 심리이해와 분석(2005)
심리학과 신학에서 본 인간 이해(2009)
인간발달 이해와 기독교 상담(2판, 2013)
인간관계심리(2013)
심리학이 모르는 기독교(2013)

〈역서〉

실존주의 심리치료(Existential Psychotherapy)